王力全集　第十卷

汉语音韵学

王　力　著

中 华 书 局

图书在版编目(CIP)数据

汉语音韵学/王力著. —北京:中华书局,2014.11
(2025.4 重印)
(王力全集;10)
ISBN 978-7-101-10407-3

Ⅰ.汉… Ⅱ.王… Ⅲ.汉语-音韵学 Ⅳ.H11

中国版本图书馆 CIP 数据核字(2014)第 210805 号

书　　名	汉语音韵学
著　　者	王　力
丛 书 名	王力全集　第十卷
责任印制	韩馨雨
出版发行	中华书局
	(北京市丰台区太平桥西里38号　100073)
	http://www.zhbc.com.cn
	E-mail:zhbc@zhbc.com.cn
印　　刷	河北新华第一印刷有限责任公司
版　　次	2014 年 11 月第 1 版
	2025 年 4 月第 4 次印刷
规　　格	开本/880×1230 毫米　1/32
	印张 15⅛　插页 6　字数 380 千字
印　　数	7001-7600 册
国际书号	ISBN 978-7-101-10407-3
定　　价	79.00 元

《王力全集》出版说明

王力（1900—1986），字了一，广西壮族自治区博白县人，我国著名语言学家、教育家、翻译家、散文家和诗人。

王力先生毕生致力于语言学的教学、研究工作，为发展中国语言学、培养语言学专门人才作出了重要贡献。王力先生的著作涉及汉语研究的多个领域，在汉语发展史、汉语语法学、汉语音韵学、汉语词汇学、古代汉语教学、文字改革、汉语规范化、推广现代汉语普通话和汉语诗律学等领域取得了杰出的成就；在诗歌、散文创作和翻译领域也卓有建树。

要了解中国语言学的发展脉胳、发展趋势，必须研究王力先生的学术思想，体会其作品的精华之处，从而给我们带来新的领悟、新的收获，因而，系统整理王力先生的著作，对总结和弘扬王力先生的学术成就，推动我国的语言学及其他相关学科的发展，具有重要的意义。

《王力全集》完整收录王力先生的各类著作三十余种、论文二百余篇、译著二十余种及其他诗文等各类文字。全集按内容分卷，各类所收文稿在保持著作历史面貌的基础上，参考不同时期的版本精心编校，核订引文。学术论著后附"主要术语、人名、论著索引"，以便读者使用。

《王力全集》的编辑出版工作，得到了王力先生家属、学生及社会各界人士的帮助和支持，在此谨致以诚挚的谢意。

中华书局编辑部
2012 年 3 月

本卷出版说明

本卷收入王力先生的专著《汉语音韵学》。

《汉语音韵学》原名《中国音韵学》，1936年由上海商务印书馆出版，被当时的国民政府教育部编入"大学丛书"并出了精装合订本。

这是王力先生发表的第一部语言学著作，也是我国学者运用普通语言学理论对传统音韵学作出系统整理和研究的第一部著作。作品包括正文和参考资料两部分，正文深入浅出，参考资料则丰富全面，一直是音韵学初学者和研究者的必备读物。

1956年，此书由中华书局依原纸型重印再版，书名改为《汉语音韵学》（后称"中华本"），王先生加了一篇"新版自序"。1986年，山东教育出版社出版的《王力文集》第四卷收录了《汉语音韵学》（后称"文集本"）。文集本内容仍保持历史原貌，没有按王先生对某些问题的新见解（如第二、三编关于《广韵》音系和上古音的构拟，第四编关于汉语方言区的划分和记音）加以改订，而在文字的校勘上做了较多的工作；参考资料部分的引文则尽可能找到王先生原来用的版本进行校对，一时找不到的经王先生同意则采用别的或新的本子。最后王先生又对全书审阅了一遍。全书由唐作藩先生负责编校。

此次收入《王力全集》，我们以文集本为底本，修正了部分排印错误，重新核对了书中的引文，统一了体例，并请高永安先生通读了书稿，在此谨向高先生致以深深的谢意。

中华书局编辑部
2013年7月

目　　录

罗　序

在这部书付印以前,承著者把原稿拿给我看,并且要我作一篇序。像我这忝列同行的人当然是义不容辞的,所以就把我读完原稿以后的感想和我十年来教授音韵学的经验贯串起来写成下面几段话,想同著者和读者们商量商量。

我时常说:音韵学并不是什么"绝学",也一点儿不神秘,因为向来讲音韵学的书过于玄虚幽渺、乌烟瘴气了,所以闹得初学的人不是望而生畏,不敢问津,就是误入歧途,枉费精力。举个例来说罢:譬如所谓唇舌齿牙喉五音本来可以按照辅音的发音部位讲得清清楚楚的,可是释真空《篇韵贯珠集》的《总括五行分配例》说:

> 见等牙肝角木东,舌心徵火喻南风,
>
> 北方肾水羽唇下,西面商金肺齿中,
>
> 喉案土官脾戊己,西南兼管日来同:
>
> 后进未明先哲意,轩辕格式为君明。

又如所谓平上去入四声本来可以拿字调的高低抑扬来指明它的性质的,可是王鸣盛《十七史商榷》上说:

> 同一声也,以舌头言之则为平,以舌腹言之则为上,急气言之则为去,闭气言之则为入。

这真是不说还明白,一说倒糊涂了! 照这样讲下去,音韵学怎能不越来越神秘呢？王先生这部书能够"首以玄虚之谈为戒"（本书自序），这是和我意见相合的第一点。

音韵学本来是口耳之学，要是听见一个声音耳朵不能辨别，嘴里不能摹仿，而且不能把它所含的音素分析出来，那么，无论在纸上讲得怎样"像煞有介事"也是根本不中用的。从前的人因为缺乏工具，或者蔽于成见，或者囿于方音，往往有"考古功多，审音功浅"的毛病，就是有几个心知其意的人也很难把他自己所了解的清清楚楚地写出来使人看了就能懂得。现在既然有了语音学的帮助，对于从前讲得玄妙不可测的东西，都可以把它"质言"，于是音韵学才能从玄学走向科学的路了。王先生这部书开宗明义就来讲语音学常识，给读者打好了审音的基础。这是和我意见相合的第二点。

旧的韵学书里往往有许多同名异实或异名同实的情形，闹得人越看越糊涂，甚至于有些学问很好的人也会上了名实不清的当，例如：同是所谓"声"，而有的指声母（initial consonant）说，有的指声调（tone）说；同是所谓"阴声、阳声"，而有的指字调的高低抑扬说（如"阴平、阳平、阴上、阳上"之类），有的指有没有鼻音韵尾说（如孔广森《诗声类》所谓"阴声、阳声"）。这便是同名异实的现象。至于讲到辅音的发音状态的，江永、江有诰、陈澧分"发声、送气、收声"三类，钱大昕分"出声、送气、收声"三类，洪榜分"发声、送气、外收声、内收声"四类，劳乃宣分"戛、透、轹、捺"四类，邵作舟分"戛、透、拂、轹、揉"五类。乍一看起来，很难知道他们有什么相互的关系。其实稍有语音学常识的人一看下面的对照表，就可以了然他们所讲的是什么了：

语音学名词	邵作舟说	劳乃宣说	洪榜说	江永等说	钱大昕说
不送气的塞音和塞擦音	戛类	戛类	发声	发声	出声
送气的塞音和塞擦音	透类	透类	送气	送气	送气
摩擦音	拂类	轷类	外收声		
边音	轷类			收声	收声
鼻音	揉类	捺类	内收声		

可见他们定名虽然不同，分类虽然有粗细，而实际上所讲的是一回事，因为彼此矜奇立异，所以把初学闹得如入五里雾中！这便是异名同实的现象。现在讲音韵学必须先作一番正名的工夫，把旧来所有同名异实和异名同实的例都搜集起来，用语音学的术语给它们每个确定一个清晰的概念，以后就不至于使初学的人枉费许多心血了。1930年我在清华大学教《中国音韵沿革》时，也曾经在讲义里零零碎碎地举了几个例；后来又在《中央研究院历史语言研究所集刊》里发表了《释重轻》(第二本第四分)和《释内外转》(第四本第二分)两篇，那就是我打算要作的《等韵释词》的一部分。现在王先生的书在语音学常识之后紧接着就是释名一章，虽然为篇幅所限还不能罗列很多，可是为初学开示门径也尽够用了。这是和我意见相合的第三点。

　　人类的语音是随着时间和空间演变的。明朝的陈第说(《毛诗古音考·序》)："时有古今，地有南北，字有更革，音有转移，亦势所必至。"所以要想作成一部兼赅"古今、南北"的音韵学，他所搜罗的材料不单要上下几千年，而且要纵横数万里，譬如代表隋唐音系的《广韵》是现存的一部最古的韵书，治古韵必得拿它作阶梯，治今韵也必得奉它作圭臬：这诚然是不错的。可是从音韵学史的眼光看起来，代表元明音系的《中原音韵》或《洪武正韵》也应当和它有同等的价值。要是专把《广韵》当作金科玉律，而抹煞其他时代的韵书，甚至读书说话也梦想着和《广韵》的音相合，那真是不识通变的错误见解。又如：现在被定为全国标准音的北京音系，在现代方言中，它的确合于构成国语的"简单"和"普遍"这两个基本条件。可是，从教育的眼光看，我们固然极力希望统一国语，从学术的眼光看，我们却不能忽略各地的方音——因为从方音的错综中往往可以反映出古音的遗迹来，例如：闽粤语保存闭口韵的-m尾和入声的-k、-t、-p尾，吴语保持全浊声母，徽州语有阴阳对转的实例，这都可以帮助我们解释许多古音上的问题。王先生这部书的本论，先把《广韵》讲明白（《本论》上），然后再根据它来上考古音（《本论》中），下推今音（《本论》下），对于语音在时间和空间上的演变能够纵横兼顾。这是和我意见相合的第四点。

　　最末了儿，我对于这部书还有一点儿感想。我觉得编教科书和作研究论著性质稍微不同：后者无妨"小题大作"，前者却贵乎"深入浅出"。所以一部教科书尽管没有自己的创见，而能搜罗众说，抉择精当，条理清晰，容易了解的，便算是好著作。要是一味的掉书袋子或标榜主观的成见，读者反倒望而生畏不敢领教了。著者在《自序》里说："此篇所述，什九为古今诸贤之说；一得之愚，则存乎取舍之间。"这是很合乎教科书的性质的。因此我乐意给它作序。

1935 年 9 月 16 日

罗常培序于北京大学文科研究所语音乐律实验室

李　序

讲汉语音韵的书很多，但是想找一本能合乎近代语言学原理、使初学的人可以得到一个正确的概念的书，确是不可多得。王了一先生的《汉语音韵学》这部书，就是应这个需要而生的。

语音学在音韵学的重要，现在无人不知。汉语音韵学上有许多问题都可以靠语音学上的知识得到一种解释。所以在本书的第一章里，了一先生就给我们一个适当的语音学常识。了一先生是精于语音学的，更是从实验语音入手的人。他给我们的语音知识，就是了解汉语音韵的基础。

初学音韵的人没有不觉得术语的困难的，在从前语音知识不充足的时候，音韵学上的名词，解释得不是太空泛，便是太简略，更常常有不少牵强附会的地方，初学的人最难明了。现在了一先生一一根据语音学的知识解释出来，便益初学不浅。

这部书的旨趣不仅仅乎是作入门之用。他不但把汉语几个重要时期的音韵的大概情形何如、有什么材料可用、有什么方法可以整理这些材料、声韵变化的情形何如等等告诉我们。他还引了许多古今中外的学者的学说作为参考资料。一方面是便利初学参考用的，另一方面就是把汉语音韵学的略史写出来，例如他列陈顾炎武、江永、段玉裁、孔广森、江有诰、王念孙诸家的学说，这差不多是代表一部清代古音学史。不过音韵学史上的庞杂材料最容易引起初学人的误解。所以了一先生特别声明叫初学的人着重他的正文,然后再读他的参考资料。他很谦虚地说:"此篇所述,什九为古今诸贤之说;一得之愚,则存乎取舍之间。"我希望读者——尤其是初学的读者——能得他的精神。从他这部书里得了一个正确的概念以后,那取舍之间就不发生什么困难了。

李方桂

1956 年版自序

今年春天,中华书局想要重印我的《中国音韵学》。这部书本来是由商务印书馆出版的,现在打算用商务原来的纸型来重印,所以不宜于大修改。但是,既然重印了,小小的修订总是应该的,至少也应该校正一些错字。因为挤不出时间来修订,所以拖延了半年。今天总算修订完了,不免要向读者们交代几句话。

首先要说的是我把书名改为《汉语音韵学》。中国是一个多民族的国家,每一民族有自己的语言,汉语只是中国各民族的语言的一种。把汉语称为"中国语"是不恰当的,因此,把汉语音韵学称为"中国音韵学",也是不恰当的。

其次,这部书受高本汉的影响较深。我差不多是全部接受了他的学说。关于《切韵》时代的实际语音是否有二百零六韵的分别,我一方面说"未有定论",另一方面却又主张暂用高说。关于高本汉所拟测的上古的音值,我一方面说"有待于修正者甚多",另一方面却又详细地介绍了高说。高本汉在汉语音韵学上是有贡献的,但他在立论上和方法上,也是有问题的。读者对于这部书中所介绍的高本汉的学说,应该用批判的眼光去看它。

这部书只代表我二十年前的意见,并不代表我现在的意见。当然,有许多基本知识还是一样的,但在观点、方法上就有距离了。目前我正在写一部《汉语史》,这《汉语史》里面就有许多和这一部《汉语音韵学》有出入的地方。

　　希望读者们多多指教。这对于我个人,对于广大的读者群,都是有益处的。

1955 年 8 月

自　序

　　音韵之学,系乎口耳。舌腭之摩触,声气之动荡,有形可象,有事可指,固与形而上者殊科也。乃自古治斯学者,辄故神其说,以自矜异,窃尝病之。迩年忝在清华大学音韵讲席,首以玄虚之谈为戒。自惟驽骀之质,学久而无所成。静安师考古之确,元任师审音之精,非所敢冀。此篇所述,什九为古今诸贤之说;一得之愚,则存乎取舍之间。犹虑抉择未轨于正,时或前后抵牾;文中间参私见,则又纰缪是惧。兢兢此心,盖犹始习没者之常患溺也。海内不乏大方之家,倘辱嘉言,永宝至感。

1935 年 5 月 30 日
王力序于清华大学古月堂之东斋

例　　言

一、本书分正文及参考资料两部分。正文离参考资料而独立时，则为《汉语音韵学概要》，若并参考资料读之，则为一部颇详细之《汉语音韵学》。

二、正文为讲授之用，其分配标准系按每周二小时计算，共讲一学年。每节讲一小时，第一编与第二编共二十四节，约合上学期之时间分配；第三编与第四编共二十三节，约合下学期之时间分配。尚有余时，可资复习。

三、参考资料仅备学生参考，以减诸生搜集之劳。然教者认为必要时，亦可酌量讲授，但望不因此而减省正文。

四、如个人用为自修读本，望先阅全书正文毕，已得正确之观念，然后浏览参考资料。初学切忌博览众说，而不知所折衷。本书正文中之主张力求一贯；虽多采自他人，然既经著者剪裁，亦即代表著者本人之意见。初学者先从此寻求，基础既立，然后以本书之学说衡量诸家，庶免无所适从之病。至于已精此道者，将以其卓识衡量是书，又当别论。

第一编　前　　论

第一章　语音学常识

第一节　元　　音

元音(vowel)乃是与辅音(consonant)对称的,二者之间并没有显明的界限。极端元音性的元音如 e、a、o 等固然和极端辅音性的辅音如 p、t、k 等区别得很清楚,但是也有些元音如 i、u 等很容易变成辅音,又有些辅音如 m、n、l、r 等有时候可认为元音。

不过,我们对于元音也该下一个定义。从生理学上看来,元音发生时,发音器官有相当的开展度,不致口腔里有任何杂音给我们听见。从物理学上看来,元音发生时,发音器官形成了一个共鸣器(有时形成两个),使一个乐音性的"陪音"强烈化①,而这"陪音"的音高是有定的,能形成一个元音的特征。

元音之所以能与另一元音有分别,是因为发音器官所构成的共鸣器有种种不同的形式和容积。构成这些共鸣器的主要器官是

---

① "陪音"即次要的颤动,参看本节参考资料"元音的性质"。

舌、唇和软腭；三者中以舌最为灵活，变化也最多①。

舌可以分成舌前、舌中及舌后三部分，每部分都可以翘起或高或低。随翘起的部分不同与高低的差别便可以发出种种不同的元音：

(1)舌前翘起时，发出的元音是 i、e、æ；

(2)舌中凸起时，发出的元音是 ə、ɐ；

(3)舌后耸起时，发出的元音是 u、o、ɔ。

嘴唇可以构成圆形，圆的程度不一；又可以构成扁形，扁的程度也不一。如就以上所举的元音说，以 ʌ 为出发点②，顺次读 a、e、i 时，则唇渐次变扁；顺次读 ɔ、o、u 时，则唇又渐次变圆。单是唇的变动也可以使音变化，如读 i 时，舌不动，单使唇变圆，则发出 y 音。

软腭的变动比较简单，通常只能构成两种状态：

(1)软腭翘起，紧靠喉咙，使鼻腔闭塞，迫全部的气流单从口腔出来；如此发出的元音叫纯元音或口元音；

(2)软腭只在口腔和鼻腔中间不动，因此气流可以兼由口鼻两方出来，而有两个共鸣器(口与鼻)；如此所产生的元音叫鼻元音，或鼻化元音，如 a，若带鼻音，则变为 ã。

参考资料

【元音与辅音的界限】——人们往往把有音缀的作用的音认为元音。这是希腊人所下的定义。在他们看来，元音乃是造成音

---

① 舌、唇与软腭之外还有下牙床骨。下牙床骨可以离开上牙床骨。离开的程度不一定，但总与上牙床骨形成一个角度。这角度的大小也不一定。两牙床骨的角度比较大些的时候，我们就把那元音叫做开口音；角度比较小些的时候，我们就把那元音叫做闭口音，例如 i 比 e 算是闭口，a 比 e 算是开口。话虽如此说，在牙床骨的角度相同的情形之下，我们还可以发出种种不同的元音(参看 Roudet, Elément de Phonétique Générale, P. 77)。由此看来，舌与上腭所形成的口腔开展程度，比之牙床骨的开展程度重要得多了。

② ʌ 又名中音 ɐ，发音时，舌差不多像不说话时的状态。

缀的一个必要的音素,而且有了这音素就足以造成音缀。他们把音缀认为元音所造成的一个单位,造成这单位的或为单独的元音,或为元音与一个或数个辅音的组合。

这乃是一种显然的谬论。先说,这种定义并不能使我们认识元音的性质,只认识了它在言语里种种作用当中之一种。再说,我们观察了许多地方的言语,知道有些音缀是完全由一些辅音组合而成的。在这些音缀里,有一个声音根本是一个辅音,却偶然执行了元音的职务,例如英文里的 ridden、temple,德文里的 geritten、tempel,在第二音缀里,n 与 l 竟执行了元音的职务了。

由此看来,元音与辅音之间,没有截然的鸿沟。辅音与元音同是自然的一类音素,只有两个极端是显然分离的(这是 Rousselot 的话)。口腔收缩以至于气息在经过口腔的时候发出一种杂音,那声音就变为一个辅音了;然而同时那些发音器官还可以形成一个共鸣器,与一个确定的元音的共鸣器差不多,例如在法文的 yeux、huit、oui 里,发出字首的 j、ɥ、w 的时候,发音器官相当地收缩,以致我们听得见一种微弱而清晰的杂音,同时我们又听见一种音色,与元音 i、y、u 的音色很相近似。这些介乎元音与辅音之间的声音叫做半元音。元音与辅音之间,既没有显然的界限,所以我们在音韵史上常见有元音变为辅音,或辅音变为元音的事实了。

参看 Roudet, Eléments de Phonétique Générale, p. 75 ~ 76。

【元音的性质】——要知道元音的性质,先须懂得音乐上所谓音色(timbre)。音色是声音的一种德性,借此以分别音高与音强都相同的两个声音,譬如笛子与钢琴,奏着同一的调子,我们听起来,仍能分辨其为笛子或钢琴,这就是音色的关系。

大家知道,声音的颤动往往是复杂的。每一个乐音当中,有一个主要的颤动,又有许多次要的颤动。然而我们的耳朵所能感觉到的,只是这些颤动的总和。在乐音里,次要的颤动数恰恰是主要的颤动数的二倍、三倍、四倍等。如果我们把 n 来代表主要颤动数,其次要颤动数就是 2n、3n、4n……

依 Helmholtz 的说法,若要知道两个复杂的声音的音色的分别,须看:(一)次要颤动共有若干;(二)它们的相对的音强;(三)它们的起讫点的分别。元音的性质的分别,主要就在乎音色上的分别。喉咙里发出的声音是由一个主要音与许多次要音组合而成的。元音的次要音往往是谐音(harmonic sounds)。当我们发音时,舌、唇、软腭,一部或全部变了原有的位置或形式,把口腔造成一个共鸣器。某一些谐音适合于口腔的共鸣的,就被增加了强度,其余的就窒灭了,其结果就成为每一元音的固有音色。

参看拙著《从元音的性质说到中国语的声调》,见《清华学报》十卷一期。

第二节　半元音与复合元音

半元音(semi-vowel)发音时,舌头翘起很高,高过了发最高元音时的高度,致有摩擦音发生,但仍保留着近似元音的音色。由此我们也可以叫它做半辅音,因为半元音带有摩擦性,而摩擦性正是辅音的特征。

最闭口的几个元音,如 i、y、u 等,都有变为半元音的可能,只要在发音时把舌再翘高些,上下牙床骨更合拢些就行了。

一个半元音后面跟着一个元音,就成为一个复合元音(diphthong)。所谓复合元音,乃是由一个半元音与一个元音组合而成的,或两个元音组合而成的一个音缀(syllable)。所谓音缀,乃是仅仅一个呼气动作所产生的一个“音群”。

由此看来,我们可以把复合元音分为两种:第一种是后优势的复合元音;第二种是前优势的复合元音。

所谓后优势的复合元音,是一个音缀,其第一成分是一个半元音,或一个短弱的元音,而其第二成分是一个具有常态的时期与力量的元音。因为由弱而强,由短而长,所以叫做后优势的复合元音。

但是,有一层应该注意:许多语史学家并不把半元音加元音的一个音群叫做复合元音,因为他们把半元音认为一个辅音。这么一来,这种复合元音却变为一个辅音与一个元音组合而成的一个音群了。又有些人把它们叫做假复合元音或弱复合元音。

所谓前优势的复合元音,是一个唯一的音缀,其第一成分是一个元音,而第二成分是一个半元音或短弱的元音。

发复合元音的时候,舌由第一个成分的地位移到第二个成分的地位的时候必须经过一段历程,换言之,便是必须经过那两个音中间的那些音的部位,例如:念 au 时,舌头由 a 的地位到 u 的地位之间,必须经过 â、ɔ、o 的部位;念 ai 时,必须经过 æ、ɜ̀、e、é 的部位;不过经过的时间很快,我们的耳朵不能辨别而已。

通常我们读前优势的复合元音时,舌往往不到它的最高点便停止不动,例如读 ai 时,往往是舌到 é 的地位便不再前进,如此便成了 aé;但是我们的耳朵并不能辨出它不是 ai,这是因为后面的音弱而短的缘故①。

普通语音学上又有所谓三合元音(triphthong),即前优势的复合元音之前再有一个半元音,例如 iau、uai 等。但那些不承认后优势复合元音的语史学家同时也就不承认三合元音。

参考资料

【半元音】——半元音在普通语言里,可分为三种:(一)不圆

---

① 汉语里的后优势的复合元音,例如"鸦"(ia)、"月"(yɛ)等;前优势的复合元音,例如"爱"(ai)、"欧"(ou)等。

唇的硬腭半元音 j，与 i 相当。法语里的 yeux，英语里的 yes，德语里的 ja，第一个音素都是半元音 j。（二）圆唇的硬腭半元音 ɥ，与 y 相当。法语里的 huit 的第一个音素就是半元音 ɥ。（三）圆唇的软腭半元音 w，与 u 相当。法语里的 oui，英语里的 well，第一个音素都是半元音 w。不圆唇的硬腭半元音原像一个 i，但只更闭口些，更短些。在希伯来语及德语里，这半元音叫做 jod。

　　许多族语里都有 jod，但其口腔的开展程度各有不同。（一）最闭口的乃是德语里的 j（例如 ja、jung）。舌与上腭所构成的孔道窄到那种程度，竟往往被认为真正的摩擦辅音。半元音也像辅音一般地有幽音与响音之别：响音发音时，声带颤动；幽音发音时，声门大开，声带不动。德语里的半元音 j 就写作 j，例如 ja、jung，但在德国北部有些 g 音也念作 j，例如 Lüge、morgen。与 j 相当的幽音乃是 ç，德文写作 ch，在一个硬腭元音之后或辅音之后，例如 ich、Reich，但在德国北部有些 g 音也念作 ç，例如 Weg、Borg。（二）法语里的 j 比较地开口些，因此，也与元音 i 比较地近似些。在 hier、vieux、rien 等字里，都有半元音 j。在平常的时候，它是一个响音。有时候有一个幽音在前或在后，它受了同化作用，也可以变为幽音，例如 pied、feuilleter。其他罗马语系的族语里也有这音，例如意大利语里的 jettatore，西班牙语里的 yusto。英语 yes、yard 等字的第一音缀里的 j，与 opinion、onion 等字的最后音缀里的 j，都与法语里的 j 差不多。在平常的时候，它是个响音，但当它在 h 或一个幽音之后的时候，受了同化作用，可以变为幽音，例如 human、pure。

　　圆唇的硬腭半元音 ɥ 发音时，舌头的部位与 y 相同（或差不多），但嘴唇的开展程度还比不上 y。法文里的 huit、lui 等字，其中就有这个半元音。它平常是个响音，但如果受了辅音的同化，也可以偶然变为幽音，例如在 tuile 字里。凡是没有元音 y 的族语，当然也就没有半元音 ɥ。甚至有 y 的族语（例如德语），也不一定能有ɥ的。

　　圆唇的软腭半元音 w 发音时,舌头的部位与 u 的发音部位相同,不过嘴唇的开展程度更小些。在法语里,此音最为常见。在 oui、ouest 等字里,第一音素就是这一个半元音。至于复合元音 oi(= wa)与 oin(= wẽ),第一成分也是这音。它平常是个响音,但有时候受了幽音的辅音的同化,可以偶然变为幽音,例如 poids、point。在希腊古代诸方言里,原有这种半元音,写作 F。直到了纪元前 5 世纪,它的书法与读音才消灭了。在拉丁文里也有半元音 w,凡写在元音前的 v 都该念作 w,后人却念作摩擦音 v,并非拉丁本音。意大利语里的 uovo、guardo,西班牙语里的 cuerpo、bueno 等字,也有 w 音。英语里的 w 也是很常见的。写时就写作 w,例如 water、well。就平常说,它是响音,但它也可以变为幽音。那音组 wh 普通就表示一个幽音(例如 what、which),但在现代的英语里,w 与 wh 倾向于互相混淆了,譬如 which 与 witch,在多数人的口里已经没有差别了。

　　参看 Roudet,Eléments de Phonétique Générale,p. 105 ~ 108。

　　【后优势的复合元音】——后优势的复合元音可分两种:第一种是以短弱的元音为其第一成分的,第二种是以半元音为其第一成分的。先说第一种(元音加元音),其第一成分往往是一个闭口元音,例如 é、o;但也可以比较地开口些。法文里的音组 oi,被许多人读为 ua,甚至读为 oa,其第一成分是 u 或 o。再说第二种(半元音加元音),这是很常见的,譬如法语里的 yeux、huit、oui,德语里的 ja、jung,英语里的 water、yard,其第一成分皆是半元音。至于两个音缀所合成的一个音组,为元音 i、u、y 后面跟着另一元音者(例如法语的 lier、ouir、bruire),切不可以与后优势的复合元音混为一谈。因为在 lier 等字里实有两种元音,每一元音自成一个音缀。法语里的后优势的复合元音在拉丁文里原是单元音(例如 pedem 变了

pied），至于相连续的两个元音却是从拉丁文里显然有别的两个元音变来的（例如 ligare 变了 lier）。

Ibd. p. 108～109。

【前优势的复合元音】——前优势的复合元音亦可分为两种：（一）其第二成分是半元音的；（二）其第二成分是短弱的元音的。第一种的前优势复合元音（元音加半元音）在法语里是很常见的。差不多每一元音都可以加上一个半元音 j 而成为前优势的复合元音，例如：[u]+[j]：houille；[o]+[j]：hanoi；[a]+[j]：travaille；[e]+[j]：soleil；[i]+[j]：fille；[œ]+[j]：fauteuil。把 j 认为辅音的语音学家当然把这类的复合元音认为一个元音后面跟着一个辅音。第二种的前优势的复合元音（元音加元音）在现代的法语里是没有的，但在大多数的族语里却是很常见的，尤其是在德语、英语及除法语以外其他的罗马语系里。古希腊语与拉丁语里也有这类复合元音，但到了法语里就变了简单的元音或后优势的复合元音了。

这一类的复合元音的主要特征，乃是从第一成分的部位渐渐降至第二成分的部位，发音器官所停止的地点总不很一定的。譬如你读英文里的 time 一字，其中那复合元音 ai 发音时，舌头与嘴唇及其他器官从 a 的部位渐渐转移到 i 的部位，以致 a 与 i 之间各个元音的部位也都被它们经过。因此，就产了一串元音，非但包括 [a][æ][è][e][é]，而且这些元音中间的一切媒介音都包括在内。上述这些元音，除了 a 之外，没有一个在我们的耳朵里发生很清楚的印象的，我们只觉得它渐渐闭口，渐渐变换而已。所以如果你把这一串的元音念了一部分，例如从 a 念到 e，我们耳朵里所听到的印象还是一样的。在德语与英语里，复合元音的读音往往是因人而异或因地而异的，都可用这理由去解释。因此，复合元音也就是不固定的音组，往往倾向于变了音色，或减为一个简单的元音。

前优势复合元音的第二特征,乃是第一成分比较地长些、强些;依平常的说法,就是第一元音的长度与强度胜于第二元音。但是,这话并不十分真确,因为这种复合元音的第二部分并不仅仅是一个元音,而是一串的渐变的元音。所以严格地说起来,我们该说那为首的元音比之后面跟着的那一串元音更强些,更长些。譬如英文 time 字里的复合元音 ai,其音的递变如第一图。

第一图横线表示时间;直线表示读音渐离第一元音的距离程度。

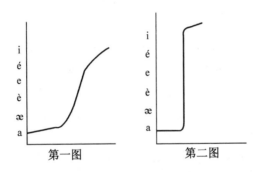

第一图　　　　　　第二图

如果两个元音相连而不成为复合元音(例如法文的 caiman),则成为第二图。

就这图看来,舌头在第一元音的发音部位与第二元音的发音部位都停留颇久,而两元音之间的媒介音的部位却被很迅速地经过了。我们试在舌头上安放一个橄榄形的橡皮管,把橡皮管接在记音机上,先念复合元音 ai,再念两个元音 a、i,则见音笔所记下来的音纹是与上面那两个图相似的了。

前优势的复合元音还有第三个特征是与两个元音有分别的。复合元音只需要一次的呼气动作;至于两个相连的元音,却有连续两次的呼气动作。换句话说,在一个复合元音里,呼出的气仅有一个最高度；在相连的两个元音里，却有两个最高度。下面的两个图，一个表示复合元音发音时的呼气情状，另一个表示相连的两个元音发音时的呼气情状。横线表示时间；直线表示每一时间所耗费的气息。

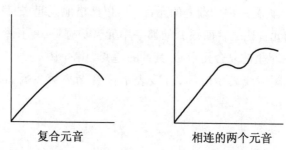

复合元音　　　　　　　　　　相连的两个元音

有时候，人们说，在复合元音里，第一成分比第二成分开口些。这是常见的情形，例如上文所述过的复合元音 ai 与 au；但这并不能成为定律，譬如英文 dear、poor 等字里的复合元音［iə］［uə］，第一成分却比第二成分更闭口，而我们又不能不认为复合元音，因为上述的三个主要特征都是它们所具有的。

Ibd. p. 109～113。

第三节　辅　　音

辅音，从声学上看来乃是没有一定的音高，颤动数常在五十以下七千以上的音素；又从生理学上看来，是噪音占优势的音素。我们可以从三方面去把辅音分类：

I. 就发音的方法说，辅音可以分成两大类，每一大类又可以分成几小类如下：

（A）闭塞音——发音时发音器官的某一部分闭塞，使气流受阻碍，但又突然开放的。闭塞音又可以分为两小类：

（1）破裂音，又称塞音——闭塞后又突然开放的。大部分的闭塞音属于此类,如 p、b、t、d、k、g。

　　(2)鼻化闭塞音,简称鼻音——闭塞而气同时由鼻腔出来的,如 m、n、ŋ①。

　　(B)紧缩音——发音时发音器官所造成的孔道极小,使气流受少许的阻碍而发出摩擦声音的,又可以分为四小类:

　　(1)摩擦音——发音时口腔窄小,致发出摩擦音的,如 f、s②。

　　(2)塞擦音,又称破裂摩擦音——前半是闭塞性质,后半是摩擦性质,如 ts③。

　　(3)边音——舌头在口腔的中间翘起,使气流由两旁的孔道流出,如 l。

　　(4)颤音——气流出时,有一部分的软性器官(舌、小舌)颤动的,例如 r。因为颤动的器官的部位不同又可以分为:

　　　(i)舌前的颤音,如舌前的 r;

　　　(ii)舌后的颤音,如舌后的 r;

　　　(iii)小舌的颤音,如小舌的 r,写作 ʀ。

　　Ⅱ. 由于发音的部位不同,辅音又可以分成六类:

　　(A)唇音——如 p、b、f、v;

　　(B)齿音——如 s、t、d;

---

①　如果此类鼻音系唯闭音(implosive),则气仅由鼻腔一面出来。闭塞音(occlusives)或称全阻,紧缩音(constrictives)或称半阻,故闭塞音可以包括鼻音。鼻音系习惯的名称,其全称当为鼻化闭塞音(法文 occlusives nasales)。参看 Roudet, Eléments de Phonétique Générale P. 152。

②　破裂音又称为暂音,因为一到破裂就完了,是没法子延长的。摩擦音与此相反,故又称为久音。

③　塞擦音只由一个发音动作(articulation)而成,当认为一个单音素(参看 Rousselot, Principes de Phonétique Expérimentale, Ch. XIV, 又 Roudet, Eléments de Phonétique Générale, P. 120)。我们不要为音标所迷惑,而认 ts 之类为两个音素。严格地说,ts 应该写成 t͡s,余类推。

（C）硬腭音——如 s、n；

（D）软腭音——如 k、g；

（E）小舌音——如 ʀ；

（F）喉音——如 h。

以上六类都是各个器官互相接触而发出的不同的音。可是每个器官都可以分为几个不同的部位,例如舌的各部都与腭的各部有接触的可能,所以因为接触的部位不同,在某一个器官又可以发出许多不同的音;由此说来,我们又可以就六类中再分若干小类,但这里不必详述。

Ⅲ. 再就声带的关系看,辅音又可以分成二类:

（A）幽音,或称清音——发音时声带不颤动的,如 p、t、k、f、s；

（B）响音,或称浊音——发音时声带颤动的,如 b、d、g、v、z。

每一个辅音都有幽音与响音的区别,如 p 与 b、t 与 d、k 与 g、f 与 v、s 与 z。也有许多音似乎没有幽响的区别而实际是有的,如有响音的 l 便有幽音的 l①。

此外还有所谓吐气的辅音,例如我们念一个"怕"字[pa],当辅音[p]已经完了之后,元音并不跟着就接上,于是辅音与元音之间发生一段气流,与平常呼吸时颇相似。在这情形之下,我们说这[p]是吐气的[p],另写作[pʻ],使与不吐气的[p]有分别。"怕"[pʻa]字与"霸"[pa]字就靠吐气、不吐气的分别而不至声音相混。这是幽音的吐气,气吐得很重时可加音标[h],例如[pha]。又有响音的吐气,例如吴语的"排"[bʻa]字,辅音与元音之间的一段气流不像平常呼吸,却像剧烈的叹息。气吐得很重时,可加音标[ɦ],例如[bɦa]。

---

① 幽音又称为不带音,或"气";响音又称为带音,或"声"。

参考资料

【破裂音】——破裂辅音里的幽音，如 p、t、k 等，只是一些噪音；因为一种障碍作用，拦住了气息的去路，气息暂时停止，所以才有这些辅音。就普通说，障碍作用是在嘴的；或用嘴唇，或用舌尖，或用舌面。用嘴唇的名为唇音，用舌尖的名为齿音，用舌根的名为舌根音。但是也有些破裂音的发音部位是在口腔之后的，这是所谓喉音。嘴唇之关闭常常只在一个部位，所以只有一种破裂音的幽音的唇音；如果我们除了用力多少不计，单就嘴唇的部位说，在一切的族语里的 p 都是完全一样的。反过来说，舌尖是软的，而舌面又可以沿着硬腭到软腭，所以可以有种种不同的接触；我们可以依舌阻的部位想见许多种的齿音与舌面音。舌尖所抵的部位，就最普通的情形说，是在上排的牙齿；所以这样发生的辅音——例如法文的 t——就叫做齿音。但是舌尖也可以抵在齿白之上，例如英文的 take 字或 tire 字里的 t，这可以叫做龈音。再者，舌尖还可以卷至硬腭，变为有些言语学家所谓"脑音"。"脑音"与牙龈音都只算是齿音的变相。舌面音的变化更多；舌面的任一部分与上腭的任一部分接触，都可以得一个舌面音。如果在硬腭上发生破裂作用，就是一个硬腭音，例如法文 qui 字里的 k。如果在软腭上发生破裂作用，就是一个软腭音，又名舌根音，例如德文 kuh 字里的 k。软腭音与硬腭音自身还可以有种种变化，譬如在硬腭生阻处较前的叫做前腭音，生阻处较后的叫做后腭音。

生阻处解释过了，现在该研究破裂音的结构。气是从肺里被驱逐出来的，那时候，声门开着不动，它就走出了声门，但当它透到口腔的时候，忽受一种阻碍，或是唇阻，或是齿阻，或是腭阻，阻的情形上文已经说明。后来那阻碍忽然取消了，那气就能继续地逃出来了。由此看来，一切的破裂音都可以分别为三时：（一）成阻；

(二)持阻;(三)除阻。在一个简单的辅音发出时,——例如一个t,——闭塞后立即开放,那持阻的久度几乎是我们所感觉不到的。反过来说,在人们所谓复辅音里,三个时间都很分明。其实所谓复辅音只是一个长辅音,发音时所用的力比短辅音所用的力大些。ata 与 atta 的分别,除了用力多少的问题外,就是发 atta 的音的时候,成阻与除阻中间还有一个显然的持阻,为吾人之听觉所能辨别。我们如果说 atta 里有两个 t,而 ata 里只有一个,这就错了。在这两个音群里,所包括的两元音之间的两个原素乃是完全相同的:先来一个闭塞作用(成阻),后来一个开放作用(除阻)。不过在ata 里,成阻之后跟着就是除阻;而在 atta 里,成阻之后还有一个持阻,把闭塞的时间延长,所以就有分别了。当接触点移动的时候,闭塞的原素与破裂的原素之间的分别是很显明的。假定在气息经过声门的当儿,舌尖与牙齿接触;及至闭塞了之后,舌面突然抵着上腭,于是破裂作用乃在上腭发生:这么一来,我们可得一个闭塞的 t 跟着是一个破裂的 k,换句话说就是得到 tk 一个音群,例如atka。反过来说,如果先由舌面与上腭接触,到了破裂的时候舌尖才抵着牙齿,我们就得到一个闭塞的 k,跟着是一个破裂的 t,例如akta。由上文看来,我们可以把像 a 的一个元音与像 t 的一个辅音看出一个分别。就生理上说,这两个现象之间,除了同是由肺里驱出的一段气息所成之外,找不出一个共同之点。然而这两种极端的之间还有许多音,而那些音的界限就不能如此分明了。

　　参看 Vendryes,Le Langage,p. 25～28。

　　【摩擦音】——我们先这样设想:闭塞处不是全闭的,还剩有一条孔道;这孔道无论狭小到什么地步,总算是让那一段气息出来。这么一来,我们得不到一个闭塞音或暂音,却得到一个嘘音,或称久音;又叫做摩擦音,因为它的特色在乎一种摩擦的声音。这已经不复是紧闭而突开的门,把被阻的气息放出来;却只是紧靠着的门,留个缝儿吹出气息。自然,闭塞音所能有的一切发音部位都是摩擦音所能有的;在闭塞音每一个生阻处,我们都可以设想一个相当的摩擦音,因为嘴唇与舌尖舌面都可以留一个让气息出去的地位,例如唇齿摩擦音(例如法文的 f)、齿摩擦音(例如法文的 s)、齿间摩擦音(英文的 thank 字里的 th)、腭摩擦音(德文 ich 字里的 ch)、中腭摩擦音(法文的 cheval 字里的 ch)、软腭摩擦音(德文 Buch 字里 ch);此外发音有若干可能的部位,同时就有若干可能的摩擦音。在口腔的后面还有所谓喉头摩擦音,例如阿拉伯的 hain 字。还有一类现象是介于闭塞音与摩擦音之间的,这就是所谓半塞音,又叫做塞擦音。这些声音的特质在乎那闭塞作用并不自始至终是完的,它们固然也像闭塞音一般地有一个成阻,但这成阻之后跟着就有一个轻微的开展动作,以致它们以闭塞始而以摩擦终。世上有些族语是有许多塞擦音的;我们可以把它们写作 pf、ts 等。

　　Ibd. p. 28～29。

　　【带音的辅音】——说到塞擦音,甚至于摩擦音,与元音相离还很远。但是,摩擦音与元音的距离总算比破裂音与元音的距离近了些,因为摩擦音也像元音一般地是有延长性的。我们可以把 f 或 s 的声音尽量拉长,直至肺里的气接不上来为止。然而我们另有一个方法,可以把破裂音与摩擦音都弄得与元音更接近些,这方法就是叫它们带音。刚才所说的音,在发音的时候,声带都是不动的。所以我们只得到一些幽音(法文叫做 sourde,英文叫做 unvoiced,德文叫做 stimmlos),换句话说就是不带音。但是,当我们让声带颤动,与发元音同一情形的时候,我们就得到一种响音(法文叫做 sonore,英文叫做 voiced,德文叫做 stimmhaft)。响音与幽音的分别乃是:在一切情形相等的时候,响音有声带的颤动作用。我们如果接连着念 p b,或 t d,或 k g,尤其是接连着念 f v,或 s z 的时候,便很容易觉得响音与幽音的分别了。如果我们在发音的时候掩着耳朵,就会听见声带颤动作用在口腔里所生的共鸣。当然,上文所说的一切辅音,无论是破裂音、塞擦音、摩擦音,都是可以有响音的;如果我们要给可能的辅音做一个统计,就应该把上文每一个幽音都配一个响音,换句话说就是应该以二乘之才行。

Ibd,p. 29～30。

第四节　声　　调

以前三节是就普通语音而言,这一节所谓声调,却是专指汉语的声调而言。

从前有人说,声调就是声音的轻重、迟疾,或长短。其实在我们看来,声调问题并不是那样简单的。为研究方便起见,我们且就各方面来研究,看看形成声调的因素到底是些什么。

声音有四个要素:(一)音色;(二)音的强度;(三)音的长度;(四)音高。音色乃是声音的一种性质,赖此以分别同强度同音高的两个音,例如箫发出来的声音和琴发出来的声音便不一样,它们的特殊的性质,便是它们的音色。依我们耳朵的感觉,音色是与声调没有很大的关系的;原则上,我们可以把一个音读成各种声调,而在每个声调中我们都不能发现它的音色和别的声调的音色有很大的变更,例如"天"字,我们可以把它读成四种声调,而它的音色始终只是 t'iɛn。

再看音的强度。音的强度是所谓强或弱的声音的性质;同是发一个音,用力强时和用力弱时是两样的。由此我们可以看出这也和声调没有关系,因为发音时用力的强度并不能变更汉语某一个字的声调,例如"天"字普通都是读为平声,在我们用力读时,它固然是平声;即使用很小的声音读它,它仍然不变其为平声。

　　音的长度也是和声调无关的。所谓音的长度不过是读音时间的久暂；一个去声的"敬"字我们即便把它的音延长到几倍的时间，它始终还是去声；又或把它读得很短很短，它仍然不会变成别的声调。这种情形只有在吴、闽、粤语及客家语中有些例外，如广州的"天"[tʻin]字，若读到入声时便变成"铁"[tʻit]而不能延长了。但是这不过是一种特殊情形，在普通言语中读音的久暂是不能影响声调的①。

　　声音的四种要素中已经有三个被证明为与声调没有很大的关系，那么归结到末了，我们可以知道最能够形成声调的只是音高了。音高，用普通话说，就是音的钝锐，或音的高低（不是强弱）。钝音与锐音的差别叫音差，我们的耳朵能确切地区别出来。又依实验的结果，我们可以知道，音之所以有锐钝（或高低），乃是频率（frequency）的关系；颤动数多的是锐音（或高音），颤动数少的是钝音（或低音），音的钝锐或高低的程度我们便叫做音高。

　　那么所谓声调就是单纯的音的钝锐吗？ 不，声调并不是单一的音高。各样的声调固然是不同的音高形成的，但是它们的音高并不是始终不变的。一种音高维持到若干时间以后便要发生变化，而维持时间的久暂又各各不同，并且变化也不规则；所以即使是同一的音高，维持时间较久才变化的和维持时间很短就变化的，声调又会两样。

　　再者，字调是一种相对的音高，没有绝对音高的。老幼男女音高不相同，但每类声调的形状还是一样的。由此看来，汉语声调的特征，乃只在乎音高曲线的高低起伏的形状了。

---

① 依耳朵的感觉，音色、音的强度、音的长度，似乎都与声调没有关系。若要作严格的实验的研究，恐怕都有关系（见下参考资料第三、四、五节）。

参考资料

【关于声调的定义】——对于字调（按：即声调）的物理的性质，中国的音韵家只有过很糊涂的观念。多数人不过用"长短、轻重、缓急、疾徐、高低"等不相干的字眼来解说它，其实这些变量（variables）一点不是字调的要素。一个字调成为某字调可以用那字的音高和时间的函数关系作完全不多不少的准确定义；假如用曲线画起来，这曲线就是这字调准确的代表。假如用器具照这音高时间的曲线发出音来，听起来就和原来读的那声调一样。这是这定义充足的证据。假如把上头"长短、轻重、高低……"等纯乎定性的字眼来解释字调，无论说得再详细，也不能令人用口或器具依那声调发出来，这是定性的字眼不够做字调定义的证据。

赵元任《中国言语字调底实验研究法》，见《科学》七卷九期，页 871～872。

【关于声调的形状】——字调是一种相对的音高曲线，没有一定的绝对的音高的。老幼男女音高不相同，一个人说话响的时候音高高些，轻的时候音高低些（这关系没有物理或生理上的必要，不过最自然的习惯如此）。但是每类字调的形状还是一样的，例如北京"赏"调比阳平低，但是一个小孩子或女人的"赏"调比男人的阳平还高些，可是每调的形状不变就是了。所以读音时应该取一个不太响不太轻自自然然的说法（也不要太长太短）。假如读音者的喉咙特别尖或特别粗，须把他的曲线移上移下到平均音高，才可以和别处字调比较。非但一字里各部的音高有相对的关系，这调类和那调类也有相对的关系，所以一种方言里几个字调一定要一个人读，而且隔开的时候要不久。不然把一个低的字调读得比平常高,过了几分钟,忘记了刚才的 key,把一个高音的字读低了,这相对的关系就不准,这个可以拿音乐的譬喻来解释,比方唱"何日醒",本来是 C 调,把全体改唱 B 调 D 调,倒也不要紧,但是头一句"一朝病国人都病……"唱 do do mi mi re do re mi 唱了 C 调,到了"饮吾鸩毒迫以兵……"唱成 sol do sol ti la sol mi 改成了 G 调,那就错了。在研究字调的时候要防这弊,可以先说了一个字调,做好了,在做第二试验的以前一两秒钟(不可比一秒钟再近。防相连的影响)把第一个字,仍照第一次的绝对音高再说一遍。同样,做第三试验前把第一、第二字,仍照先前的绝对音高先说一遍,这样才能保全各调的相对音高的关系,例如先说"衣";第二,试验说"衣,——移";第三,试验说"衣,移,——椅";第四,"衣,移,椅,——意";第五,"衣,移,椅,意,——益"。字调的形状也只能取平均的形状,因为特别说重的字,音高的上下极限会伸长,特别轻的时候会缩小。用图画的言语说,就是比方把平均曲线画在一个半松半紧的橡皮带上,把这带子上下一拉,这曲线的竖位标底变度就加大了,把这带子一放松,这曲线就缩扁了,竖位标底变度就小了,例如北京的去调上下距平均有八个音,但是很重说起来,例如很诧异地说:"怎么?这东西原来是个(坏)的!"这"坏"字的去声也许有十二三度的音阶了。

同上,页 880~882。

【音色与声调的关系】——依刘半农先生的结论,中国语的声调是与音色毫无关系的,至少在北方官话里是如此。但是,就意大利语音学家 Gemelli 与 Pastori 研究所得的元音的性质看来,音色与音高颇有关系;中国语的声调既与音高发生关系,恐怕也不能绝无关系。北京"油"字的主要元音是 u,然而它的上声"有"字的主要元音却是 o；大致听起来，北京把"油"字念 iu，却把"有"字念 io。就普通说，北京的上声字的元音往往比平声字的元音更开口些。譬如"精"字的主要元音 i 虽不是很闭的也是个中音，而"井"字的主要元音 i 就开了许多；"谁"字念 shui 而"水"字念 shuei，这是耳朵里可以听出来的。这种倾向以北京的人民大众为甚；我往往听见有人把"走"字念作 tsao。

至于音色能否影响及于声调，在未作实验以前，我们未便武断。但是，依刘先生实验的结果，元音不同而调类相同的两个字，其音高及其曲线的形状都有差别；因此我们就不能不小心。当我们作实验时，最好是把元音不同而调类相同的字都拿来实验许多次，看它的结果如何，再下结论。

参看拙著《从元音的性质说到中国语的声调》。

【音强与声调的关系】——要知道音强与声调的关系，须先知道音强所必需的生理上的条件。音的强度，是与每一声音所耗费的气量有关系的。这并不是说音的强度与每一声音所耗费的气量成正比例；音强与气量的关系不是这样简单的。当元音相同而音高又相同的时候，气量的平均数越大，则音的强度也越高，胸部的呼吸穴降低得越急，则气管里的气压越重。气压的结果，使两个声带弯曲而分开，换句话说就是声带增加了长度，同时也增加了紧张的程度。但是，这气压作用的结果只叫做被动的紧张；另是所谓主动的紧张，乃是喉头筋络收缩的结果。我们知道，音高之形成，乃是主动的紧张与被动的紧张的总和。因此假使我们要把一个字读得响些，换句话说就是气压重些，而同时我们又要保存着那字的原有的音高，那么，我们就不得不减少了主动的紧张。这种现象叫做补充作用，是生理学家 J. Müller 所发明的。如果声带的紧张程度不变,只增加了它们的长度与那推动它们的"机械力"(mechanic force),那么,音的颤动的阔度就增加,而同时那音的强度增加了。当元音相同,音强也相同,只有音高不相同的时候,如果那声音越提高,则其所耗费的气量越少。又如果其所耗费的气量不减少,则声音更高时,音的强度亦随之而增加。若要增加音高,同时又要保存着原有的音强,那么,必须在喉头的筋络使声带紧张的时候,令呼吸穴降低得慢些。这也是一种补偿作用,与 J. Müller 所述的补偿作用相反,却是一样重要的。

由此看来,普通人以为音高与音强有连带的关系,也未尝没有几分道理。说得响,声音就高。除非有把喉头的筋络收缩的程度减低,以补偿呼吸穴降低的速度。声音高了的时候,也就说得响,除非你把呼吸穴的降低作用弄慢些,以补偿喉头的筋络收缩的程度。赵元任先生也说:"一个人说话响的时候音高高些,轻的时候音高低些。"跟着他又说:"这关系没有物理或生理上的必要,不过最自然的习惯如此。"依我猜想,虽没有物理或生理上的必要,也许与心理颇有关系,当呼气很急的时候,我们往往不知不觉地把喉头的筋络收缩得更紧。我们说话时,呼气作用(expiration)、发音作用(phonation)、读音作用(articulation)三者相应,其与心理的关系也颇与此相类似。总之,音强之足以影响音高,这是最普遍的事实。

现在我们更进一步研究它是否可以影响及于声调的形状。所谓声调的形状,是指曲线起伏的形式而言,不管其绝对的调值,但音强既能影响及于音高,当然也能影响及于声调的形状。我们念一个音的时候,音高不能始终如一,同理,音强也不能始终如一。假使音高永远跟着音强变化,换句话说就是已变以后的音强在每一音期中与音高的比例仍像未变以前的比例一样,那么,其声调的形状是不会发生变化的。然而这是绝对不可能的一种事实,例如第一音期中,音强增加了一倍,而音高增加了一又二分之一倍;在第二音期中,音强增加了一倍,而音高也只增加了一倍;由此类推,其曲线的形状必不能与原来的形状一样了。

　　同上。

　　【音长与声调的关系】——声调可以影响及于音长,这是研究中国语音的人所不能不承认的事实。依高本汉的观察:(一)字首的辅音,就普通说是短的,然其短的程度亦随各种声调而异。(二)字尾的辅音由声调的影响而变化很大。在北京语里,pan 字的 n 在上声为最长,在平声就短了许多,在去声则更短。(三)一个简单元音在开的音缀里(按:即元音后不带鼻音韵尾者),就普通说是长的。其长的程度亦随声调而异。在北平语里,ma 字的 a 在上声比在平、去声长了许多。(四)一个简单元音在闭的音缀里(按:即元音后带鼻音韵尾者),就官话语系说,照规矩是短的。但亦可受声调的影响,例如北京 pən 字的 ə 在上声比在平声长些。(五)在复合元音与三合元音里,其长度亦受声调的影响。北京 ai 里的 a 在上声总比在别的声调长些(Karlgren, Etudes sur la Phonologie Chinoise, P. 252～253)。由此看来,声调可以影响及于音长,这是毫无疑义的,现在要看音长是否可以影响及于声调。

　　上面说过,中国语的声调没有绝对的音高,其特征只在乎它的曲线的形状。所谓形状,非但指起伏的形状,同时也指长短的形状而言。声音短者,其音高的曲线必短;声音长者,其音高的曲线亦长。我们须知,纵使起伏的形状相同,如果长短的形状不同,其调类亦可因之殊异,例如一个准平的曲线(大致看来似乎始终如一),如果长了一倍,就是平声;短了一半,就是入声。我有一个猜想:我以为某声调的特征的曲线只在起头若干音期呈现,过此以往,就只顺着接上一个尾巴,譬如那字是以升音收的,如果你再念得长些,它就索性上升。又如那字是以降音收的,如果你再把它念得长些,它就索性下降。又如那字是以平音收的,如果你把它念得更长些,它就索性平行(依此说法,吴语里有些入声是可认为与平声同其调类的,如果我们不算它收音时那一个喉破裂音)。刘半农先生的《汉语字声实验录》里就有这种现象(planche VI),但他自己没有找出一个解释。

同上。

【辅音与声调的关系】——辅音对于声调的关系,与元音对于辅音的关系是一样重要的,也许更重要些。我们知道,元音与辅音的界限本来就很难划分。除了极端的元音(e、a、o)与极端的辅音(p、t、k)截然有别之外,其余都是元音与辅音之间的媒介音,譬如鼻音、边音、颤音,都能自成一个音缀,其作用与元音无异。所以我说元音、辅音的关系是一样重要的。

声调的变化,与发音的部位有无关系,我们虽不敢完全断定,但我们可以说其关系就有也是比较小的(若以古今音比较研究,则见声调的变化与声母的发音部位全无关系,而与其发音方法最有关系,见赵元任先生的《现代吴语的研究》,页73)。固然,当我们研究某一方音的声调的时候,也不该忽略了发音部位的关系,例如我们必须把舌根音的去声与唇齿音的去声相比较,看它们有什么异同之点。但是,最重要的还是该注意到辅音的发音方法,因为它对于声调的影响是不可避免的。

现在就最重要的三点来说:第一是吐气的关系。我们又知道,所谓吐气的辅音,就是当那辅音已完,而后面的元音未来的时候,先有一段气流。我们知道,无论元音或辅音,其读音作用都可以分为三个时期,即(一)紧张期;(二)维持期;(三)松弛期。一个辅音或一个元音单念的时候,必须经过这三个时期;但是,当一个辅音后面紧跟着一个元音的时候,那元音的紧张期往往与那辅音的松弛期混合起来。说到这里,我们就可以明白吐气对于声调的关系了。吐气的辅音既然把一段气流放在它自己与元音的中间,那元音的紧张期就不会与辅音的松弛期混合起来了。由此看来,吐气的辅音之后的元音乃是一个完整的元音,而不吐气的辅音之后的元音却往往是一个不完整的元音。其元音既不相同,其声调当然容易发生影响。

　　第二是清浊音的关系。就中国语音的历史看来,清浊音与声调的关系是很深很深的。吴语非但保存着浊音(其实是很不纯粹的浊音),而且浊音字的声调与清音字的声调绝对不能混淆。凡浊音字就念入阳调类,凡清音字就念入阴调类。粤音系虽没有保存破裂、摩擦、破裂摩擦的浊音,然而它还保存着清浊音的系统,古代的清音字现在就念入阴调类,古代的浊音字现在就念入阳调类。最把清浊的系统弄乱了的要算北京音了,然而它到底还有阴平与阳平的区别。这是大家所知道的。现在我们所要研究的乃是同在一个调类里的清浊音字,看它们的声调的曲线究竟有没有分别,例如北京的"打"[ta]字与"马"[ma]字、"亭"[t'ing]字与"灵"[ling]字、"布"[pu]字与"怒"[nu]字,它们的声调的曲线是否完全相同? 这也是不可忽略的。

　　第三是鼻音韵尾的关系。辅音里的鼻音很有元音的性质,有时候竟可以独立而成为一个音缀,其作用与元音相等。至于中国语里的鼻音韵尾,虽不能等于一个元音,也就仿佛是复合元音的一个次要成分。由此看来,凡是复合元音可以影响及于声调的现象,也就可以是鼻音韵尾影响及于声调的现象。譬如拿北京的"比"[pi]字与"饼"[ping]字相比较,假定它们全字的声音是一样长短,那么,"比"字的声调只寄托在元音 i 之上,而"饼"字的声调却寄托在元音 i 与鼻音韵尾 ng 上头。也许当单念的时候,"饼"字的元音 i 只表现了一个"赏半",却由那鼻音韵尾去完成它那渐高的曲线。

总之,一个纯粹元音与一个带鼻音韵尾的元音相比较,其声调的曲线尽可以有不小的差别,这也是我们所应该注意的。

同上。

第五节　音　　标

当我们要把语音写出来的时候,当然须用语音的标识。但是,我们严格地研究起来,非但汉语的音形分立的文字没有正确的语音标识,就是欧洲的普通音标也是毛病很多的。最显明的毛病有下列四种:

(一)有些单音是没有音标的,所以不得已而用两个字母代表一个单音,例如英文的 th、sh、ng,法文的 an、on、ch。

(二)同一声音而有数种写法,例如英文的 right、write;法文的 boeuf、neuf,examen、chemin。

(三)同一写法而有数种声音,例如英文的 lead(noun)、lead(verb);法文的 j'ai、maire,galant、gite,canon、citron。

(四)写出来的字母不一定有声音,例如英文的 hour、lamb;法文的 pied、flot。

这种不规则的写法非但英法文如此,现代欧洲其他各国的文字也莫不如此。德文的书法经过了一番改造之后,仍旧有不合理的地方(例如 ich 与 buch)。意大利文与西班牙文是曾经依照音理改造过的,所以毛病少了许多,但还有若干不规则的地方。现在通行的正确的音标,只有国际语音会所制定的一种。

国际语音会成立于 1886 年,语音学大家如 Viëtor、Jespersen、Paul Passy、Daniel Jones 等都是这会的中坚人物。他们首先感觉普通音标的毛病,于是创造了一种国际音标。国际音标的好处,简单地说起来,就是每一音标只能代表一个音素,而每一音素也只能有一个音标。

　　但是,国际音标是偏重于欧洲语音的,不免对于汉语语音有隔膜的地方。所以中国人采用国际音标时,非稍为增减不可。现在我们采用以下的两个音标表。这是依国际音标增减的,大致较为适合汉语语音。

辅音表

发音方法			双唇音	齿唇音	齿音	齿上音	腭龈音	腭音	舌面音	舌根音	小舌音	喉
（上部）发音部位 →	上唇	上齿	齿	前齿龈	后齿龈	龈腭间	龈腭间	硬腭	硬软腭间	软腭		喉
（下部简称）	下唇		舌尖			舌尖及面	舌面		舌根			
塞音	清	纯	p		t	t		ȶ	c	k	q	ʔ
		送气	p‘		t‘	t‘		ȶ‘	c‘	k‘	q‘	ʔ‘
	浊	纯	b		d	ɖ		ȡ	ɟ	g	ɢ	
		送气	b‘		d‘	ɖ‘		ȡ‘	ɟ‘	g‘	ɢ‘	
塞擦音	清	纯		pf	tθ　ts	tʂ	tʃ	tɕ		kx		
		送气		pf‘	tθ‘　ts‘	tʂ‘	tʃ‘	tɕ‘				
	浊	纯		bv	dð　dz	dʐ	dʒ	dʑ				
		送气		bv‘	dð‘　dz‘	dʐ‘	dʒ‘	dʑ‘				
鼻音	浊		m　ɱ		n	ɳ		ȵ	ɲ	ŋ	N	
边音					l	ɭ			ʎ			
滚音					r	ɽ					R	
闪音					ɾ							
擦音	清	纯	Φ　f		θ　s　ɬ(边)	ʂ	ʃ	ɕ	ç	x	χ	h
		送气		f‘	s‘							
	浊		β　v		ð　z　ɮ(边)	ʐ	ʒ	ʑ	j	ɣ	ʁ	ɦ
无及擦半通元音音	清		ʍ,ɥ̥									
	浊		w,ɥ　ʋ		ɹ			j(ɥ)	(w)			
			{ŭ ȳ}						{ɪ, y̆}			

元音表

舌高低 ＼ 唇圆不圆 ＼ 舌前后	舌尖 前 不圆	舌尖 前 圆	舌尖 后 不圆	舌尖 后 圆	前 不圆	前 圆	央 不圆	央 圆	后 不圆	后 圆
高	ɿ	ʮ	ʅ	ʯ	i	y	ɨ	ʉ	ɯ	ʊ
次高					ɪ	Y				ᴜ
半高					e	ø	ɘ	ɵ	ɤ	o
中					ᴇ		ə			ǫ
半低					ɛ	œ	ɜ	ɞ	ʌ	
半低与低之间					æ		ɐ			ɔ
低					a		ᴀ		ɑ	ɒ

元 音 图

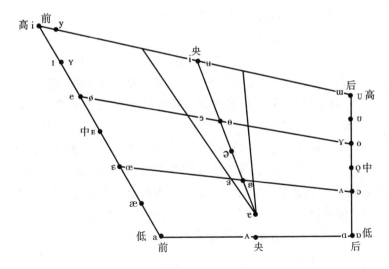

　　有时为印刷便利起见，以 é、e̤、è 代 e、ᴇ、ɛ；以 â 代 a，如遇鼻化元音则于元音之上加～号，例如[ã][ẽ]。

第二章 汉语音韵学名词略释

第一节 声母 韵母 纽 韵 双声 叠韵

用现代语音学上的名词说来,声母就是一个字的发声,等于英文的 initial;韵母就是一个字的收声,等于英文的 final。有许多人往往把声母误解为子音(consonant),把韵母误解为母音(vowel);其实声母就是一个字的起头的音素,这个音素固然可以是辅音,但也可以是元音,如"应"[ing]字的声母便是 i;韵书上所谓喻纽,也就是元音的纽。韵母就是一个音的收尾的音素或音群,这个音素或音群可以是元音,但在中国有时候则是元音加辅音,如"班"[pan]字的韵母便是 a 和 n 连合的 an。

原来古人以为汉语每字的声音都可分为两部分,即(一)声母;(二)韵母。如果遇着以辅音起头的字就很容易解释,例如"巴"[pa]字,其中的[p]是声母,[a]是韵母。有时候,遇着没有辅音起头的字,例如"俞"[y]、"夷"[i]、"游"[iou]、"延"[iɛn]等,在汉语音韵学上仍认为其中包括着声母与韵母两部分(故"俞、夷、游、延"都属于三十六字母中之喻母,参看下文第九节),在这情形之下,所谓声母就是元音,也就是借韵母的一部分认为声母。或者可以说,这些字的声母是个零。后一说在音韵学上的说明较为便利。

声母只有一个音素,韵母却常有几个音素;除去声母,其余的音素全是韵母。

汉语每字只有一个音缀(syllable),例如"官"[kuan]字,第一音素[k]是声母,第二音素[u]是半元音(故亦可写作[w]),第三音素[a]是"官"字的主要元音,换句话说就是主要骨干,第四音素[n]是一个辅音,其实只念半个(因为不破裂)。从第二至第四音素,我们称为韵母。又如"标"[piau]字,第一音素[p]是声母,第二音素[i]是半元音(故亦可写作[j]),第三音素[a]是"标"字的主要元音,第四音素[u]是短弱的元音,可称为附属元音。有一点应该特别注意:在一个汉字里,如果似乎有两个以上的元音,则其中必有该认为半元音或附属元音的。半元音与附属元音都很短很弱,不能自成一个音缀,必须附加于主要元音之上才成音缀。假使把"标"字里的[i]与[u]念得也像[a]一般长,一般强,那么成为[pi-a-u],该说是一字三音,就不像中国字了。

为方便起见,我们把主要元音称为韵腹;韵腹前面的半元音称为韵头;韵腹后面的附属元音或辅音称为韵尾。有些字是韵头、韵腹、韵尾具备的,例如:

先[ɕien]　宣[ɕyan]

酸[suan]　飘[pʻiau]

有些字只有韵头、韵腹,没有韵尾,例如:

借[tɕie]　过[kuo]　卦[kua]

有些字只有韵腹、韵尾,没有韵头,例如:

高[kau]　东[tuŋ]　根[kən]

有些字只有韵腹,没有韵头、韵尾,例如:

路[lu]　基[tɕi]

波[po]　怕[pʻa]

古代所谓纽、韵,又与现代所谓声母、韵母不同。依高本汉(Karlgren)的研究,古人所谓纽(或母),是包括同辅音的腭化音与非腭化音的,例如腭化的 k 与非腭化的 k,在现代该认为两个声母,而在古代却认为同纽。古人所谓韵,大多数是从主要的元音算起,主要元音之前的短弱元音是不算在内的。

纽和韵既然明白了，我们解释双声、叠韵便不必如古人那样的费了许多话还说不清楚，我们只须用很简单的两句话：

两个同纽的字叫双声，如"明"［miŋ］、"灭"［mie］，m 同；

两个同韵的字叫叠韵，如"罗"［luo］、"唆"［suo］，uo 同。

参考资料

【关于纽、韵与双声、叠韵之名称】——论及韵的最早有刘勰，他在《文心雕龙》里说："异音相从谓之和，同声相应谓之韵。"后来《玉篇》中又云"声音和曰韵"。到唐代，孙愐在《唐韵·序》里说："纽其唇齿喉舌牙部件而次之。"这是提到纽的开始。近人章太炎对于纽、韵也有解释，《国故论衡·音理论》云："韵纽者：《慧琳一切经音义》称梵文'阿'等十二字为'声势'，'迦'等三十五字为'体文'。声势者韵，体文者纽也。斯盖前代韵书之言。《北史·徐之才传》曰：'尤好剧谈体语，公私言聚，多相嘲戏。'封演《闻见记》曰：'周颙好为体语，因此切字皆有纽。纽有平上去入之异。'然则收声称势，发声称体，远起齐梁间矣。"

《南史·谢庄传》曰："王玄谟问庄：'何者为双声？何者为叠韵？'答曰：'玄护为双声，碻磝为叠韵。'"盖王玄谟与桓护初率师北伐，败于璈碻，故以此戏之。《李氏音鉴》曰："双声者，两字同归一母（按：即同归一纽）；叠韵者，两字同归一韵也。"

【纽、韵与声母、韵母的分别】——在依照纽、韵次序编排的韵书里（例如《五音集韵》），我们单靠纽、韵，不能知道一个字的声母是否腭化，又不能知道那字的韵母是开口或合口，主要元音之前有 i 或没有 i。若要知道这些，须看那字在韵书中所占的地位而定。至于反切的方法就不同了。由反切的方法，我们可以完全解决这些问题，例如同在见纽的字，如果是一个纯粹的 k 发声的，反切的上字可以写作"古"；如果是一个腭化的 k，反切的上字可以写作"居"（关于反切，参看下文第九节）。开口与合口，也可由反切方法知道，例如同在唐韵的字，"冈"字是古郎切,“光”字是古黄切。再说主要元音前的 i 也可由此知道,例如同在东韵的字,没有 i 的字就用“红、公”一类的字去切它,有 i 的字就用“弓、戎、中”一类的字去切它。由此看来,我们应该辨别:(一)纽与声母之不同。纽是三十六(三十)个字母,不管腭化与非腭化的;真正的声母是由反切去表现,声音之腭化与非腭化都由它们指出的。(二)韵与韵母之不同。韵是从主要的元音算起的,不管主要元音之前有没有 i 或 u 为复合元音的次要成分;真正的韵母是由反切去表现,把那字所有一切元音性的成分都包括在内的。

Karlgren, Etudes sur la Phonologie Chinoise, P. 24 ~ 25。

【钱大昕论双声叠韵】——四声昉于六朝,不可言古人不知叠韵;字母出于唐季,不可言古人不识双声。自《三百篇》启双声之秘,而司马长卿、扬子云益畅其旨。于是孙叔然制为反切,双声叠韵之理遂大显于斯世。

《音韵问答》。

古人名多取双声叠韵,如《左传》宋公与夷、邾黎来、袁涛涂、续鞠居、提弥明、士弥牟、王孙弥牟、公孙弥牟、澹台灭明、王孙由于、寿於姚、茀翰胡、曹翰胡,《孟子》膠鬲、离娄,皆双声也。《书》皋陶,《左传》庞降、台骀、西鉏吾、公子围龟、鬥韦龟、公子奚斯、晋奚齐、先且居、郑伯髡顽、鬥穀於菟、狄虒弥、乐祁黎、蒯聩、陈须无、滕子虞母、伶州鸠、叔孙州仇,皆叠韵也。秦始皇子扶苏叠韵,胡亥双声。汉人尚有鄂千秋、田千秋、严延年、杜延年等。东京沿王莽二名之禁,遂无此风矣。草木虫鱼之名多双声,蒹葭、萑苇、薢茩、芙茪、蒹蓳、鸿荟、蓤蕩、厥攈、茎蕏、蕵姑、祓襘、邛鉅、铫芅,草之双声也。唐棣、柜柳、茎著、枸檵,木之双声也。蜘蛛、蚓衔、蛣蟯、蛣蝠、蚣蝑、至掌、蟣蠓、蛈蝪、詹诸、蝤蛴、蛴螬、蟋蟀、蠨蛸、伊威、熠燿,虫之双声也。鸳鸯、流离、秸鞠、夷由、鶅鶅,禽之双声也。騊駼、距虚,兽之双声也。

《十驾斋养新录》卷五,页 10。

【胡以鲁论国语缘双声叠韵而发起】——语意之引申,非尽如抽稻剥茧,逐渐而起也;有相对相反对而引申者矣。此在吾国语大抵以双声叠韵为之。双声即同韵异音语(力按:即同纽异韵),调节机关相同,以口腔之大小著其差也,如对于天而言地、对于阴而言阳、对于古而言今、对于生而言死、对疾言徐、对精言粗、对加言减、对燥言湿、对夫言妇、对公言姑、对规言矩、对褒言贬、对上言下、对山言水等是也。又对长言短、对锐言钝,古音皆前舌端,双声也。对文言武,古音皆两唇气音,亦双声也。叠韵者,双声之逆;同音异韵(力按:即同韵异纽),即口腔同形,以调节机关之转移著其差也,如对旦言晚、对老言幼、对好言丑、对聪言聋、对受言授、对祥言殃、对出言纳、对起言止、对寒言暖、对晨言昏、对新言陈,皆叠韵也。对水言火,古音同在脂部,亦叠韵也。更有以双声叠韵表一语,即联续以表一事一物者。《说文》之所连载,大抵属之。《说文》而外,如流离、含糊、踌躇、蟋蟀、黾勉、唐逮等双声语,胡卢、诘诎、支离、章皇、蹉跎等叠韵语,皆以表一事一物之一语也。然其中相联之字多为文字之所无,则又何耶? 如筹在《说文》有笃本字,而踌则借音字,《说文》无此字也。蟋蟀但有𧒂之本字,悉亦借音字;黾勉之黾,唐逮、诘诎之唐、诘,亦即借音字也。盖本无其字而有其音,乃假他字以为音符耳。就吾辈想象之所及想象,双声叠韵,吾国语发起之一程序也。而发起之际,或求明了,或表丁宁,有用双声叠韵为一语者矣。然大多数固犹单节语也,故小数之双声叠韵语为不适。言语既成,不易改变,惟文字则勉力同化之为一字;而在当时又勉欲保言文之一致,乃取折衷一法,以反切切之为一音。上所列举双声叠韵语,而本字但有一字者,切后之音也;犹恐不为一般之所认,乃借他字之音添注之。添注者,添注其语音也。果尔,则言文背驰,由是始矣。

《国语学草创》,页29~31。

【《广韵》所载双声叠韵法】——《广韵》卷五之末,附录《双声

叠韵法》,不知是原来就有的,或后人添加的。兹照录如下:

双声叠韵法

平声 **章** 灼良切　先双声　章灼良略是双声
章略切　后叠韵　灼略章良是叠韵

正纽入声为首　到纽平声为首
双声平声为首　叠韵入声为首

上声 **掌** 章两切　先双声　章掌良两是双声
掌良切　后叠韵　掌良章良是叠韵

正纽平声为首　到纽上声为首
双声平声为首　叠韵上声为首

去声 **障** 章饷切　先双声　章障伤饷是双声
障伤切　后叠韵　障饷章伤是叠韵

正纽平声为首　到纽去声为首
双声平声为首　叠韵去声为首

入声 **灼** 章略切　先双声　章灼良略是双声
灼良切　后叠韵　灼略章良是叠韵

正纽平声为首　到纽入声为首
双声平声为首　叠韵入声为首

平声 **厅** 剔灵切　先双声　厅剔灵历是双声
厅历切　后叠韵　剔历厅灵是叠韵

正纽入声为首　到纽平声为首
双声平声为首　叠韵入声为首

上声 **颋** 厅井切　先双声　厅颋精井是双声
颋精切　后叠韵　颋井厅精是叠韵

正纽平声为首　到纽上声为首
双声平声为首　叠韵上声为首

去声 **听** 剔径切　先双声　厅剔径击是双声
厅击切　后叠韵　剔击厅径是叠韵

正纽入声为首　到纽上声为首
双声去声为首　叠韵入声为首

入声 **剔** 厅历切　先双声　厅剔灵历是双声
剔灵切　后叠韵　剔历厅灵是叠韵

正纽平声为首　到纽平声为首
双声去声为首　叠韵入声为首

依这一个表看来,可以想见古人没有音标,要懂得双声叠韵的道理很不容易。他们先把一个字的音拆成两个字的音,例如把

"章"字拆成"灼良切",又把"灼良"倒过来,念成"良灼","良灼"切成"略"字,再加"章"字,"章略"又切成"灼"字。这么一来,灼良章略四个字就占了四个角。横读就是双声,斜读就是叠韵,这是最有趣而且颇容易懂的一个法子。表中的反切,皆与《广韵》的反切不同。《广韵》的"章"是诸良切,"掌"是诸两切,"障"是之亮切,"灼"是之若切,"厅"是他丁切,"頲"是他鼎切,"听"是他定切,"剔"是他历切。由此看来,也许这一个表与《广韵》不是出于一人之手的。而且这表似乎只着重于练习双声叠韵,并不是教人家做反切;因为依照这表,反切上字就是其所切的字的入声,或去声,或上声,这种反切法是太呆板而且很笨的,表中也有许多错字(根据商务印书馆《古逸丛书》本),上声"掌"字下"掌两章良是叠韵","两"误为"良"(泽存堂本不误)。去声"听"字下"听剔径击是双声","听"误为"厅";"到纽去声为首","去"误为"上";"剔击听径是叠韵","听"误为"厅"。入声"剔"字下"到纽入声为首","入"误为"平";"双声平声为首","平"误为"去"。

第二节　喉　牙　舌　齿　唇

中国古时的音韵家把纽分做喉音、牙音、舌音、齿音与唇音五类。这种分类法,就现代语音学的眼光看来,自然是不对的。我们且把它和科学的分类比较一下,看它究竟是错在哪里,然后再指出它所以错的缘故。

纽不单是辅音,所以我把纽分类(依发音部位)时,应在五类辅音之外加入元音与半元音两类。这么一来,纽共有七类:

Ⅰ.唇音——包括 1. 双唇音, 2. 唇齿音;

Ⅱ.齿音——包括 1. 舌尖与齿, 2. 舌尖与龈;

Ⅲ.硬腭音——包括 1. 舌尖后音或称卷舌音, 2. 边音, 3. 舌面前音，　4.舌面中音；

Ⅳ.软腭音(即舌根)；

Ⅴ.喉音；

Ⅵ.半元音；

Ⅶ.元音。

我们分纽为七类,而古代却分为五类,称为喉牙舌齿唇五音；五音和我们的七类之比较如下：

Ⅰ.喉音——就是喉音与元音(glottals and vowels)；

Ⅱ.牙音——就是软腭音或称舌根音(velars)；

Ⅲ.舌音

1.舌头——就是舌尖与龈的破裂(apico-alvelar plosives)；

2.舌上——就是舌面前的破裂(dorso-prepalatal plosives)；

舌齿之间 {
半舌——就是边音(lateral)；
半齿——就是鼻音加摩擦(dorso-nasal fricatives)；
舌齿间(依黄侃加)——就是舌面前的摩擦与塞擦(dorso-prepalatal fricatives and affricatives)；
}

Ⅳ.齿音

1.齿头——就是舌尖与齿的摩擦或塞擦(apico-dentals)；

2.正齿——就是卷舌音(retroflex)与舌面前音(dorsale)；

Ⅴ.唇音(labials)

1.重唇——就是双唇音(bilabials)；

2.轻唇——就是唇齿音(labio-dentals)。

在对比之下,我们可以立时察出五音中只有喉音和唇音是名副其实的。最不可解的是牙音,因为这个名词是容易和齿音相混的。其实古代所谓牙音就是软腭音(或称舌根音),是舌根与软腭接触所发的音。舌根的位置紧靠着大牙(最尽头的牙),古人没有觉察到实在的情形,所以才错把舌根和软腭所发的音当做它们的近邻大牙所发的音了。这种错误直到现在仍没有免去,黄侃还说牙音就是"由尽头—牙发声"呢。

　　其次,便是舌音这个名词太含混。我们知道,除唇音、小舌音与喉音外,无论发什么音的时候,舌头都是动着的;那么岂不是一切的音都可以叫舌音吗?古人所谓舌音,在我们看来,就是口内的闭塞音①;古人之所以误称为舌音,正因为发破裂音时,舌头必须翘起来,与口盖接触而完全闭塞了口腔的孔道,如此则舌头的动作很容易察觉到,被动的口盖的作用容易被忽略,而古人便以为那音是由舌头发出的了。

　　再次,古人所谓齿音就是现代所谓舌尖或舌面的摩擦音或塞擦音,这也是错误的观念。他们之所以错,是由于感觉的不确实。本来发摩擦音时,舌头翘起并不接触上腭,因此古人就以为舌头没有动;另一方面,摩擦音的读音时间比较长,在这较长的时间中,我们很容易得到气由齿缝中流出的感觉。古人既没有察觉到这类音的根源,又忽略了舌头的作用,仅有气由齿缝流出的感觉,因此便说这是齿发出的音了。

　　在所谓舌音和齿音中间,古人还有所谓半舌、半齿。半舌就是边音。发这音的时候,舌头和上腭的接触很松,而且也只有舌头的中面翘起,所以古人误会,以为只用了舌头的一半。半齿就是鼻音加摩擦音。古人对于审音不大精确,把摩擦音叫做齿音,这是因为有气从齿缝中流出的感觉,现在因为加入了鼻音,就有了两个共鸣器,所以从口腔里出来的气便比普通摩擦音少了些,于是齿缝中出气的感觉也比较小,古人随着感觉的减小,便名之曰半齿。

参考资料

　　【《广韵》卷末之《辨字五音法》】——钱大昕曰(《十驾斋养新录》

---

①　所谓口内,是把唇音和喉音除外。

卷五,页11):"《广韵》卷末有《辨字五音法》:一,唇声并、饼;二,舌声灵、历;三,齿声陟、珍;四,牙声迦、佉;五,喉声纲、各。以纲、各为喉声,与神珙同。"戴震曰(戴震《声韵考》卷一):"按此不知何时所传,略举十四字为例。于守温之三十六字母,并、饼,帮母字;灵、历,来母字;陟、真,知母字;迦,见母字;佉,溪母字;纲、各,亦见母字。"

【《玉篇》卷末之《五音声论》】——顾野王《玉篇》卷末载沙门神珙《四声五音九弄反纽图》,并有《五音声论》如下:

东方喉声　何、我、刚、鄂、歌、可、康、各;
西方舌声　丁、的、定、泥、宁、亭、听、历;
南方齿声　诗、失、之、食、止、示、胜、识;
北方唇声　邦、龙、剥、雹、北、墨、朋、邀;
中央牙声　更、硬、牙、格、行、幸、亨、客。

钱大昕曰(《十驾斋养新录》,浙江书局重刻本,卷五,页11~12):"右《玉篇》卷末所载沙门神珙《四声五音九弄反纽图》,分喉舌齿唇牙五声,每各举八字以见例,即字母之滥觞也。唇声八字,有重唇无轻唇,盖古音如此。喉牙两声相出入,与后来字母不同。"戴震曰(戴震《声韵考》卷一):"按此亦不知何时所传,王伯厚归之神珙。考珙自序,不一语及《五音声论》,殆唐末宋初,或杂取以附《玉篇》后,非珙之所为。所列四十字,于守温三十六字母同者,定、泥、帮三母耳。其余何,匣母字;我、鄂,疑母字;刚、诃、各,见母字;可、康,溪母字;丁、的,端母字;宁,泥母字;亭,定母字;听,透母字;历,来母字;诗、失、胜、识,审母字;之、止,照母字;食、示,床母字;龙、墨、邀,明母字;剥、北,帮母字;雹、朋,并母字;更、格,亦见母字;硬、牙,亦疑母字;行、幸,亦匣母字;亨,晓母字;客,亦溪母字。"陈澧曰:"《五音声论》粗疏,实不足为法,乃字母之椎轮耳。"

力按:《五音声论》喉牙之分,未必全无理由。k音本可分为两种,其一位置较前,其一位置较后;喉音h较前则为舌根音x,尤可分为喉牙两音。凡韵之为前元音者,舌根音可受元音之影响而稍移向前,故喉牙二音或因元音而有别。试观《玉篇》卷末与《广韵》卷末所举例,喉声皆歌唐铎三韵中字,其韵母为较向后者,牙声皆庚耕净陌麻五韵中字,其元音皆为较向前者,可得者中消息矣。兹为两种可能的假定如下:第一,《五音声论》所谓喉声即 k、k'、g'、h、ɦ;所谓牙声即 c、c'、ɟ、x、ɣ。第二,所谓喉声即 k、k'、g、x、ɣ;所谓牙声即 c、c'、ɟ、ɕ、j。

【黄侃《今声发音法》】——黄氏《音略》有《今声发音法》,系引江永《音学辨微》而加以按语,兹节录如下:

喉音　音出中宫　侃按:此不了然,当云音出喉节,正当喉节为影、喻、为(喻、为即影之浊音),晓、匣稍加送气耳,验之自知。

牙音　气触牡牙　牡当是壮字之误,然亦不了然,当云:由尽头一牙发声,见是也;溪、群稍加送气而分清浊;疑,即此部位而加用鼻之力,非鼻已收之音。

舌音　据近所分有五种:

舌头　舌端击腭　此又小误,当云:舌端伸直,直抵齿间,端是也;透、定稍加送气而分清浊;泥,即此部位而用鼻之力以收之。

舌上　舌上抵腭　此当云:舌头弯曲如弓形,向里,非抵腭也,知是也;彻、澄稍加送气而分清浊,娘即由此部位收以鼻之力。

半舌音　原注:泥字之余,舌稍击腭。按:泥余是也;半舌者,半喉音也,然古音实即舌头加鼻之力而助以喉音。

半齿音　原注:娘字之余,齿上轻微。按:此禅字之余,非娘余也;半齿者,半用舌上半舌齿间音,亦用鼻之力收之。

舌齿间音　江所未解　今云:舌端抵两齿间而发音,音主在舌不在齿,然借齿以成音,照是也;穿、神、审、禅皆稍加送气而分清浊,无收声。

齿音

齿头音　音在齿尖　当云:音在上齿之尖,精是也;清、从、心、邪皆稍加送气而分清浊,无收声。

正齿音　音在齿上　按:当云音在上齿根近龂处(龂即腭)。舌尖抵此而成音,无须乎下齿,此与齿头音之大别。庄是也;初、床、疏稍加送气而分清浊,无收声。

唇音

重唇音　两唇相搏,帮是也,滂、并稍加送气而分清浊,明则收以鼻之力。

轻唇音　音穿唇缝,非是也,敷、奉稍加送气而分清浊,微则收以鼻之力。

【罗常培《声母发音部位异名表》】——自宋元而后,等韵之书蜂出。类别声母,定名纷歧。或以"宫、商、角、徵、羽"配合喉、牙、舌、齿、唇;或以五行、五方、五色、五脏比附字母。抵牾违异,瞀乱纠缠,此是彼非,孰能正之! 故本篇重理旧说,惟取前举九名(力按:即重唇轻唇等名)。其余各家,一概存而不论。但表列异名,以祛学者之迷惘而已。

《中国音韵沿革》讲义,第一册,页15(表见插页)。

第三节　清　　浊

汉语音韵学中本来有清浊音的分别;清音就是现在所谓幽音,而浊音就是所谓响音。幽响二字,是从法文的 sourdes 和 sonores 而来的。在英文,breath(译作气)和 voiceless(不带音)就是幽音,而 voice(译作声)和 voiced(带音)就是响音。

所谓幽音,是当发音时气流自口腔出,声门大开而声带并不颤动的那种音。至于响音,是声门闭而声带颤动的音。

我们试验幽响音,有两个方法:第一是把手指按着耳孔,如发音时有嗡嗡声的,就是响音。第二是把指头放在喉间,发音时如果觉得有震动,就是响音。

关于幽响音的分别,我们可以在吴音中找例子,如"贫"读作

[b'in]、"同"读作[d'uŋ]、"事"读作[zʅ]。凡似 b、d、z 一类的音，都是响音。发音须经过三个阶段：一是成阻，二是持阻，三是除阻。吴音当发响音时，声带要到持阻的一半才颤动，所以"贫"字实际读[pb'in]，"同"字实际读[td'uŋ]，而"事"字实际读[szʅ]。甚至有时候只念了一个清音浊流，换句话说就是先来一个幽音，再来一个声带颤动的吐气作用。照此看来，吴语也没有纯粹的响音。

我们方言除江浙、湖南、厦门等地外，在单念的字里，大概没有 b、d、g、v、z 一类的响音。根据语言学家的研究，中国古代是有响音的。响音之所以失去，是由于渐渐地变成幽音。其变迁的道理，也可以把吴语的响音来作例。现在吴语的响音声母里，声带的颤动已只有全音的一半，假使慢慢地减少，必致完全变成幽音。各地方言之所以没有响音，也许是这个理由。响音变幽音时，中间还要经过媒介音，例如 z 音变为 s 音的时候，中间还有[sz]作媒介。

各地方言中的响音虽已失去，但是在声调里还能够找出它的痕迹，例如北京有阴平、阳平，阴平的字在古代就是幽音，阳平就是响音。还有广州四声都有阴阳，凡是阴的四声的字在古代都属幽音，而阳的四声的字在古代都属响音。

古人分清浊做全清、次清与全浊、次浊四类。全清就是我们现在所谓不吐气不带音的破裂音、不带音的摩擦音与不吐气不带音的塞擦音三种。次清就是现在所谓吐气而不带音的破裂音、不带音的摩擦音与吐气而不带音的塞擦音三种。全浊是现在所谓带音吐气的破裂音、带音的摩擦音和带音吐气的塞擦音三种。而次浊就是现在所谓鼻音、边音、半元音和鼻音加摩擦四种。

北方及广东等处没有响音，是指全浊音而言，至于像 l、m、n 等次浊音却是有的。

参考资料

【幽响音的详细分类】——发辅音时,也像元音一般的有三个历程。这三个历程就是紧张作用、维持作用、松弛作用。在研究闭塞音时,这三个历程特别有趣。在这情形之下,它们有了特别的名称:紧张作用叫做成阻;维持作用叫做持阻;松弛作用叫做除阻。无论是紧缩音或闭塞音,发音时,声门都可以大开,声带不至于颤动,事实上,辅音所借以为特征的噪音尽可以在喉头之上发出,令人听见,而不必要声带参加。在这情形之下,叫做幽音。又譬如发音时,声门闭着,声带颤动,在口腔的噪音里加上了喉头的颤动,所生的音,叫做响音。

在许多族语里,往往有一对一对的辅音,其发音部位是一样的,却有一个是幽音,一个是响音,例如 p、b,t、d,s、z 等。自从印度的文法家已知道幽音与响音的分别,后来一般言语学家也公认这种分别,然而幽音与响音乃是两个极端的界限,其中间尽有无穷的余地。实际上,(一)声门的闭塞程度有高低,而声带颤动的阔度有大有小;(二)辅音有某一定的读音期,而声带的颤动可以比那读音期早些或迟些,其颤动之停止亦可以比那读音期早些或迟些。

依照声带颤动之开始期与终止期,辅音可以分为无穷的小类。其最主要的模型如下:(一)声带颤动与辅音的紧张作用同时开始,而与其松弛作用同时终止;这乃是纯粹的响音。罗马语系与斯拉夫语系的响音,就普通说是属于此类的。(二)声带颤动之开始仅在辅音的维持作用时期,甚至在松弛作用时期;这是所谓半响音。德语里的响音往往是属于这一个模型的。(三)声带颤动与辅音的紧张作用同时开始,但不曾到松弛作用时期就终止了,这种辅音可以叫做幽音化的响音,这往往是因为后面跟着一个幽音,以致受幽音的影响而消失了一部分的响音。(四)声带颤动与辅音的紧张作用同时开始,但在维持作用的时期内却停止了一下子,再行颤动,这种辅音,Rousselot 叫做中幽音。(五)一个在元音前的幽音,到了松弛作用的时期,然后声带颤动。法语里的幽音与罗马语系里的幽音往往是这种情形。(六)一个在元音前的辅音,到了松弛作用之后,稍停一下子,那声带才开始颤动,这叫做吐气的辅音,因为在这情形之下,我们似乎听见辅音之后有轻微的气息。这些事实,由 Rousselot 用实验的方法证明之后,是很有用处的。古代由幽变响,或由响变幽的种种语音现象,都是渐渐转变的;所以我们在言语进化史中往往用得着这种原则。

参看 Roudet, Elément de Phonétique Générale, p. 116~118。

【罗常培论清浊】——案《隋书·潘徽传》云:"李登《声类》、吕静《韵集》始判清浊,才分宫羽。"孙愐《唐韵·序》后论云:"切韵者,本乎四声……引字调音,各自有清浊。"则清浊之辨,由来已久。顾以定名含混,涵义不明,致后来说者乃多淆乱。"方以智(《通雅》卷五十,《切韵声原》页 19)云:"将以用力轻为清,用力重为浊乎?将以初发声为清,送气声为浊乎?将以硿喉之阴声为清,喤喉之阳声为浊乎?"江永(《音学辨微》页 12)云:"清浊本于阴阳:一说清为阳,浊为阴,天清而地浊也;一说清为阴而浊为阳,阴字影母为清,阳字喻母为浊也。"其立论纷纭,从可概见矣。

尝谓清浊之辨所以淆乱者,盖由二事缴绕其间:一为牵混受阻之状态及送气不送气;二为牵混声调之阴阳。自《韵镜》以邦非端知见精照心审影晓为清,以滂敷透彻溪清穿为次清,以並奉定澄群从邪床禅匣为浊,以明微泥娘疑喻来日为清浊;其后沈括《梦溪笔谈》、黄公绍《韵会》、刘鉴《切韵指南》、李元《音切谱》等亦皆分为四类,而定名及区划微有异同。惟《四声等子》及《切韵指掌图》另分邪禅为半清半浊,江永《音学辨微》另分来日为浊,心审为又次清,邪禅为又次浊:是为异耳。

今据《韵镜》分类,参酌诸家异名,定为全清(unaspirate surd)、次清（aspirate surd）、全浊（sonant）、次浊（liquad）四类。若以语音学术语释之，则：全清者，即不送气不带音之塞声、擦声及塞擦声也；次清者，即送气不带音之塞声、塞擦声及不带音之擦声也；全浊者，即送气带音之塞声、塞擦声及带音之擦声也；次浊者，即带音之鼻声、边声及半元音（喻）也。分类虽嫌稍疏，而讨论旧音颇称易举，故可并存不废。惟自元明以降，全浊平声北音变同次清，而仄声又复不辨清浊，于是"以初发声为清，送气声为浊"之误会，乃因之而起。虽以陈澧之明辨，犹谓《梦溪笔谈》及《四声等子》所论清浊为"发、送、收"，似是而非，未能悉合。后学淆惑，复奚怪焉？此一事也。

四声各有清浊，孙愐之论，最为明确。然平声之清浊易分，仄声之清浊难别，故多处方音鲜有全辨八声者。且自元周德清《中原音韵》以北音为宗，平分阴阳，入派三声。而谓（《中原音韵·自序》）："阴阳字平声有之，上去俱无。"于是声母之清浊遂一变而为声调之阴阳。盖以北音之全浊平声变近次清，而声调之高低微殊；仄声变同全清，而声调之高低亦混；浊声本值已不复辨矣！江永《音学辨微》云（页12）："平有清浊，上去入皆有清浊，合之凡八声。桐城方以智以哐喤上去入为五声，误矣。盖上去入之清浊方氏不能辨也。"余谓上去入清浊之不辨，实不自方氏始。且方氏既以"哐、喤"代表阴平阳平，而不沿用清浊旧称，则其所谓"五声"乃指声调之高低言，而不指声母之带音不带音言，已甚显著。

此固不只北音为然也，更以现代南部方音证之：今吴语、闽语、粤语中平仄兼具阳调者甚夥。溯其缘起，虽皆由古浊声衍成，然除吴语而外，大抵皆为声调之异，其能保持全浊本值者殊不多睹。然则阴阳虽出于清浊，而与清浊实非一物。自清浊之辨不明，于是或以"哐喉之阴声为清，喤喉之阳声为浊"；或以"清为阳，浊为阴"；或以"清为阴，浊为阳"。声母与声调混为一谈，而清浊本义转以日晦：此二事也。

若乃《广韵》卷末附《辨字五音法》一唇声"并、饼"注云清也；

二舌声"灵、历"注云清也;三齿声"陟、珍"注云浊也;四牙声"迦、佉"注云浊也;五喉声"纲、各"注云浊也。此惟以"并、饼"为清不误,其余"灵、历"浊而误以为清,"陟、珍、迦、佉、纲、各"皆清而误以为浊。又有《辨四声轻清重浊法》,以"珽、珍、陈、椿、弘、龟、员、裎、孚、邻、从、峰、江、降、妃、伊、微、家、施、民、同"等为轻清;以"之、真、辰、洪、春、谆、朱、殷、伦、风、松、飞、夫、分、其、杭、衣、眉、无、文、傍"等为重浊;其悠谬尤不可究诘矣。今兹所论,以声母之带音不带音为清浊;以声调之高低升降为阴阳;命名既定,纠纷立解。往昔支离缴绕之谈,皆可存而不论。

《中国音韵沿革》讲义,页 17～19。

全清次清全浊次浊异名表

本篇定名	本篇分类	诸家韵书之定名及分类								
		韵镜	沈括梦溪笔谈	黄公绍韵会	刘鉴切韵指南	李元音切谱	切韵指掌图四声等子及	江永音学辨微	等韵切音指南	字母切韵要法
全清	帮端精见心 非知照影审	清	清	清	纯 清	纯 清	全 清	最清 又次清	○ ◐	○ ◐◑
次清	滂透清溪晓 敷彻穿	次清	次清	次清	次清	次清	次清	次清	⊙	⊙
全浊	並定从群邪 奉澄床匣禅	浊	浊	浊	全 浊	纯 浊	全浊 半半清浊	最浊 又次浊	●	◐
次浊	明泥疑来 微娘喻日	清 浊	不清 不浊	次浊	半清半 浊	次浊	不清 不浊	次浊 浊	◐ ○◐	◐◑ ◐◑ ○◐

【李光地论南北清浊】——等字三十六,其本二十四:清浊平声具者十二,有清无浊者六,有浊无清者六,合之亦十二,故总为三十六也。然就清浊具之中,南北方言又不同。惟影与喻、晓与匣、心与邪、审与禅、非与奉、敷与微,其为清浊相配,南北尚相近;若群、定、澄、从、床、並,则南音为见、端、知、精、照、邦之浊声;北音为溪、透、彻、清、穿、滂之浊声也(力按:李氏以吐气问题、声调问题与清浊问题混在一起,所以弄不清楚)。故此具清浊十二音之中,南北同者六,不同者亦六。观历代韵书多从南音,所以知者,以上去入三声叶之可见也。至于知、彻、澄、娘之为舌音,今存者娘字耳;余三字则皆入齿音(按:意思是说变了塞擦),不知自何时而变。惟闽广人则尚有之。考邵康节《经世》以知、彻二字列于齿音之后,而以娘字暗对日字,则意其时已略如今人音,但不知轻重齿之外,当作如何取此声也。又敷字今人读之只是非奉一类,不与微字同类,在古音必当别。故"风"字为方冯切,"丰"字则敷冯切,则是非敷有两读,而"风"与"丰"为两音。此类与世推移,皆有不可以时音概者。

《榕村韵书》。

第四节　字　　母

在汉语音韵学里,所谓字母,是指纽的代表字而言。严格地说,纽只是一个简单的音素(phoatom),该用简单音素的字来代表它;但是,中国语里简单音素的字是很少的,在西洋文字未传入中国的时候,音韵学家就随便拿一个字来代表一个纽,例如声母[p],古人认为一个纽,而这纽的代表字可以是"包"[pau],可以是"帮"[paŋ],也可以是"布"[pu]等等,只要是以[p]为声母的字就行了。

　　汉语音韵学上相传有三十六字母,就是三十六个纽的代表字。代表字虽则是可以在同纽的字当中任择其一的,但是宋元等韵学家择定了"见、溪、群、疑,端、透、定、泥,知、彻、澄、娘,帮、滂、并、明,非、敷、奉、微,精、清、从、心、邪,照、穿、床、审、禅,晓、匣、影、喻、来、日"三十六字为代表字,叫做字母,从此就沿用下来,除了少数音韵家之外①,大家都不改用别的字来做代表字了。

　　这三十六字母所代表的纽,以及每纽的发音部位,可列为下表(见下页)②:

　　依理论说,三十六字母还可以添到五十字母。章炳麟在《国故论衡》的《音理论》里说:"……故见溪与群、端透与定,其间可补苴也。收声音浊,而其上有清,清音复可补苴也。转益繁多,三十六者可为五十。"观上表,再照《音理论》所说,则 k、k' 与 g' 之间可以加一个 g;t、t' 与 d' 之间可以加一个 d;又 ŋ 前可以加一个清音的 ŋ;n 前可以加一个清音的 n。照这法子一加,就可以加成五十个字母。这种加法在理论上是通的,不过实际上不见得全有;譬如清音的 ŋ 与 n 乃是世界各族语里所罕见的③。

发音部位旧名	发音部位新名	字母名称	今用音标	发音部位旧名	发音部位新名	字母名称	今用音标
牙音	舌根	见	k	齿头	舌尖	精	ts
		溪	k'			清	ts'
		群	g'			从	dz'
		疑	ŋ			心	s
舌头音	舌尖	端	t			邪	z
		透	t'	正齿	卷舌与舌面	照	tʂ' tɕ
		定	d'			穿	tʂ' tɕ'
		泥	n			床	dʐ' dʑ'
舌上	舌面	知	ȶ			审	ʂ ɕ
		彻	ȶ'			禅	ʑ
		澄	ȡ'	喉	喉音	影	ʔ
		娘	nj			(晓)	h
重唇	双唇	帮	p			(匣)	ɦ
		滂	p'		元音	喻	(元音)
		并	b'		舌根	晓	x
		明	m			匣	ɣ
轻唇	唇齿	非	f	半舌	边音	来	l
		敷	f'	半齿	鼻音加摩擦	日	ȵʑ
		奉	v'				
		微	ɱ				

　　我们要知道今音某字在守温三十六字母中属于何母,其难易要看本人的方音是否保存着古纽的独立的系统而定,譬如北京以辅音[1]为声母的字,我们可以断定它在守温三十六字母中属于来母;因为属于别的字母的字在今北京音里没有以辅音[1]为声母的。成都人对于来母字的辨认就困难了,因为来母字在今成都音里往往与泥母字相混,来泥两母的字在今成都多数以辅音[n]为声母,例如"南、兰"都读为 nan,就无从知道"南"是属于泥母而"兰"是属于来母了①。在这情形之下,就只有硬记之一法了。

参考资料

　　【关于守温《三十六字母图》之考据】——《玉海》上说,守温有《三十六字母图》一卷。这书我们无从看见。前年在法国国家图书馆看见敦煌石室写本中有一个写得很坏而且很破碎的卷子,共分三截,有一截的第一行,写"南梁汉比丘守温述"八字,可并没有标题。这就是他的《字母图》的残本不是,我们无从知道。有用没有用,也难于断定。我现在把他的主要部分抄出如下:

　　南梁汉比丘守温述

　　　唇音　不芳並明

　　　舌音　端透定泥是舌头音

　　　　　　知彻澄日是舌上音

　　　牙音　见君溪群疑等字是也

　　　齿音　精清从是齿头音

　　　　　　审穿禅照是正齿音

　　　喉音　心邪晓是喉中音清

　　　　　　匣喻影亦是喉中音浊

———————————

①　假使成都的泥母字都读为[1]音,而来母字都读为[n]音,这虽与古音刚刚相反,我们还可以借此辨认某字属于泥母或来母,因为它们的系统没有混乱的缘故。

刘复《守温三十六字母排列法之研究》附录,见《国学季刊》,第一卷,第三号,页460。

【刘复论守温字母与梵文字母】——守温的方法,是从梵文中得来的。所以我们最好先把梵文的子音写出,以资参较:

k	kh	g	gh	ŋ
c	ch	ɟ	ɟh	ɲ
ṭ	ṭh	ḍ	ḍh	ṇ
t	th	d	dh	n
p	ph	b	bh	m
j	r	l	w(或 V,或 v)	
ʃ 或 ç	ṣ	s	ɦ	
	~	-h(或-F,或 x)		

从这华梵字母的比较上,可以知道守温所定的三十六个字,并不是照梵文直抄的。他把华文所有而梵文所无的加了,把梵文所有而华文所无的减了。因此我可以说:这三十六字,一定是当时所有的音,一定是个个有分别。而且这三十六字,能够流传到现在,在当时至少必定得到了若干学者的承认(若然不是一般社会的承认);而要得到这承认,他所表示的音,又当然是较为普通的,决不能是十分偏僻的。

《守温三十六字母排列法之研究》,页451~452。

【吴敬恒论三十六字母与舍利三十字母】——辨字五音法者,六朝时候古等韵字之七音也。辨十四声例法者,六朝时候等韵字母之胚胎也。……但是当时虽有十四声例法,能通解其法者必系谢灵运辈的通人。若一般学者及市民,则用双声叠韵法,守其四十一类之旧反切;或用因烟人然从五音法扩大的三十切字要法,以便通俗。犹之乎宋元以来,虽有声韵字母,而学者犹守其反切之门法;俗人则击鼓挥扇,空谷传声,自有其捷诀。

　　十四声例法，一变而为三十六字母之等韵，则因烟人然等三十类切字要法，实为其过渡之枢纽。因烟人然三十类的切字要法，多数人皆以为创始于晋。彼之三十，于等韵之三十六，缺者为知彻娘床非奉。吕介孺谓舍利三十字母，所缺为帮滂娘床微奉，守温为之补完。知彻因照穿而缺，犹之乎床则因澄而缺，缺得在情理之中；若忽缺最不易缺之帮滂，必非事实。所以吕介孺言舍利缺去帮滂娘床微奉，定是知彻娘床非奉之误。今质言之，切字要法之有澄无床，实即有床无澄；亦即完全没有知彻澄娘，此因知彻澄娘，十四声例法名之曰牙齿齐呼开口送，附于五音之末，时人不善读出可知。我尝改为非奉是唇齿，敷微为双唇。切字要法有双唇而无唇齿，亦证明双唇是旧音，唇齿采取印度法之新音。故吕介孺谓舍利缺微奉，亦不若切字要法缺非奉之当。

　　照此说法，舍利三十六字母实即将切字要法化双为单，又改正十四声例法，用新佛经家（即玄应之徒）牙舌唇齿喉等之分类，一整理之，遂成三十字母耳。守温参合韵学反切家之四十一类，以为知彻澄娘的舌上音不可少，唇齿的轻唇当添，遂成三十六母。此乃显然易见之变迁，乃主舍利字母为出于切字要法者，止清道光时滕阳人作《切字肆考》的张耕一人，亦可异矣。至于舍利字母，为《李氏音鉴》所引，既与切字要法不合，复与吕介孺之说亦不合，并无照穿床敷微之迹，却重见溪群疑等音，不知李氏果何所本，必为传抄之谬品无疑。

　　《国音沿革·序》，亦见《吴稚晖先生文存》，上册，页57～58。

　　【钱大昕论三十六字母】——三十六字母，唐以前未有言之者。相传出于僧守温，温亦唐末沙门也。司马温公《切韵指掌图》言字母详矣，初不言出于梵学。至郑樵作《七音略》，谓华人知四声而不知七音，乃始尊其学为天竺之传。今考《华严经》四十二字母与三十六母多寡迥异；四十二母，梵音也；三十六母，华音也。华音疑非敷奉诸母,《华严》皆无之;而《华严》所谓二合三合者,又非华人所解,则谓见溪群疑之谱出于《华严》者,非也。特以其为沙门所传,又袭彼字母之名,夹漈好奇而无识,遂误认为得自西域。后人随声附和,并为一谈,大可怪也。

言字母者,谓牙、舌、唇之音必四,齿音必五,不知声音有出、送、收三等;出声一而已,送声有清浊之歧,收声又有内外之歧。试即牙、舌、唇之音引而申之,曰基欺奇疑伊,可也;基欺奇希奚,亦可也;东通同农隆,可也;帮滂旁茫房,亦可也,未见其必为四也。即齿音敛而缩之,曰昭超潮饶,可也;将锵戕详,亦可也,未见其必为五也。凡影母之字,引而长之,则为喻母;晓母之字,引长之,稍浊,则为匣母(力按:影与喻、晓与匣,但有清浊之别,无长短之分)。匣母三、四等字轻读,亦有似喻母者。古人于此四母不甚区别,如"荣怀"与"杌陧"均为双声,今人则有匣喻之别矣。"噫嘻、於戏、於乎、呜呼",皆叠韵兼双声也,今则以"噫、於、呜"属影母,"嘻、戏、呼"属晓母,"乎"属匣母。又如"于、於"同声亦同义,今则以"于"属喻母,"於"属影母。此后来愈推愈密,而古书转多难通矣。古人因双声叠韵而制翻切,以两字切一音,上一字必同声,下一字必同韵;声同者互相切,本无子母之别。今于同声之中偶举一字以为例,而尊之为母,此名不正而言不顺者也。故言字母不如言双声,知双声而后能为反语,孙叔然其先觉者矣。叔然、郑康成之徒,汉魏儒家未有读桑门书者,谓声音出于梵学,岂其然乎?

《十驾斋养新录》卷五,页11~12。

【钱大昕论西域四十七字】——《大般涅槃经·文字品》字音十四字:哀(乌可反)、阿、壹、伊、坞(乌古反)、乌、理(重)、釐(力之反)、黳(乌奚反)、蔼、污、奥(乌故反,此十四字以为音,一声中皆两两字同,长短为异;皆前声短,后声长)、菴、恶(此二字是前恶阿两字之余音;若不余音,则尽不一切字,故复取二字以穷文字也)。

比声二十五字:迦、呿、伽、嘔(其柯反)、俄,舌根声(凡五字中第四字与第三字同,而轻重微异);遮(重)、车、阇、膳(时柯)、若(耳贺反),舌齿声;吒(重)、咃(五加)、茶、咤(佇贾)、挐,上腭声;多、他、陀、蚨(徒柯)、那(奴贺),舌头声;婆、颇、婆(去)、摩(莫个),唇吻声;蛇(重)、逻(卢舸)、罗(李舸)、缚、奢、沙、婆、呵,此八字超声。此见于《一切经音义》者也,与今《华严经》四十二母殊不合。《玄应音义》首载《华严经》,终于五十八卷,初无字母之说。今所传八十一卷者,乃实叉难陀所译,玄应未及见也。然《涅槃》所载比声二十五字,与今所传见溪群疑之谱小异而大同;前所列字音十四字,即影喻来诸母。然则唐人所撰之三十六字母,实采《涅槃》之文,参以中华音韵而去取之;谓出于《华严》则妄矣。

同上,页 12~13。

【钱大昕论诸家字母不同】——郑樵《七音略·内外转图》,首帮滂并明非敷奉微为羽音,次端透定泥知彻澄娘为徵音,次见溪群疑为角音,次精清从心邪照穿床审禅为商音,次影晓匣喻为宫音,来日为半徵半商,其次序与《切韵指掌图》不同(晁氏《读书志》载王宗道《切韵指元论》《四声等第图》,字母次第与郑樵同,唯晓匣影喻之序与郑异)。黄公绍《韵会》卷首载七音三十六母:见溪群疑鱼为角,端透定泥为徵,帮滂并明为宫,非敷奉微为次宫,精清心从邪为商,知彻审澄娘为次商,影晓幺匣喻合为羽,来日为半徵半商。

公绍所载三十六母,自称本于《礼部韵略》,其次第亦始见终日,而分疑母之"鱼、虞、危、元"等字与喻母之"为、帏、韦、筠、云、员、王"等字别为鱼母;分影母之"伊、鷖、因、烟、渊、娟、坳、鸦、婴、萦、幽、恢"等字别为幺母;分匣母之"洪、怀、回、寒、桓、还、和、黄、侯、含、酣"等字,晓母之"痕、华、恒"等字别为合母;又并照于知、并穿于彻、并床于澄,与诸家不同。照穿床之并是也,鱼幺合之分非也。公绍闽人，而囿于土音，读疑母不真，妄生分别；然较周德清《中原音韵》之无知妄作，则有天渊之隔矣（力按：黄、周之书皆依当时语音而作，未可以古音绳之也）。

同上，页13。

第五节　阴声　阳声　对转　旁转

阴声与阳声是从前的音韵学家用以区别两种不同的韵母的名词。凡韵尾是鼻音的，叫做阳，如北京的"先"（ɕiɛn）、"庚"（kəŋ），广州的"林"（lɐm）。凡韵尾是元音的，叫做阴，如北京的"他"（tʻa）、"赛"（sai）、"球"（tɕʻiu）。汉语音韵学家有主张把韵分为阴阳两类的，如孔广森、严可均、章太炎[①]；有主张把韵分为阴阳入三类的，如戴震、黄侃。古人为什么把有鼻音的韵叫做阳声、没有鼻音的韵叫做阴声呢？大概总是因为古人好用玄虚的字眼，如戴震所谓（《答段若膺论韵》）："有入者，如气之阳，如物之雄，如衣之表；无入者，如气之阴，如物之雌，如衣之里。"钱玄同在《文字学音篇》里说（页11）："所谓阴声者，其音皆下收于喉而不上扬；阳声则不下收而上出于鼻。"这话虽不能使人容易了解，但已比戴震说得具体些了。

说到这里，我们要注意：这里所谓阴阳，是与声调里的阴阳毫无关系的。

阳声的韵是以鼻音收尾的，而汉字以鼻音收的共有三个系统，所以我们可以把阳声分为三类：

[①]　初创阴声阳声之名者为孔广森（戴震仅为譬况之辞，未立名称），但孔氏以为古无入声，凡今音之入皆古音之去，属阴声。故孔氏书卷三十六页五云："合盍当并为谈之阴，叶帖为添之阴，缉为盐之阴，洽为咸之阴，狎为衔之阴，业为严之阴。"严可均以缉以下九韵并入阳声谈韵，章炳麟以缉盍两部归入阳声。其余如屋质曷职铎等韵之归入阴声，则孔、严、章之所同。

（一）以 n 收的——如今北京读"真、谆、臻、文、殷、元、魂、痕、寒、桓、删、山、先、仙"等字；

（二）以 ŋ 收的——如今北京读"东、冬、钟、江、阳、唐、庚、耕、青、清、蒸、登"等字；

（三）以 m 收的——如今广州读"侵、覃、谈、盐、咸、添、衔、严"等字。

古音中常有阴声字变成阳声字，或是阳声字变成阴声字的例子，这是语音变化中常有的现象，汉语音韵学家叫做阴阳对转。所谓阴阳对转，并不是说一个阴声字可以随便变成一个阳声字，或是一个阳声字可以随便变成一个阴声字；对转之间是有一定的原则和条理的。阳声变为阴声时，它所变成的，必是与它相当的阴声；而阴声变为阳声时，它所变成的，必是与它相当的阳声，例如阴声的 a 相当于阳声的 an、aŋ、am；阴声的 o，相当于阳声的 on、oŋ、om；阴声的 e，相当于阳声的 en、eŋ、em；阴声的 i，相当于阳声的 in、iŋ、im。凡是阴声，都可以变作与它相当的阳声，而阳声也可以变作与它相当的阴声，这就是阴阳对转。

此外还有所谓旁转，是从某一阴声韵转到另一阴声韵，或从某一阳声韵转到另一阳声韵，例如阴声 a，稍变闭口些就成为阴声 ɛ；又如阳声 oŋ，稍变开口些就成为阳声 ɑŋ。这在语音上是常见的事实。但是，如果我们在古韵里论旁转，就该先对于古韵的音值有了切实的证明，否则既不确知某韵与某韵相邻近，也就无从断定其为旁转了。

就汉语现代的方音与古音比较，我们看得出有些字音是经过了旁转与对转的历程，例如"慢"字在隋朝读作 man[1]，今苏州读作 mɛ，我们料想在起初的时候先由 man 变为 mɛn，这是旁转；再由

---

[1] 据高本汉所假定《切韵》之音。

mɛn 变为 mɛ，这是对转。细细分析起来，还不止这两个步骤；譬如从 mɛn 变到 mɛ，并不是一变就鼻音失去，也一定有过程；当我们发 mɛn 音的时候，先发辅音 m，再发元音 ɛ，再发鼻音 n；到后来 n 慢慢地缩短，进一步侵入 ɛ 音，于是变为 mɛ̃；最后一步才将鼻音完全失去。

　　三种阳声字之变为阴声，它们的程序并不一样。凡是以 n 收音的，都可以直接变成阴声；但是以 m 和 ŋ 收的，就汉语情形说，似乎往往先变成了 n，然后再变阴声。这种间接变化，可以拿"兼、谈"二字来作例，"兼"古音读 kiem，而今北京音读 tɕiɛn，吴语读 tɕie，又如"谈"古音读 dʻam，而今北京音读 tʻan，吴语作 dʻɛ。吴语的"兼、谈"二字的音，似乎也像北京一般地经过 n 音的阶段。这种对转，都是我国语言中的特别现象。

　　古书中阴阳对转的例也很多，像《中庸》"壹戎衣而有天下"。郑注说是"衣读如殷，声之误也。齐人言殷如衣"。高诱说："兖州人谓殷氏皆曰衣。"这样看起来，古代齐人（兖州在内）是把阳声的"殷"读做阴声的"衣"，而与别处不同的。

　　阴阳对转之发明，起于清朝，戴东原分析古音，已以阴阳相配，但不立阴阳之名称。至孔广森，则明言阴阳对转。最近章炳麟作《成均图》，又立正对转、次对转、近旁转、次旁转、交纽转、隔越转等名词。这都等到第三编第一章叙述古音学时再述。

参考资料

　　【钱玄同论对转旁转】——自戴、孔以来，言古韵之通转，有对转之说，谓阴声阳声入声互相通转也。夫阳声入声之异于阴声，即在母音之后多 n、ng、m 及 t、k、p 等收音之故。阳声入声失收音，即成阴声；阴声加收音，即成阳声入声。音之转变，失其本有者，加其本无者，原是常有之事。如是，则对转之说当然可以成立。惟诸家所举对转之韵,彼此母音不尽相同,尚待商榷(如戴氏谓阳与萧对转,孔氏谓阳与鱼对转,章氏谓谈与宵对转之类,彼此母音皆不相同)。故兹编于此,阙而不述。此外言古韵通转者,又有旁转之说,谓同为阴声,或同为阳声,或同为入声,彼此比邻,有时得相通转(如豪萧哈、唐东冬、曷屑没之类)。然韵部之先后排列,言人人殊,未可偏据一家之论,以为一定不易之次第,故旁转之说,难于信从。窃谓古今语言之转变,由于双声者多,由于叠韵者少,不同韵之字,以同纽之故而得通转者往往有之。此本与韵无涉,未可便据以立"旁转"之名称也。

《文字学音篇》,页 31～32。

【胡以鲁论对转旁转】——兹有宜加意者:双声,同韵而异音者也,然异音之中,有鼻音无鼻音者兼包之。叠韵,同音而异韵者也;然同音之中,如老幼好丑,实际上不相同者,亦谓为叠韵,是何耶?则对转旁转之例也。吾国语大抵一音一义,例诸语句之中,亦不受前后音之影响,勉保其一己之名价,此特质也。然五方风土不齐,语言之发起不能一致;此社会有一音,为他社会所不能发或不欲发者,乃生方音之差。方音者,起于空间的社会心理,与夫时间的社会心理之差,盖自然之势也。保持之特质,与自然之趋势相冲击,折衷调和之,乃发近似之音声。近似者,加之鼻音(谓之对转者此),别以弇侈(谓之旁转者此)也。弇侈之别,口腔大小之差耳,讹传固甚易易;而鼻音亦其相近者也。鼻音虽列于韵,实近于音(力按:依上文看来,胡氏所谓韵,等于今所谓辅音;所谓音,等于今所谓元音),其原料以声为之,与元音同也;其发也不受何等之障碍,亦犹元音也。其所异者为开闭之程度,即元音者纯开音也,其共鸣室惟以口腔为之;鼻音则口腔而外,悬壅垂闭,其一部假鼻腔为共鸣室矣。是为半合音,盖近于音者也。要之,开闭程度之差,应社会之心理,构成吾国之方音者也。

孔氏《诗声类》以鼻音收声为阳声,以纯音收声为阴声,列为上下两行,发对转旁转之例。吾师章炳麟更图示而昌明之。……阳弇、阴弇、阳侈、阴侈各为一列。一部同居相转谓之近转,同列而邻居移转谓之近旁转,同列而隔越转者谓之次旁转,阴阳相对者谓之正对转,旁转而更对转者谓之次对转。由近转、近旁转、次旁转、正对转、次对转而为双声者谓之正声;五者而外有音转而为双声者,对正声则成例外,谓之变声。凡是展转而犹同音者,发起之时地不同,所谓方音之差也。如《尚书》与《诗经》时世不同,《诗经》中更有诸风之差,汇萃之于一书,乃义同而音差,有所谓对转旁转者矣。表中所据虽为唐韵,不得便谓之古音;然就一时世为观察点而论其差,固有法有则若是也。如"穷"在冬部,然《诗》"不宜空我师",传以"空"为"穷",则所谓冬东旁转也。今之语音自湖南、江西、安徽等外,冬东之别亦复不存。"穷乏、空乏",韵虽异而音则同矣,时地方音之差盖若是也。此种类例,章先生《国故论衡》举之甚多,别无所见不更述。惟补说明于兹,即所谓旁转对转者,音声学理所应有,方音趋势所必至也。虽然,先生之图,作圜转之则,诚尽美矣。然所谓音转果一如图序配列与否,犹不能无疑也。其在对转也,撮唇之音转为唇内,弛唇后向之音转为喉内,闭口引唇之音转为舌内,此诚音声学之理也;然其他近旁转次旁转得非顺序颠倒否?

《国语学草创》,页 33～35。

第六节　等　呼

上节所讲的阴声和阳声,是依照韵尾收音的音素来分别声音的。此外,汉语音韵学家又依照韵头元音的不同,把声音分为开口呼与合口呼两类,每类之中,又有洪音与细音之别。开口呼的洪音仍叫开口呼,它的细音则称为齐齿呼;合口呼的洪音仍叫合口呼,它的细音则名为撮口呼。所谓等呼,就是这种分别的名称。等呼之学在音韵学的历史上是比较后起的,明清两代学者讨论到这问题的很多,其中以潘耒的解释比较清楚。他在《类音》里说(卷二,页4):"初出于喉,平舌舒唇,谓之开口;举舌对齿,声在舌腭之间,谓之齐齿;敛唇而呼之,声满颐辅之间,谓之合口;蹙唇而成声,谓之撮口。"在那时能把发音的原理解释得这样妥当,算是难能而可贵的了。

就潘氏的原理来看,我们可以更具体地说:

(一)开口呼——既没有韵头,而韵腹又不是[i][u][y],例如:大[ta]、可[k'ə]、兰[lan]。

(二)齐齿呼——韵头或韵腹是[i],例如:先[ɕien]、比[pi]。

(三)合口呼——韵头或韵腹是[u],例如:光[kuaŋ]、古[ku]。

(四)撮口呼——韵头或韵腹是[y],例如:学[ɕye]、鱼[y]。

潘耒在《类音》里,也举出声母四呼的例子,我们可以参考,如:

　　　影母四呼——恩,因,温,氲;

　　　喻母四呼——〇,寅,〇,云;

　　　晓母四呼——〇,欣,昏,熏;

　　　匣母四呼——痕,〇,魂,〇。

等呼的道理大致不过如此,因为它是后起的,所以在现在的语音里大致还是相同,不比三十六字母,已与现代语音很不相符了。

韵头的元音与纽最接近,在语音变化的历程中,它们常能影响到纽而使之变化,这种现象在现在的北方语系中最为明显。古音中有几个纽的音,传至现在的北京语里,开口呼与合口呼的音作一系统而保存原来的纽;齐齿呼与撮口呼的音则另作一系统,其声纽已发生变化,例如:

$$\text{见纽}\begin{cases}\text{开口呼、合口呼仍保持 k 音}\\\text{齐齿呼、撮口呼变为 tɕ 音}\end{cases}$$

$$\text{精纽}\begin{cases}\text{开口呼、合口呼保持 ts 音}\\\text{齐齿呼、撮口呼变为 tɕ 音}\end{cases}$$

依理论说，每一个声纽都该有四呼；但是，实际上有些声纽是与韵头的某种元音不相容的，例如北京的知纽读为 tʂ，这是舌尖与硬腭后部接触的音，与齐撮二呼是不相容的。因为齐撮二呼的韵头是 i 及与 i 同部位而圆唇的 y，而发 i 或 y 音的时候，舌的前部必须翘起，与硬腭的前部靠近。我们试想：如果我们先发 tʂ 音，紧接着就来一个 i 音或 y 音，那么，舌尖必须从硬腭的后部回到最前的部分来，这是很麻烦的事。又如北京的心纽齐齿字读为 ɕ，这是舌面与硬腭前部接触的音，与合口呼也是不相容的。因为合口呼的韵头是 u，而发 u 音的时候，舌根必须耸起与软腭靠近。舌根耸起时，舌面必须降低，ɕ 与 u 的发音部位相差太远了，所以是很难互相紧接着的。

在《韵镜》《切韵指掌图》等书里，各图的字也分为四等，但与我们现在所说的开齐合撮无关。这且待下文再述。

参考资料

【潘耒论四呼】——曰："四呼，细审诚有之；然各类参错，或全或缺，何可比而同之？"曰："四呼非他，一音之变也。音之由中达外，在牙腭间则为开口；历舌端则为齐齿；畜于颐中，则为合口；聚于唇端，则为撮口。开与合相应，齐与撮相应；有则俱有，无则俱无。一几四隅，一马四蹄，不可增减者也，世人止就有字之音求之，故或二或三，不得其全。等韵但分开合。邵子书虽有开发收闭之名，徐披其目，唯'黑花香血'为具四呼，其他'古甲九癸'等，或二或三，亦未尝相对也。惟梅氏《字汇》末卷，四呼皆全，而不均之各类。陈氏《统韵》之图，但取纵横三十六，至以'根'之开口附于'昆'之合口，'家'之齐齿附于'瓜'之合口；又别立混之一呼，以'姜、阳'之齐齿，'肱、肩'之合口撮口当之，谬误滋甚。今则一母必具四呼，四呼始成一类；少一呼则知此母之音未竟，多一呼则知彼类之音当分。以此审音，而潜伏之音毕出；以此摄类，而凌杂之类皆齐。因著以知微，执简以御烦，莫善乎此矣。"

《类音》卷一，页6。

【章炳麟论等呼】——始作字母者，未有分等；同母之声，大别之不过阖口开口。分齐视阖口而减者为撮口；分齐视开口而减者为齐齿。阖口开口皆外声，撮口齐齿皆内声也（力按：外声、内声，语不了了）。依以节限，则阖口为一等，撮口其细也；开口为一等，齐齿其细也。本则有二，二又为四，此易简可以告童孺者。

季宋以降，或谓阖口开口皆四等，而同母同收者可分为八，是乃空有名言，其实使人哽介不能作语。验以见母，收舌之音，"昆"（阖口）、"君"（撮口）、"根"（开口）、"斤"（齐齿）以外，复有他声可容其间邪（力按：章氏误以开齐合撮与等韵之四等混为一谈，非是。参看下文第九节）？原其为是破碎者，尝睹《广韵》《集韵》诸书分部繁穰，不识其故，欲以是通之尔。不悟《广韵》所包，兼有古今方国之音，非并时同地得有声执二百六种也（且如东冬于古有别，故《广韵》两分之；在当时固无异读，是以李涪《刊误》以为不须区别也。支脂之三韵，惟之韵无阖口音，而支脂开合相间，必分为二者，亦以古韵不同，非必唐音有异也。若夫东钟阳唐清青之辨，盖由方国殊音：甲方作甲音者，乙方则作乙音；乙方作甲音者，甲方或又作乙音，本无定分，故殊之以存方语耳）。昧其因革，操绳削以求之，由是侏离，不可调达矣。

《唐韵》分组，本有不可执者。若五质韵中，"一、壹"为於悉切，"乙"为於笔切，"必"以下二十七字为卑吉切，"笔"以下九字为

鄙密切，"蜜、谧"为弥毕切，"密、蔤"为美毕切，悉分两纽；一屋韵
中，"育"为余六切，"囿"为于六切，亦分两纽也。夫其开阖未殊，
而建类相隔者，其殆《切韵》所承《声类》《韵集》诸书举岳不齐，未
定一统故也。因是析之，其违于名实益远矣。

　　若以是为疑者，更举五支韵中文字证之："妫"切"居为"、"规"
切"居隋"，两纽也；"亏"切"去为"、"窥"切"去随"，两纽也；"奇"
切"渠羁"、"岐"切"巨支"，两纽也；"皮"切"符羁"、"陴"切"符
支"，两纽也。是四类者，"妫、亏、奇、皮"古在歌，"规、窥、岐、陴"
古在支，魏晋诸儒所作反语宜有不同；及《唐韵》悉隶支部，反语尚
犹因其遗迹，斯其证验最著者也。审音者不寻崇绪，欲无回惑得
乎？一母或不兼有阖撮开齐，斯又口舌所碍也（力按：此说甚是。
参看本节正文）。

　　正齿撮齐即齿头；齿头阖开为正齿。及夫疑尼二母，其音易以
爻错。今世呼"疑牛颙仰"皆乱于尼，"银鄂吾危"又乱于喻（力按：
亦有"颙、仰"乱于喻者，例如北京。"今世"二字含胡，明清音韵学
者措辞多类此）；独广东不误，江浙间微出入耳。然疑母至于撮口
齐齿，终不得不与尼母同呼（力按：亦有不尽然者，广东台山"疑"
字正读为 ŋi）。"语、俣"之讹者如"宇"，虽近正者，财如"女"；
"颙"之讹如"容"，虽近正者，财如"浓"。斯由声等不能完具，韵书
虽著其音，而言者犹弗能剀切本纽，况欲令开阖皆四乎？夫寄窊作
规者，有其音无其字可也；本无其音可乎？章炳麟曰："声音出口，
则官器限之；龃差之度，执非一剂，非若方位算数之整齐也（力按：
此语可箴《类音》之失）。故言音理者，亦故而已矣，恶其凿也。"

　　《国故论衡》上，页17～19。

第七节　四　　声

　　上章第四节曾讲过声调，现在要讲的是四声。四声，就是语音

里四种不同的声调。古人以"平、上、去、入"四字各为一声的代表字①，于是这四个字就成了四声的名称，一直沿用到现在。所谓平声就是调值与"平"字相等的声调，所谓上声、去声、入声，也就是调值与"上、去、入"三字相等的声调②。这一个声调的系统，大约是六朝就有了的，也许比六朝更早的时候就有了的。我们靠着韵书的帮助，还能知道当时的声调的系统；不过这只是一些"虚位"，至于当时四声的真正调值，现在是很难知道的了。

六朝以前，未有四声的名称，所以我们不知道上古的汉语语音里共有几种声调；但是，声调的分别大约是自古而然的③。《公羊传》里有两句话（《庄公二十八年》）："《春秋》伐者为客，伐者为主。"何休注云："伐人者为客，读伐长言之，齐人语也；见伐者为主，读伐短言之，齐人语也。"这里所谓长言短言，是否我们现在所谓声调，还不得而知；因为尽可以是音长的关系，而不是音高的关系。也许我们还可以说，当时所谓长言短言就是入声和非入声的分别；长言就是非入声，短言就是入声。

四声之说，始于南北朝的沈约（441～513）、周颙诸人。《南史·陆厥传》："时盛为文章。吴兴沈约、陈郡谢朓、琅邪王融以气类相推毂。汝南周颙善识声韵，约等文皆用宫商，将平上去入四声，以此制韵，有平头、上尾、蜂腰、鹤膝。"又《沈约传》云："（约）又

---

① "上"字如果用国语读，当读如"赏"，然后能为上声的代表字。

② "平、上、去、入"四字本身有无意义，不可得而知。明释真空《玉钥匙歌诀》云："平声平道莫低昂，上声高呼猛烈强，去声分明哀远道，入声短促急收藏。"由此看来，"平、上、去、入"四字也像有意义似的。但真空是明朝人，也许他是望文生义，胡诌了几句。

③ 祭泰夬废四韵字在《诗经》里往往与入声通押，而不与平上去诸字押韵，可见此四韵本为入声，不能认为去入通押。顾炎武云（《音学五书·音论》卷中）："平上去三声固多通母；入与入为韵者十之七，入与平上去为韵者十之三。"今若以祭泰夬废及至霁一部分字认为古入声，则入声与入声为韵者当占十之九。

撰《四声谱》，以为在昔词人累千载而不悟，而独得胸衿，穷其妙旨，自谓入神之作。武帝雅不好焉。尝问周舍曰[①]：'何谓四声?'舍曰：'天子圣哲是也。'"[②]就这两段史料看来，四声的系统在当时虽已成立，但还不曾为一般人所意识到，沈约等不过是些先知者而已。

在汉语韵文的法则上有所谓平声与仄声。仄声是包括上去入三声而言的。这与音韵学没有什么关系，这里不必讨论。

实际上并不是每一字音都有四声。依《广韵》看，仅阳声字的四声完备，阴声字只有平上去三声而没有入声。阳声字以 m 收的，它的入声便以 p 收；以 n 收的，它的入声就以 t 收；以 ŋ 收的，它的入声便以 k 收。这一类的入声在今粤音系里还保存着，但其收音的 p、t、k，只有成阻、持阻，而没有除阻[③]。

四声因受清浊的影响，大约曾有一度变为八声，后来浊音消失，但尚保存其系统。在北方音系里，入声已归入别的声调，上去已无清浊之分，只有平声还存着清浊的系统，命之为阴平阳平。吴语系中尚有完全保存八声者，有些方言则已失去阳上，别的地方又有增至九声或十声者。在广州语里我们知道有九声，因入声有三个；在广西甚至多到十一声：就是二平、二上、二去、四入，再加上一个语助的音调。四川、湖南虽属官话音系，而声调也各有不同。

关于汉语的声调，有两种最普通的误会是应该避免的：第一，我们不可说某处的人把某字错读为某声，因为某处的方言里的调值自成系统，而与别处不必相同的。第二，我们不可因某处的方言里有阳调类的字音就断定它有浊音；因为依汉语现代语看来，有浊

---

① 周舍即周颙之子。

② "天子圣哲"四字恰巧都是清音字，令人疑猜到清浊问题与四声的关系。但这只是一个孤证，不好下断语。

③ 闭塞音共有三个时期：(一)成阻；(二)持阻；(三)除阻。

音的方言里有阳调类,而有阳调类的方言里不一定有浊音①。

要实验声调,须用记音机先把声浪记下来,然后验每秒钟之颤动数有多少,颤动数多则声调高,反之则声调低,由此就可知道声调的真价值。不过,实验声调时须注意五事:

1. 须注意声调单念与合念不一样,例如在北京话里,"河北"的"北"是全念的,"北京"的"北"只念一半,都是上声,至于"北海"的"北"又念作阳平了。

2. 须注意元音及辅音的影响,因辅音或元音的不同,往往使音调的真价值不一样。

3. 须注意发音者是否在本地生长的,又当发音时有没有什么病症以致发音不正确。

4. 读各代表字时,不可太接近以致产生影响;亦不可隔开太远,以致无意中改变调程(key)。

5. 读例字时,头几个与末几个不要,作为 dummy,因读者在起点终点附近易加入"现在开始读了"或"完了"的口气,影响到字调上。

参考资料

【顾炎武论四声之始】——《南史·陆厥传》曰:永明末,盛为文章,吴兴沈约、陈郡谢朓、琅邪王融,以气类相推毂。汝南周颙,善识声韵,为文皆用宫商,以平上去入为四声。以此制韵,有平头、上尾、蜂腰、鹤膝。五字之中,音韵悉异;两句之内,角徵不同,不可增减:世呼为永明体。《周颙传》曰:颙始著《四声切韵》,行于时。《沈约传》曰:约撰《四声谱》,以为在昔词人累千载而不悟,而独得胸衿,穷其妙旨,自谓入神之作。武帝雅不好焉。尝问周舍曰:"何

① 参看《清华学报》第十卷第一期,拙著《从元音的性质说到中国语的声调》第一节。

谓四声?"舍曰:"天子圣哲是也。"然帝竟不遵用约也。《庾肩吾传》曰:齐永明中,王融、谢朓、沈约文章始用四声,以为新变;至是转拘声韵。《陆厥传》又曰:时有王斌者,不知何许人,著《四声论》行于时。今考江左之文,自梁天监以前,多以去入二声同用;以后则若有界限,绝不相通;是知四声之论,起于永明,而定于梁陈之间也。《艺文类聚》载武帝清暑殿效柏梁体联句。帝云"居中负扆寄缨绂",而司徒左西属江葺和云"鼎味参和臣多匮",以去和入,则其时未用四声可知。乃约所自作《冠子祝辞》读"化"为平,《高士赞》读"缁"为去,《正阳堂宴劳凯旋诗》读"傅"为上,今《广韵》"化"字、"傅"字无平上二声,而去声有"涬"字无"缁"字,是约虽谱定四声,而犹存古意,不若后人之昧而拘也。四声之谱,诚不可无;然古人之字有定作一声者,有不定作一声者,既以四声分部,则于古人之所已用不得不两收三收四收,而其所阙漏者遂为太古之音,后人疑不敢用。又江左诸公本从辞赋入门,未通古训,于是声音一而文字愈繁,作赋巧而研经弥拙,且使今人古人如异域之不相晓,而叶音之说作。

《音学五书·音论》。

【陈澧论四声与宫商角徵羽】——古无平上去入之名,借宫商角徵羽以名之。封演《闻见记》云:"李登撰《声类》十卷,以五声命字。"《魏书·江式传》云:"吕静放李登《声类》之法作《韵集》五卷,宫商角徵羽各为一篇。"此所谓宫商角徵羽,即平上去入四声;其分为五声者,盖分平声清浊为二也。陆氏《切韵》,清浊合为一韵;其平声分为二卷,但以字多而分之。孙愐《唐韵·序》后论云:"切韵者本乎四声;必以五声为定,则参宫参羽,半徵半商,引字调音,各自有清浊。若细分其条目,则令韵部繁碎,徒拘桎于文辞。"此孙愐解说《切韵》之书分四声不分五声之故也。所谓宫羽徵商,即平上去入也。平上去入各有清浊,不可但分一声之清浊,以足五声之数。若四声皆分清浊为二部,则太繁碎;故不可分也。古以四声分为宫商角徵羽,不知其分配若何。《宋书·范蔚宗传》云:"性别宫商识清浊。"此但言宫商,犹后世之言平仄也。盖宫为平,商为仄欤?《谢灵运传》论云:"欲使宫羽相变,低昂舛节。"《隋书·潘徽传》云:"李登《声类》、吕静《韵集》,始判清浊,才分宫羽。"此皆但言宫羽,盖宫为平,羽亦为仄欤?《南齐书·陆厥传》云:"前英已早识宫徵。"此但言宫徵,盖宫为平,徵亦为仄欤?又云:"两句之内,角徵不同。"此但言角徵,盖徵为仄,角亦为平欤?然则孙恤但云宫羽徵商而不言角,角即平声之浊欤?以意度之当如是,然不可考矣。若段安节《琵琶录》以平声为羽,上声为角,去声为宫,入声为商,上平声为徵。《玉海》载徐景安《乐书》以上平声为宫,下平声为商,上声为徵,去声为羽,入声为角。凌次仲《燕乐考原》谓其任意分配,不可为典要,是也。戴东原《声韵考》云:"古之所为五声宫商角徵羽者,非以定文字音读也。字字可宫可商,以为高下之叙,后人胶于一字,缪配宫商,此古义所以流失其本欤?"(力按:当以戴说为是)澧谓李登、吕静时未有平上去入之名,借宫商角徵羽以名之可也;既有平上去入之名,而犹衍说宫商角徵羽则真缪也。如米元章《画史》自言著《大宋五音正韵》一书,以五方立五行,求五音,乃得一于于孟仲季位,因金寄土,削去平上去入之号,表以宫商角徵羽之名,此元章之好奇,而不知适成其为缪也。

　　《切韵考》卷六,页5。

　　【陈寅恪《四声三问》】——初问曰:中国何以成立一四声之说? 即何以适定为四声,而不定为五声,或七声,抑或其他数之声乎? 答曰:所以适定为四声,而不为其他数之声者,以除去本易分别,自为一类之入声,复分别其余之声为平上去三声。综合通计之,适为四声也。但其所以分别其余之声为三者,实依据及摹拟中国当日转读佛经之三声。而中国当日转读佛经之三声又出于印度古时声明论之三声也。据天竺围陀之声明论，其所谓声 svara 者，适与中国四声之所谓声者相类似。即指声之高低言，英语所谓 pitch accent 者是也。围陀声明论依其声之高低，分别为三：一曰 udātta，二曰 svarita，三曰 anudātta。佛教输入中国，其教徒转读经典时，此三声之分别当亦随之输入。至当日佛教徒转读其经典所分别之三声，是否即与中国之平上去三声切合，今日固难详知，然二者俱依声之高下分为三阶则相同无疑也。中国语之入声皆附有 k、p、t 等辅音之缀尾，可视为一特殊种类，而最易与其他之声分别。平上去则其声响高低相互距离之间虽有分别，但应分别之为若干数之声，殊不易定。故中国文士依据及摹拟当日转读佛经之声，分别定为平上去之三声。合入声共计之，适成四声。于是创为四声之说，并撰作声谱。借转读佛经之声调，应用于中国之美化文。此四声之说所由成立，及其所以适为四声，而不为其他数声之故也。

再问曰：四声说之成立由于中国文士依据及摹拟转读佛经之声，既闻命矣。果如所言，天竺经声流行中土，历时甚久，上起魏晋，下迄隋唐，六七百年间审音文士、善声沙门亦已众矣。然则无论何代何人皆可以发明四声之说，何以其说之成立不后不先适值南齐永明之世？而创其说者非甲非乙，又适为周颙、沈约之徒乎？答曰：南齐武帝永明七年二月二十日竟陵王子良大集善声沙门于京邸，造经呗新声，实为当时考文审音之一大事。在此略前之时，建康之审音文士及善声沙门讨论研求必已甚众而且精。永明七年竟陵京邸之结集不过此新学说研求成绩之发表耳。此四声说之成立所以适值南齐永明之世，而周颙、沈约之徒又适为此新学说代表人之故也。

三问曰：读《宋书·谢灵运传·论》及《南史·陆厥传》所载厥与沈约问答之书及《诗品》所记王融告钟嵘之语，窃有疑焉。凡约之所论,及厥之问约,约之答厥,融之语嵘者,皆四声之问题也。然俱以宫商五声为言,而绝不及四声一语。若四声与五声同物,则约仍用五声之旧说可矣,何必又新创四声之说,别撰四声之谱乎? 若四声与五声不同物,则约论非所论,融语非所语,厥问非所问,约更答非所答矣。然则四声与五声之同异究何在耶? 答曰:宫商角徵羽五声者,中国传统之理论也。关于声之本体,即同光朝士所谓"中学为体"是也。平上去入四声者,西域输入之技术也。关于声之实用,即同光朝士所谓"西学为用"是也。盖中国自古论声,皆以宫商角徵羽为言,此学人论声理所不能外者也。至平上去入四声之分别,乃摹拟西域转经之方法,以供中国行文之用。其"颠倒相配,参差变动",如"天子圣哲"之例者,纯属于技术之方面,故可得而谱。即按谱而别声,选字而作文之谓也。然则五声说与四声说乃一中一西,一古一今,两种截然不同之系统。论理则指本体以立说,举五声而为言;属文则依实用以遣词,分四声而撰谱。苟明乎此,则知约之所论,及厥之问约,约之答厥,所以止言五声,而不及四声之故矣。

节录《四声三问》,见《清华学报》九卷二期。

【关于四声调值之古说】——唐《元和韵谱》云:"平声哀而安,上声厉而举,去声清而远,入声直而促。"明释真空《玉钥匙歌诀》云:"平声平道莫低昂,上声高呼猛烈强,去声分明哀远道,入声短促急收藏。"顾炎武《音论》云:"平音最长,上去次之,入则诎然而止,无余音矣。"又云:"其重其疾则为入,为去,为上,其轻其迟则为平。"江永《音学辨微》云:"平声长空,如击钟鼓;上去入短实,如击土木石。"张成孙《说文韵补》云:"平声长言,上声短言;去声重言,入声急言。"段玉裁《与江有诰书》曰:"平声扬之则为上,入稍重之则为去。"王鸣盛《十七史商榷》云:"同一声也,以舌头言之为平,以舌腹言之为上;急气言之即为去,闭气言之则为入。"

第八节　韵　摄

纽有代表字，韵也有代表字，例如我们常用的"东、麻、先、阳"……等字就是代表韵母 uŋ、a、ien、iaŋ 的①。韵的数目常比纽多，所以《广韵》里的韵就多至二百零六个，而如此繁多的原因，乃是韵母的变化比较复杂②，例如一个 an，因为等呼的关系，我们就要把它看作 an、ian、uan、yan 四韵，同时又因声调的关系，我们就再把每韵分为平、上、去、入四个，于是就成为十六韵了。如果我们把这些关系都置之不论，照 an、ian、uan、yan 可以并为一个 an 类的例来看，则根本上韵也只有十几类，这韵类在音韵学上称为韵摄③。

合并相类的韵为韵摄的，有《韵镜》《切韵指掌图》《经史正音切韵指南》等书，《切韵指掌图》把《广韵》的二百六韵归纳为十三摄。后来《经史正音切韵指南》又改成十六摄，且立通、江、止、遇、蟹、臻、山、效、果、假、宕、曾、梗、流、深、咸的名称，其中果与假、宕与江、梗与曾，在《切韵指掌图》里都不分，所以少三摄。十三摄所代表的韵类如下：

果—a　　蟹—ai　咸—am　山—an　梗—əŋ
宕—aŋ　效—au　止—i　　深—əm　臻—ən
流—əu　遇—u　　通—uŋ

这十三摄中虽没有一个入声韵，但实际上还是能管到入声的。依《广韵》的排列法：入声字以 p 收声的，它的平声便是以 m 收声；

---

① 这是大概的说法。欲知其详，参看第二编第一章。

② 《广韵》分韵繁多，还有其他的原因；此处姑以韵母变化复杂为言。参看本编第三章。

③ 若依高本汉的说法，每摄不仅有一个主要元音。此处系依钱玄同的说法，参看钱氏《文字学音篇》。

以 t 收的,它的平声便是以 n 收;以 k 收的,它的平声便以 ŋ 收;因此,就可以明白:入声韵正是归并在相当的平声韵里面的。所以我们要知道一个入声字属于哪一摄,只须看它的平声字就行了,例如"刹"(tʂ'at)的韵母是 at,而它的平声字的韵母必是 an,那么就可以知道"刹"是山摄的字了①。

现在我们谈韵摄时,最当注意字音的收声音素。韵摄是根据古音定的,古音中 m、n、ŋ 的分别与 p、t、k 的分别极严格,而现代言语,已往往不能完全分别,所以我们很容易把韵摄弄错,例如:

干—甘	牵—谦	言—严	单—担,
-n -m	-n -m	-n -m	-n -m
天—添	新—心	烦—凡	安—庵,
-n -m	-n -m	-n -m	-n -m

这类的音北方音与吴音都已混了,只有闽粤音还分得出,又如:

兵—宾,平—贫,名—民,迎—银,蒸—真,星—新,恒—痕,
-ŋ -n -ŋ -n -ŋ -n -ŋ -n -ŋ -n -ŋ -n -ŋ -n

这类的音在北方还能分别,而吴语又混了②。至于入声 p、t、k 之别,除闽粤音与客家话外,更没有能辨别的③。

参考资料

【劳乃宣论韵摄】——唐宋韵书部分,自二百六部归并至一百

---

① 《切韵指掌图》以入声分承阴声韵与阳声韵,例如"刹"字既为"獺"的入声,又为"叉"的入声。今仅以入声承阳声,系根据《广韵》《韵镜》《七音略》等书。入声承阳声,只是便宜的归类法。其实它承阴声也未尝不可,例如 at 固然可以配 an,但也未尝不可配 a。

② 这也是大概的说法。北方的-n 系与-ŋ 系字亦未能完全合于古音的系统,例如清韵"贞"字,在今北京读入-n 系,等韵"肯"字,北京大多数人也读入-n 系。反过来说,吴语的-n 系与-ŋ 系的字亦未完全相混,例如先仙与清青是不混的。

③ 闽音与客家话的入声亦未能合于《切韵指掌图》的系统。

六部,而其中声音相同者犹多。戴东原谓定韵时有意求其密,用意太过,强生分别,是也。故考古韵者必归并部分;等韵家之定为韵摄,亦此意也。《切韵指掌图》分为二十图,郑氏《七音略》分为四十三图,犹未有韵摄之名。刘氏《切韵指南》乃定为通、江、止、遇、蟹、臻、山、效、果、假、宕、曾、梗、流、深、咸十六摄。《字母切韵要法》十二摄,曰:迦、结、冈、庚、裓、高,该、傀、根、干、钩、歌;而图内不列"结"字一音,于庚下附(庚)一音,于根干下附(根)(干)二音,合计共十五摄。《等韵切音指南》十六摄,曰:果、假、梗、曾、通、止、蟹、遇、山、咸、深、臻、江、宕、效、流,与刘氏同,而其次不同。以韵部言之,东冬为两《指南》通摄,而《要法》为庚摄之合口;江为《指南》之江摄,而《要法》与阳同为冈摄;支微齐为《要法》裓摄,《指南》止摄;鱼虞为《指南》遇摄,而《要法》为裓摄之合口;佳为《要法》该摄,《指南》蟹摄;灰为《要法》傀摄,而《指南》与佳同为蟹摄;真文元为《要法》根摄,《指南》臻摄;元寒删先为《要法》干摄,《指南》山摄;萧肴豪为《要法》高摄,《指南》效摄;歌为《要法》歌摄,《指南》果摄;麻为《要法》迦摄,《指南》假摄;而麻韵中车遮一类,《要法》别为结摄;阳为《要法》冈摄,《指南》宕摄;庚青为《要法》庚摄,《指南》梗摄;蒸为《指南》曾摄,而《要法》所附(庚)摄疑即是此;尤为《要法》钩摄,《指南》流摄;侵为《指南》深摄,而《要法》所附(根)摄疑即是此;覃盐咸为《指南》咸摄,而《要法》所附(干)摄疑即是此。《要法》十五摄与《指南》十六摄同者五:高与效、根与臻、干于与山、钩与流、歌与果是也。《要法》合而《指南》分者三:冈与江宕,则《要法》从今音以江阳为一,《指南》从古音以江阳为二也;庚与梗通、裓与止遇,则《要法》以开口该合口,《指南》以通遇两合口别为韵也。《要法》分而《指南》合者二:迦结与假,则《要法》从今音分麻与车遮为二,《指南》从古音合为一也;该傀与蟹,则《要法》从北音分佳灰为二,《指南》从南音合为一也。《指南》列摄而《要法》附列者三：曾与（庚），则以蒸与庚青古分而今合，《指南》从古，别曾于梗，《要法》从今，附（庚）于庚也；深与（根），咸与（干），则以古音侵异于真文元，覃盐咸异于元寒删先，而今音相近，《指南》从古分列，《要法》从今附列也。各书之异同者如此。按麻与车遮，时音虽分为二，而古音不别，故《要法》不列于图内，则《要法》之迦结可并；蒸与庚青、江与阳，古音虽分而今音无别，则《要法》之庚（庚），《指南》之梗曾江宕可并（力按：劳氏忽而从古，忽而从今，亦无标准）；佳与灰古今皆分，则《指南》之蟹当为为傀摄；侵覃盐咸之于真文元寒删先，今闽广音尚分，则《要法》之（根）（干）当列摄，《指南》之深咸当存。至于东冬之于庚青蒸，鱼虞之于支微齐为开合口，《要法》之合，《指南》之分皆一理；但各韵既皆以开该合，则以从《要法》合列为是。以此计之，则麻也、江阳也、庚青蒸东冬也、支微齐鱼虞也、萧肴豪也、佳也、灰也、真文元也、元寒删先也、侵也、覃盐咸也、尤也、歌也，共十三摄，而今日同文之音备矣。

《等韵一得·外篇》，页8～10。

【钱玄同论韵摄】——《广韵》二百六韵之等呼阴阳既明，则于审音之事无疑滞矣；于是当就异韵同音者括为韵摄。合母音相同之数韵为一类，始于宋杨中修之《切韵指掌图》。《指掌图》列图二十，并其开合，凡十三摄。其时尚无韵摄之名（今曰十三摄者，取便于称说也），每类亦无标目之字。及元刘鉴撰《切韵指南》，分为十六摄，又以通、江、止、遇、蟹、臻、山、效、果、假、宕、曾、梗、流、深、咸十六字标目，为韵摄有标目之始。自是以后，等韵家遂多言韵摄矣。言韵摄之书虽多，而精确缜密，举不逮《切韵指掌图》。缘《指掌图》成于宋世，据《集韵》而作，其时音韵之学尚未淆乱，故多可信据。今考其十三摄中，惟以泰夬祭废四韵与代队卦怪霁诸韵合为一摄，以灰韵与支脂之微齐诸韵合为一摄，与《广韵》尚有未合；

缘泰央祭废四韵惟有去而无平上，与代队诸韵迥异，其母音当为 a
（此章太炎所发明者，见《国故论衡》上卷，证据极多，兹不赘列），
灰韵之母音为 e，支脂之微齐之母音为 i，亦各不相同，未可合而一
之也。杨氏之十三摄中，阴声六摄，阳声七摄：今以泰等四韵与灰
韵别立二摄，是阴声当为八摄。阴声阳声，凡十五摄。入声兼承阴
阳二平，今别立为七摄，合之凡为廿二摄（力按：钱氏廿二摄标目为
蔼、阿、隈、依、乌、讴、爃、哀、安、恩、鸯、翁、罂、谙、愔、遏、妧、恶、
屋、餩、姶、挕）。

　　见《文字学音篇》，页 16 ~ 20。

　　【韵摄示例】——下列为《切韵指掌图》第五图，与《切韵指南》
之咸摄相当（见插页）。

第九节　反　　切

　　反切就是用两个字来拼音。古人或称为"反"，或称为"翻"，
或称为"切"，都只是拼音的意思①。上古的反切可以说是天籁的，
例如"不可"为"叵"、"而已"为"耳"、"之乎"为"诸"、"如是"为
"尔"；但当时只是无意识地用到反切的方法，还没有用它来注音。

　　在未知道用反切来注音的时候，古人用譬况的说法或读若法。
譬况的说法例如《公羊传·宣八年》何休注云："言'乃'者内而深，
言'而'者外而浅。"读若的说法例如《说文》："珣，读若宣。"读若
也许就是后世的直音法，例如《尔雅》郭璞注："诞音但，讦音吁，鋗
音罩。"譬况、读若的法子得不到真确的字音，固然不好，直音法也
是颇笨拙的；如果找不出同音的字，就无法可想，如果同音的只是
一些僻字，则注音也等于不注音，所以后来的人渐渐知道用反切以

---

　①　虽也有人以为"反"与"切"是有分别的，但这都是强生分别。参看下面参考资料所
　　　引李汝珍《反切总论》。

济直音之穷。颜之推《家训》云："孙叔然创《尔雅音义》①，是汉末人独知反语。"陆德明的《经典释文·序录》与张守节的《史记正义·论例》也都说反切始于汉末；但章炳麟在《汉书·地理志》注里发现应劭已经用反语②。大约东汉人已用反切，不过到汉魏以后才盛行而已。

孙炎的《尔雅音义》已失传，只在《经典释文》可见其反语若干则；所以汉末的反切法已难详考。宋《广韵》的反切是根据隋朝陆法言的《切韵》的，其反切的规律有二：

（一）反切上字必与其所切之字同纽。非但发音部位相同，连清浊也是一样的，例如"东"是"德红切"，"德"与"东"都属于端纽，都是清音。

（二）反切下字必与其所切之字同韵，且同开合口，例如"知"是"陟离切"，"离"与"知"都属于支韵，开口③。

此外宋人还有所谓音和与类隔之说。音和即是上述普通的反切法。至于在相邻的声类中，取相当的纽里的字为反切上字，就叫类隔④，如"椿"，都江切，"椿"是知纽字，而"都"却是端纽字；又如"眉"，武悲切，"眉"是明纽字，而"武"却属微纽。其实这种说法是错误的，经钱大昕的考证，我们知道《切韵》时代舌上音还未从舌头音中分出，轻唇音也还是混在重唇里面，知与端、明与微在隋代

---

① 孙炎，字叔然，生汉魏间，受学郑玄之门人。作《尔雅音义》。

② 章炳麟《音理论》云："汉地理志广汉郡梓潼下，应劭注：'潼水所出，南入垫江。垫，音徒浃反。'辽东郡沓氏下，应劭注：'沓水也，音长答反。'是应劭时已有反语，则起于汉末也。"应劭，字仲远，东汉汝阳人。

③ 宋元以前未有齐齿、撮口等名称，亦无洪音、细音等名称；当我们论及《广韵》的时候，最好不提及齐、撮、洪、细等字样。

④ 赵元任先生说，关于类隔，舌音常用字中，只有"贮、罩、椿"三个字，唇音例则甚多，故《切韵》时舌上与舌头恐已将近全分，而轻唇重唇则全然不分，二者情形似略有程度之不同。

只是一个纽,那么"椿"与"都"、"眉"与"武"都还是同纽字,所以这种反切法也还是合于正轨的。

《广韵》的反切,上字只求双声,下字只求叠韵①,并不用一定的纽韵代表字,所以用字非常繁杂;更因所用的字大多数不是单一的音素,所以又不免有许多困难,例如"仙",相然切,"相"实有 s 与 iaŋ 四个音素,"然"字实有 nʑ 与 iæn 四个音素,反切时只采取"相"字里的 s 与"然"字里的 iæn,把中间的 aŋ 与 nʑ 丢开,就是:

$$\text{siaŋ} + \text{nʑiæn} = \text{s} + \text{iæn} = \text{siæn}$$

这自然是不容易了解的反切法,因此后来就有下列诸家设法改良:

(一)宋丁度等的《集韵》

反切上字顾及声调,且顾及等列,例如"鸡",由"古奚切"改为"坚奚切",因为"坚"与"鸡"同属平声,且同属四等。

(二)明吕坤的《交泰韵》(1603)

1.平声字以入声切,入声字以平声切,上声字必用两上,去声字必用两去,例如:东,笃翁切;董,堵塎切;冻,杜瓮切②;笃,东屋切③。

2.反切下字顾及阴阳(指声调的阴阳),例如"东",由"德红切"改为"笃翁切",因为"红"字属于阳调类,而"东"与"翁"都属于阴调类。

(三)清潘耒的《类音》

1.上字必用本呼;仄声切平,平声切仄,例如"先",由"苏前

---

① 《广韵》的反切下字固然也顾及开合口,换句话说就是非但要同韵,而且要同韵母(final);不过,有时候它也不顾及开合口,例如以"远支"切"为"、以"鱼肺"切"刈"。

② "杜"字在《广韵》为上声,大约至吕坤的时代已变为去声。

③ "笃"字是"冬"的入声,非"东"的入声,大约吕坤的时代东冬已不分。

切"改为"薛烟切",因为"苏"是合口,"先"与"薛"都是齐齿;"苏"是平声,"薛"是入声。

2.下字必用影喻两母;影喻无字,则用晓匣;晓匣无字,然后用见溪群疑,例如"中",由"陟弓切"改为"竹硍切",因为"弓"属见母,而"硍"属影母。

(四)清初李光地等的《音韵阐微》

1.上字用支微鱼虞歌麻韵中字;

2.下字用影喻,且须顾及阴阳。

上字所以要用支微鱼等韵中字,因为这些字的韵尾不带鼻音;下字所以要用影喻纽中字,因为这些字的字首是元音,至少是近元音性,拼音时可免障碍。反切旧法进步至此,可算达于极点了。

参考资料

【顾炎武论反切之始】——按反切之语,自汉以上即已有之。宋沈括谓古语已有二声合为一字者,如"不可"为"叵"、"何不"为"盍"、"如是"为"尔"、"而已"为"耳"、"之乎"为"诸"。郑樵谓慢声为二,急声为一:慢声为"者焉",急声为"旃";慢声为"者与",急声为"诸";慢声为"而已",急声为"耳";慢声为"之矣",急声为"只"是也。愚尝考之经传,盖不止此,如《诗·墙有茨》,传:"茨,蒺藜也。""蒺藜"正切"茨"字。"八月断壶",今人谓之"胡卢",《北史·后妃传》作"瓠芦","瓠芦"正切"壶"字。《左传》"有山鞠穷乎",鞠穷是芎穷,"鞠穷"正切"芎"字。"著于丁宁"注:"丁宁,钲也。"《广韵》"丁"中茎切,"丁宁"正切"钲"字。"守陴者皆哭",注:"陴,城上僻倪。""僻"音"避","僻倪"正切"陴"字。"弃甲则那","那",何也,后人言"奈何","奈何"正切"那"字。"六乡三族降听政",注:"降,和同也。""和同"正切"降"字。《春秋·桓十二年》"公及宋公、燕人盟于谷丘",《左传》作"句渎之丘","句渎"正切"谷"字。《公羊传》"邾娄后名邹","邾娄"正切"邹"字。《礼记·檀弓》"铭,明旌也","明旌"正切"铭"字。《玉藻》:"终葵,椎也。"《方言》齐人谓"椎"为"终葵","终葵"正切"椎"字。《尔雅》:"禘,大祭也。""大祭"正切"禘"字。"不律谓之笔","不律"正切"笔"字。"须,薚芜","薚芜"正切"须"字。《列子》"杨朱南之沛",《庄子》"杨子居南之沛","子居"正切"朱"字。古人谓耳为"聪",《易传》"聪不明也",《灵枢经》:"少阳根于窍,阴结于窗笼,窗笼者,耳中也。""窗笼"正切"聪"字。《方言》"蜘蛛或谓之蠾蝓","蠾蝓"正切"蛛"字。"婿谓之倩"注:"今俗呼女婿为卒便。""卒便"正切"倩"字。《说文》"铃,令丁也","令丁"正切"铃"字。"鸠,鹘鸼也","鹘鸼"正切"鸠"字。"痤,一曰族絫",徐铉以为即《左传》之"瘯蠡","瘯蠡"正切"痤"字。《释名》:"韠,蔽膝也,所以蔽膝前也。""蔽膝"正切"韠"字。王子年《拾遗记》"晋武帝赐张华侧理纸","侧理"正切"纸"字。《水经注》晏谟伏琛云"潍水即扶淇之水也","扶淇"正切"潍"字。《广韵》"狻猊,狮子","狻猊"正切"狮"字。以此推之,反语不始于汉末矣。

《音学五书》,旌德周氏刻本,《音论》卷下,页10～13。

【顾炎武论南北朝反语】——南北朝人作反语,多是双反,韵家谓之正纽、到纽。史之所载,如晋孝武帝作清暑殿,有识者以"清暑"反为"楚声","楚声"为"清","声楚"为"暑"也。宋明帝多忌,袁粲旧名袁愍,为"隙门","隙门"为"袁","门隙"为"愍"也。刘悛旧名刘忧,为"临雠","临雠"为"刘","雠临"为"忧"也。齐世祖于青溪立宫,号曰旧宫;时人反之曰:"旧宫"者"穷厩","穷厩"为旧,"厩穷"为"宫"也。文惠太子立楼馆于钟山下,号曰东田;"东田"反语为"颠童","颠童"为"东","童颠"为"田"也。梁武帝创同泰寺,开大通门对寺之南门,取反语以协"同泰","同泰"为"大","泰同"为"通"也。陈后主名叔宝,反语为"少福","少福"

为"叔","福少"为"宝"也。北齐刘逖请改元为"武平",谓和士开曰:"武平反为明辅"。"明辅"为"武","辅明"为"平"也。隋文帝谓杨英反为"嬴殃","杨英"为"嬴","英杨"为"殃"也。唐高宗改元"通乾",以反语不善,诏停之;"通乾"反为"天穷","通乾"为"天","乾通"为"穷"也(力按:由此观之,《广韵》反切上字不顾等呼,下字不顾清浊,抑亦有故。若上字必顾等呼,下字必顾清浊,则"通乾"不能反为"天穷"矣)。又如《水经注》"索郎酒",反为"桑落","桑落"为"索","落桑"为"郎"也。《孔氏志怪》卢充"幽婚",反为"温休","温休"为"幽","休温"为"婚"也。又有三字反者。吴孙亮初,童谣曰"于何相求常子阁","常子阁"者,反语"石子堈","常阁"为"石","阁常"为"堈"也。齐武帝永明初,百姓歌曰"陶郎来",言"唐来劳"也,"陶郎"为"唐","郎陶"为"劳"也。梁武帝中大通中,民间谣曰"鹿子开城门","鹿子开"者,反语为"来子哭","鹿开"为"来","开鹿"为"哭"也。

同上,页 14～17。

【陈澧论音和与类隔】——《广韵》每卷后所记新添类隔今更音和切者,凡二十一字:卑(必移切)、裨(並之切,之当作支,各本皆误)、眉(目悲切)、邳(並悲切)、悲(卜眉切)、胚(偏杯切)、频(步真切)、彬(卜巾切)、绵(名延切)、犫(中全切)、閟(北盲切)、平(仆兵切)、凡(符芝切)、芝(敷凡切)、否(並鄙切)、贮(知吕切)、缥(遍小切)、标(频小切)、褾(边小切)、祊(宾庙切)、窆(班验切)。音和者,谓切语上字与所切之字双声也;类隔者,谓非双声也。如"卑"字"府移切","府"与"卑"非双声,故改为"必移切","必"与"卑"乃双声也。余皆仿此。然"府、卑"非双声者,乃后世之音;古音则"府、卑"双声。陆氏沿用古书切语,宋人以其不合当时之音,谓之类隔。方密之《通雅》始辩其惑,钱辛楣《养新录》考辩尤详。然宋人修《广韵》,既以旧切为不合,而于卷内仍不妄改,但附记于卷后，此北宋时风气笃实，故可据其书以考陆氏撰本也。

《切韵考》卷六，页11~12。

【陈澧论反切之法非连读二字而成一音】——切语之法，非连读二字而成一音也（如"同"，徒红切；"蛩"，渠容切，连读而成音者，偶然相合耳）。连读二字成一音，诚为直捷；然上字必用支鱼歌麻诸韵字，下字必用喉音字。支鱼歌麻韵无收音，而喉音直出；其上不收，其下直接，故可相连而成一音；否则中有窒碍，不能相连矣。然必拘此法，或所当用者有音无字，或虽有字而隐僻难识，此亦必穷之术也。而吕新吾《交泰韵》、潘稼堂《类音》必欲为之，于是以"堃翁"切"终"字，以"竹砳"切"中"字。夫字有不识乃为切语！以"终、中"易识之字，而用"堃、砳"难识之字为切，不亦傎乎！孰若古人但取双声叠韵之为坦途哉？（西洋人金尼阁《西儒耳目资》亦以二字连读为一音，此则用其本国之法耳。）

同上，页8~9。

【李汝珍《反切总论》】——或曰："吾闻反切肇自于魏，其义可得闻乎？"对曰："郑玄注六经，高诱解《吕览》，扬雄著《方言》，刘熙制《释名》，皆无反切；而难字训释，但曰'音某'，或'读若某'耳。其间轻重清浊，有内言外言，急气缓气，开口笼口诸法，令人无所适从。迨魏孙氏叔然注释经书，始随文反切，未有成书。齐周彦伦切字有纽，纽有平上去入，始有《四声切韵》。梁顾野王《玉篇》悉用反切，不复用直音。至唐孙愐增损陆法言之书而为《唐韵》，则大备矣。"敢问："反与切，其义何也？"对曰："反者，《毛诗·卫风》笺云'覆也'；切者，《淮南·原道》注云'摩'也。所谓反切者，盖反覆切摩而成其音之义也。《古今韵会》云：'一音展转相呼，谓之反，一韵之字相摩以成声，谓之切，以子呼母，以母呼子也。'《礼部韵略》云：'音韵展转相协，谓之反，亦作翻；两字相摩以成声，谓之切。其实一也。'刘鉴《玉钥匙》（力按：《玉钥匙门法》乃释真空所著,非刘鉴也)云:'反切二字,本同一理,反即切也,切即反也,皆可通用。'斯言是矣。"或曰:"吾闻《音切谱》云:'上字为反,反即音,而音归于母;下字为切,切即韵,而韵归于摄。执音转韵,据反定切。'以此论之,反与切似有区别矣。其说然乎?"对曰:"若谓反切为母韵之分,则唐元度撰《九经字样》时,因藩镇不靖,讳反而言切,然则元度独用韵而不用母耶? 子言误矣。""敢问:以两字而切一音,其义何也?"对曰:"凡切必以两字者,盖上为切字之母,下为切字之韵,苟舍此,无以成其音也。"

《李氏音鉴》卷二,页7~8。

【劳乃宣论三合四合五合法】——古今反切皆以二字切一字,《国书》又有三合、四合、五合法,尤为微妙。如"该"字为"嘎埃切",此二合音也;然"埃"字本为"阿、伊"二音所合,则"该"字之切当作"嘎阿伊",即三合音矣。又如"枵"字为"希幺"切,此二合音也;然"幺"字本为"伊鏖"二音所合,则"枵"字之切当作"希伊鏖",是为三合音;而"鏖"字又本为"阿乌"二音所合,则"枵"字之切当作"希伊阿乌",即四合音矣。又如埃韵之撮口音为"俞埃"二音所合,切以见母,为"居俞埃",是为三合音;然"居"字为"基俞"二音所合,"埃"字为"阿伊"二音所合,则其切当为"基俞俞阿伊",即五合音矣(力按:劳氏所举诸例,惟最后一例为无理:五合音中,实际上只有四个音,"俞、俞"音既相同,不容再析为二。反切上字不容再分析,否则将无止境)。今母韵合谱中三合音反切,即用此法。

《等韵一得·外篇》,页29。

第三章　等韵学

第一节　宋元的等韵学

从前的人把汉语音韵学分为三门:(一)古韵学,以《诗经》《楚辞》等书为史料,以周秦古音为研究的对象;(二)今韵学,以《广韵》《集韵》等书为史料,隋唐以来诗家承用的韵的系统为对象;(三)等韵学。等韵学有狭义,有广义。狭义的等韵学,是指开口呼与合口呼各分四等而言;广义的等韵学,是包括等呼、反切,以及其他语音的分析而言。

现在我们所述的是广义的等韵学。前两章都可以归入等韵学的范围,不过那是我们以现代语音学为根据而对等韵学加以说明或矫正的,这一章却是把前人的等韵学作概略的叙述。

关于现存的等韵书,当以《韵镜》《七音略》《切韵指掌图》《四声等子》《经史正音切韵指南》五部书为最古。这五部书可以分为三派:《韵镜》与《七音略》为一派;《四声等子》与《经史正音切韵指南》为一派;《切韵指掌图》自为一派。

《韵镜》的作者与成书年代皆不可考,宋绍兴辛巳(1161),三山张麟之为之刊行,庆元丁巳(1196)重刊,嘉泰三年(1203),张麟之又作一序。据其初刊时的序云:"余尝有志斯学,独恨无师承。既而得友人授《指微韵镜》一编,且教以大略。"可见《韵镜》之原著当在西历 1161 年以前,甚或在陈彭年重修《广韵》(1008)以前。其等韵图中舌头舌上不分,重唇轻唇不分,犹存《切韵》(601)之旧;至于齿头正齿亦不分,似尚较《切韵》为近古①。书中共分四十三图。

《七音略》为宋郑樵(1104~1162)所著,在《通志》内。《七音略》是否根据《韵镜》而作,我们不得而知;但其等韵图与《韵镜》的系统差不多完全一样,至少可以说与《韵镜》是同一个系统的学说的作品。当郑樵的时候,已经有了三十六字母的名称,所以他拿来配入等韵图,再加上了羽、徵、角、商、宫、半徵、半商的名称以代替唇、舌、牙、齿、喉、半舌、半齿,其实内容仍旧不变。最显明的保存古说的证据就是端系与知系不分,精系与照系不分,帮系与非系不分②。书中共分四十三图,亦与《韵镜》同。

《切韵指掌图》,相传为司马光所作。莫友芝《韵学源流》云:"自光书出,宋人用为定韵之祖;观孙奕《示儿编》辨'不'字作'逋骨切',惟据光说可知。第光《传家集》中,下至《投壶新格》之类,无不具载,不知何以不载此书?"③近经邹特夫考为南宋杨中修所作。书中共分二十图;除开合之分不计,则为十三摄,惟尚未立摄的名称。

《四声等子》不知何人所作,大约是元朝的作品。《四库全书提要》根据《经史正音切韵指南》卷首熊泽民的序,以为《切韵指南》的十六摄图乃因此书而革其宕摄附江、曾摄附梗之误。按此书共分通、止、遇、果、宕、曾、流、深、江、蟹、臻、山、效、假、梗、咸十六摄。

《经史正音切韵指南》,为元刘鉴所作,大约成于西历1336年。书中分通、止、遇、果、宕、曾、流、深、江、蟹、臻、山、效、假、梗、咸十六摄,与《四声等子》同。

---

① 《韵镜》等韵图的前面虽也列有三十六字母图,但这是张麟之加进去的;张麟之的第一序里说"因撰字母括要图,复解数例,以为沿流求源者之端",可证。

② 书中虽列"端知精照"等名目,但共为一行,不若他书诸组各为一行。

③ 《韵学源流》,罗氏铅印本,页27。

　　《韵镜》及《七音略》中除日纽外,每一个纽配上了韵摄,其音都可以有四等①。后来《切韵指掌图》《四声等子》《切韵指南》把舌头与舌上、齿头与正齿、重唇与轻唇分开了之后,舌头音没有二、三等,舌上音没有一、四等,齿头音没有二、三等,正齿音没有一、四等,轻唇音没有一、二、四等;但是,其余的纽配韵摄仍旧有四等。有些韵摄是有开合两呼的,于是每摄能有两个四等。四等的分别,在《切韵》里就有了的,但只隐藏在反切里,没有明白地列成图表。依瑞典汉语音韵学家高本汉(Karlgren)的研究,一、二、四等的分别都在乎韵母;三等与四等除韵母不尽相同外,其分别在纽摄②,例如山摄见纽的开合各四等,可列成下表③:

等＼呼	开　口	合　口
一	干 kan	官 kuan
二	艰 kan	鳏 kʷan
三	愆　建 kʻjĭæn　kjĭɐn	权　元 gʻjĭʷɐn　ŋjĭʷɐn
四	坚 kien	玄 ɣiʷen

———————————

① 近世等韵家以为匣无三等,喻群无一、二等(其实群可谓连四等也没有),禅日无一、二、四等,邪无一、二、三等;若以《广韵》反切证之,自然该这样说。但《指掌图》第八图群二等有“㽔”音,第十八图邪一等有“词、兕、寺”三音,又于匣三等,喻群一、二等,禅二等,邪一等,无字处皆圈,与日纽一、二、四等无字空格不加圈者不同。无字亦作圈,即表示无其字有其音,亦即表示其音都有四等的可能。故《指南》遇摄喻母一等有“㑷”音,果摄开口喻母一等有“翃”音,蟹摄开口喻母一等有“颐、膘”二音,合口喻母二等有“阮”音等等。

② 高本汉所假定果宕蟹假山效梗咸等摄的主要元音,大致说起来如右图:

③ 参看 Karlgren, Etudes sur la Phonologie Chinoise, p.90。

　　至于这五部书的内容的详细分别,在这里不必细述,仅将通摄见纽与端纽列成一个比较表如下,以见一斑①:

纽名	见						
书名	韵镜		七音略		切韵指南	四声等子	指掌图
纽别细目							
内外转	内一	内二	内一	内二	内一	内一	
开合	开	开合			合口局门		
平声	公	攻	公	○	公	公	公
	○	○	○	○	○	○	○
	弓	恭	弓	恭	恭	恭	弓
	○	○	○	○	○	○	○
上声	○	○	○	○	颡	颡	○
	○	○	○	○	○	○	○
	○	拱	○	拱	拱	拱	拱
	○	○	○	○	○	○	○
去声	贡	○	贡	○	贡	贡	贡
	○	供	○	供	供	供	供
入声	縠	捁	縠	捁	縠	縠	縠
	○	○	○	○	○	○	○
	菊	蘜	菊	蘜	蘜	菊	菊
	○	○	○	○	○	○	○

---

① 查《康熙字典》卷首之《等韵切音指南》与刘鉴之《经史正音切韵指南》虽同出一源,而内容颇有出入。高本汉据《切音指南》所拟测之结果,往往与《切韵指南》原本不合。参阅罗常培《从〈切韵指南〉到〈切音指南〉》。

续表

纽名	端						
书名	韵镜		七音略		切韵指南	四声等子	指掌图
纽别细目					端　知	端　知	端　知
内外转	内一	内二	内一	内二	内一		
开合	开	开合			合口局门		
平声	东	冬	东		东	东	东
	中		中		中	中	中
上声	董		董	湩	董	董	董
		冢		冢	冢	冢	冢
去声	冻	湩	冻	湩	冻	冻	冻
	中		中	湩	湩	湩	中
入声	縠	笃	縠	笃	縠	縠	縠
	竹	瘃	竹	瘃	竹	瘃	竹

参考资料

【张麟之《韵镜》序一】——读书难字,过不知音切之病也。诚能依切以求音,即音而知字,故无载酒问人之劳,学者何以是为缓而不急欤? 余尝有志斯学,独恨无师承。既而得友人授《指微韵镜》一编，且教以大略，曰："反切之要莫妙于此，不出四十三转而天下无遗音。其制以韵书自一东以下各集四声，列为定位，实以《广韵》《玉篇》之字，配以五音清浊之属，其端又在于横呼。虽未能立谈以竟，若按字求音，如镜映物，随在现形；久久精熟，自然有得。"于是蚤夜留心，未尝去手。忽一夕，顿悟，喜而曰："信如是哉！"遂知每翻一字，用切母及助纽归纳，凡三折总归一律，即是以推，千声万音不离乎是？自是日有资益，深欲与众共知，而或苦其难。因撰字母括要图，复解数例，以为沿流求源者之端。庶几一遇知音，不惟此编得以不泯，余之有望于后来者亦非浅鲜。聊用锓木，以广其传。

　　绍兴辛巳七月朔三山张麟之子仪谨识。

　　【张麟之《韵镜》序二】——《韵镜》之作（旧以翼祖讳敬，故为《韵鉴》，今迁祧庙，复从本名），其妙矣夫！余年二十始得此学。字音往昔相传，类曰《洪韵》，释子之所撰也。有沙门神珙（恭、拱二音）号知音韵，尝著《切韵图》，载《玉篇》卷末，窃意是书作于此僧，世俗讹呼"珙"为"洪"尔；然又无所据。自是研究，今五十载，竟莫知原于谁。近得故枢密杨侯（倓）淳熙间所撰《韵谱》，其自序云："謁来当涂，得历阳所刊《切韵心鉴》。因以旧书手加校定，刊之郡斋。"徐而谛之，即所谓《洪韵》，特小有不同，旧体以一纸列二十三字母为行，以纬行于上，其下间附一十三字母，尽于三十六，一目无遗；杨变三十六，分二纸，肩行而绳引，至横调则淆乱不协，不知因之则是，变之非也。既而又得莆阳夫子郑公（樵）进卷先朝，中有《七音序略》，其要语曰："七音之作，起自西域，流入诸夏。梵僧欲以此教传天才，故为此书，虽重百译之远，一字不通之处，而音义可传。华僧从而定三十六为之母，轻重清浊不失其伦，天地万物之情备于此矣。虽鹤唳风声，鸡鸣狗吠，雷霆经耳，蚊蝱过目，皆可译也。况于人言乎？"又云："臣初得《七音韵鉴》，一唱三叹！胡僧有此妙义，而儒者未之闻。"是知此书，其用也博，其来也远，不可得指名其人，故郑先生但言梵僧传之，华僧续之而已。学者惟即夫非"天籁通乎造化者，不能造其阃"而观之，庶有会于心（自天籁以下十二字又郑先生之语）。

嘉泰三年二月朔，东浦张麟之序。

【孙觌《切韵类例》序】——洪农杨公（力按：指杨中修）博极群书，尤精韵学。古篇奇字，一览如素习。……于是出平生所著《切韵》，乐与学者共之。昔仁宗朝，诏翰林学士丁公度、李公淑增崇韵学，自许慎而降，凡数十家，总为《类篇集韵》；而以贾魏公、王公洙为之属。治平四年，司马温公继纂其职。书成，上之，有诏颁焉。今杨公又即其书，科别户分，著为十条，为图四十四。推四声子母相生之法，正五方言语不合之讹，清浊重轻，形声开合，梵学兴而有华竺之殊，吴音用而有南北之辨。解召释象，纤悉备具，离为上下篇，名曰《切韵类例》。

《内简尺牍》卷三，页18，附于《与致政杨尚书中修书》之后。

力按：邹特夫即据此序，谓《切韵指掌图》出于杨中修之手。陈振孙《书录解题》谓孙觌生于元丰辛酉（1081），卒于乾道己丑（1169）。若《切韵指掌图》果为杨中修所作，则书当成于12世纪，或尚较郑樵《七音略》为早。然孙觌谓《切韵类例》"著为十条，为图四十四"；今观《切韵指掌图》虽有九辨一例，共成十条，而仅具二十图，与四十四之数相差甚远，故但据《内简尺牍》，未足为杨中修实著《切韵指掌图》之确证。

【莫友芝论《切韵指掌图》】——司马氏书今从《永乐大典》录出，为言此法最古之本（力按：当以《韵镜》及《七音略》为最古）。其书以三十六字母科别清浊为二十图，首独韵，次开合韵。每类之中，又以四等字多寡为次，故"高"为独韵之首，"干、官"为开合韵之首。书后旧有《检例》一卷，元人邵光祖以为全背图旨，断非原书。因别撰《检图例》一卷附于后。考光自序，实因《集韵》而成是图，光祖乃云："《广韵》凡二万五千三百字，其中有切韵者三千八百九十文，止取其三千一百三十定为二十图，余七百六十字应检而不在图者，则以在图同母同音之字备用而求其音。"则是据《广韵》也。然光祖据光之图以作例，而其例仍与原图合。所注七百六十字之代字及字母，亦足补原图所未备，则以光祖例代光例，亦无不可矣。光书反切之法，据景定癸亥董南一序云："递用则名音和，旁求则名类隔。同归一母，则为双声；同出一韵，则为叠韵。同韵而分两切者，谓之凭切；同音而分两韵者，谓之凭韵。无字则点窜以足之，谓之寄声；韵阙则引邻以寓之，谓之寄韵。"所谓双声叠韵诸法，与今世所传刘鉴《指南》诸门法并同。惟音和类隔二门则大相悬绝。《检例》云："取同音、同母、同韵、同等，四者皆同，谓之音和；取唇重、唇轻、舌头、舌上、齿头、正齿，三音中清浊同者，谓之类隔。"是音和统三十六母，类隔统唇舌齿等二十六母也。刘鉴法则音和专以见溪群疑为说，而又别立为一四音和、四一音和两门；类隔专以端知八母为说，而又别出轻重重轻交互、照精精照互用四门，似乎推而益密。然以两法互校，实不如原法之简该也。其《广韵类隔今更音和》一条，皆直以本母字出切同等字，取韵取字，于音和之理至为明了；独其辨来日二母云"日字与泥娘二字母下字相通"，辨匣喻二字母云"匣阙三四喻中觅，喻亏一二匣中穷"，即透切之法，一名"野马跳涧"者，其法殊为牵强。又其法兼疑泥娘明等十母，此独举日泥娘匣喻五母，亦为不备，则是原法之疏，不可以立制者矣。然自有反切以来，唯神珙及《广韵》后图粗举大纲，未及缕举节目；自光书出，宋人用为定韵之祖。观孙奕《示儿编》辨"不"字作"逋骨切"，惟据光说可知。第光《传家集》中，下至《投壶新格》之类无不具载，不知何以不载此书？岂本附官修《集韵》后欤？今据其书，见等韵之旧谱，其例不过如此；且以见立法之初，实因《集韵》而有是书，非因是书而有《集韵》。凡后来纷纭缪辖，均好异者之所为也。

《韵学源流》。

【《切韵指掌图》九辨】（一）辨五音例

欲知宫,舌居中(喉音);欲知商,口开张(齿头、正齿);欲知角,舌缩却(牙音);欲知徵,舌柱齿(舌头、舌上);欲知羽,撮口聚(唇重、唇轻)。

(二)辨字母清浊歌

横篇第一是全清,第二次清总易明,全浊第三声自稳,不清不浊四中成;齿中第四全清取(心审),第五从来类浊声(禅邪);唯有来日两个母,半商半徵浊清平。

(三)辨字母次第例

夫字母者,取其声音之正,立以为本,本立则声音由此而生,故曰母。以三十六字母演三百八十四声,取子母相生之义。是故一气之出,清浊有次,轻重有伦;合之以五音,运之以四时。故始牙音,春之象也,其音角,其行木;次曰舌音,夏之象也,其音徵,其行火;次曰唇音,季夏之象也,其音宫,其行土;次曰齿音,秋之象也,其音商,其行金;次曰喉音,冬之象也,其音羽,其行水。所谓五音之出犹四时之运者,此也(力按:此说牵强附会,姑录之,以见古之音韵学者好为玄虚之说)。

(四)辨分韵等第歌

见溪群疑四等连,端透定泥居两边,知彻澄娘中心纳,帮滂四等亦俱全,更有非敷三等数,中间照审义幽玄,精清两头为真的,影晓双飞亦四全,来居四等都收后,日应三上是根源。

(五)辨内外转例

内转者,取唇舌牙喉四音更无第二等字,唯齿音方具足;外转者,五音四等都具足。旧图以通、止、遇、果、宕、流、深、曾八字括内转六十七韵,江、蟹、臻、山、效、假、咸、梗八字括外转一百三十九韵(力按:图中并无内外转字样,又仅分十三摄,不分十六摄。邵光祖所谓"全背图旨,断非原书",甚合于理)。

(六)辨广通侷狭例

所谓广通者,第三等字通及第四等字也;偏狭者,第四等字少,第三等字多也。歌曰:"支脂真谆萧仙祭,清宵八韵广通义;正齿第二为其韵,唇牙喉下推寻四(余支切移,抚昭切漂)。"歌曰:"钟阳蒸鱼登麻尤,之虞齐盐偏狭收;影喻齿头四为韵,却于三上好推求(居容切恭,居悚切拱)。"

(七)辨独韵与开合韵例

总二十图,前六图系独韵,应所切字不出本图之内;其后十四图系开合韵,所切字多互见。如"眉箭"切"面"字,其"面"字合在第七干字图内,明字母下;今乃在第八官字图内,明字母下;盖干与官二韵相为开合。他皆仿此。

(八)辨来日二字母切字例

来日二切则是凭韵,与内外转法异。唯有日字却与泥娘二字母下字相通,盖日字与舌音是亲而相隔也。歌曰:"日下三为韵,音和故莫疑(如六切肉,如精切宁);二来娘处取,一四定归泥(仁头切孺,日交切饶)。"

(九)辨匣喻二字母切字歌

匣阙三四喻中觅,喻亏一二匣中穷;上古释音多具载,当今篇韵少相逢(户归切帏,于古切户)。

【《切韵指掌图》双声叠韵例】——"和会"二字为切;同归一母,只是"会"字,更无切也,故号曰双声,如"章灼、良略"是矣。"商量"二字为切,同出一韵,只是"商"字,更无切也,故号曰叠韵,如"灼略、章良"是矣。歌曰:"和会徒劳切,商量亦莫寻,验人端的处,下口便知音。"

【陈澧论《切韵指掌图》诸书】——今世所存者,《切韵指掌图》,相传以为司马温公作,《四库提要》已疑之。近者,邹特夫徵君考定为杨中修所作,有孙觌序,见孙觌《内简尺牍》,确凿可据(特夫有跋,见其集中)。《四声等子》无撰人姓名;《玉海》有僧宗彦《四声等第图》一卷,盖即此书(力按:如果这是事实,《四声等子》乃是 12 世纪末叶以前的作品)。等韵之名,盖始于此。《切韵指南》熊泽民序云:"古有《四声等子》为流传之正宗。"此序作于后至元丙子岁(1336),所谓古者,盖不过北宋时耳。《梦溪笔谈》云:"纵调之为四等,帮滂傍茫是也。"此所云四等,非等韵家之四等,则等韵家之四等出于沈存中之后欤(力按:《韵镜》《七音略》虽无四等之名,而有四等之实,恐不出于沈存中之后)?总而论之,此学萌于唐末而行于宋金,至元时始有乖误,其大略如此也。

《切韵考·外篇》卷三,页 14。

第二节　《音学辨微》

《音学辨微》为清朝江永所作。江永字慎修(1681~1762),安徽婺源人。江氏精于音理,既著《古韵标准》一书以明古音[1],又著《音学辨微》指示等韵学的门径。他的目的在乎说明等韵学上诸名词及原理,所以《音学辨微》在当时是很有益于初学的一部好书。现在我们拿语音学的眼光看来,他自然有些话是不对的;但是,他那种好学深思的态度与筚路蓝缕之功,还是值得称赞的。

江氏书中共有十一辨,附以一论。兹述其大要而加以按语如下:

(一)辨平仄　平声为平,上去入为仄。平声长,仄声短。平声空,仄声实。平声如击钟鼓,仄声如击土木石。

按:此乃模糊影响之谈。参看上文第一编第一章第四节与第二章第六节,自知其谬。

(二)辨四声　前人以"宫商角徵羽"五字状五音之大小高下,后人以"平上去入"四字状四声之阴阳流转,皆随类偶举一字。知

---

[1]　参看第三编第一章第三节。

其意者易以他字，各依四声之次，未尝不可。梁武帝问周舍曰："何为平上去入？"对曰："天子圣哲是也。"可谓敏捷而切当矣。"天子圣哲"又可曰"王道正直"，学者从此隅反。

按：平上去入只是随类偶举一字，与纽韵的代表字同理。江氏此论甚当。

（三）辨字母　三十六字母各有定位，为反切之总持，不可增，不可减，不可移动。

按：字母固当依顺序排列，但亦可因所据的原则不同而有好几种的排列法，例如既可依发音部位排列，亦可依发音方法排列；既可从喉而渐至于唇，亦可从唇而渐至于喉。至于增减，则更须视时代地域为转移。

（四）辨七音

见溪群疑　牙音　气触牡牙。按：当云舌根抵腭。

端透定泥　舌头音　舌端击腭。按：当云舌击门牙。

知彻澄娘　舌上音　舌上抵腭。按：当云舌面抵腭。

邦滂並明　重唇音　两唇相搏。

非敷奉微　轻唇音　音穿唇缝。按：当云唇齿相摩。

精清从心邪　齿头音　音在齿尖。按：当云舌靠门牙。

照穿床审禅　正齿音　音在齿上。按：照系二等当云舌端卷腭，三等当云舌面摩腭。

晓匣影喻　喉音　音出中宫。按：当云音出喉中。

来（泥之余）　半舌音　舌稍击腭。按：当云舌心粘腭。

日（禅之余）　半齿音　齿上轻微。按：当云舌面鼻音[1]。

江氏分三十六字母为发声、送气、收声三类。发声就是不吐

---

[1]　这乃是学着江氏的笔调，写成四个字的定义。若要彻底明了，仍当参看第一编第一章至第二章第一、二、三节。

气；送气就是吐气或摩擦；收声就是鼻音或边音。

（五）辨清浊　见最清，无浊；溪次清，群之清；群最浊，溪之浊。疑次浊，无清。端最清，无浊；透次清，定之清；定最浊，透之浊；泥次浊，无清。知最清，无浊；彻次清，澄之清；澄最浊，彻之浊；娘次浊，无清。邦最清，无浊；滂次清，並之清；並最浊，滂之浊；明次浊，无清。非最清，无浊；敷次清，奉之清；奉最浊，敷之浊；微次浊，无清。精最清，无浊；清次清，从之清；从最浊，清之浊；心又次清，邪之清；邪又次浊，心之浊。照最清，无浊；穿次清，床之清；床最浊，穿之浊；审又次清，禅之清；禅又次浊，审之浊。晓次清，匣之清；匣最浊，晓之浊；影最清，喻之清；喻次浊，影之浊。来浊，无清。日浊，无清。

按：最清，或称全清；最浊，或称全浊。心审宜称全清，邪禅宜称全浊，来日宜称次浊①。

（六）辨疑似　按：此节举例太多，此处不录。

（七）辨开口合口　音呼有开口合口：合口者吻聚，开口者吻不聚也。凡韵有全合无开者，有全开无合者，有两韵一开一合者，此外一韵之中，率有开合二类。又有一韵中开合相间者。开口至三等则为齐齿，合口至三等则为撮口。

按：江氏误以开合四等与开齐合撮四呼相配，不可依从。开口二等字在今北音多读入齐齿，开口三等字属知照系者今北音读开口。

（八）辨等列　一等洪大，二等次大，三四皆细，而四尤细。辨等之法，须于字母辨之：

四等具备者　见溪疑　邦滂並明　晓影来；

仅具一、二、四等者　匣；

仅具一、四等者　端透定泥　精清从心；

仅具二、三等者　知彻澄娘　照穿床审；

———————————

① 宜依《韵镜》的系统而略改其名称，取其便于陈说。

仅具三、四等者　群　喻①；

仅具三等者　非敷奉微　禅　日；

仅具四等者　邪。

（九）辨翻切　按：此与上文第十三节所述略同，不录。

（十）辨无字之音　按：江氏以为三十六字母仅足以代表有字之音，若加以无字之音，当为五十。其说与上文所述章炳麟五十字母之说相同。

（十一）辨婴童之声　人声出于肺，肺脘通于喉。始生而啼，虽未成字音，而其音近乎影喻。稍能言能呼"妈"，唇音明母出矣；能呼"爹"，舌音端母出矣；能呼"哥"，牙音见母出矣；能呼"姐"，齿音精母出矣。

按：江氏欲从儿童之声探求语音发达之次序，然多凭臆说，不足依据。

（十二）论图书为声音之原　按：此节以河图、洛书为声音之原，语涉怪诞，不录。

参考资料

【江永论三十六字母】——等韵三十六母，未知传自何人；大约六朝之后，隋唐之间，精于音学者为之。自孙炎撰《尔雅音义》，反切之学，行于南北，已寓三十六母之理。传字母者，为之比类诠次，标出三十六字，为反切之总持。……三十六位杂取四声四等之字，位有定而字无定；能知其意，即尽易以他字，未尝不可。……每立一字，即有切，有声，有韵，有呼，有等。声韵可考而知，呼与等初学未易猝了。紧要在审切之上一字以定其位，如：见，古电切；溪，苦奚切；群，渠云切；疑，牛其切。须令"见"与"古"、"溪"与"苦"、"群"与

①　江氏原文云："凡喻母必三四，而四等为多。"

"渠"、"疑"与"牛"如出一音(言其位等),则见溪群疑之四位正矣。他母仿此。问:读字母当以官音乎? 抑乡音亦可乎? 曰:不论官音乡音,唯取不失其位者读之。如乡音有读"见"似"战"、读"溪"似"蜀",混牙于齿者,必不可从也;则力矫土俗之失,使其音一出于牙。乡音有读"群"字音轻(力按:此指不带音不吐气),不为溪之浊者,亦不可从也;必重呼以正之。官音乡音有读"疑"似"怡",混疑于喻,混牙于喉者,必不可从也;则必以"牛其切"之音读之。又有乡音不正,呼"牛"亦似"由"者,必力矫其偏,毋徇其失。如是,则乡音亦归于正,而字母可读矣。倘失其位,虽官音亦不正,又何取焉?

《音学辨微》,页5~8。

【江永辨疑似】——三十六位,若能审定七音清浊轻重,逐字如法呼之,可无差谬。而人或拘于赋禀,囿于风土,习于方言,不能一一中的,则当辨其疑似,以矫其偏。疑似不明,音切差谬,以是为非,议减议增,诸妄论遂由此起矣。疑喻,易混者也。疑出牙,喻出喉,本相去远;而人于牙音之第四位,不能使气触牙,则以深喉音呼之如"怡"。凡疑母字皆以喻母呼之,如呼"颜"如"容"、呼"鱼"如"余"、呼"银"如"寅"、呼"尧"如"遥",习焉不察,反谓疑喻为重出矣。然人之口齿,当此位未必尽讹,诸韵亦有一二字得其正者,便当从此隅反,使诸疑母字皆矫而出于牙。如不能矫,亦当心知其是疑母,非喻母。"牛"字多有呼之得其正者,然乡音亦有呼如"由"者矣。江宁人呼之似"流",则又混"来"母矣。"吾、五"二字,举世呼之似喻母(力按:"举世"二字有语病,粤语即不然,吴语白话亦不然),一若"吾"为"乌"之浊,"五"为"邬"之浊者;然吾婺源西北乡有数处呼之独得其正。天下何地无正音? 人自溺于方隅,不能以类推耳。泥娘来三母,易混者也。泥必舌头,勿令出于半舌;娘必舌上,勿令出于舌头。方音有呼"泥"似"犁"者,则混来母矣;有呼"尼、泥"同音者,则娘与泥无别矣;江宁人呼"娘"似"良",则又混来母矣。然或呼"泥"如"倪"、呼"宁"如"疑"、呼"娘"如"仰"之平声、呼"女"如"语",则泥娘又皆混疑母,舌音同于牙矣。明者细审之诸母字,亦或有数字得正者,便当从此隅反而矫之。泥,舌头微击腭;娘,舌粘腭,二母尤难辨。诸书或删娘母,则凡"泥醲粘铙纽女狃辗腻匿"等字,呼之不得其正矣。知与照、彻与穿、澄与床,易混者也。知彻澄必令出舌上,照穿床必令舌不抵腭,而音出正齿,则不相混矣。又有方音呼端透定如知彻澄,呼知彻澄混端透定者,舌音之不正也。明者正因舌上似舌头而知舌音非齿音,此又权宜之法也。知彻与照穿稍难辨,澄床较易辨。澄字方音有转呼之者,上去入有呼之似知母之浊者(力按:即不吐气),上声有呼之似去者,皆可借之以辨澄母;而床母则有异。非敷至难辨者也。非发声宜微开唇缝,轻呼之;敷送气重呼之,使其音为奉之清,则二母辨矣。所以必分二音者,非对邦、敷对滂故也。韵书如"非",甫微切,"菲",芳非切;"夫",风无切,"敷",芳无切;"风",方戎切,"丰",敷戎切;"方",府良切,"芳",敷方切;"分",府文切,"芬",抚文切;"府",方矩切,"抚",芳武切,此类之字,音切不同,皆非敷之分。其辨在唇缝轻重之异,毫厘之间,若不细审,则二母混为一矣。官音方音呼微母字,多不能从唇缝出,呼"微"如"惟",混喻母矣。吴音苏、常一带呼之最分明,确是轻唇,当以为法。心邪相对为清浊。邪母必当轻呼(力按:即摩擦);如呼之重(力按:即塞擦),则与从母无异矣。"慈墙存自疾"是从母,"词详句寺夕"是邪母,勿混。"松"本详容切,邪母也(力按:今广西南部"松"字即读入邪母),世人皆呼之如"鬆",则混浊于清,为心母矣(力按:此等字只能认为少数的例外,除"松"字外尚有见母的"况"、喻母的"铅"等字)。然方音亦有呼如详容切之音者;而"详"字呼之重则"松"亦如"从",必轻呼"详"字以切之,始得"松"字之本音。床母须重呼(力按:即塞擦),方是穿母之浊;若轻呼之(力按:即摩擦),则与禅母无异矣。

如"锄神绳船愁士仕乍术食舌"等字皆床母，轻呼者失之。吴音
"士"字重呼，是正音。方音呼二等之照穿床审似精清从心者，非
正音。禅为审浊，须轻呼之。如"臣成常蟾"等字，或用重呼如床
母浊者，非正音。轻呼床而重呼禅，此方音之错互也，两者皆失之。
匣母最浊，须重呼。吴音呼"胡户黄禾"等字皆似喻母者，水土使
然也。影母自喉中出。婴儿初生，啼号皆此位之声。歌曲各字能
引长之皆影喻二位之音，此人之元声元音也。呼影母字勿动舌；
方音呼"鸦坳安恶庵鸭"等字或如疑母之清声者（力按："清声"
当云"阴调"），失之。疑母有清声而无其字也。来勿混泥，前已
言之，泥如"农奴难猱那囊宁能南粘"，来如"隆卢兰牢罗郎灵棱
娄廉"也。泥之舌尖击腭，而来则舌动不击腭也。日乃禅之余，
而更轻于禅；若重呼之，混禅母矣。日为半齿，"耳二而儿"等字
似出于舌，何也？方音口张而舌抵腭故也。扬州人呼之，口稍敛
而齿齐，音出于齿，为得其正。若有不能作半齿之音，呼之似喻
母疑母者，勿徇。

同上，页 14 ~ 18。

【江永借韵转切法】

见京坚	端丁颠	知贞鱣	邦兵边	非分蕃
溪卿牵	透汀天	彻赬梴	滂伻篇	敷芬翻
群鲸乾	定廷田	澄呈廛	並平骈	奉汾烦
疑迎妍	泥宁年	娘女呈女年	明鸣绵	微文无边
精精煎	照征氊	晓馨嗎	来灵连	日仍然
清清迁	穿称燀	匣形贤		
从情钱	床绳潺	影婴烟		
心星仙	审升羶	喻盈延		
邪饧次	禅承禅			

有借韵转切之法,所以便于初学。如"德红"切"东"字,则呼曰"德丁颠东";"户公"切"红"字,则呼曰"户形贤红";"陟离"切"知"字,则呼曰"陟贞鳣知";"是支"切"匙"字,则呼曰"是承禅匙"。他皆仿此。如切上去入字,亦借平声转之。如"徒总"切"动"字,则呼曰"徒廷田动";"作贡"切"粽"字,则呼曰"作精煎粽";"卑吉"切"必"字,则呼曰"卑兵边必"。他皆仿此。此便捷之法也(力按:现代有音标,切字之法甚易知;江氏所谓便捷之法,在今日反为不便捷)。其娘母之位无亲切字可填者,以切代音。其"女呈切"之音,或借真韵之"纫"字亦可。纫,女邻切。若切法既熟,一转便是,一见便知,可不须此矣。

同上,页 26～27。

第三节　《类音》①

《类音》是清朝潘耒所作。潘耒,字次耕,号稼堂(1646～1708),江苏吴江人,顾炎武的弟子。他自小就精于音韵之学,后来又游历四方,考察南北音之异同;复从书籍中探讨古今音读之递变,于是他著《类音》一书,"欲使五方之人去其偏滞,观其会通,化异即同,归于大中至正"(卷一,页 9)。

《类音》中创为五十字母,但与上述章太炎所论的五十字母不同。他以为知彻澄娘同于照穿床泥;非与敷又异呼而同母②,所以原有的三十六字母可以归并了五个。影与喻成对,晓与匣成对,那

---

① 论时代的先后,《类音》的作者潘耒是较《音学辨微》的作者江永(1681～1762)略早,所以本书初印时,《类音》一节排在《音学辨微》的前面。惟两氏著作的态度不同:江氏是述而不作,故《音学辨微》所论仍系宋元等韵;而潘氏则志在创作,希望有一种新的发现,乃明清以来之新变。现在依罗常培、黎锦熙两先生的意见,按其内容性质,把《类音》移置在《音学辨微》的后面。

② 此因潘氏以今律古之故,其实这十个纽在古音是有分别的。

么，群疑来定泥日床心邪从微并明也该有它们的配偶①，于是原有的三十六字母应该增加十三个。又喉音、舌音与唇音里都有鼻音，那么，腭音与齿音里也该有鼻音，而且这些鼻音该是成对的，于是在原有的字母里又该增加四个。"而"字虽独音，而有平上去声，居然一母；这母又该是成对的，所以原有的字母里又该增加两个。照这法子增减，就成为五十字母。潘氏所定的字母名称是：喉音"影喻晓匣见溪舅群语疑"；舌音"老来耳而端透杜定乃泥"；腭音"审禅绕日照穿朕床〇〇"②；齿音"心些巳邪精清在从〇〇"；唇音"非奉武微邦滂奉并美明"。

今将五十字母的音值假定如下表③：

喉音	舌音	腭音	齿音	唇音
影（元音重）	老 l	审 ʂ	心 s	非 f
喻（元音轻）	来 l'	禅 ʂ'	些 s'	奉 f'
晓 h	耳 ɹ	绕 ʑ	巳 z	武 v
匣 ɦ	而 ɹ'	日 ʑ'	邪 z'	微 v'
见 k	端 t	照 tʂ	精 ts	邦 p
溪 k'	透 t'	穿 tʂ'	清 ts'	滂 p'
舅 g	杜 d	朕 dʑ	在 dz	奉 b
群 g'	定 d'	床 dʑ'	从 dz'	并 b'
语 ŋ	乃 n	〇 nʑ	〇 nz	美 m
疑 ŋ'	泥 n'	〇 nʑ'	〇 nz'	明 m'

① 潘氏不以心配邪，而另立"心些"为一对，"巳邪"为一对。
② 床母从母之下各有两个圈，表示无字可代表的鼻音。
③ 表中群疑来而定泥禅日床〇些邪从〇奉微并明十八母大约是带音的吐气，与溪透穿清滂五母的不带音的吐气不同。

《类音》有四呼四声。四声就是平上去入,四呼就是开齐合撮,与第一编第二章第五节及第六节所述的没有分别,这里用不着再加说明。

《类音》的韵分为二十四类,每类各有四呼。以四乘二十四,可能的韵共有九十六;再以平上去三声乘之,可能的韵共有二百八十八。入声只有十类,与平上去声二十四类相配,每类各有四呼;以四乘十,可能的韵共有四十。平上去入相加,可能的韵共有三百二十八。但是,有字的韵只有一百四十七①,即平声四十九韵:师衣疏於,威,耶,隈,哀挨娃,乌纡,沤忧,幽,阿倭,哈鸦寁,坳幺,鏖要,恩因温氲,安烟蜿鸳,阑殷弯,泽邑翁融,罂英泓,佚汪,央,音,谙淹,涪;上声三十四韵:史倚所槎,委,野,猥,欸,隝伛,呕颲,婀娾,蘽,拗,袄夭,穏稳恽,侒梡苑,懒,拱翁,梗,盎,鞅,饮,崦厣,埯;去声三十八韵:使意疏淤,畏,夜,荟,爱隘黚,汙姁,沤宥,傍,嗄,伽奅,奥要,馇撍酳,按堰怃怨,烂晏,碹瓮,樱,醓醯,快,荫,暗,瓯;入声二十六韵:纥一撎鬱,遏谒斡唠,阖彡,沃欲屋郁,厄益搤,恶渥镬,约,邑,娍褱,盍押。

今将平上去声二十四类及入声十类分列如图:

依那图看来,《类音》里又有所谓全音与分音。依潘氏说:"口启而半含谓之全音,唇敞而尽放谓之分音。"细察上图,就知道他所谓全音乃是发音部位较后的韵,分音乃是发音部位较前的韵。所以 à 是 ε 的全音,ai 是 εi 的全音,an 是 εn 的全音,at 是 εt 的全音;o 是 ə 的全音;ou 是 əu 的全音,oŋ 是 əŋ 的全音,ok 是 ək 的全音;á 是 ɔ 的分音,au 是 ɔu 的分音,aŋ 是 ɔŋ 的分音,ak 是 ɔk 的分音;εm 是 am 的分音,εp 是 ap 的分音。惟支微、规窥、真文、质物、侵

---

① 其实有字的韵也不止一百四十七,例如"遮车"本有二呼,惟因字少故合为一韵。"萦"韵因字少亦归入"泓韵"。

寻、缉习五类无全分。

潘氏对于音理,研究得十分精细;尤其是在当时,实在不容易做到这地步。假使他把吴江的方音弄出一个系统来,一定大有可观。独惜他的目的在乎"使五方之人化异即同,归于大中至正",所以他参酌古今南北,造成他的理想的国音,结果是各方面都不讨好;古韵家骂他叛古,等韵家也骂他以土音影响揣测①。其实他为等韵学开了无数法门,可称为等韵界中的佼佼者。

《类音》还有两个大毛病:第一,潘氏不知道古代的四等与他的四呼完全是两件事,所以他痛责从前的等韵家分等之不当;第二,书中所用"阴阳、清浊"等字的意义都很模糊,且与各家所用"阴阳、清浊"等字的意义不同。关于这些,这里不必细述②。

参考资料

【潘耒论字母】——诸书所列字母,多寡不一。《华严经》善艺所宣四十二字,除二合者七,三合者一。余三十四,较之今母颇多复出。盖以此方之字,传彼土之音,不尽得其真也。神珙等韵凡三十六母,知彻澄娘敷五字复出。邵子《皇极经世》书"天唱之声"即韵也,"地和之音"即母也。地音"古甲九癸"等凡四十八类,取等韵之三十六,益以无字之二母,而以群疑并明定泥来日从床澄各分为二,其法较密。若司马温公、郑渔仲、黄公绍、章道常、陈献可等则恪遵等韵之三十六;吴幼清、熊与可、赵凡夫辈则议增;张洪阳、李如真、方密之等则议减。恪遵者固少变通,而欲增欲减者又以意裁之,初非天则。今以自然之阴声阳声审之,定为五十母。彻与穿、澄与床,异呼而同母,知与照、娘与泥则一呼,故删之。非与敷

---

① 李光地《榕村语录》谓潘氏自出意见,将自己土音影响意揣测。
② 参看《清华学报》十卷三期拙著《类音研究》。

亦异呼而同母,故去敷字,而移奉以配非之阴声。其群疑来定泥日床邪从微并明十二母有阳无阴,则增舅语老杜乃绕朕巳在武奉美十二母为阴声以配之(凡上声多属阴,"舅语"等十二字皆上声。"巳"为辰巳之"巳",邪母之阴声也)。心母有阴无阳,则以"些"字为阳声以配之(韵书"些"字即属心母,但心母别无阳声之字,不得已借用此字)。其"而"字虽独音,然有平上去声,有阴阳轻重,则居然一母;且韵书中多以"而"字出切者,谓古读为"如",未必然也。故增"而"母为阳声,复增"耳"母为阴声以配之。至如床从浊母之下确有二母,与疑泥相类,以其为甚浊之音,故混而难辨,细审连读,当自得之。各有阴阳,故增四母。以上四十母,皆阴阳相配,故对列于图。若见端照精邦五母阴也,溪透穿清滂五母阳也;然见端非溪透之阴,溪透非见端之阳,不相配,故不对列。旧三十六母,今删者五,增者十九,遂成五十母,略如邵子之四十八而加详焉。其阴阳者,非清浊之谓也;轻清为阳,重浊为阴,泛言之耳,审音则轻者为阳为浊,重者为阴为清,自昔相承,不可改也。若夫既立为母,而其字或空或借,则以有其音而无其字,宁空宁借以存之;不可以无字而遂废其音也。

《类音》卷二,页1~2。

【潘耒论四呼】——凡音皆自内而外。初出于喉,平舌舒唇,谓之开口;举舌对齿,声在舌腭之间,谓之齐齿;敛唇而蓄之,声满颐辅之间,谓之合口;蹙唇而成声,谓之撮口。撮口与齐齿相应,合口与开口相应。此四呼者,本一音展转而成;有一必四,非四无一,未有此全彼缺者。无如各韵之字,全者少,缺者多:惟"真文"一类,"元先"一类四呼之字皆全;"规窥"则缺开齐,"尤侯、萧豪"则缺合撮,"遮车"则缺开合,"灰回"则缺开齐撮。其他或缺一,或缺二,参差不等。然第缺其字耳,非缺其音也;以四呼读之,则其音具在,即其字亦未必皆缺也。如"东冬钟"韵中:"攻恭公弓、礱龙笼隆"

各分四切；"冲充忡、鬆淞嵩、宗纵嵕、琼从丛"各分三切，安知古时不有开口齐齿二呼而今亡之乎？况今吴人读东钟韵正作开口齐齿，此虽方音，亦足见此韵之本有开齐二呼。向以"冬"为撮口呼者亦误；世未有读"冬"为"的确切"、"逢"为"狒融切"者，正当是开口呼耳。推之他韵，莫不皆然。

同上，卷二，页4～5。

【潘耒论全分音】——何谓全？凡出于口而浑然噩然，含蓄有余者，是为全音。何谓分？凡出于口而发越嘹亮，若剖若裂者，是为分音。二者犹一干也，枝则歧而为二，不可得合矣。而世人或读其全，则不知有分；或读其分，则不知有全，此亦方隅习俗使然，莫能自觉者也。今厘天下之音为二十四类，而相为全分者十四类焉。灰回全也，皆咍分也。歌戈全也，家麻分也。肴萧全也，豪宵分也。元先全也，删山分也。东冬全也，庚青分也。江唐全也，阳姜分也。覃盐全也，咸凡分也。南人读"麻"如"磨"、读"瓜"如"戈"，口启而半含；北人读"麻"为"马遐切"、"瓜"为"古洼切"，唇敞而尽放。含者全也，放者分也。北人读"湍"如"滩"、读"潘"如"攀"、读"肱"如"公"、读"倾"如"穹"、读"江"如"姜"、读"腔"如"羌"、读"嫌"如"咸"、读"兼"如"缄"；南音则判然为二。其读"傀"如"乖"、读"恢"如"勋"，则南北音皆然。"湍潘"也、"公穹"也、"江腔"也、"嫌兼"也、"傀恢"也，全音也，启而半含者也；"滩攀"也、"肱倾"也、"姜羌"也、"咸缄"也、"乖勋"也，分音也，敞而尽放者也。是二者，欲以为一，则各有四呼，各有阴阳平仄，不容相混；欲以为二，则气分相似，声吻相似，非如支微与真文之迥别悬殊，故命之曰全分。平上去皆然，而入声尤为明显。月屑全也，黠镅分也。屋烛全也，陌职分也。觉铎全也，药灼分也。合叶全也，洽乏分也。昔人惟不明全分之故，或欲并两类为一类，或以删山添卷舌一呼，或以"阳姜、肱肩"为混呼，离合之间，苦难位置，岂知其从奇生偶，各成一类哉？然则他类无若此者乎？曰：有之，而全类无其字，故全类亡其音。遮车全也，尚有分音，如元先之有删山。敷模全也，尚有分音，如东冬之有庚青。尤侯全也，尚有分音，如江唐之有阳姜。唯支微、规窥、真文、侵寻四类无分音。其转为入声，则遮车、灰回、元先，此三类转为月屑；皆咍、删山与遮车之分音，此三类转为黠镎；敷模、尤侯、东冬，此三类转为屋烛；庚青与敷模、尤侯之分音，此三类转为陌职；歌戈、肴萧、江唐，此三类转为觉铎；家麻、豪宵、阳姜，此三类转为药灼。其支微、规窥、真文三类转为质物，则无全分。至闭口三类，侵寻转为缉习，亦无全分；覃盐转为合叶，咸凡转为洽乏，亦有全分。二十二类有字，二类无字，共成二十四类。以平上去之二十四类收归入声之十类，脉络相承，一丝不乱。审音至此，微矣，密矣，无余蕴矣。

同上，卷一，页12～14。

【潘耒平声转入图说】

正转	从转	旁转		
○衣○於	○○威○	恩因温氲	○一揾鬱	全音
遏谒斡胒 平平平	○○隁○	安烟蜿鸳	遏谒斡哕	全音
闼轧乞○ 平平平	哀挨娃○	○殷弯○	闼轧乞○	分音
○○乌纡	沤忧○○	○邕翁硗	沃○屋郁	全音
庀益攓○ 平平平	○幽○○	罌英泓縈	庀益攓○	分音
阿○倭○	坳幺○○	佚朕汪○	恶握腽○	全音
阿鸦洼○	鏖要○○	○央○○	○约○○	分音
		别转		
		○音○○	○邑○○	全音
		谙淹○○	姶褒○○	全音
		滔○○○	庐押○○	分音

右以平声影母为例,上去声余母仿此。

四声者,一声之转;平上去三声皆同,而入声独异。三声韵多,入声韵少。三声一类一转,入声多类共转。北音无入声,强以南音读之,易致淆讹。南音虽天然有入,而不得其条理,亦不明某类之确转何类。谓屋烛质物为东冬真文之转,而虞模支微无入声者,固非;谓虞模支微转屋烛质物,而东冬真文无入声者,亦非。谓遮车歌麻无入声者,固非;谓萧豪尤侯无入声者,亦非。必明各类之有全音有分音,而全者转全,分者转分,井然不乱。既明全分,则知有字之类二十二,无字之类二,共有二十四类,而十类之入声分承之。用少摄多,乃有正转、从转、旁转、别转之不同,非精心细审不能明也。今为图四层:第一层正转之类七,第二层从转之类七,第三层旁转之类七,第四层则入声之七类也。姑以第一行言之,"○衣○於"之转"○一揾鬱"本属一声;长言之即平,短言之即入:一体天亲也。是为正转。"○○威○"之转"○一揾鬱",虽亦稳顺,而长言短言非即一声:支流族属也。是为从转。"恩因温氲"之转"○一揾鬱",则变声而成,本非一气:外戚旁亲也。是为旁转。余六行者,皆以三转一,类类相承,天然吻合。故平声之类二十一,入声之类七,足以括天下之音矣。若闭口三类,则以一转一,无正从旁,故名别转。其实此三类者,举天下之人读之,侵寻无异于真文,覃盐无异于元先,咸凡无异于删山;惟浙东瓯闽之人闭口读之,别成一种。而不均之他类,不参于四呼,几于可废;而仍存之者,以世既有此音,不容泯灭,且有字有韵。自昔相承,不可革也。惟明乎转入之故,而入声之部分定,三声之部分亦定,诸类之部分亦定。此审音之要枢,前人所未发,故备论之。若夫无字之音,能出之喉舌而不能形诸楮墨;非口传耳受,则必俟之心通神悟者矣。

同上,卷二,页 14~16。

第四节　明清的等韵学家

明清的等韵学家,除上述的潘耒与江永之外①,还有金尼阁②、方以智、樊腾凤、吴遐龄、邹汉勋、李元、李汝珍、胡垣、劳乃宣等。为篇幅所限,势不能将诸家学说一一叙述;今但述金尼阁、李汝珍、劳乃宣三家。

金尼阁(Nicolas Trigault),字四表,是明季的一个耶稣会士(Jesuit),著有《西儒耳目资》一书③。书中共分二十九个元音,就是二十九个音素。二十九个音素之中,再分为"自鸣者"五,"同鸣者"二十,"不鸣者"四。自鸣者就是元音,同鸣者就是辅音,不鸣者就是"他国用,中华不用"的辅音。

自鸣者,为丫、额、衣、阿、午五个,现在假定的音值是[a][ɛ][i][ɔ][u]。同鸣者,为则、测、者、撦、格、克、百、魄、德、忒、日、物、弗、额、勒、麦、搦、色、石、黑二十个,现在假定的音值是[ts][tsʻ][tʃ][tʃʻ][k][kʻ][p][pʻ][t][tʻ][ʒ][v][f][ɣ][l][m][n][s][ʃ][x]。不鸣者,就是b、d、r、z四母④。

书中又分字父二十六,字母四十四,字父就是声母,字母就是韵母。因为声母与韵母配合而生出一个字音来,所以金尼阁定为"父、母"的名称。

此外还有"子母、孙母、曾孙母"等名称。子母就是复合元音

---

① 江永为古韵学家而兼等韵学家。
② 金尼阁虽不是中国人,但他研究汉语音韵学,所以应该叙述他。若要研究罗马字注汉语音的历史,更不能不研究他的书。
③ 参看罗常培《耶稣会士在音韵学上的贡献》(《史语所集刊》第一本,第三分)。
④ 音值大致根据罗说。

及单元音之带鼻音韵尾者;孙母就是三合元音及复合元音之带鼻音韵尾者;曾孙母就是三合元音再加鼻音韵尾①。

《西儒耳目资》以天启六年印行,即西历1626年。当时的士大夫正在欢迎利玛窦诸人的西学的时候,也就很欢迎这书。西洋的二十六字母本为标音而设,当然是反切的好工具;《西儒耳目资》以西洋字母注汉语的语音,就把历代认为神秘的等韵学弄得浅显多了②。

李汝珍,字松石,大兴人,著《李氏音鉴》③。书用问答体。字母共分为三十三个,即用他自己撰的《行香子》词三十三个字为代表字:

春满尧天,溪水清涟。嫩红飘粉蝶惊眠;松峦空翠,鸥鸟盘翾;对酒陶然,便博个醉中仙。

今推想其音值如下④:

---

① 元音[y],金尼阁写作[iu],认为复合元音;所以[yɛn]音在《西儒耳目资》写作[iuen],认为三合元音再加鼻音。

② 王徵《西儒耳目资释疑》云:"今观西号,自鸣之母,号不过五;同鸣之父,号不过二十;及传生诸母之摄统计之,才五十号耳。肯一记忆,一日可熟;视彼习等韵者,三年尚不能熟;即熟矣,寻音寻字,尚多不得便遇者,谁难谁易?而反甘自逊为?且余独非此中人乎?暗愚特甚,一见西号,一二日中亦尽了;又况聪明特达之士,高出万万者乎?"

③ 在《镜花缘》七十九回以后,李汝珍往往借一班女才子的口卖弄自己的音韵学,但也是根据《李氏音鉴》的说法的。

④ 李氏所谓粗音,就是开口与合口;所谓细音,就是齐齿与撮口。若以开合对称时,则开口为细,合口为粗;若以齐撮对称时,则齐齿为细,撮口为粗。开齐合撮仅具其一时,则谓之粗细不分。

p（粗音）=博 p（细音）=便		f　　　　=粉	m（粗音）=满 m（细音）=眠
p'（粗音）=盘 p'（细音）=飘			
t（粗音）=对 t（细音）=蝶	ts（粗音）=醉 ts（细音）=酒	s（粗音）=松 s（细音）=仙	n（粗音）=嫩 n（细音）=鸟
t'（粗音）=陶 t'（细音）=天	ts'（粗音）=翠 ts'（细音）=清		
		l（粗音）=峦 l（细音）=涟	
	tʂ　　　=中 tʂ'　　　=春	ʂ　　　=水 ʐ　　　=然	
	tɕ（细音）=惊 tɕ'（细音）=溪	ɕ（细音）=翾	
k（粗音）=个 k'（粗音）=空		x（粗音）=红	
		元音（粗音）=鸥 元音（细音）=尧	

　　依上表看来，三十三个字母当中，有许多是只靠开合或齐撮而与另一字母分别的。博与便、盘与飘、对与蝶、陶与天、醉与酒、翠与清、松与仙、峦与涟、鸥与尧、满与眠、嫩与鸟，若不论开合与齐撮的分别，就完全没有分别。所以三十三字母实际上只有二十二个声母①。

　　关于韵母，李汝珍不立代表字；因为他的字谱是以声母分类的，所以韵母反居于次要地位了。他的字谱叫做“字母五声图”，以字母为纲，每一字母包括二十二音，叫做“同母二十二音”；加上了五声就

---

① 李氏以惊为个之细，溪为空之细，翾为红之细。也许在李氏心目中，惊与个、溪与空、翾与红的关系也像蝶与对或仙与松的关系。那么，实际上又只有十九个声母了。

得一百多个字;凡遇有声无字的地方就画一个圈。他所谓二十二音就是二十二个韵母,现在我们推想它们的音值如下:

第一韵 aŋ iaŋ　　　　　　　第二韵 ən in

第三韵 uŋ yŋ　　　　　　　第四韵 u y

第五韵 au iau　　　　　　　第六韵 ai iai

第七韵 ʅ,ɿ,i　　　　　　　第八韵 ə ie

第九韵 an ian　　　　　　　第十韵 an ian

第十一韵 uan yan　　　　　第十二韵 ou iou

第十三韵 o io　　　　　　　第十四韵 a ia

第十五韵 uei yei　　　　　　第十六韵 uən yən

第十七韵 əŋ iŋ　　　　　　　第十八韵 uan yan

第十九韵 uo yo　　　　　　　第二十韵 ua ya

第二十一韵 uai yai　　　　　第二十二韵 uaŋ yaŋ

　　李氏虽声明"此编悉以南北音并明",但依我们看来,仅有字母中的仙与翾、酒与惊、清与溪的分别,及第九韵与第十韵、第十一韵与第十八韵的分别是兼采南音的,然而南音的最大特色却被他放弃了,例如南音能分心与邪、晓与匣、见与群、端与定等,他都不管了。所以《李氏音鉴》只是以清代的大兴语音为根据而作的书;兼采了吴音,适足以减少这书的价值。

　　劳乃宣,清末桐乡人,所著《等韵一得》(1883)大约可以说是最后出的一部等韵书。书中分字母为五十八,但除有音无字的二十二个之外,实际上只有三十六个,与宋元等韵学家三十六字母相当。今照录其字母谱而加音标如下页图①:

---

①　劳氏云(《等韵一得·外篇》,页35):"知彻澄娘四母,闽广外皆无此音。"图中知系的音值是从这句话推测出来的。

	清　声				浊　声			
喉　　音	阿(元音)				(阿)(元音)			
鼻　音	k 嘎	k' 喀	x 哈	ŋ ○	g 噶	g' ○	x (哈)	ŋ 迎阿
重舌音	t 答	t' 塔	l ○	n ○	d 达	d' ○	l 拉	n 纳
轻舌音	tʃ 咤	tʃ' 侘	ʃ ○	nӡ ○	dӡ 茶	dӡ' ○	ӡ ○	nӡ 拏阿
重齿音	tʂ 查	tʂ' 叉	ʂ 沙	nʐ ○	dʐ 楂	dʐ' ○	ʐ (沙)	nʐ (髯)
轻齿音	ts 帀	ts' 攃	s 萨	nz ○	dz 杂	dz' ○	z (萨)	nz ○
重唇音	p 巴	p' 葩	ɸ ○	m ○	b 拔	b' ○	ß ○	m 嘛
轻唇音	ȹ ○	ȹ' 孚阿	f 夫阿	ɱ ○	ƀ ○	ƀ' ○	v 符阿	ɱ 无阿
	戛音	透音	轹音	捺音	戛音	透音	轹音	捺音

书中又分五十二韵摄,今照录其韵摄谱而加注音标如下图。

	阳　声				阴　声				下　声			
喉音一部	a 阿	ia 鸦	ua 洼	ya 俞阿	o 厄	io 伊厄	uo 窝	yo 约	ə 餲	i 伊	u 乌	y 俞
喉音二部	ai 埃	iai 厓	uai 歪	yai 俞埃	ei 额	iei 伊额	uei 威	yei 俞额	开 口	齐 齿	合 口	撮 口

续表

	阳　　声	阴　　声	下　　声
喉音三部	au iau uau　yau 敖 幺 乌敖 俞敖	ou iou uou　you 欧 由 乌欧 俞欧	
鼻 音 部	aŋ iaŋ uaŋ yaŋ 昂 央 汪 俞昂	əŋ iŋ uŋ yŋ 鞥 英 翁 雍	
舌齿音部	an ian uan yan 安 焉 弯 渊	ən in un yn 恩 因 温 云	
唇 音 部	am iam uam yam 谙 奄 乌谙 俞谙	əm im um ym 厄音 音 乌音 俞音	
	开 齐 合 撮 口 齿 口 口	开 齐 合 撮 口 齿 口 口	

劳乃宣所谓清声浊声,除 ŋ、n、l、nʑ、nz、nʒ、m、ɱ 仅指阴调类阳调类而言外①,其余兼指幽响音的分别。所谓喉音,即元音;鼻音,即舌根音;重舌,即舌尖破裂与其同部位的边音、鼻音;轻舌,即舌边音;重齿,即舌尖后音;轻齿,即舌尖塞擦、摩擦及鼻音;重唇,即双唇;轻唇,即唇齿。因此可见劳氏所定名称有许多不妥当的地方。

劳氏所谓戛音,即不吐气的破裂与塞擦音;透音,即吐气的破裂与塞擦;轹音,即摩擦音;捺音,即鼻音。这种分类是很有系统的。

劳氏又把四呼除去不算,以五十二摄归纳为十三摄。

劳氏所谓阳声,即最开口的元音;所谓阴声,即较闭口的元音;所谓下声,即最闭口的元音。命名虽未妥,其系统也很清楚。又所谓喉音一部,即简单的元音②;所谓喉音二部,即复合元音之以前

① 因为他把边音与鼻音都分清浊,而事实上中国人口里的边音或鼻音很少念成清音的。

② 齐齿、合口、撮口所用的 i、u、y,在这里只认为半元音。

元音收者;所谓喉音三部,即复合元音之以后元音收者;所谓鼻音部,即以舌根鼻音收者;所谓舌齿音部,即以舌尖鼻音收者,所谓唇音部,即以双唇鼻音收者。这也很合于音理。

在等韵学的书籍当中,说理最清晰,而又可为古音学的门径者,除了江永的《音学辨微》之外,要算劳乃宣的《等韵一得》。专就音理而论,劳氏似乎还有胜过江氏的地方。

参考资料

【罗常培论《西儒耳目资》的流传】——金尼阁的《西儒耳目资》作于明天启五年乙丑(1625)夏月,成于六年丙寅(1626)春月(王徵序)。凡五阅月(自序),三易稿始成(韩云序)。这部书流传甚少。《四库全书总目》所著录的,已经"残阙颇多,并非完书"(参阅《经部小学类存目》二)。现在上海东方图书馆所藏明天启六年关中泾阳张问达的原刻本还存有《译引首谱》二册,一百十一页;《列音正谱》二册,一百五十五页;《列边正谱》二册,一百三十五页;卷首载张问达、王徵、韩云、张緟芳几个人所作的序跟金尼阁的自序,共六篇,二十四页;全书一共有六册四百二十五页。其中虽然也不免有残缺的地方,可是比四库著录本略为完备。此外顺德温氏(汝适)藏有《译引首谱》一册(见抄本《顺德温氏藏书目》);伦敦王家图书馆、罗马教皇图书馆(Vaticane Library)跟巴黎国家图书馆也都藏有它的残本。

《耶稣会士在音韵学上的贡献》,见《史语所集刊》第一本第三分,页274。

【胡朴安评《李氏音鉴》】——李氏此书,颇少精密之理,尽多敷衍之词,在切音学上无重要之价值。字母编为词句,习气太重;盖字母之次序应绳之以音理,不当著之为文词。击鼓射字,乃游戏之具,李氏不惜论之再三! 惟其书可以引起未学切音者之趣味,为研究音理者所不取也。

《文字学研究法》,页109。

【劳乃宣论等韵诸家】——古今言等韵之书,四库著录者,有宋司马光《切韵指掌图》、无名氏《四声等子》、元刘鉴《经史正音切韵指南》。此三书乃等韵家之正宗也。见于四库存目者,有元杨桓《书学正韵》、明赵扬谦《声音文字通》、章黼《韵学集成》、兰廷秀《韵略易通》、濮阳涞《韵学大成》、李登《书文音义便考私编》、无名氏《并音连声字学集要》、袁子让《字学元元》、叶秉敬《韵表》、吕维祺《音韵日月灯》、陈荩谟《皇极图韵》《元音统韵》、桑绍良《青郊杂著》《文韵考衷》《六书会编》,马自援《等音》外集内集;国朝杨庆《佐同录》、耿人龙《韵统图说》、徐世溥《韵表》、潘耒《类音》、熊士伯《等切元声》、仇廷模《古今韵表新编》、顾陈垿《八矢注字图说》、钱人麟《声韵图谱》、王植《韵学臆说》、樊腾凤《五方元音》、江永《四声切韵表》、龙为霖《本韵一得》、潘咸《音韵源流》、王柞祯《音韵清浊鉴》、潘遂《声音发源图解》诸书。其书或存或佚,未能全见。其是非得失,则《四库提要》已有定论。

后出之书,愚所见者,有戴震《声韵考》《声类表》、洪榜《四声韵和表》《示儿切语》,皆精核可据。又有李元《音切谱》,亦颇正当。惟皆以古音为重,未能兼及时音。

其言时音者,世俗盛传《空谷传声》《李氏音鉴》二书。《空谷传声》为全椒吴杉亭、江云樵旧谱,汪氏(力按:汪氏名鉴)增损之者。其书定母为二十,妄为删并,与兰廷秀《东风破早梅》二十母同。定韵为三十二,兼开合正副列之,尚与韵部相合;惟名之曰"字母",称谓舛误。定阴阳平、上、去、入为五音,不知仄声清浊,与《中原音韵》同。《李氏音鉴》为大兴李汝珍撰,定春满尧天等三十三母,其删并略同兰氏,而以一母之正韵副韵分列两母。定韵为二十二,而列开合,不列正副;并俗音之车遮寒桓诸韵亦并列之。定阴阳上去入为五音,亦不知仄声清浊。其书文辞辩博,征引浩繁,类有学者所为,故浅人多为所震;其实未窥等韵门径。夫不知仄声清浊,已为言等韵者之通病;若不知韵有四等而强分其半于母,则诸家尚不至疏谬至此。而李氏方且矜为独得,深诋古人不知音有粗细,可谓陋矣(力按:李汝珍的音学实在不见得高明,本节叙述他的学说,并非因他的作品有胜诸家之处,却是想把他作为"自矜独得"的作家的代表。又因《李氏音鉴》是"世俗盛传"的东西,无论好坏,也值得一述)!吾友李听彝言在湖北书局有据《李氏音鉴》之说以驳陆德明《经典释文》者,其人之浅妄固可笑,而亦为李氏大言之所误也。

《等韵一得·外篇》,页51～53。

【劳乃宣论戞透轹�】——字母分为戞、透、轹、捺四类,古所未有,为余创获。自有此法,而字母之纲目毕张,条理益密矣。惟舌之轹音与鼻齿唇之轹音微觉不类(力按:即谓 1 与 s、f 等音不相似),吾友邵子班卿谓当分为拂、轹二类,来为舌之轹,而别有其拂;晓为鼻之拂,审为齿之拂,非为唇之拂,而别有其轹。其所定字母谱,列捺、轹、拂、透、戞为五类。"捺"即吾谱之"捺"也,"拂"与"轹"则吾谱"轹"之所析也。鼻音并入喉音,影喻为其"捺",疑为其"轹",晓匣为其"拂",溪为其"透",见群为其"戞"。两舌音泥娘为其"捺",来为其"轹",以舌音比类齿音之审禅为其"拂",透彻为其"透",端定知澄为其"戞"。两齿音日为其"捺",以齿音比类舌音之来为其"轹",审禅心邪为其"拂",穿清为其"透",照床精从为其"戞"。两唇音微为其"捺",明为其"轹",非奉为其"拂",滂敷为其"透",帮并为其"戞"。剖入毫芒,至为精密(力按:以今语音学的眼光看来,这种五分法尚不及劳氏的四分法为合理)。是字母确可有此五类;吾谱四类之说犹未能为定论也(力按:若以 1 音另立一类,当然比较合理;但若与唇喉诸部都想找出一个与 1 相当的音来,那就糊涂了)。然其分析过于微眇,不易领会;所增之母又为四方乡音所无。故吾尝与班卿论之,谓其所增舌音之拂类与国书及泰西文之滚舌音相近;所增齿音之轹类则不知何国语有此音,而中国则均无之(力按:邵班卿所谓齿音之轹类,当系指[ʧ]一音而言,我们现在可以叫它做破裂边音,而这种音在江苏泰兴的语音中是有的)。如欲包括四海之音,自可存五类之说,以待博考;如专为中国同文之音而设,则四类似已足矣。且以明母为唇音之轹,亦尚与他音之轹不类;细推之,当于揉、轹之间别为一类,与揉、轹、拂、透、戛而为六,其他音亦当以此类推。如此,则每音当为六类矣。是五类又不得为定论也。求之愈深,辨之愈难,愈纷纭而不能定;不如吾四类之说,虽似稍疏,而明白简易,人人能解也。故列谱仍用四类,而著其说于此,以待后之君子择焉。

同上,页37~38。

【莫友芝论明清之等韵学】——明兰廷秀《韵略易通》并字母为二十,摄以"东风破早梅,向暖一枝开,冰雪无人见,春从天上来"二十字,变古法以就方音。濮阳涞《韵学大成》亦不用见溪群疑等门法,而以"新鲜仁然"等立法,稍增益之,为三十母。李登《书文音义便考私编》竟去知彻澄娘非五母,又改并母为平母,定母为廷母,而平声则三十一母,仄声仅二十一母。无名氏《并音连声字学集要》又删群疑透床禅知彻娘邪非微匣十二母,又增入勤逸叹三母为二十七母。叶秉敬《韵表》又删知彻澄娘敷疑六母,存三十母。吕维祺《音韵日月灯》又错易三十六母之序。乔中和《元韵谱》又删三十六母为十九。桑绍良《青郊杂著》《文韵考衷》等书又以"国开王向德,天乃赉祯昌,仁寿增千岁,苞盘民弗忘"分为二十母,又衍为三十六母、七十二母之说。马氏《等音》外集增四声为五声,曰平上去入全,又并三十六母为见溪疑端透泥邦滂明精清心照穿审晓影非微来日二十一母。即字母一端,而诸家如此纷纭;其他之纠绕瞀乱,亦不可究诘。听其自生息,亦难与定是非矣。至元朱宗文《蒙古字韵》二合三合四合之音,明金尼阁《西儒耳目资》二十字父、五十字母之说,亦资闻见,无异经典。学者但精求之双声叠韵,于徐言疾言中通其意,理明事简,勿为烦纡,以求古人之正读,审今韵之变迁,则古韵、今韵、反切,一以贯之矣。

《韵学源流》,罗氏铅印本,页 28。

第二编　本论上 (《广韵》研究)

第一章　《广韵》

第一节　《广韵》的历史

中国现存的韵书,以《广韵》为最古。所以我们研究古音,该从《广韵》向上推求;研究今音,该从《广韵》向下推求。

《广韵》是根据《唐韵》而作的,《唐韵》又是根据《切韵》而作的。所以要叙述《广韵》的历史,必须先叙述《切韵》与《唐韵》。

《切韵》为隋陆法言所作,书成于601年(隋文帝仁寿元年),原本已佚。英国司坦因氏(A·Stein)在敦煌得唐写本《切韵》凡三种,皆残缺不完,现存伦敦大英博物院。第一种存上声海至铣共十一韵;第二种存卷首至鱼韵,共九韵,前有陆法言、长孙讷言二序;第三种存平声上下二卷,上声一卷,入声一卷,而平声首阙东冬二韵,入声末阙二十八铎以下五韵,中间复稍有阙佚。

《切韵》传至唐代,经孙愐重为刊定,改名《唐韵》。《唐韵》原本亦佚。1908年(清光绪三十四年),吴县蒋斧①得《唐韵》残卷于

---

① 王国维《观堂集林》作蒋伯斧。

北京,只有入声一卷及去声的一部分。

《唐韵》到了宋大中祥符元年(1008)陈彭年、邱雍等奉诏重修,乃赐名《大宋重修广韵》。此书至今还完整地存在;并有繁本与简本两种。所谓繁简,除注之多少较为易见外,其每韵所收之字数亦不尽相同。繁本与简本,现在流行的有下列七种:

一　古逸丛书覆宋本重修《广韵》(繁本)

二　古逸丛书覆元泰定本(简本)

三　张氏泽存堂重刊宋本(繁本)

四　小学汇函张氏本(即泽存堂本)

五　小学汇函内府本(简本)

六　新化邓氏重刊张氏本(即泽存堂本)

七　商务印书馆影印古逸本(繁本)

《广韵》共分五卷,平声分上下两卷,上去入声各为一卷。平声分两卷,完全是因为字多,并没有其他的原因。

依王国维的研究,《广韵》的韵部次序是据根李舟《切韵》的①,所以与陆法言《切韵》的次序不尽相同。但我们把《切韵》残卷里的反切与《广韵》里的反切比较,相同之处甚多。可见《广韵》的次序虽则根据李舟《切韵》,而其反切却是依照陆法言《切韵》的。因此,我们在《广韵》里可以大致地考出陆法言《切韵》的反切。

《广韵》卷首有陆法言《切韵·自序》云:

> 昔开皇初,有仪同刘臻等八人,同诣法言门宿。夜永酒阑,论及音韵,以古今声调既自有别,诸家取舍亦复不同。吴楚则时伤轻浅,燕赵则多涉重浊;秦陇则去声为入,梁益则平声似去;又支脂鱼虞,共为一韵;先仙尤侯,俱论是切。欲广文

---

① 《唐书·艺文志》有李舟《切韵》十卷。李舟之名,屡见于唐人说部,而新旧《唐书》无传。依王国维考据,舟当在孙愐之后。

路,自可清浊皆通;若赏知音,即须轻重有异……

由此看来,《切韵》未必根据一时一地之音,例如支与脂、鱼与虞,也许当时普通人已不能分别,而陆法言要依照古音,定出一个分别来。所以我们如果把《切韵》当做隋朝的语音实录去研究,不免有几分危险。

参考资料

【王国维《书巴黎国民图书馆所藏唐写本〈切韵〉后》】——巴黎国民图书馆藏敦煌所出唐写本《切韵》凡三种(按:此处所指唐写本《切韵》三种实藏伦敦大英博物院)。第一种存上声海至铣十一韵,四十五行,复有断烂,计存全行十有九,不全行二十有六。以第三种校之,韵字较少,注亦较简。如轸韵"轸"字注云"之忍反,八";第三种"八"作"九",纽末增一"胗"字。"蠢"字注云"尺尹反,二";第三种以"腨"字为纽首,注云"尺尹反,三",次"蠢"字,末又增一"踳"字。"引"字注云"余轸反,二";第三种"二"作"三",末增一"釛"字。混韵"鄟"字注云"慈损反,三";彼本"三"作"四",末增一"傅"字。"獢"字注云"盆本反,二";彼本"二"作"三",末增一"体"字。旱韵"亶"字注云"多旱反,一";彼本"一"作"二",末增一"瘅"字。"散"字注云"苏旱反,二";彼本"二"作"三",末增一"缴"字。"罕"字下注"呼捍反,二";彼本"二"作"三",末增一"罦"字。潸韵"板"字下注云"布绾反,一";彼本"一"作"二",下增一"版"字。"苋"字下注云"胡板反,一";彼本"一"作"二",下增一"僩"字。又此韵末,彼本别增一纽云:"齩,五板反,一。"第三种,余考定为长孙讷言注节本,则此本韵字较少,当是法言原本。

第二种存卷首至九鱼,凡九韵,前有陆法言、长孙讷言二序。

陆序前有一行云"伯加千一字";长孙序云"又加六百字,用补阙遗",故韵中有新加字。如东韵"蒙"纽下云"十一加二";"洪"纽下云"十一加一";"蕻"纽下云"二加一";"念"纽下云"八加一";"蕫"纽云"十二加一"。余韵仿此。又长孙序云"其杂□并为训解;但称案者,俱非旧说"(今《广韵》所载长孙序删此二条)。是法言原书本自有注,故讹言称"案"以别之。今此九韵注中,称"案"者八十二条,大抵据《说文》以正字形。又有引《说文》者数十条,虽无"案"字,亦与称"案"者文例相同,与陆氏原书注例异,是亦长孙氏注,则长孙讹言笺注本也。

　　第三种存平声上下二卷,上声一卷,入声一卷。而平声首阙东冬二韵,入声末阙廿八铎以下五韵,中间复稍有阙佚。有长孙讹言本所加字,而纽首下但著几字,不著几加几。然如平声下,仙韵"卷"纽下"鬈"字,豪韵"高"纽下"薶"字,青韵"宁"纽下"寍"字,盐韵"铦"纽下"憸"字,上声静韵"静"纽下"彭靖竫"三字,入声月韵"伐"纽下"瞂"字,没韵末"歾"字,薛韵"列"纽下"挐"字,"辍"纽下"剟"字,锡韵"的"纽下"奵"字,昔韵末"碧"字,合韵"鎑"纽下"馨"字,盍韵末"罨"字,皆注云"新加"。又注文亦间有称"案"者,如平声下,仙韵"鲜"字注云"案《文》作鱻",麻韵"虵"字注云"案《文》作蛇",阳韵"钖"字注云"案《文》崵","萇"字注云"案《文》羊桃","痓"字注云"案《文》作莊",尤韵"枕"字注云"案《说文》原无点","裘"字注云"案《文》求无点","齁"字注云"案《文》病寒鼻塞",侵韵"针"字注云"案《文》作鍼",蒸韵"兴"字注云"案《文》作兴";上声旨韵"兕"字注云:"案《文》野牛而青",语韵"所"字注云"案《文》户斤为正",姥韵"虎"字注云"案《文》山兽之君,足似人足,故足下安人,此儿即是古人字",潸韵"版"字注云"案《文》判",马韵"马"字注云"案《文》有四点,象四足",感韵"䇺"字注云"案《文》作閹",养韵"两"字下注云"案《文》廿四铢

为两",有韵"羑"字注云"案《文》从久";入声质韵"膝"字注云
"案《文》作厀",黠韵"豽"字注云"《说文》作貀",屑韵"截"字注
云"案《文》作𢧢","嵲"字注云"案《文》作㞬","类"字注云"案
《文》从圭作叟",薛韵"竭"字注云"《说文》作渴","揲"字注云
"案《文》思颊反,阅持","剟"字注云"案《文》刊,新加",锡韵
"秮"字注云"案《文》百廿斤","役"字注云"案《文》作伇",麦韵
"麦"字注云"案《文》从来作麦",陌韵"载"字注云"案《文》作
𫐒",盍韵"𪘁"字注云"案《文》作魝",葉韵"晔"字注云"案《文》
作烨"。此三十二条皆称"案"字,又皆据《说文》为说,与长孙氏
笺注体例正同。疑亦出长孙氏注本而删去其案语者。上所举三
十二条乃删之未尽者。盖长孙讷言注节本也。又以书体言,则
第一种为初唐写本。第二种、第三种并唐中叶写本,亦足证前者
为陆氏原本,后者为长孙氏笺注本若其节本也。

　　《观堂集林》卷八,页351～355,中华书局1959年版。

　　【王国维论陆法言《切韵》】——陆法言《切韵》五卷,《隋书》及
《旧唐书·经籍志》《唐书·艺文志》均未著录。惟新旧《志》并有陆
慈《切韵》五卷,日本源顺《倭名类聚》引陆词《切韵》五十四条,又日
本僧瑞信《净土三部经音义》引陆词《切韵》十六条,颇见于此三种
中,而未见者亦半。盖源顺、瑞信所据或后人增注之本。此三种亦
或有删节,不得谓非一书。《集韵》二冬"苳"字注引陆词曰"苴苳,冬
生",此本冬韵有"苳"字,注云"草"名,而无"苴苳冬生"四字。盖
《集韵》所据亦增注本。日本狩谷望之《倭名钞笺》谓陆词即法言。
案词与法言名字相应,又以唐写残韵与彼土所引陆词《切韵》校之,
半相符合,则狩谷之言殆信。两《唐志》之陆慈亦即陆词,隋唐间人
多以字行,故字著而名隐耳。法言之书,自宋以后,公私书目均未
著录,盖自《广韵》盛行,而隋唐诸韵书皆废。此书之佚,已千有余
岁矣。法言事迹,史不概见,前人亦无考之者。案《隋书·陆爽

传》："爽字开明，魏郡临漳人，自齐入周，隋时为太子洗马，开皇十一年卒官，年五十三。子法言，敏学有家风，释褐承奉郎。"据此，则开皇初法言与萧颜诸公论韵时，年才弱冠，而诸公多显于梁魏齐周之世，于法言均为丈人行矣。其受成书之托，亦即以此。《隋书》又云："初，爽之为洗马，尝奏高祖云：'皇太子诸子未有嘉名，请依《春秋》之义，更立名字。'上从之。及太子废，上追怒爽曰：'我孙制名，宁不自解？陆爽乃尔多事！扇惑于勇，亦由此人；其身虽故，子孙并宜废黜，终身不齿。'法言竟坐除名。"案：太子勇之废，在开皇二十年九月，次年改元仁寿，法言除名，当在是冬。《切韵序》作于仁寿二年，云："今反初服，私训诸弟子，凡有文藻，即须音韵，遂取诸家音韵，古今字书，定之为《切韵》五卷。"是法言撰此书，着手于开皇仁寿间，而成于仁寿二年（力按：当为元年）也。

　　节录《书巴黎国民图书馆所藏唐写本〈切韵〉后，见《观堂集林》卷八，页 355～357。

　　【莫友芝论《广韵》】——今韵书存之最古者，唯《广韵》详略二本，及夏竦《古文四声韵》。……此略本《广韵》五卷，前有孙愐《唐韵序》，注文比重修本颇简。朱彝尊作重修本序，谓"明代内府刊版，中涓欲均其字数，取而删之"。然《永乐大典》引此本，皆曰"陆法言《广韵》"；引重修本，皆曰"宋重修《广韵》"。世尚有麻沙小字一本，与明内府版同。内"匡"字纽下十三字皆缺一笔，避太祖讳。其他宋讳则不避。邵长蘅《古今韵略》指为宋槧。而平声"东"字注中，引东不訾事，重修本作"舜七友"，此本讹作"舜之后"。熊忠《韵会举要》已引此本，则当为元刻矣，非明中涓所删也。又宋人讳"殷"，故重修本改二十一殷为欣；此尚作殷，知非作于宋代。且唐人诸集以殷韵字少，难于成诗，间或附入真谆臻韵，如杜甫《东山草堂》诗、李商隐《五松驿》诗，不一而足。《说文》所载《唐韵》翻切，"殷"字作"於身切"，"欣"字作"许巾切"，亦借真韵中字取音,并无一字通文。此本注殷独用,重修本始著欣与文通,尤确非宋韵之一证。考《宋志》载陆法言《广韵》五卷,《玉海》引《崇文目》有唐《广韵》五卷,当即一书。盖既经唐人增益,故陆书亦兼《广韵》之名。迨后陈彭年等所定曰重修,景德敕牒又称"旧本注解未备",明先有此注文简略之《广韵》也。彝尊乃以此本在后,非也。

重修本亦五卷。卷首题云:"陆法言撰本,长孙讷言笺注,刘臻、颜之推、魏渊、卢思道、李若、萧该、辛德源、薛道衡八人同撰集,郭知玄拾遗绪正,更以朱笺三百字,关亮、薛峋、王仁昫、祝尚邱、孙愐、严宝文、裴务齐、陈道固增加字,更有诸家增字及义理释训,悉纂略备载卷中,勒成一部。凡二万六千一百九十四言,注十九万一千六百九十二字。"王应麟《玉海》曰:"景德四年十一月戊寅,崇文院上校定《切韵》五卷,依九经例颁行。祥符元年六月五日,改为《大宋重修广韵》。三年五月庚子,赐辅臣人一部。"即是书也。旧本不题撰人,以丁度《集韵》考之,知其为陈彭年、邱雍等奉敕撰注。文虽较旧本为详,而冗漫颇甚。如"公"字之下载姓氏至千余言,殊乏剪裁。"东"字之下称东宫得臣为齐大夫,亦多纰缪。孙愐序称异闻奇事等,已极蔓引,彭年等又从而益之,宜为丁度之所讥也。此书之先又有《雍熙广韵》。王应麟《玉海》曰:"太平兴国二年六月,诏太子中舍陈鄂等五人同详定《玉篇切韵》。太宗于便殿召直史馆句中正,访字学,令集凡有声无文者。翌日,中正上其书。上曰:'朕亦得二十一字,当附其末。'因命中正及吴铉、杨文举等考古今同异,究隶篆根源,补缺刊谬,为新定《雍熙广韵》一百卷。端拱二年六月丁丑,上之。诏付史馆。"是宋有三《广韵》,不得相混;亦如王应麟《困学纪闻》所谓:"隋陆法言为《切韵》……唐孙愐有《唐韵》。今之《广韵》,则本朝景德祥符中重修。今人以三书为一,或谓《广韵》为《唐韵》者,非也。"皆不可不知者也。《雍熙》书今亡。

《韵学源流》,罗氏铅印本,页15~16。

【陈澧论《广韵》版本】——顾千里《思适斋集》有《书宋椠、元椠〈广韵〉后》各一篇。其《书元椠后》云:"今世之《广韵》凡三:一,泽存堂详本;一,明内府略本;一,局刻平上去详而入略本。三本迥异,而各有所祖传。是楼所藏宋椠者,泽存堂刻之祖也;曹栋亭所藏宋椠第五卷配元椠者,局刻之祖也。此元椠者明内府及家亭林重刻之祖也。局刻曾借得祖本校一过,知其多失真;泽存堂刻各书每每改窜,当更不免失真。亭林重刻,自言悉依元本,不敢添改一字,而所诎皆与明内府版同;是其称元本者,元来之本,而亭林仍未见元椠也。至朱竹垞误谓明中涓删注始成略本,不审何出,但非得见祖本,早在元代,固末由定其不然矣。又局刻所配入声与此本亦迥异;疑宋代别有略本,流传如此也。"其《书宋椠后》云:"有曹栋亭图记第五册,乃别配又一宋本,正扬州局刻本之所自出。局刻多失宋椠佳处。刻成之后,依张氏转改,将去声目录酆陷鉴三大字凿补,而小字任其抵牾。戴东原撰《声韵考》,目之为景佑涂改,而不知其出于曹氏手也。"澧案:近人考《广韵》诸刻本,未有如顾氏此二篇之详明者,故备录之。《纪文达公遗集》有《书明人重刻广韵后》《书张氏重刻广韵后》各一篇,考之亦详;然谓略本在前,详本在后,则未确也。以详本校略本,其删削之迹,触目皆是,可不辨而自明矣。

《切韵考》卷六,页11。

【顾炎武论韵书之始】——宋王应麟曰:"隋陆法言为《切韵》五卷,后有郭知玄等九人增加。唐孙愐有《唐韵》。今之《广韵》则本朝景德祥符中重修。今人以三书为一,或谓《广韵》为《唐韵》者,非也。"李焘曰:"隋陆法言撰,唐郭知玄附益之者,时号《切韵》。天宝末,陈州司马孙愐以《切韵》为谬,略复加刊正,别为《唐韵》之名。大中祥符元年,改赐新名曰《广韵》(据此,《广韵》即

《唐韵》,但改其名耳)。《玉海》曰:"景德四年十一月戊寅,崇文院上校定《切韵》五卷,依九经例颁行(本陆法言撰)。祥符元年六月五日,改为《大宋重修广韵》。三年五月庚子,赐辅臣人一部。"《宋史·艺文志》:"陈彭年等重修《广韵》五卷。"今《切韵》《唐韵》二书元本无传,所传者《广韵》五卷,不著重修人姓名,而冠以孙愐《唐韵》之序。其书虽出于宋时,而唐人二百六韵之部分具在。又宋时人著书多言《广韵》。陆游云:"南渡初,因讨论御名,礼部申省,言未寻得《广韵》。"则知见存于今者,惟《广韵》最古,今取以为据云。学者皆言韵书本于沈约。《隋书·艺文志》有沈约《四声》一卷。今不但约书亡,而唐人之书亦亡(宋许观《东斋记事》曰"自孙愐集为《唐韵》,诸书遂废")。然自隋至宋初,用韵不异,是知《广韵》一书固唐之遗;而唐人所承,则约之《谱》也。又按前此则魏有左校令李登,晋有安复令吕静,齐有中书郎周颙。《魏书·江式传》言吕忱弟静放故左校令李登《声类》之法作《韵集》五卷,宫商角徵羽各为一篇。文字与兄,便是鲁卫;音读楚夏,时有不同(后魏崔光依宫商角徵羽本音为五韵诗,以赠李彪)。《高氏小史》云:"齐中书郎周颙字彦伦,始作《四声切韵》行于时。"《隋志》《旧唐志》亦载《声类》等凡十余家。隋潘徽为秦王俊作《韵纂序》曰:"《三苍》《急就》之流,微存章句;《说文》《字林》之属,唯别体形。至于寻声推韵,良为疑混。末有李登《声类》,吕静《韵集》,始判清浊,才分宫羽。"又知约之前已有此书,约特总而谱之,或小有更定耳。而谓自约创始者,亦流俗人之见也。

　　《音学五书·音论》卷上,页2~5。

　　【陈澧论《广韵》同音之字】——《广韵》同音之字,虽多至数十字,皆合为一条,惟于第一字注切语及同音字数,亦必陆氏旧例。此不但类聚群分,不相杂厕;且使人易于识字(《隋书·经籍志》有《异字同音》一卷,亦此意也)。如"菄鶇倲倲鯟忪"诸字皆不常见,以其与"东"字同音,皆置之"东"字之下,则一展卷而尽识其音。故凡同一切语之字,必以常见之字为首也。后世韵书改其例,以不常见之字置于韵末。其书非为识字而作,但为作诗赋之用,故今人直名之为"诗韵"也。

《切韵考》卷六,页 10 ~ 11。

【高本汉转述马伯乐论《切韵》《唐韵》《广韵》】——关于用反切之字典,马伯乐先生(Maspéro)根据伯希和先生(Pelliot)的说法,有下面的解释:"在这些旧字典当中,有一部名叫《玉篇》,书成于 543 年,不幸而在 1013 年陈彭年重刊时大加修改,以致不可根据……另有一部名叫《切韵》,原本已佚。但现存有些《切韵》残本,附有 676 年的序(力按:即长孙讷言序,但此序作于唐仪凤二年丁丑,当是公元 677 年);其中一部仅有去声后半,及入声全卷,于 1908 年印行(力按:此指蒋斧所得本。蒋氏以为此即《切韵》原本,惟先师王静安先生考定为孙愐书。又按:蒋本去声缺一送、二宋、三用、四绛、五寘、六至、七志及八未之半,中间又缺十九代之小半、二十废、二十一震、二十二稕、二十三问、二十四焮及二十五愿之大半。马伯乐谓仅缺去声之前半,未确)……;另一部为伯希和先生在敦煌所得,未印行。此外有《广韵》,为 751 年孙愐增修本,已佚;但伯希和先生亦在敦煌得《唐韵》残本。末了说到 1007 年再增修的一部就完全存在,名为《广韵》,也有两种版本,一繁一简。简本在《古逸丛书》卷十三,刊于 1337 年。繁本今存两部,皆北宋本:一在张士俊《泽存堂丛书》内,一在《古逸丛书》卷十二……以诸残本与《广韵》比较,知《切韵》中之反切与《广韵》之反切完全相同。"

Etudes sur la Phonologie Chinoise, p. 29 ~ 30。

第二节　《广韵》的声母

《广韵》的纽,须从其反切上字去寻求。

上文说过,纽与声母不同;纽是不计纯粹声母与腭化声母的分别的。若连腭化声母也计算起来,《广韵》共有四十七个声母。

清陈澧作《切韵考》①,首先考求《广韵》的声类,换句话说就是研究《广韵》里有若干声母。陈澧的研究,是根据着下面的原则的。

(一)正例:凡反切上字同用、互用、递用的,必属同一声类。

1.同用例:冬,都宗切;当,都郎切;皆用"都"字为切,所以"冬"与"当"必同类。

2.互用例:当,都郎切;都,当孤切;"都"可以切"当","当"又可以切"都",所以"当"与"都"必同类。

3.递用例:冬,都宗切;都,当孤切;"冬"字用"都"字,"都"字又用"当"字,所以"冬、都、当"三字同类。

(二)变例:不能直接系联,但从别的字上可以求出相同之迹的,陈澧谓之变例。例如:多,得何切;得,多则切;都,当孤切;当,都郎切。这四个字只是两两互用着,本没有系联的可能。然而在东韵里"涷"有"德红"与"都贡"两切,又在送韵里,"涷"却又是"多贡"切,由此可见"多"与"都"是同类,而"多、得、都、当"有此线索可寻,也就可以证明为同类了。

根据上面的原则,陈澧考得《广韵》共有四十声类,其中清声二十一,浊声十九。在他的《切韵考》里,四十声类没有名称,而且以《广韵》里所见之先后为序,故与守温三十六字母的次第不同。

陈澧虽则立下了很好的原则,可惜他自己往往不能遵守。若完全依照正例,那么不止四十声类;若兼据变例,那么一定不到四十,例如语韵"褚",丑吕切,又张吕切;同韵"褚",丁吕切:可见"张"与"丁"是同类。又阳韵"长",直良切,又丁丈切;养韵"长",知丈切:可见"丁、知"二字是同类。这些陈澧都没有顾到。依后

————————

① 　陈澧,字兰甫(1810～1882),广东番禺人。

人的研究，如果兼据变例，只有三十三类；如照他的正例，就有四十七类[1]。这四十七类，现在一般人都承认了。

兹将《广韵》四十七声类及其反切上字列表如下[2]：

古类_{见一、二、四等}

古$_{136}$　公$_3$　过$_2$　各$_1$　格$_1$　兼$_1$　姑$_1$　佳$_1$　诡$_1$　乖$_1$

居类_{见三等}

居$_{78}$　举$_7$　九$_6$　俱$_4$　纪$_3$　几$_2$　规$_1$　吉$_1$

苦类_{溪一、二、四等}

苦$_{86}$　口$_{13}$　康$_4$　枯$_3$　空$_2$　恪$_2$　牵$_1$　谦$_1$　楷$_1$　客$_1$　可$_1$

去类_{溪三等}

去$_{42}$　丘$_{36}$　区$_4$　墟$_3$　起$_3$　驱$_2$　羌$_2$　绮$_2$　钦$_1$　倾$_1$

窥$_1$　诘$_1$　袪$_1$　岂$_1$　曲$_1$　卿$_1$　弃$_1$　乞$_1$

渠类_{群三等}

渠$_{36}$　其$_{24}$　巨$_{24}$　求$_7$　奇$_2$　暨$_2$　白$_1$　衢$_1$　强$_1$　具$_1$

跪$_1$　狂$_1$

五类_{疑一、二、四等}

五$_{81}$　吾$_4$　研$_2$　俄$_1$

鱼类_{疑三等}

鱼$_{40}$　语$_{14}$　牛$_{10}$　宜$_4$　虞$_2$　疑$_1$　拟$_1$　愚$_1$　遇$_1$　危$_1$

玉$_1$

呼类_{晓一、二、四等}

呼$_{69}$　火$_{16}$　荒$_4$　虎$_4$　海$_1$　呵$_1$　馨$_1$　花$_1$

---

[1]　三十三类之说见张煊《求进步斋音论》（载北京大学《国故月刊》）。四十七类之说见白涤洲《广韵声纽韵类之统计》（载北京女师大《学术季刊》第二卷第一期）；又黄淬伯先生亦与白涤洲不谋而合，考定《广韵》声类为四十七，说见其所作《慧琳一切经音义反切考》卷二，页32。

[2]　表中阿拉伯数目字表示反切上字见于书中之次数。

许类晓三等

许$_{72}$　虚$_{16}$　香$_9$　况$_7$　兴$_2$　休$_2$　喜$_2$　朽$_1$　羲$_1$

胡类匣一、二、四等

胡$_{90}$　户$_{32}$　下$_{14}$　侯$_6$　乎$_3$　何$_2$　黄$_2$　获$_1$　怀$_1$

乌类影一、二、四等

乌$_{82}$　伊$_3$　一$_3$　安$_3$　烟$_1$　鷖$_1$　爱$_1$　挹$_1$　哀$_1$　握$_1$

於类影三等

於$_{110}$　乙$_8$　衣$_3$　央$_2$　纡$_2$　忆$_1$　依$_1$　忧$_1$　谒$_1$　委$_1$

以类喻四等

以$_{24}$　羊$_{13}$　余$_{12}$　餘$_8$　与$_7$　弋$_3$　夷$_2$　予$_2$　翼$_1$　营$_1$　移$_1$　悦$_1$

于类喻三等

于$_{18}$　王$_9$　雨$_4$　为$_3$　羽$_3$　云$_2$　永$_1$　有$_1$　雲$_1$　筠$_1$　远$_1$　韦$_1$　洧$_1$　荣$_1$

陟类知二、三等

陟$_{41}$　竹$_{13}$　知$_9$　张$_8$　中$_2$　猪$_1$　徵$_1$　追$_1$　卓$_1$　珍$_1$　迍$_1$

丑类彻二、三等

丑$_{67}$　敕$_9$　耻$_1$　痴$_1$　楮$_1$　褚$_1$　抽$_1$

直类澄二、三等

直$_{55}$　除$_7$　丈$_5$　宅$_4$　持$_3$　柱$_1$　池$_1$　迟$_1$　治$_1$　场$_1$　伫$_1$　驰$_1$　坠$_1$

侧类照二等

侧$_{34}$　庄$_7$　阻$_6$　邹$_1$　簪$_1$　仄$_1$　争$_1$

之类照三等

之$_{29}$　职$_{13}$　章$_{12}$　诸$_7$　旨$_4$　止$_3$　脂$_1$　征$_1$　正$_1$　占$_1$　支$_1$　煮$_1$

初类穿二等

　　初$_{29}$　楚$_{23}$　测$_3$　叉$_2$　刍$_1$　厕$_1$　创$_1$　疮$_1$

昌类穿三等

　　昌$_{29}$　尺$_{16}$　充$_7$　赤$_3$　处$_3$　叱$_2$

士类床二等

　　士$_{33}$　仕$_9$　锄$_7$　鉏$_6$　床$_3$　雏$_2$　查$_1$　助$_1$　犲$_1$　崇$_1$
　　剿$_1$　俟$_1$

食类床三等

　　食$_{11}$　神$_6$　实$_1$　乘$_1$

所类审二等

　　所$_{44}$　山$_{15}$　疎$_6$　色$_5$　数$_3$　砂$_2$　沙$_1$　疏$_1$　生$_1$　史$_1$

式类审三等

　　式$_{23}$　书$_{10}$　失$_6$　舒$_6$　施$_3$　伤$_2$　识$_2$　赏$_2$　诗$_2$　始$_1$
　　试$_1$　矢$_1$　释$_1$　商$_1$

时类禅三等

　　时$_{15}$　常$_{11}$　市$_{11}$　是$_6$　承$_5$　视$_3$　署$_2$　殊$_2$　氏$_1$　寔$_1$
　　臣$_1$　殖$_1$　植$_1$　尝$_1$　蜀$_1$　成$_1$

而类日三等

　　而$_{23}$　如$_{17}$　人$_{16}$　汝$_4$　仍$_1$　儿$_1$　耳$_1$　儒$_1$

奴类泥一、四等

　　奴$_{53}$　乃$_{16}$　那$_3$　诺$_2$　内$_2$　嬭$_1$

女类娘二、三等

　　女$_{36}$　尼$_9$　拏$_1$　秾$_1$

卢类来一、二、四等

　　卢$_{26}$　郎$_{15}$　落$_{11}$　鲁$_9$　来$_3$　洛$_2$　勒$_2$　赖$_1$　练$_1$

力类来三等

力$_{57}$　良$_{13}$　吕$_7$　里$_2$　林$_1$　离$_1$　连$_1$　缕$_1$

都类端一、四等

都$_{37}$　丁$_{24}$　多$_{11}$　当$_9$　得$_2$　德$_2$　冬$_1$

他类透一、四等

他$_{53}$　吐$_{10}$　土$_6$　託$_2$　汤$_2$　天$_1$　通$_1$　台$_1$

徒类定一、四等

徒$_{65}$　杜$_4$　特$_2$　度$_2$　唐$_2$　同$_1$　陀$_1$　堂$_1$

子类精一、四等

子$_{61}$　即$_{16}$　作$_{15}$　则$_{12}$　将$_8$　祖$_5$　臧$_3$　资$_3$　姊$_3$　遵$_2$
兹$_2$　借$_1$　醉$_1$　儳$_1$

七类清一、四等

七$_{62}$　仓$_{24}$　千$_{11}$　此$_4$　亲$_2$　采$_2$　苍$_2$　粗$_2$　麁$_1$　青$_1$
醋$_1$　迁$_1$　取$_1$　雌$_1$

昨类从一、四等

昨$_{26}$　徂$_{19}$　疾$_{16}$　才$_{12}$　在$_{10}$　慈$_8$　秦$_5$　藏$_4$　自$_1$　匠$_1$
渐$_1$　情$_1$　前$_1$

苏类心一、四等

苏$_{41}$　息$_{31}$　先$_{13}$　相$_{11}$　私$_8$　思$_7$　桑$_5$　素$_4$　斯$_3$　辛$_1$
司$_1$　速$_1$　虽$_1$　悉$_1$　写$_1$　胥$_1$　须$_1$

徐类邪四等

徐$_{11}$　似$_{11}$　祥$_4$　辝$_3$　详$_2$　辞$_2$　寺$_1$　随$_1$　旬$_1$　夕$_1$

博类帮一、二、四等

博$_{23}$　北$_{11}$　布$_9$　补$_7$　边$_2$　伯$_1$　百$_1$　巴$_1$　晡$_1$

方类帮三等

方$_{32}$　甫$_{12}$　府$_{11}$　必$_7$　彼$_6$　卑$_4$　兵$_2$　陂$_2$　并$_2$　分$_2$
笔$_2$　畀$_1$　鄙$_1$　封$_1$

普类滂一、二、四等

普$_{36}$　匹$_{33}$　滂$_4$　譬$_1$

芳类滂三等

芳$_{15}$　敷$_{12}$　抚$_4$　孚$_4$　披$_3$　丕$_1$　妃$_1$　峰$_1$　拂$_1$

蒲类並一、二、四等

蒲$_{30}$　薄$_{22}$　傍$_5$　步$_4$　部$_2$　白$_2$　裴$_1$　捕$_1$

符类並三等

符$_{23}$　扶$_{12}$　房$_{11}$　皮$_7$　毗$_7$　防$_4$　平$_3$　婢$_1$　便$_1$　附$_1$

缚$_1$　浮$_1$　冯$_1$　父$_1$　弼$_1$　苻$_1$

莫类明一、二、四等

莫$_{65}$　模$_2$　谟$_2$　摸$_1$　慕$_1$　母$_1$

武类明三等

武$_{24}$　亡$_{13}$　弥$_{11}$　无$_7$　文$_4$　眉$_3$　靡$_2$　明$_2$　美$_1$　绵$_1$

巫$_1$　望$_1$

在这四十七类之中，有宽有严。甚严者，重唇三、四等不混，照穿床审二、三等不混，喻母三、四等亦不相混。其余各类，互有出入。

参考资料

【罗常培论《广韵》的声类】——右所录《广韵》切语上字四百五十二，陈氏自许为"隋以前双声之区域"。以今考之，其为例犹未能尽纯也。盖因变例以求其合，则为类当不满四十；舍变例而求其分，则为类当逾乎四十。陈氏于其所欲合者，则用变例以联之；于其所欲分者，则用正例以别之，未免自乱其例矣！今先就变例以证其合之未尽者：

语韵　褚，丑吕切，又张吕切；同韵，褚，丁吕切。

丁吕切即张吕切之音，故丁、张声同一类。

线韵　传，直恋切，又丁恋切；同韵，传，知恋切。

阳韵　长，直良切，又丁丈切；养韵，长，知丈切。

知恋切即丁恋切之音,知丈切即丁丈切之音,故丁、知声同一类。

　　候韵　嘟,都豆切,又丁救切;宥韵,嘟,陟救切。

　　祭韵　缀,陟卫切,又丁劣切;薛韵,缀,陟劣切。

陟救切即丁救切之音,陟劣切即丁劣切之音,故丁、陟声同一类。

　　是陈氏所分多(即端母)、张(即知母)两类,虽不系联,实同一类也。

　　鱼韵　涂,直鱼切,又直胡切;模韵,涂,同都切。

同都切即直胡切之音,故同、直声同一类。

　　觉韵　掉,女角切,又杖吊切;啸韵,掉,徒吊切。

徒吊切即杖吊切之音,故徒、杖声同一类。

　　是陈氏所分徒(即定母)、除(即澄母)两类,虽不系联,实同一类也。

　　虞韵　獳,人朱切,又女侯切;侯韵,獳,奴钩切。

　　宵韵　桡,如招切,又女教切;效韵,桡,奴教切。

奴钩切即女侯切之音,奴教切即女教切之音,故奴、女声同一类。

　　黠韵　𩑶,女滑切,又女骨切;没韵,𩑶,内骨切。

内骨切即女骨切之音,故内、女声同一类。

　　是陈氏所分奴(即泥母)、尼(即娘母)两类,虽不系联,实同一类也。以此例之,则他(即透母)、抽(即彻母)两类虽无系联之直证,当亦与钱大昕《舌音类隔之说不可信》所论相合,不能单独分立。至于唇音各类非特轻重未分,即洪细之别,亦不甚显。

　　董韵　菶,蒲蠓切,又方孔切;同韵,菶,边孔切。

边孔切即方孔切之音,故边、方声同一类。

　　废韵　莁,符废切,又方大切;泰韵,莁,博盖切。

博盖切即方大切之音,故博、方声同一类。

　　谆韵　砏,普巾切,又布巾切;真韵,砏,府巾切。

府巾切即布巾切之音,故府、布声同一类。

　　先韵　萹,布玄切,又北泫切;仙韵,萹,芳连切,又补殄切;铣韵,萹,方典切。

方典切即北泫、补殄两切之音,故方、北、补声同一类。

　　庚韵　榜,薄庚切,又甫孟切;映韵,榜,北孟切。

北孟切即甫孟切之音,故北、甫声同一类。

　　觉韵　㸁,蒲角切,又甫沃切;沃韵,㸁,博沃切。

博沃切即甫沃切之音,故博、甫声同一类。

　　是陈氏所分方(即帮非两母之三等)、边(即帮母之一、二、四等)两类,虽不系联,实同一类也。

　　齐韵　绖,边兮切,又芳脂切;脂韵,绖,匹夷切。

　　尤韵　秠,匹尤切,又芳鄙切;旨韵,秠,匹鄙切。

　　队韵　妃,滂佩切,又匹非切;微韵,妃,芳非切。

匹夷与芳脂、匹鄙与芳鄙、匹非与芳非皆切一音,故匹、芳声同一类。

　　吻韵　忿,敷粉切,又敷问切;问韵,忿,匹问切。

匹问切即敷问切之音,故匹、敷声同一类。

　　尤韵　胚,匹尤切,又普回切;灰韵,胚,芳杯切。

芳杯切即普回切之音,故普、芳声同一类。

　　德韵　趔,蒲北切,又孚豆切;候韵,趔,匹候切。

匹候切即孚豆切之音,故匹、孚声同一类。

　　薛韵　瞥,芳灭切,又芳结切;屑韵,瞥,普篾切。

普篾切即芳结切之音,故普、芳声同一类。

　　是陈氏所分敷(即滂敷两母之三等)、滂(即滂母之一、二、四等)两类,虽不系联,实同一类也。

　　东韵　颷,薄红切,又步留切;幽韵,颷,皮彪切。

皮彪切即步留切之音,故皮、步声同一类。

　　先韵　軿,部田切,又房丁切;青韵,軿,薄经切。

薄经切即房丁切之音,故薄、房声同一类。

是陈氏所分房(即並奉两母之三等)、蒲(即並母之一、二、四等)两类,虽不系联,实同一类也。然则,若据上举佐证,援陈氏合并"古、居""苦、丘"之例而系联之,则所余者,实只三十三类而已。兹更从《切韵》《广韵》反切之异同证之:

绛韵	戆	《切韵》丁降反(端)	《广韵》陟降切(知)
陷韵	鮎	《切韵》都陷反(端)	《广韵》陟陷切(知)
觉韵	斵	《切韵》丁角反(端)	《广韵》竹角切(知)
寘韵	缒	《切韵》驰伪反(澄)	《广韵》地伪切(定)
祭韵	滞	《切韵》直例反(澄)	《广韵》徒例切(定)
语韵	女	《切韵》乃据反(泥)	《广韵》尼据切(娘)
潸韵	赧	《切韵》怒版反(泥)	《广韵》女版切(娘)
侯韵	羺	《切韵》女讲反(娘)	《广韵》奴讲切(泥)
齐韵	鞞	《切韵》方兮反(邦必)	《广韵》边兮切(邦博)
董韵	琫	《切韵》方孔反(邦必)	《广韵》边孔切(邦博)
问韵	湓	《切韵》纷问反(滂披)	《广韵》匹问切(滂普)
月韵	怖	《切韵》匹伐反(滂普)	《广韵》拂伐切(滂披)
支韵	铍	《切韵》普羁反(滂普)	《广韵》敷羁切(滂披)
脂韵	丕	《切韵》普悲反(滂普)	《广韵》敷悲切(滂披)
真韵	缤	《切韵》敷宾反(滂披)	《广韵》匹宾切(滂普)
祃韵	帊	《切韵》芳霸反(滂披)	《广韵》普驾切(滂普)
脂韵	邳	《切韵》蒲悲反(並蒲)	《广韵》符悲切(並皮)
尤韵	浮	《切韵》薄谋反(並蒲)	《广韵》薄谋切(並皮)
耕韵	輣	《切韵》扶萌反(並皮)	《广韵》薄萌切(並蒲)
寒韵	瞞	《切韵》武安反(明弥)	《广韵》母官切(明莫)
祆韵	蔄	《切韵》莫苋反(明莫)	《广韵》武苋切(明弥)
果韵	麼	《切韵》莫可反(明莫)	《广韵》亡果切(明弥)

综此诸例,亦足徵《切韵》声类于唇舌洪细尚未深辨。故据变例以求其合,则上列三十三声类殆与陆词旧法为近。陈氏所考犹有未尽也。

(三十三类之说采自亡友张煊《求进步斋音论》,见北京大学《国故月刊》。旧作《切韵探赜》定《切韵》声类为二十八,今已废弃之。)

然此三十三,虽可窥见陆词旧法,实未能据以断定《广韵》声系。《广韵》反切大体沿用法言以下诸家,而于声音递变者,间亦改从时音,以求和协。其有改之未尽者,即所谓类隔切也。《广韵》一字互注之切语,多用类隔,以明古声之同。考古音者,系联类隔切语,参证《切韵》佚音,正足窥见隋音消息,探讨法言旧法。惟据正例求之,一、二、四等之反切上字每与三等殊异,其不相联系,殆非偶然。验之音理,盖纯粹声母(pure initial)与软化声母(yodised initial)之异耳。兹准此现象重定《广韵》切语上字为四十七类,以觇《切韵》《广韵》声类蟺蜕之迹。

《中国音韵沿革讲义》,页 28~32。

第三节　高本汉所假定《广韵》的声母的音值

从前汉语音韵学家对古音的研究,只不过是归纳分类的工作;至于音值方面,就没有人能推求出详细的结果。所以自陈澧以后,《广韵》声母的数目虽已大致考定;可是它们究竟应该怎样读法,一般人都难以回答。直到高本汉(Bernhard Karlgren)的《中国音韵学研究》(Etudes sur la Phonologie Chinoise)出版,我们才得到一个比较可信的假定。

高本汉是瑞典的汉学家。他住在中国很久,利用语音学的知识与科学的方法,把汉语古今的语音加以新的检讨,著成《中国音韵学研究》一书。他所研究的结果,大致为学者所承认。《广韵》的声母的音值,是他根据《切韵指掌图》与反切上字推求出来的,下表(见插页)就是他的结论①。说明:

(一)表中"旧名"是旧音韵学家一向沿用的名词;"新名"是现在音韵学家所用的标准名词。

(二)表中的括号表示不是守温字母;星点*表示《切韵》时代没有的声母。

(三)辅音后有 j 者,并非表示半元音,乃表示声母之腭化性。如 kj 是 k 的腭化音(亦称湿音)。读音时,只有一次的读音作用,并非先读 k,后读 j。

(四)ɱ 代表微母,是唇齿性的鼻闭塞音,例如英语的 Nymph。

(五)音标 ȶ、ȶʻ、ȡʻ表示舌面与前腭接触所发的音,其接触之地位甚宽,但不是普通 t、d 的湿音。

(六)ts、tsʻ、dzʻ代表精清从,是普通的塞擦音。

(七)tʂ、tʂʻ、dʐʻ、ʂ四个音:ʂ是舌尖与软腭的摩擦音(即卷舌音);tʂ是ʂ的塞擦;tʂʻ是 tʂ 的吐气,dʐʻ是 tʂ 的浊音;发音部位都一样。

(八)ɕ 是与 ȶ 相同部位的摩擦,tɕ、tɕʻ、dʑʻ是同部位的塞擦。

(九)x 是与 k 同部位的摩擦音。ɣ 是它的浊音。

(十)ŋʑ 代表日母,即鼻音加摩擦。

参考资料

【高本汉论反切中声母的音值】——沙昂克先生(Schaank)对于声母的意见(力按:沙氏曾做了一篇文章,叫做 Ancient Chinese Phonetics,载于 1900 年的《通报》),可以概括地叙述如下:二、三等

---

① 表中的音值依高本汉所假定,音标则采赵元任式,匣微两类又采国际音标。

的声母是与一、四等的声母相同,但二、三等是湿音,一、四等不是湿音,这结论是怎样得来的呢? 他以每栏有两组的字为根据,以为第三类知系字及第七类照系字是湿音,与第二类端系字及第六类精系字的声母相当。他的理论,一部分是根据着韵图的注释(其实这些注释是没有什么价值的),但他又以为"依照比较的方法,我们发现第三类与第七类具有湿音的成分"。

根据了这种观察,他又得到了两个结论:

(一)如果这两栏是如此的,其余各栏也该如此。因此,如果端(一、四等)是 t,知(二、三等)是 ty(沙昂克先生以 y 表示湿音),那么,见的一、四等就表示 k,二、三等就表示 ky。

(二)唐朝的声母系统中,惟齿音(dental)特为纯粹辅音与腭化辅音而分立两种不同的字母,唇喉等音则不然,这因为唐朝还在韵图之前数百年,当时唇喉等音还不曾有腭化性。

这种理论,似乎颇为可信。但如果我再仔细审察,就看见它的基础是极薄弱的了。我以为用"比较的方法",对于知系与照系的音素,很难得到一个可靠的结果。有许多方言里的知照系字的声母是与腭化性能相容的,例如福州;同时它们在许多方言里却是与腭化音不能相容的,例如北京的 tʂ、tʂʻ、ʂ 使元音 i 变了 ʅ(力按:音标由力改为赵元任式,以归一律)。在这相反的两种启示当中,纵使我们选择了与腭化性能相容的音(我在下文再说有些理由是容许我们这样选择的),而这些音也不一定就该是齿音 d、t 的腭化音。难道除此之外,就没有别的音了吗? 知系虽则排在端系之下(《切韵指掌图》尚不如此),但是这完全因为方便起见;退一步说,也只能证明韵图的作者觉得二者之间有些什么关系而已。沙昂克的结论当然是很武断的。但是,起初只是武断的假定,后来却变了很严重的谬误,因为从这假定生出上述的两个很重大的结论来了。在下文我们就可知道:为了这两个结论,他的解释的整个系统都变为不可靠的了。不过,沙昂克先生的最大功劳乃在乎把腭化的观念放进他的议论里;无疑地,腭化音在古中国语有很大的作用。在这一点上,显得他是一位感觉很灵敏的语言学家。

现在我们要以反切为根据,去讨论另一方面的问题。

我们先在每栏仅有一纽的栏(例如见溪等)当中,把一等与三等互相比较。我们就看见这两等的反切上字完全两样,永不相混。这个分别是从哪里来的呢? 同类声母中要再有分别,其中的途径是有限的。吐气不吐气的分别,既有 k、k' 等纽表示,那么,我们自然倾向于猜想是腭化与非腭化的分别了。这个假设,在下列的两个时候变为确论:

(一)当我们发现(如下文所述)三等的主要元音之前必定有一个 i 介音(力按:即韵头的 i)的时候;

(二)当我们把一等与三等的反切上字的性质都拿来分析了之后,例如:

k 一等　古公工……　三等　居举九……

k' 一等　苦口康……　三等　去丘岂……

h 一等　呼荒……　三等　许虚……

一等字的音素,在现代官话里是很"硬"的;三等字的音素已经进化为前腭的塞擦了。

由此看来,我们可以毫无危险地假定:在古代的中国语与中世纪的中国语里(力按:高本汉所谓古代,指《切韵》时代而言;所谓中世纪,指等韵时代而言),一等字有的是纯粹声母,三等字有的是腭化声母。

腭化音非但存在,而且曾占很重要的位置,在古代中国语的见晓等纽的三等字中是很有规则的。这一层已经证明了,现在我们回到沙昂克的第二结论,而推翻了它:

纯粹声母与腭化声母的分别虽则曾经存在,但到了唐朝的声母系统里,已经没有这种分别了。

唐代的声母系统里,端与知、精与照,是有分别的。

因此,端与知、精与照之间的分别,要比纯粹声母与腭化声母的分别更大了。关于这些声母的真价值是什么,待下文再说。

在上文我们承认过:沙昂克先生的前提虽则错误,但他恰巧说中了一个真理,因为他说见溪等纽的三等字是腭化音。非但沙昂克先生所要想解释的中世纪的中国语里有这事实,就是他所想要证明没有腭化音的古代中国语里也恰是有腭化音的。

在这一个观点上看来,二等字与四等字的性质又是什么呢?

关于四等字,沙昂克先生也有同样的成绩。他证明四等字与三等字的韵相同(其实它们的真韵母 finale réelle 也相同,见下文),而这两等的分别在声母不在韵。这话是很对的(力按:后高氏在 The Reconstruction of Ancient Chinese 文中认为两等分别在声母亦在韵母)。沙昂克先生假定四等字有的是纯粹声母,这由反切上字可以证明;因为四等的反切上字与一等的反切上字相同。固然,如果根据《切韵指南》,我们看见有少数的字在反切里是用三等的反切上字的,在《指南》却属于四等(力按:在《韵镜》里也如此);但是,这种不符合乃是很容易解释的。司马光正把这些字归入三等;因此可见腭化性的丧失乃是较近代的事实,以至《指南》就把三等字搬到四等里去了(例如“便免辩厌艳”等字)。(力按:《韵镜》里“便厌艳”都在四等,又该怎样解释呢?)

至于二等字,反切丝毫不能证明沙昂克先生的意见。它很有力量地证明:后世韵图中的二等字所有的声母,是与一等字的声母一样地纯粹的,因为二等与一等的反切上字完全相同。我们须知,古代中国语里的二等字既没有腭化性,那么,若要说到了中世纪反而腭化,除非我们有了很强有力的证据。沙昂克先生的证据——端与知的类比——既被推翻,那么,附属于那证据的理由——“为使诸等各有语音上的差别"——也就成了废话,观下文自明。诸等的分别另有所在;如果我们对于宋代的韵图有了满意的解释,也就尽可以证明二等字没有腭化性了。

在这些情形之下,我应该以反切为根据,断定二等没有腭化性。于是我们得到:

I	II	III	IV
k	k	kj	k

当我们要证明腭化音存在与否的时候,对于影纽,我们还遇着一个难关。在这纽中,三等的反切上字不能像别的纽里能与一、二、四等绝不相混。这因为影纽里最普通的反切上字是"於",而一、二、三、四等字都可以用"於"为切。如果我们假定这纽没有腭化与非腭化的分别,也未免近于武断。韵图里的三、四等字既是同韵母的(见下文),而影纽的字时而在三等,时而在四等,时而三、四等都有;假使声母里没有分别,怎能如此呢?

关于这一点,别有解释。在古代中国语里,"於"字有两种读音:(一)哀都切;(二)央居切。无疑地,当"於"字用于纯粹声母的时候,乃是哀都切的"於",当"於"字用于腭化声母的时候,乃是央居切的"於"。在反切里,这种两可性的反切上字是很可惜的,因为这么一来,有些字腭化与否,我们就不能证明了。

说到要证明知彻澄与照穿床审禅诸纽在古代中国语里的音值,那就要比单靠"比较方法"所得的结果更难得多了。不过,关于阐明这问题,我们还不完全缺乏根据点。

第一,由否定的方法,我们已经得到一个颇重要的结果,因为我们已经证明这些事实决不仅仅是齿音里的小分别了。唇音、齿音、舌根音、喉音都除开了,我们就没有许多的选择。依照最近情理的说法,这些声母该是龈的后部至腭的前部所发的音。这是大多数支那学家所承认的假定(例如 Edkins 写作 ch,马伯乐写作č),而在现代诸方言中,第一类的音系还可以证明。暂时,我们可以把这部位的破裂音、摩擦音、塞擦音(半闭塞音)写作 t_2、d_2、s_2、z_2、ts_2、dz_2 等音标。

　　第二,沙昂克先生说过,——而我认为这是很重要的一种观察,——依韵图的排列法,我们可得下列的公程式:

$$t(端):知 = ts(精):照$$

又可得另一公程式:

$$知:照 = t:ts$$

我们须知,ts 既是 t 加同部位的摩擦,照也该是知加同部位的摩擦。因此,我们可以找一个出发点,而说知(像端)是没有摩擦音跟着的一种破裂音,即 t_2;照是这种破裂音加同部位的摩擦,即塞擦音 ts_2。音标č在印欧语言学里总表示一种塞擦音(半闭塞),所以照可用它,但我们绝对不能像马伯乐先生把它用于知。

　　第三,龈至前腭可以有种种不同的音。它们可以分为两大类,每类又可以分为许多小类:第一类是硬音,普通用舌尖,往往称为上齿音(supradental),例如英文的 bird、shoot、hurt、try。第二类是软音,用舌面,往往称为腭音(palatal),例如英文的 church、judge 与意大利的 c(i)、g(i),安南的 ch。上齿的硬音(舌尖)因为舌的部位之故,与腭化性是很难相容的。反过来说,腭的软音(舌面)乃是与腭化性的性质相类似的。因此,我们可以暂时把上齿音写作 t_2、d_2、s_2、ts_2 等,而腭音写作 t_2j、d_2j、s_2j、ts_2j 等。最重要的是要看知系与照系在古代中国语里是上齿音呢还是腭音。照样,我们仍希望在反切中得到关于这问题的解答。现在先从知彻澄一系说起。

　　在反切里审察知的切音的时候,我们发现了一件有趣的事实:二等与三等的反切上字相同,换句话就是,在与纯粹声母(k 等)相当的二等里,及与腭化声母相当的三等里,知彻澄各只有一个真声母。因此,我们就断定这些纽不像普通的纽那样地由等列去分别纯粹与腭化。知,要么全是 t_2(上齿),要么全是 t_2j(腭)。

在这两种音值当中,古代中国语的知系该属于哪一种呢?这是颇难确实地证明的。在现代方言里,两种都有;北京是第一种,福州是第二种(力按:劳乃宣以为知系是第二种),别的方言里或是第一种,或是第二种。但是,古代中国语有些启示,令我倾向于把它解释作腭音的 t_2j。先说,知系字仅在韵头有 i 的韵母之前出现(见下文)。假使是上齿的 t_2,它的读音作用与 i 是不能相容的,偏要在这种韵母之前出现,岂非奇事?我们甚至于看见拿上齿音代表知系的方言里(例如北京的 tch),古代中国语的 i 竟被丧失了,以致"张"字(知加 iang)变了 tchang。因此,我似乎觉得北京方言的上齿音乃是较近代的音。再说,在韵图的三等里(即以腭化声母配韵头为 i 的韵母)所没有的纽只是齿音 t 与 ts。实际上,这是很可疑的,因为以别的族语为例(例如斯孔狄那夫语系与斯拉夫语系),我们就知道,当齿音在 i 的前头时,很容易变为湿音,而这些齿音里的湿音又很容易变为腭音(就在北京语里也有例子,例如:tsi > tsji > ts_2ji)。所以我很相信沙昂克先生的假定有真理,因为他说:在历史的观点上,知系该认为腭化的齿音。不过,到了唐代的声母系统里(唐代的字母没有纯粹与腭化的分别),腭化齿音 t、d 的阶段早已过去了,而变为腭音的声母。人们感觉到这些声母对于齿音 t、d 是独立的,所以才用知彻澄等字为标识。知系确是从端系里进化来的,在反切有很可信的证据:在有些情形之下,这种进化还没有完成。例如"椿"字,在《广韵》是都江切,在《集韵》与《韵会》是株江切。由此看来,从各方面观察都可证明破裂音知彻澄在古代中国语里是腭音。沙昂克先生是误会了:他误择了一个出发点,以致离去真理的路途颇远,这还不大要紧;至于他胡乱推出一个结论,就更糟了。

第四,上文说过,照该是一个破裂音加同部位的摩擦,换句话说就是一种塞擦。我们试在反切里观察照与其同系穿床等纽,我们就发现了一种有趣的事实(而且这是极重要的事实,借此可以解释古代中国语,见下文):在某一些关系之下,照与知不是完全并行的。知系无论二等或三等,总用同样的反切上字;至于照系,二等与三等是绝对不相混的,例如照纽二等的反切上字是"阻、侧"等,三等却是"诸、章、止、之"等;穿纽二等是"初、楚"等,三等却是"处、昌、尺"等;审纽的二等是"疏、所、色"等,三等却是"书、失、商"等。

这既然是绝对严格的分别,我自然因此可以断定二等是纯粹声母,即上齿音;三等是腭化声母,即腭音,恰与其余的声母(k 与 kj 等)成为类比。由此看来,知系大约自始就是腭化音,所以不容许有纯粹与腭化的分别;而与破裂音相当的摩擦音如照等,却可以像其余的声母,有纯粹与腭化之分。

由反切帮助着,我们可以把古代中国语的声母系统画成下面的一个图:

一	l	h	ts	p	t	k
二	l	h	ts_2	p	t_2j	k
三	lj	hj	ts_2j	pj	t_2j	kj
四	l	h	ts	p	t	k

见 Karlgren, Etudes sur la Phonologie Chinoise, p. 45 ~ 54。

第四节　《广韵》的韵母

《广韵》的二百零六个韵目中,包括了平声五十七韵、上声五十五韵、去声六十韵、入声三十四韵。戴东原依据一音四声相转的

道理,著成《广韵独用同用四声表》,表明各韵关系如下①:

平声上	上声	去声	入声
一东_{独用}	一董_{独用}	一送_{独用}	一屋_{独用}
二冬_{钟同用}	湩�央等字附见肿韵	二宋_{用同用}	二沃_{烛同用}
三钟	二肿_{独用}	三用	三烛
四江_{独用}	三讲_{独用}	四绛_{独用}	四觉_{独用}
五支_{脂之同用}	四纸_{旨止同用}	五寘_{至志同用}	
六脂	五旨	六至	
七之	六止	七志	
八微_{独用}	七尾_{独用}	八未_{独用}	
九鱼_{独用}	八语_{独用}	九御_{独用}	
十虞_{模同用}	九麌_{姥同用}	十遇_{暮同用}	
十一模	十姥	十一暮	
十二齐_{独用}	十一荠_{独用}	十二霁_{祭同用}	
		十三祭	
		十四泰_{独用}	
十三佳_{皆同用}	十二蟹_{骇同用}	十五卦_{怪夬同用}	
十四皆	十三骇	十六怪	
		十七夬	
十五灰_{咍同用}	十四贿_{海同用}	十八队_{代同用}	
十六咍	十五海	十九代	
		二十废_{独用}	
十七真_{谆臻同用}	十六轸_{准同用}	二十一震_{稕同用}	五质_{术栉同用}
十八谆	十七准	二十二稕	六术

---

① 痕韵入声系依《七音略》增加。

平声上	上声	去声	入声
十九臻	鹾龀等字附 见隐韵	龀字附 见焮韵	七栉
二十文欣同用	十八吻隐同用	二十三问独用	八物独用
二十一欣	十九隐	二十四焮独用	九迄独用
二十二元魂痕同用	二十阮混很同用	二十五愿恩恨同用	十月没同用
二十三魂	二十一混	二十六恩	十一没
二十四痕	二十二很	二十七恨	秅纥等字附 见没韵
二十五寒桓同用	二十三旱缓同用	二十八翰换同用	十二曷末同用
二十六桓	二十四缓	二十九换	十三末
二十七删山同用	二十五潸产同用	三十谏裥同用	十四黠镃同用
二十八山	二十六产	三十一裥	十五镃

平声下	上声	去声	入声
一先仙同用	二十七铣狝同用	三十二霰线同用	十六屑薛同用
二仙	二十八狝	三十三线	十七薛
三萧宵同用	二十九篠小同用	三十四啸笑同用	
四宵	三十小	三十五笑	
五肴独用	三十一巧独用	三十六效独用	
六豪独用	三十二皓独用	三十七号独用	
七歌戈同用	三十三哿果同用	三十八箇过同用	
八戈	三十四果	三十九过	
九麻独用	三十五马独用	四十祃独用	
十阳唐同用	三十六养荡同用	四十一漾宕同用	十八药铎同用

平声下	上声	去声	入声
十一唐	三十七荡	四十二宕	十九铎
十二庚^{耕清同用}	三十八梗^{耿静同用}	四十三映^{诤劲同用}	二十陌^{麦昔同用}
十三耕	三十九耿	四十四诤	二十一麦
十四清	四十静	四十五劲	二十二昔
十五青^{独用}	四十一迥^{独用}	四十六径^{独用}	二十三锡^{独用}
十六蒸^{登同用}	四十二拯^{等同用}	四十七证^{嶝同用}	二十四职^{德同用}
十七登	四十三等	四十八嶝	二十五德
十八尤^{侯幽同用}	四十四有^{厚黝同用}	四十九宥^{候幼同用}	
十九侯	四十五厚	五十候	
二十幽	四十六黝	五十一幼	
二十一侵^{独用}	四十七寝^{独用}	五十二沁^{独用}	二十六缉^{独用}
二十二覃^{谈同用}	四十八感^{敢同用}	五十三勘^{阚同用}	二十七合^{盍同用}
二十三谈	四十九敢	五十四阚	二十八盍
二十四盐^{添同用}	五十琰^{忝同用}	五十五艳^{㮇同用}	二十九葉^{帖同用}
二十五添	五十一忝	五十六㮇	三十帖
二十六咸^{衔同用}	五十二豏^{槛同用}	五十七陷^{鉴同用}	三十一洽^{狎同用}
二十七衔	五十三槛	五十八鉴	三十二狎
二十八严^{凡同用}	五十四俨^{范同用}	五十九酽^{梵同用}	三十三业^{乏同用}
二十九凡	五十五范	六十梵	三十四乏

表中与平声冬韵相配的上声只有"湩"(都鸛切)、"鸛"(莫湩切)、"𦠼"(莫湩切)三字,因此就不另立一韵而并入肿韵;与臻韵

相配的又只有“𧤛”（仄谨切）、“亲”（仄谨切）、“龀”（初谨切）三字，因此也就并入隐韵；如果两者不归并的话，上声韵应当和平声一样的同是五十七个。去声本来应当有六十一韵，因为配平声臻韵的只有“榇潮𡅅𧢄衬儭龀”七个字（皆初觐切）而被并入震韵，所以变六十韵；六十韵中，祭、泰、夬、废四者没有相当的平上入声可以配合，所以自成为一个系统。入声韵完全与阳声的平上去韵相配，阴声没有入声，所以数目特别少；其实三十四韵还可以添加一个，没韵（与平声魂韵配）的“麧纥齕纥淈”（都是下没切）五字本是与平声痕韵相配的，也因字少被归并了。

《广韵》上去入声各一卷，惟平声韵分上下两卷，而有上平声一东二冬、下平声一先二仙等字样。普通人很容易误解其意以为上平与下平不同。但钱大昕引宋魏了翁云：“《唐韵》原本为二十八删，二十九山，三十先，三十一仙。”可知平声本只一类，不过因卷帙颇多而分为二卷罢了。

上文说过，韵与韵母不同。韵，但指韵腹以下而言；韵母，则兼指韵头而言，若照近代的说法，就是兼指等呼而言。所以《广韵》的韵虽仅二百零六，《广韵》的韵母却大约有二百九十之多①。如果除了声调不算，就只有九十类。兹将《广韵》的韵母九十类及其反切下字列表如下：

第一红类 平声红$_{12}$ 东$_{2}$ 公$_{2}$ 上声孔$_{3}$ 董$_{2}$ 动$_{2}$ 揔$_{1}$ 蠓$_{1}$ 去声贡$_{8}$
弄$_{5}$ 送$_{2}$ 冻$_{1}$ 入声木$_{8}$ 谷$_{7}$ 卜$_{1}$ 禄$_{1}$

① 这里完全依照高本汉的说法。黄侃依李元《音切谱》所注开合正副四等，以并析《广韵》，共分三百三十九类，乃是绝对不可依从的。例如凡韵，《广韵》中仅有“凡、芝”二音，而“芝”又为匹凡切，可见二音实同一类；衔韵，仅有“衔、巉、岩、搀、衫、监、𨅐、嵌”八音，“衔”为户监切，余字则皆以“衔”为切，可见二音实同一类。今黄氏于衔凡各分齐撮二类，殊不可信。李元生于《切韵》后一千年，我们决不能拿他的分类去窥测《切韵》的韵类。

第二弓类　平声弓$_6$　戎$_5$　中$_3$　融$_1$　宫$_1$　终$_1$　隆$_1$　去声仲$_7$　凤$_3$
众$_1$　入声六$_{20}$　竹$_4$　逐$_1$　福$_1$　菊$_1$　匊$_1$　宿$_1$

第三冬类　平声冬$_7$　宗$_3$　上声鵽$_1$　湩$_1$　去声综$_2$　宋$_1$　统$_1$　入声沃$_9$　毒$_3$
酷$_2$　笃$_1$

第四容类　平声容$_{17}$　恭$_3$　封$_1$　钟$_1$　凶$_1$　庸$_1$　上声陇$_{11}$　勇$_2$　拱$_2$
踵$_1$　奉$_1$　冗$_1$　悚$_1$　冢$_1$　去声用$_{16}$　颂$_1$　入声玉$_{14}$　蜀$_3$
欲$_2$　足$_1$　曲$_1$　录$_1$

第五江类　平声江$_{17}$　双$_1$　上声项$_4$　讲$_2$　憁$_1$　去声绛$_7$　降$_1$　巷$_1$　入声角$_{17}$
岳$_1$　觉$_1$

第六支类　平声支$_{10}$　移$_8$　宜$_5$　羁$_5$　离$_3$　奇$_3$　知$_1$　上声氏$_7$　绮$_4$
婢$_3$　彼$_3$　倚$_2$　纸$_2$　尔$_2$　此$_1$　是$_1$　豸$_1$　佻$_1$　俾$_1$
靡$_1$　去声义$_{14}$　智$_5$　寄$_1$　赐$_3$　豉$_2$　企$_1$

第七为类　平声为$_{12}$　垂$_6$　规$_2$　危$_1$　隋$_1$　吹$_1$　随$_1$　上声委$_{10}$　弭$_3$
累$_2$　捶$_1$　诡$_1$　毁$_1$　髓$_1$　去声伪$_8$　恚$_4$　睡$_3$　瑞$_2$
避$_1$　累$_1$

第八夷类　平声夷$_8$　脂$_7$　尼$_2$　资$_1$　饥$_1$　肌$_1$　私$_1$　(之)$_1$　上声几$_7$
履$_4$　姊$_1$　雉$_1$　视$_1$　矢$_1$　去声利$_{10}$　至$_6$　四$_3$　冀$_3$
二$_2$　器$_2$　寐$_1$　自$_1$

第九追类　平声追$_9$　悲$_4$　佳$_4$　遗$_1$　眉$_1$　绥$_1$　维$_1$　上声轨$_4$　鄙$_3$
癸$_2$　美$_2$　诔$_1$　水$_2$　洧$_1$　垒$_1$　(累)$_1$　去声类$_4$　位$_3$
遂$_3$　醉$_1$　愧$_3$　季$_3$　秘$_2$　媚$_1$　悸$_1$　备$_1$　萃$_1$

第一〇之类　平声之$_{14}$　其$_5$　兹$_2$　持$_2$　而$_1$　甾$_1$　上声里$_{11}$　止$_3$
纪$_3$　士$_2$　史$_2$　市$_1$　理$_1$　己$_1$　拟$_1$　去声吏$_{17}$
记$_4$　置$_1$　志$_1$

第一一希类　平声希$_2$　衣$_2$　依$_1$　上声岂$_3$　狶$_2$　去声既$_5$　豙$_1$

第一二非类　平声非$_5$　韦$_2$　微$_1$　归$_1$　上声鬼$_3$　伟$_2$　尾$_2$　匪$_1$
去声贵$_3$　胃$_2$　沸$_2$　味$_1$　未$_1$　畏$_1$

第一三鱼类　平声鱼12　居7　诸2　余2　蒩1　上声吕13　与6　举4　许2
　　　　　　巨1　渚1　去声据7　倨5　恕3　御2　虑2　预2　署1
　　　　　　洳1　助1　去1

第一四俱类　平声俱8　朱7　无3　于3　输1　俞1　夫1　逾1　诛1
　　　　　　隅1　刍1　上声庾6　矩5　主4　雨1　武2　甫1　禹1
　　　　　　羽1　去声遇13　句8　戍2　注2　具1

第一五胡类　平声胡9　都3　孤2　乎1　吴1　吾1　姑1　乌1　上声古14
　　　　　　户1　鲁1　补1　杜1　去声故14　误2　祚1　暮1
　　　　　　路1

第一六奚类　平声奚7　稽4　鸡3　兮3　迷2　鼜1　低1　上声礼12　启2
　　　　　　米2　弟1　去声计16　诣3　戾1

第一七携类　平声携3　圭2　去声惠2　桂1

第一八例类　去声例9　制5　祭2　憩1　弊1　袂1　蔽1　劂1

第一九芮类　去声芮8　锐2　岁2　卫2　(吷)2　税1

第二〇盖类　去声盖11　太1　带1　大1　艾1　贝1

第二一外类　去声外11　会3　最1

第二二佳类　平声佳11　膎1　上声蟹7　买4　去声懈7　卖5　隘1

第二三娲类　平声娲3　蛙1　锅1　上声伙2　屰1　(买)1　去声卦5　(卖)1

第二四皆类　平声皆13　谐1　上声骇3　楷1　去声拜5　介4　界2　戒1

第二五怀类　平声怀5　乖2　淮1　去声怪6　坏1

第二六犗类　去声犗5　喝1

第二七夬类　去声夬5　迈4　快2　话1

第二八回类　平声回13　恢3　杯2　灰1　上声罪10　猥4　贿3　去声对8
　　　　　　内4　佩2　妹1　队1　辈1　缋1　昧1

第二九来类　平声来9　哀4　才3　开1　哉1　上声亥9　改6　宰2　在1
　　　　　　乃1　给1　恺1　去声代11　爱2　溉1　耐1　概1

第三〇废类　去声废$_3$　肺$_2$　秽$_2$①

第三一邻类　平声邻$_{11}$　巾$_6$　真$_4$　珍$_3$　人$_3$　银$_1$　宾$_1$　上声忍$_{11}$　引$_2$
　　　　　　轸$_1$　尽$_1$　去声刃$_{13}$　觐$_3$　晋$_2$　遴$_2$　振$_1$　印$_1$
　　　　　　(峻)$_1$　入声质$_7$　吉$_5$　悉$_4$　栗$_4$　乙$_4$　笔$_4$　密$_2$
　　　　　　必$_2$　七$_1$　毕$_1$　一$_1$　日$_1$　叱$_1$

第三二赟类　平声(伦)$_2$　赟$_1$　筠$_1$　上声殒$_2$　敏$_1$　入声(律$_1$)

第三三伦类　平声伦$_9$　匀$_2$　遵$_1$　迍$_1$　唇$_1$　纶$_1$　旬$_1$　(巾)$_1$
　　　　　　(人)$_1$　上声尹$_6$　准$_3$　允$_2$　肾$_1$　绌$_1$　(忍)$_2$　去声闰$_5$
　　　　　　顺$_1$　峻$_1$　入声聿$_6$　律$_6$　恤$_1$

第三四臻类　平声臻$_2$　诜$_1$　上声(谨)$_2$　去声(龀)$_1$　入声瑟$_2$　栉$_1$

第三五云类　平声云$_4$　分$_3$　文$_2$　上声粉$_5$　吻$_3$　去声问$_5$　运$_4$　入声勿$_7$
　　　　　　物$_2$　弗$_2$

第三六斤类　平声斤$_4$　欣$_1$　上声谨$_5$　隐$_1$　去声靳$_4$　焮$_1$　入声讫$_2$　迄$_2$
　　　　　　乞$_1$

第三七言类　平声言$_5$　轩$_1$　上声偃$_5$　幰$_1$　去声建$_3$　堰$_1$　(万)$_1$　入声竭$_2$
　　　　　　谒$_1$　歇$_1$　讦$_1$

第三八袁类　平声袁$_5$　元$_2$　烦$_1$　上声远$_3$　阮$_3$　晚$_3$　去声愿$_6$　万$_4$
　　　　　　贩$_1$　怨$_1$　入声月$_5$　伐$_3$　越$_1$　厥$_1$　发$_1$

第三九昆类　平声昆$_{10}$　浑$_4$　尊$_2$　奔$_2$　魂$_1$　上声本$_{13}$　损$_2$　忖$_1$
　　　　　　衮$_1$　去声困$_{11}$　阃$_6$　寸$_1$　入声没$_8$　骨$_8$　忽$_2$　勃$_1$

第四〇痕类　平声痕$_2$　根$_2$　恩$_1$　上声很$_1$　恳$_1$　去声恨$_3$　艮$_1$

第四一干类　平声干$_7$　寒$_5$　安$_2$　(官)$_1$　上声旱$_9$　但$_1$　笴$_1$　去声旰$_8$
　　　　　　案$_4$　赞$_1$　按$_1$　旦$_1$　入声割$_6$　葛$_3$　达$_3$　曷$_3$

---

① 钱玄同先生以为废韵的"刈"字为齐齿呼(《文字学音篇》,页27);高氏最近也认"刈"字的《切韵》音值为[iɐi](Word Families in Chinese, p. 15)。由此看来,废韵该有开合两呼;但因只有一个"刈"字属于开口三等,故不另立一类,附注于此。

第四二官类　平声官11　丸4　潘1　端1　上声管10　伴1　满1　纂1
　　　　　　　缓1　(旱)2　(但)1　去声贯5　玩4　半3　乱2
　　　　　　　段1　换1　唤1　算1　漫1　入声括8　活5　拨2
　　　　　　　末2　栝1

第四三奸类　平声奸3　颜2　上声板5　赧　去声晏5　谏　涧1　鴈1
　　　　　　　入声八10　黠3

第四四还类　平声还6　关1　班1　(顽)1　上声(板)6　绾1　鲩1
　　　　　　　上声患7　惯1　入声滑6　拔1　(八)1

第四五闲类　平声闲9　山3　间3　上声限6　简3　去声苋5　裥1　入声鎋10
　　　　　　　辖2　瞎1

第四六顽类　平声顽5　鳏1　上声(绾)1　上声幻2　辨1　入声刮7　颁1

第四七前类　平声前4　贤3　年2　坚2　田1　先2　颠1　烟1　上声典7
　　　　　　　殄4　茧2　岘1　去声甸13　练1　佃1　电1　麪1
　　　　　　　入声结17　屑1　蔑1

第四八玄类　平声玄5　涓1　上声泫3　畎1　去声县3　绚1　入声决3　穴2

第四九连类　平声连9　延8　然3　乾3　仙2　焉1　上声善7　演5　免4
　　　　　　　浅3　塞　挈2　展2　辨1　翦1　去声战5　箭3　线2
　　　　　　　扇2　面2　变2　贱1　碾1　膳　彦1　(见)1
　　　　　　　入声列22　薛1　热1　灭1　别1　竭1

第五〇缘类　平声缘11　员4　权2　专1　圆1　挛1　川1　宣1　全1
　　　　　　　泉1　上声充13　转2　缅1　篆1　去声恋5　绢1　眷4
　　　　　　　倦2　卷2　掾1　钏1　啭1　入声劣8　悦5　雪4　绝3
　　　　　　　爇1　辍1

第五一聊类　平声聊3　尧2　幺2　彫2　萧　消1　上声了6　鸟3　皎2
　　　　　　　晶1　去声吊9　啸　叫1

第五二遥类　平声遥8　招4　娇4　昭3　乔2　霄2　邀1　宵1　消
　　　　　　　焦1　嚣1　灚1　上声小7　沼7　兆2　夭2　表2　少2

矫1 去声照5 召5 笑3 妙2 肖2 要2 庙2 少1

第五三交类　平声交16 肴 茅1 嘲1 上声巧7 绞5 爪1 饱1
去声教15 孝1 皃1 稍1

第五四刀类　平声刀8 劳3 袍2 毛2 曹1 遭1 牢1 襃1 上声皓7
老5 浩3 早1 抱1 道1 去声到13 报1 导1 耗1

第五五何类　平声何11 俄1 歌1 河1 上声可11 我3 去声箇6 佐3
贺1 个1 逻1

第五六禾类　平声禾10 戈4 伽3 波1 婆1 和1 迦1 上声果14 火33
(可)2 去声卧14 过5 货2 唾1 (贺)1

第五七靴类　平声靴3 䠂2 胅1

第五八加类　平声加14 牙2 巴2 霞1 上声下14 雅1 贾1 疋1
去声驾11 讶1 嫁2 亚2 骂1

第五九遮类　平声遮4 邪4 车1 嗟1 奢1 赊1 上声者4 也3 野2
冶1 姐1 去声夜8 谢2

第六〇瓜类　平声瓜5 华2 花1 上声瓦6 寡2 去声化4 㕦1 (霸)1

第六一良类　平声良14 羊7 庄2 章1 阳1 张1 上声两21 丈2
奖1 掌1 养1 网1 昉1 去声亮22 让1 向1 样1
入声略7 约5 灼3 若2 勺1 爵1 雀1 虐1 药1

第六二方类　平声方4 王2 上声往4 去声放3 况2 妄1 访1 入声缚6
钁1 籰1

第六三郎类　平声郎12 当2 冈2 刚1 上声朗17 党1 去声浪16 宕1
入声各15 落3

第六四光类　平声光5 旁1 黄1 上声晃4 广1 去声旷3 谤1 入声郭6
博1 穫1

第六五庚类　平声庚12 行1 (盲)1 上声梗4 杏2 冷1 打1 去声孟6
更4 入声格6 伯6 陌4 白3

第六六京类　平声京3 卿1 惊1 上声影1 景1 (丙)1 去声敬6 庆1

入声戟5　逆1　剧1　却1

第六七横类　平声横2　盲2　上声(猛)3　矿1　督1　(杏)1　去声横1　(孟)1　入声虢1　攫1　(伯)1

第六八兵类　平声兵3　明1　荣1　上声永4　憬1　去声病2　(命)2

第六九耕类　平声耕8　茎6　上声幸4　耿1　去声迸4　诤2　入声革9　核1　厄1　摘1　责1　厄1

第七〇萌类　平声萌3　宏2　入声获5　麦3　掴1

第七一盈类　平声盈9　贞3　成2　征1　情1　并1　上声郢9　并3　整1　静1　去声正10　政4　盛1　姓1　令1　郑1　入声益4　役4　只3　昔1　石2　亦2　积1　易1　辟1　迹1　炙1

第七二营类　平声营5　倾1　上声顷1　颖1

第七三经类　平声经6　丁5　灵1　刑1　上声挺5　鼎4　顶1　到1　醒1　滓1　去声定10　径1　佞1　入声历11　击4　激1　狄2

第七四扃类　平声扃1　萤1　上声迥7　入声阒1　昊1　鹝1

第七五陵类　平声陵12　冰2　兢2　矜1　膺1　蒸1　乘1　仍1　升1　上声拯2　瘘1　去声证9　孕2　应2　馂1　甑1　入声力18　职3　侧1　即1　翼1　极1　直1

第七六域类　入声(逼)2

第七七登类　平声登6　滕3　棱1　增1　崩1　朋1　恒1　上声等3　肯1　去声邓7　亘3　隥1　赠1　入声则5　得4　北4　德2　勒1　墨1　黑1

第七八肱类　平声肱2　弘1　入声或2　国1

第七九鸠类　平声鸠7　求5　由5　流4　尤3　周2　秋2　州1　浮1　谋1　上声九9　久9　有1　柳3　酉1　否1　妇1　去声救18　佑5　又1　咒1　副1　僦1　溜1　富1　就1

第八〇侯类　平声侯13　鉤3　娄1　上声后6　口6　厚2　苟1　垢2　斗1　去声候10　奏3　豆2　遘2　漏1

第八一幽类　平声幽5　虯3　彪2　烋1　上声黝2　纠1　去声幼2　谬2

第八二林类　平声林6　金5　针4　深2　吟2　淫2　心2　寻2　今1
　　　　　　簪1　任1　上声锦6　荏5　甚5　稔3　饮3　枕2
　　　　　　朕2　凛1　痒1　去声禁9　鸩6　荫2　任1　譖1
　　　　　　入声入10　立9　及4　戢2　执1　急1　汲1　汁1

第八三含类　平声含13　南1　男1　上声感13　禫1　俺1　去声绀13　暗1
　　　　　　入声合11　答4　阁1　沓1

第八四甘类　平声甘7　三2　酣2　谈1　上声敢11　览2　去声滥6　瞰1
　　　　　　噉1　暂1　㔼1　入声盍13　腊1　榼1　(杂)1

第八五廉类　平声廉14　盐6　占2　炎2　淹1　上声琰5　冉4　检3　染2
　　　　　　敛1　渐1　奄1　险1　俭1　去声艳9　验3　赡2　窆1
　　　　　　入声涉7　辄7　叶5　摄1　接1

第八六兼类　平声兼8　甜1　上声忝5　玷4　簟1　去声念10　店2　入声协9
　　　　　　颊2　悁1　牒1

第八七咸类　平声咸9　谗1　上声减9　斩4　嗛1　去声陷8　韽1　赚1
　　　　　　入声洽10　夹2　図1

第八八衔类　平声衔7　监1　上声槛6　黤1　去声鉴4　忏2　懴1　鉴1
　　　　　　入声甲5　狎1

第八九严类　平声严3　䤟1　上声广2　㦳1　去声酽1　(欠)2　(剑)1
　　　　　　入声业4　怯2　劫1

第九〇凡类　平声凡1　芝1　上声犯4　錽1　范1　去声剑1　梵1　泛1　欠1
　　　　　　入声法5　乏1

参考资料

【钱大昕论韵书次第不同】——颜元孙《干禄字书》依韵之先后为次，而与《广韵》颇异。如覃谈在阳唐之前、蒸在盐之后是也。

夏竦《古文四声韵》,其次第与《干禄字书》同。郑樵《七音略》内外转四十三图,以覃谈咸衔盐添严凡列阳唐之前,蒸登列侵之后,与《干禄字书》又小异。徐锴《说文篆韵谱》,上平声痕部并入魂部,下平声一先二仙后别出三宣一部。夏竦《古文四声韵》亦有宣部与徐锴同。魏了翁序吴彩鸾《唐韵》云:"其部叙于二十八删、二十九山之后继之以三十先、三十一仙。"又云:"今韵降覃谈于侵后,升蒸登于清后,升药铎于麦陌昔之前,置职德于锡缉之间。"是彩鸾本亦同颜本次第也。吴彩鸾韵别出"栘、觜"二字为一部,注云:陆与齐同,今别(见《鹤山集》)。夏氏《古文四声韵》亦有此部。吴彩鸾韵于一东下注云:"德红反,浊,满口声。"自此至三十四乏皆然(见《鹤山集》)。

《十驾斋养新录》卷五,页7~8。

【钱大昕论唐、宋韵同用独用不同】——许观《东斋记事》:"景祐四年,诏国子监以翰林学士丁度所修《礼部韵略》颁行;其韵窄者十三处,许令附近通用。"王应麟《玉海》谓:"景祐中,直讲贾昌朝请修《礼部韵略》,其窄韵凡十有三,听学者通用之。"两书皆不言所并何部。今以《广韵》《集韵》目录参考,乃知昌朝所请改者,殷与文同用也、隐与吻同用也、焮与问同用也、迄与物同用也、废与队代同用也、严与盐添同用也、凡与咸衔同用也、俨与琰忝同用也、范与豏槛同用也、酽与艳㮇同用也、梵与陷鉴同用也、业与叶帖同用也、乏与洽狎同用也。《广韵》殷隐焮迄废五部皆独用(力按:《古逸丛书》本《广韵》目录,殷与文、隐与吻,皆注云同用,惟焮迄注云独用。钱氏云云,当别有所本。戴东原《广韵独用同用四声表》亦与钱同,当以钱说为较可信),严与凡同用、俨与范同用、酽与梵同用、业与乏同用(力按:古逸本注云盐添同用、咸衔同用、严凡同用、俨琰忝同用、范豏槛同用、酽艳㮇同用、梵陷鉴同用、叶帖同用、洽狎同用、业乏同用,与钱氏所据亦有不同)。此唐时相承之韵,而昌朝辄请改之;盐添咸衔严凡本三部而辄并为二(上去入皆准此)。宋韵异于唐韵,盖自此始。后来平水韵特因其同用之部而合之,非有改作也。周益公云:"《广韵》入声三十一洽与三十二狎通用,三十三业与三十四乏通用,自唐迄天禧皆然,此旧韵也。仁庙初,诏丁度等撰定《集韵》,于是移业为三十二而以狎乏附之,此今韵也。"

同上,卷五,页8。

【王国维论《广韵》部目次序】——先儒以《广韵》出于陆韵,遂谓陆韵部目及其次序与《广韵》不殊,此大误也。以余曩日所考,则《广韵》部目次序并出李舟,而《切韵》《唐韵》则自为一系。今见陆氏书,乃得证成前说。案陆氏书虽缺有间,然平上入三声分目具存。平声上廿六韵,其次为一东,二冬,三钟,四江,五支,六脂,七之,八微,九鱼,十虞,十一模,十二齐,十三佳,十四皆,十五灰,十六咍,十七真,十八臻,十九文,廿殷,廿一元,廿二魂,廿三痕,廿四寒,廿五删,廿六山。平声下廿八韵,一先,二仙,三萧,四宵,五肴,六豪,七歌,八麻,九覃,十谈,十一阳,十二唐,十三庚,十四耕,十五清,十六青,十七尤,十八侯,十九幽,廿侵,廿一盐,廿二添,廿三蒸,廿四登,廿五咸,廿六衔,廿七严,廿八凡。视《广韵》无谆寒戈三韵(力按:寒疑当作桓),而次第亦异。上声准之,凡五十一韵,视《广韵》无准缓果三韵,次序亦与平声同。入声三十二韵,视《广韵》无术曷二韵,其次为一屋,二沃,三烛,四觉,五质,六物,七栉,八迄,九月,十没,十一末,十二黠,十三鎋,十四屑,十五薛,十六锡,十七昔,十八麦,十九陌,廿合,廿一盍,廿二洽,廿三狎,廿四葉,廿五怗,廿六缉,廿七药,廿八铎,廿九职,卅德,卅一业,卅二乏,与《广韵》次序固殊,即与本书平上声之次序亦不相应。自颜氏《干禄字书》至孙愐《唐韵》皆用其次。

《书巴黎国民图书馆所藏唐写本〈切韵〉后》，见《观堂集林》卷八，页9～10。

【陈澧论四声相承】——平上去入四声相承。东以下四韵、真以下十四韵（惟痕韵无入声）、阳以下八韵、侵以下九韵皆有入声。支以下十二韵、萧以下七韵、尤以下三韵皆无入声。郑庠所分古韵如此，戴东原《声韵考》亦如此。今列为表，秩然不紊，盖陆氏之意本如是也。或疑为异平同入，然质韵为真韵入声，如亦为支韵入声，则脂韵仍无入声也。月韵为元韵入声，四声相承皆有字，如亦为鱼韵入声，则鱼韵字多，月韵字少，不能相承也。然则不必异平同入也。臻韵无上声去声，痕韵无入声。戴东原《声韵考》以隐韵"齔"字、"龀"字，焮韵"龀"字为臻韵上声去声之字（《广韵》二十四焮无"龀"字）。《通志·七音略》《切韵指南》以没韵"龁"字、"麧"字为痕韵入声字，如此，则真以下十四韵皆有四声；然未必陆氏书本如此，故今亦不从也。祭泰夬废四韵有去声而无平上入三声，自来无知其说者。王怀祖云："此非无所据而为之；《三百篇》及群经、《楚辞》，此四部之字皆不与至未霁怪队同用。"（详见《经义述闻》，文多不录）。此尤足见陆氏考古之精密，非后来所及矣。

《切韵考》卷六，页10。

第五节　高本汉所假定《广韵》的韵母的音值

依戴震、章炳麟诸人的研究，《广韵》分韵繁多，可以有两个原因：第一，是兼顾古音；第二，是兼顾各地方音①。

---

① 戴震只以为兼顾古音，见《戴氏遗书·声韵考》，页7。章炳麟则以为"《广韵》所包，兼有古今方国之音"，见《章氏丛书·国故论衡》上，页18。

　　关于兼顾古音,例如江韵在隋时已读入阳唐,但在古音则读入东冬钟,所以陆法言另立一韵,排在东冬钟之后,以存古音的痕迹。关于兼顾各地方音,可举现代方言里的实例。譬如陆法言生于现代而著《切韵》,他看见北京语真庚能分,吴语不能分,他就从北京语;广州语真侵能分,北京语与吴语不能分,他就从广州语;客家话真痕能分,北京、广州与吴语都不能分,他就从客家话。这么一来,韵类自然繁多了。

　　但是,依陈澧的研究,却以为当时语音实有二百零六韵的分别①。高本汉的意见与陈澧的意见相同,所以他主张除了韵尾的鼻音可以决定韵的分别之外,每韵的主要元音也各不相同。

　　两说孰是孰非,未有定论。但高氏精心考据,引证甚博;在我们未能寻出一个新的韵母系统以前,自应暂用高说。兹将其所假定的音值列成下表②,说明:

　　(一)音标下有[ˌ]号的表示轻读,带有多少的辅音性,例如 e̦。

　　(二)在音标上加[˘]号或音标下加[·]号的表示短音,如 ɛ̆、a̦。无号的表示长音,如 a。

　　(三)w 提高写,是表示元音略带圆唇性,如 ʷei。

　　(四)在高氏原书中说:覃与谈、咸与衔、山与删的分别是一个长音,一个短音,例如覃是 ɑm 而谈是 ɒm;咸是 a̦m 而衔是 am;山是 a̦n 而删是 an。但高氏声明这一条仅有间接证据,不敢十分决定。

<hr />

① 　其理由见本节的参考资料。
② 　高氏在《中国音韵学研究》中所用音标为瑞典 Lundell 教授所拟,甚不通行。今改为国际音标,但其音值仍求与高氏所假定的一致或相近似。

　　（五）ɑ 是后元音；a 是前元音。æ 的音值在 a 与 ɛ 之间，没有 ɛ 那么闭口，也没有 a 那么开口。ɐ 是与 æ 同高低的混合元音。e 是闭口的 e。ə 音是比 ɐ 更高的混合元音。ɔ 是开口的 o，o 是闭口的 o。

韵　表　（一）

韵数	平声	上声	去声	开合	等列	韵母数	平上去音值	入声	入声音值
一	一东	一董	一送	合	1	1	uŋ	一屋	uk
					2,3,4	2	iuŋ		iuk
二	二冬	（二肿）	二宋	合	1	3	uoŋ	二沃	uok
三	三钟	二肿	三用	合	3,4	4	iʷoŋ	三烛	iʷok
四	四江	三讲	四绛	开	2	5	ɔŋ	四觉	ɔk
五	五支	四纸	五寘	开	2,3,4	6	ie		
				合	2,3,4	7	iʷe		
六	六脂	五旨	六至	开	2,3,4	8	i		
				合	2,3,4	9	ʷi		
七	七之	六止	七志	开	2,3,4	10	iə		

韵数	平声	上声	去声	开合	等列	韵母数	平上去音值	入声	入声音值
八	八微	七尾	八未	开	3	11	iei		
				合		12	iʷei		
九	九鱼	八语	九御	合	2,3,4	13	iʷo		
十	十虞	九麌	十遇	合	2,3,4	14	iu		
十一	十一模	十姥	十一暮	合	1	15	uo		
十二	十二齐	十一荠	十二霁	开	4	16	iei		
				合		17	iʷei		
十三			十三祭	开	3,4	18	iɛi		
				合		19	iʷɛi		
十四			十四泰	开	1	20	ɑi		
				合		21	uɑi		
十五	十三佳	十二蟹	十五卦	开	2	22	ai		
				合		23	ʷai		
十六	十四皆	十三骇	十六怪	开	2	24	ȧi		
				合		25	ʷȧi		
十七			十七夬	开	2	26	ai(?)		
				合		27	ʷai(?)		
十八	十五灰	十四贿	十八队	合	1	28	uȧi		

续表

韵数	平声	上声	去声	开合	等列	韵母数	平上去音值	入声	入声音值
十九	十六哈	十五海	十九代	开	1	29	ɑi		
二十			二十废	合	3	30	iʷɐi		
二十一	十七真	十六轸	廿一震	开	2,3,4	31	iěn	五质	iět
二十一				合		32	iʷěn		iʷět
二十二	十八谆	十七准	廿二稕	合	2,3,4	33	iuěn	六术	iuět
二十三	十九臻			开	2	34	iɛn	七栉	iɛt
二十四	二十文	十八吻	廿三问	合	3	35	iuən	八物	iuət
二十五	廿一欣	十九隐	廿四焮	开	2,3	36	iən	九迄	iət
二十六	廿二元	二十阮	廿五愿	开	3	37	iɐn	十月	iɐt
二十六				合		38	iʷɐn		iʷɐt
二十七	廿三魂	廿一混	廿六慁	合	1	39	uən	十一没	uət
二十八	廿四痕	廿二很	廿七恨	开	1	40	ən		ət
二十九	廿五寒	廿三旱	廿八翰	开	1	41	ɑn	十二曷	ɑt
三十	廿六桓	廿四缓	廿九换	合	1	42	uɑn	十三末	uɑt

续表

韵数	平声	上声	去声	开合	等列	韵母数	平上去音值	入声	入声音值
三十一	廿七删	廿五潸	三十谏	开	2	43	an	十四黠	at
				合		44	ʷan		ʷat
三十二	廿八山	廿六产	卅一襇	开	2	45	ạn	十五鎋	ạt
				合		46	ʷạn		ʷạt
三十三	一先	廿七铣	卅二霰	开	4	47	ien	十六屑	iet
				合		48	iʷen		iʷet
三十四	二仙	廿八狝	卅三线	开	3,4	49	iɛ̭n	十七薛	iɛ̭t
				合	2,3,4	50	iʷɛ̭n		iʷɛ̭t
三十五	三萧	廿九篠	卅四啸	开	4	51	ieu		
三十六	四宵	三十小	卅五笑	开	3,4	52	iɛ̭u		
三十七	五肴	卅一巧	卅六效	开	2	53	au		
三十八	六豪	卅二皓	卅七号	开	1	54	ɑu		
三十九	七歌	卅三哿	卅八个	开	1	55	ɑ		
四十	八戈	卅四果	卅九过	合	1	56	uɑ		
					3	57	iṷɑ		
四十一	九麻	卅五马	四十祃	开	2	58	a		
					3,4	59	ia̭		
				合	2	60	ʷa		

续表

韵数	平声	上声	去声	开合	等列	韵母数	平上去音值	入声	入声音值
四十二	十阳	卅六养	四十一漾	开	2,3,4	61	iɑŋ	十八药	iak̯
				合	3	62	iʷɑ̯ŋ		iʷak̯
四十三	十一唐	卅七荡	四十二宕	开	1	63	ɑŋ	十九铎	ɑk
				合		64	ʷɑŋ		ʷɑk
四十四	十二庚	卅八梗	四十三映	开	2	65	ɐŋ	二十陌	ɐk
					3	66	iɐ̯ŋ		iɐ̯k
				合	2	67	ʷɐŋ		ʷɐk
					3	68	iʷɐ̯ŋ		—
四十五	十三耕	卅九耿	四十四诤	开	2	69	æŋ	廿一麦	æk
				合		70	ʷæŋ		ʷæk
四十六	十四清	四十静	四十五劲	开	3,4	71	iɜ̯ŋ	廿二昔	iɜ̯k
				合		72	iʷɜ̯ŋ		iʷɜ̯k
四十七	十五青	四十一迥	四十六径	开	4	73	ieŋ	廿三锡	iek
				合		74	iʷeŋ		iʷek
四十八	十六蒸	四十二拯	四十七证	开	2,3,4	75	iəŋ	廿四职	iək̯
				合	3	76	——		iʷək̯
四十九	十七登	四十三等	四十八嶝	开	1	77	əŋ	廿五德	ək
				合		78	uəŋ		uək

韵数	平声	上声	去声	开合	等列	韵母数	平上去音值	入声	入声音值
五十	十八尤	四十四有	四十九宥	开	2,3,4	79	i̯əu		
五十一	十九侯	四十五厚	五十候	开	1	80	əu		
五十二	二十幽	四十六黝	五十一幼	开	4	81	iəu		
五十三	廿一侵	四十七寝	五十二沁	开	2,3,4	82	iəm	廿六缉	iəp
五十四	廿二覃	四十八感	五十三勘	开	1	83	ɑm	廿七合	ɑp
五十五	廿三谈	四十九敢	五十四阚	开	1	84	am	廿八盍	ap
五十六	廿四盐	五十琰	五十五艳	开	3,4	85	iɛm	廿九叶	iɛp
五十七	廿五添	五十一忝	五十六㮇	开	4	86	iem	三十帖	iep
五十八	廿六咸	五十三豏	五十八陷	开	2	87	am	卅一洽	ap
五十九	廿七衔	五十四槛	五十九鉴	开	2	88	am	卅二狎	ap
六十	廿八严	五十二俨	五十七酽	开	3	89	iɐm	卅三业	iɐp
六十一	廿九凡	五十五范	六十梵	合	3	90	iwɐm	卅四乏	iwɐp

参考资料

【高本汉论韵母里的 i 介音】——现在我们撇开声母,说到韵母。在韵母里,我们首先遇着与上文所论的 u 音相似的一个现象;我的意思是说沙昂克先生所谓介音 i(the mediali,这是颇含糊的称谓,但我还保留着它),换句话说就是韵母的第一成分 i。艾约瑟(Edkins)在解释古代中国语里的韵母系统的时候,虽则随便说说,也稍为说到了这一个成分。沙昂克先生的最大功劳乃在乎再三阐明一等字无 i,三等字有 i,而且没有例外。纵使我们在韵图里作一个很随便的观察,也知道沙昂克先生一定有道理;我相信我们不必要求更可靠的证据,已经可以承认他的学说了。但是,关于二等字与四等字有无 i 介音,问题就完全两样了。显然地,若要说明古代中国语音,这乃是最重要的一个现象。因此,当沙昂克先生提出意见,以为二等也像一等没有 i、四等也像三等有 i 的时候,我们就有权利要求他一些很有力的理由,来维持他的意见。然而我们所看见他的是什么理由呢? 沙昂克先生说:"在古韵图中,等的意义,依我看来,是比较地难知。但我想可以拿 i 介音去解释古韵图。就是:一、二等包含着无 i 介音的音,三、四等包含着有 i 介音的音。这里一、二等与三、四等是相对立的。"这就完了! 竟没有一点儿理由! 竟没有半个证据! 这所谓"空中楼阁"。

不过,关于四等字,他仍是绝对地有道理的。四等字的反切下字与三等完全相同,由此可见它们的真正韵母也相同,换句话说也就有了 i 介音。

但是,关于二等字,问题之复杂,乃是沙昂克先生所料不到的。在韵图里,我们可以把二等字分别出两种模型:第一种是有独立的韵的,而且在一切声母之下出现——果、梗、蟹、山、咸、宕、效诸摄;第二种是没有独立的韵的,而且只在照系的声母(照穿床审)之下出现——曾、通、止、遇、深、臻、流诸摄。

　　如果我们先研究后一个模型，我们就在这模型仅在照系出现的一个事实上得到了问题的关键。我们先挑选了一个有 i 介音的韵母，例如 ieu 而假定古中国语里，这韵母在一切声母——纯粹与腭化——之下都出现。我们把腭化的声母填入三等（理应如此），又把纯粹的声母填入四等，这么一来，一切的声母都有了位置，只照系的纯粹声母（上齿音庄类）没有位置，因为这里的四等被 ts 占去了。于是它们就走入了二等，这是它们平常的位置。如下图：

一						
二	○	○	○	ts_2jieu	○	○
三	kjieu	t_2jieu	pjieu	ts_2jieu	hjieu	ljieu
四	kieu	tieu	pieu	tsieu	hieu	lieu

　　当然，在二等里，除了照系之外，一切的栏都是空的，因为在其余的栏里，纯粹声母已经被排在四等了。如果我们把这图与曾、通诸摄的图相比较，我们就觉得二者的排列法很相符合了。看了韵图的排列，就知道二等与三等的韵母相同，仅由其声母照系（上齿）与三等分别。照例地，也是反切能把许多确证给予这种说明。非但这些图中的二等字被排在与三等相同的韵里；而且它们的反切下字也与三等相同。由此看来，它们的真正韵母与三等的韵母完全相同，也就同样地有了 i 介音（力按：高本汉是主张一、二、四等的分别在主要元音的，独在曾通止遇深臻流诸摄则自坏其例。又诸摄二等的反切下字与三等亦不尽相同，例如臻摄的二等为臻韵，三等为真欣韵）。分别之点乃在乎声母：二等的反切上字（"阻、侧"等）是表示纯粹声母的，三等的反切上字（"诸、章"等）是表示腭化的。因此，如果不计四声，就只有两种真正的韵母，一

等字占其一,二、三、四等共占其一。

Karlgren,Etudes sur la Phonologie Chinoise,p. 69 ~ 72。

【高本汉论一等与三等字的主要元音】——一等与三等字的元音的分别,我们能不能证明? 现在我们正要研究这一点。马伯乐先生在他的《安南语音学》(Phonétique Annamite)里,曾对于中世纪的中国语的韵母定下了一个系统,但是,其所以定为某元音的理由,却没有说出来。这显然只是一个临时的系统,为应付实用的需要而设的。在这系统里,马伯乐先生以 i 介音为根据;因为一等没有 i 介音,三等有 i 介音,所以他假定三等字有的是前元音(硬腭元音),例如一等字的元音是 a 的时候,三等字的元音就是 ie (iɛ)。这理论与现代诸方音很相符,我们可以接受它而不会有危险。

不过,马伯乐先生根据沙昂克先生的意见,而不管沙昂克先生的结论谬误。因为沙昂克先生以为古代的中国语一等字与三等字的元音相同(例如一等是 a,三等是 ia),所以马伯乐先生只好假定一种变化(i-umlaut),i 音变说是后来由 ia 变了 ie,但他也没有确说是什么时候变了的。我在上文已经证明,古代中国语的元音数目是与中世纪的元音一样地繁多的(甚至更多),所以我想我们有很有力的理由去假定:从古代起,三等字就有一个前元音与一等字的后元音相当了。如果说三等字的元音实在是从一等里分出来的,说上古的中国语里元音很少,与沙昂克先生的假定相符,——那又是另一问题。这么说起来,我们该追溯到《切韵》以前;因为以我们所知道的史料而言(约在纪元后六百年),绝对看不出来那样贫的一个元音系统。中古中国韵母是很丰富的(反切下字与二百零六韵可以证明);到了宋初,韵母的系统简单化得很厉害了,才能够把许多韵母归入一个韵摄里。他们感觉得 ɑ 与 ɛ、u 与 y 等,乃是性质相似的元音,所以把某元音的字群与其相当的元音的字群都归入一个图,把后元音 ɑ、u 等排在一等,前元音 ɛ、y 等排在三等。

Ibd. ,p. 80 ~ 82。

【高本汉论二等字的元音】——现在又有一个新而有趣的问题发生了：完全的二等（力按：指果梗蟹山咸宕效等摄的二等）的元音是什么？它怎样与一等、三等分别呢？

上文说过，二等也像三等有 i 介音（力按：高氏后来已加修正，二等没有 i 介音）。那么，二、三等的原始异点在哪里？《洪武正韵》的韵的简单化，给了我们一个有用的启示。在咸摄里，也像在效摄里，二等不被三等吸收，却是被一等吸收了。由此看来，它的元音该是与三等距离远些，而与一等相近。换句话说，这是一个后元音（软腭元音），而不是像三等的前元音（硬腭元音）。我们临时假定山摄的基本元音是 a，那么，我们可以提出 ian 做二等，而 iän 做三等。

但是，上文已经反复申说过，i 介音在一个字里，并不是一个能决定韵的成分；由此看来，我们还须知道一等的 a 与二等的 ia 由什么异点去影响以致它们不同韵。就普通说，i 对于邻近元音的影响，其结果是把邻近元音变为较尖锐的音色（部位较前）；所以我们可以假定一等字有的是较钝的 a（如法语的 pâte），二等字有的是较锐的 a（如法语的 il part）。如果我们把较钝的 a 写作 â，那么，山摄的音值可如下图（力按：高氏后来有修正案，见第一编第三章第一节，取消了二等有 i 介音说，二等仍是前元音，但是因为它本来前而产生近古的 i 介音，不是因为先有 i 介音而把它带前的，两说因果正好掉换了一下）：

	开口	合口
一等	kân	kuân
二等	kian	kuian（küan）
三等	kjiän	kjuiän（kjüän）
四等	kiän	küian（küan）

关于二等字的元音,当然只是一种假设。

Ibd.，p. 89～90。

【陈澧论《广韵》分韵繁多】——陆氏分二百六韵,每韵又有分二类三类四类者,非好为繁密也,当时之音实有分别也。李涪《刊误》云:"法言平声以'东、农'非韵,以'东、崇'为切;上声以'董、勇'非韵,以'董、动'为切;去声以'送、种'非韵,以'送、众'为切;入声以'屋、烛'非韵,以'屋、宿'为切。何须'东、冬、中、终',妄别声律?"戴东原《答段若膺论韵书》云:"涪去法言非远,已读'东、冬'如一,'中、终'如一,讥其妄别矣。韵书既出,视为约定俗成,然如'东冬''中终'之妄别,不必强为之辞矣。"澧谓李氏、戴氏皆未详考古书,而辄诋陆氏为妄。不知隋以前"东农、董勇、送种、屋烛"实不同韵,"东冬、中终"实不同音。以《玉篇》证之:东,德红切;冬,都农切;农,奴冬切;中,致隆切;终,之戎切;董,德孔切;勇,余陇切;送,苏贡切;种,之用切;屋,於鹿切;烛,之欲切,是"东"与"冬"、"中"与"终"皆不同音,"东"与"农"、"董"与"勇"、"送"与"种"、"屋"与"烛"皆不同韵。顾野王切语分别甚明,不独陆氏为然也。唐以后声音渐变,不能分别,故李涪妄讥之。其后米元章《画史》亦云:"陆德明(案此当作陆法言)传其祖说,故以'东、冬'为异,'中、钟'为别,因其吴音,以聋后学。"《直斋书录解题》亦云:"韵书肇于陆法言,于是有音同韵异,若东冬钟、鱼虞模、庚耕、清青、登蒸之类。"此二说之误,皆与李涪同。至元代平水韵而并钟于冬《洪武正韵》又并冬于东,以此知隋以前之音细密,唐以后之音渐混。盖古今声气不同,不知其所以然也。此犹古韵支脂之三部,《三百篇》分用,段懋堂考之甚明,而不能读为三种音。晚年以书问江晋三云:"足下能知其所以分为三乎?仆老耄,倘得闻而死,岂非大幸?"此亦古人能分,今人不能分,时代所限,无可如何,不可妄讥古人也(谓陆氏《切韵》为吴音者尤误。朱竹垞《与魏善伯书》

尝辩之云"法言家魏郡临漳,同时纂韵八人,惟萧该家兰陵,其余皆北方之学者")。既分二类三类四类而犹合为一韵,此亦不欲过为繁碎也。盖审音则有分,而文辞用韵则不妨合;正如唐以后诗赋许数韵同用耳。"东、红"等字与"中、戎"等字合为东韵,犹后来冬钟二韵同用也。"颜、奸"等字与"还、关"等字合为删韵,犹后来寒桓二韵同用也。

　　《切韵考》卷六,页 9 ~ 10。

第六节　《广韵》的反切

　　第一编第二章第九节里已经讲过反切的大概,现在专论《广韵》的反切。《广韵》的反切上字,非但与其所切之字同纽(包括同清浊而言),而且同声母。若依高本汉的说法,纯粹声母与腭化声母的分别是由反切上字表现的,例如:

　　来,洛哀切。　　"洛、来"同属来纽之纯粹声母。

　　间,力居切。　　"力、间"同属来纽之腭化声母。

　　海,呼改切。　　"呼、海"同属晓纽之纯粹声母。

　　虚,朽居切。　　"朽、虚"同属晓纽之腭化声母。

　　《广韵》的反切下字,非但与其所切之字同韵(包括同声调而言),而且同韵母(包括等呼而言)①,例如:

　　太,他盖切。　　"盖、太"同属去声泰韵之开口呼②。

　　会,黄外切。　　"外、会"同属去声泰韵之合口呼。

　　杰,渠列切。　　"列、杰"同属入声薛韵之齐齿呼。

　　雪,相绝切。　　"绝、雪"同属入声薛韵之撮口呼。

　　然而上文说过,《广韵》声母共有四十七个,韵母大约共有二

---

①　这只是原则上如此,实际上不能无例外,参看第 75 页注①。

②　"开、齐、合、撮"为后起的名词,今为陈说方便起见,姑且采用。

百九十个,那么,反切上字该用四十七个就够了。反切下字该用二百九十个也就够了。事实上《广韵》反切上字却有数百之多,反切下字多至一千以上。这大约有两个原因:第一,如果每一声母或每一韵母只用一字为切,那么,就会弄到反切上字或下字与其所切的字相同,例如"见",见霰切,"东",端东切;第二,陆法言承用古代诸家的反切,未加划一的工夫。

《广韵》反切上字虽顾到清浊,却不一定顾到声调及等呼,例如:

　　东,德红切。　　"东"字平声合口;"德"字入声开口。

　　现,胡甸切。　　"现"字去声齐齿;"胡"字平声合口。

　　落,卢各切。　　"落"字入声开口;"卢"字平声合口。

　　矣,于纪切。　　"矣"字上声齐齿;"于"字平声撮口。

《广韵》反切下字虽顾到声调及等呼,却不一定顾到清浊,例如:

　　东,德红切。　　"东"字清音;"红"字浊音。

　　周,职流切。　　"周"字清音;"流"字浊音。

　　我,五可切。　　"我"字浊音;"可"字清音。

　　日,人质切。　　"日"字浊音;"质"字清音。

因此,后世的等韵家往往说陆法言的反切方法不好。关于这一点,我们可以有一个解释。南北朝的人喜欢用双反语[①]:梁武帝创同泰寺,开大通门以对寺之南门,取反语以协"同泰",因为"同泰"为"大","泰同"为"通"。文惠太子立楼馆于钟山下,号曰东田,"东田"反语为"颠童",因为"颠童"为"东","童颠"为"田"。因此我们知道如果反切上字必须与所切之字同声调及

---

① 见顾炎武《音论》页14~17。参看《清华学报》九卷一期刘盼遂《六朝唐代反语考》。

等呼,反切下字又必须与所切之字同清浊,就不能这样自由地做双反语了。

再说,反切下字不与所切之字同清浊,更不碍事,例如"周",职流切,若依上文所述的数学公式,则

$$tɕiək + liəu = tɕ + iəu = tɕiəu$$

我们注意到:必先删去反切下字的声母方能成切,那么,反切下字的声母或清或浊都没有关系,因它已被删去了。后世的人们嫌它不便,并不是清浊的问题,而是声调的问题。譬如现在北京人把古清纽的平声字与古浊纽的平声字念成两种声调,所以就觉得浊纽字不能做清纽字的反切下字,清纽字也就不能做浊纽字的反切下字了。其实古代的声调未必与现代相同;南北朝隋唐的平声大约只有一种声调,所以反切下字的清浊可以不拘。后来浊纽字因为声带颤动影响声调,渐渐与清纽字分家;再后,浊音渐渐消失,只剩有它的特别的声调与清纽字的声调对立,我们才感觉《广韵》的反切下字不妥当。这虽是一种假定,也是近乎情理的。

参考资料

【陈澧论《广韵》之反切】——切语之法,以二字为一字之音:上字与所切之字双声,下字与所切之字叠韵。上字定其清浊,下字定其平上去入。上字定清浊而不论平上去入:如"东",德红切,"同",徒红切;"东、德"皆清,"同、徒"皆浊也;然"同、徒"皆平可也,"东"平"德"入亦可也。下字定平上去入而不论清浊:如"东",德红切,"同",徒红切,"中",陟弓切,"虫",直弓切;"东、红,同、红,中、弓,虫、弓"皆平也;然"同、红"皆浊,"中、弓"皆清可也,"东"清"红"浊,"虫"浊"弓"清亦可也。"东、同、中、虫"四字在一东韵之首,此四字切语已尽备切语之法,其体例精约如此,盖陆氏之旧也。今考切语之法,皆由此而明之。

《切韵考》卷一,页2。

切语以上字定清浊,不知上去入各有清浊,则遇切语上字用上去入者不辨所切为何音。如"东"字德红切,不知"德"字为清音,则疑德红切为"东"之浊音矣("东"之浊音无字);"隆"字力中切,不知"力"字为浊音,则疑力中切为"隆"之清音矣("隆"之清音无字);"洪"字户公切,不知"户"字为浊音,则疑户公切"烘"字矣;"衝"字尺容切,不知"尺"字为清音,则疑尺容切"重"字矣。此上去入之清浊所以不可不知也。

江慎修《音学辨微》云:"上一字不论四声,下一字不论清浊。清浊定于上一字,不论下一字也。如德红切'东'字,'东'清而'红'浊;户公切'红'字,'红'浊而'公'清,俱可任取。后人韵书有嫌其清浊不类,难于转纽者。下一字必须以清切清,以浊切浊,固为亲切;然明者观之,正不必如此。倘讥前人之切为误,则不知切法者矣。"江氏此说最为明确,读者可以了然矣。

切语之法,上字定清浊而不论平上去入;下字定平上去入而不论清浊。此出于自然,非勉强而为之也。吴孙亮时童谣云"于何相求常子阁",常子阁者,石子冈也(《三国志》作"成子阁","成"与"冈"不合韵;此据《晋书·五行志》)。"常阁"为"石"(此"石"字古音,吴时未变者):"石、常"皆浊,而"石"入"常"平不论也。"石、阁"皆入,而"石"浊"阁"清不论也。"阁常"为"冈":"冈、阁"皆清,而"冈"平"阁"入不论也;"冈、常"皆平,而"冈"清"常"浊不论也。此与切语之法一一密合。童孺歌谣,何知音学?岂非自然之天籁乎(顾亭林《音论》所采南北朝反语十余条,今考其清浊,无不密合者。文多不录)?

韵书分部用东冬钟江诸字以为标目;若双声之分类,则唐末僧家始有字母。字母未出之前,儒者传习切语之学,以何者为双声之标识乎?必以切语上字矣。切语上字,凡双声皆可用。今考《广韵》切语上字四十类,每类之中,常用者数字耳;合四十类,常用者不过百余字。此非独《广韵》切语常用之,凡隋唐以前诸书切语皆常用之。孙叔然《尔雅音》,今见于释文者数十条(《释诂》:胎,大才反;剀,都耗反;昄,方满反;颗,五果反;妃,房美反;窠,七代反;台,羊而反;挈,子由反;汔,虚乞反;妥,他果反;豰,虚贵反;呬,许器反;仪,如羊反。《释言》:秋,敷是反;光,今本《尔雅》作"桄",古黄反;遏,徒答反;迁,今本作"逜",吾补反;耊,他结反;恨,今本作"很",户垦反。《释训》:傡,亡崩、亡冰二反。《释器》:繴,芳麦反;絇,九遇反;凝,今本作"冰",牛蒸反;辨,蒲苋反。《释乐》:巢,仕交、庄交二反,又徂交反;《释天》:著,直略反。《释地》:陓,於于反;底,今本作"祁",之视反;蠯,居卫反。《释丘》:沮,辞与、慈吕二反。《释水》:灡,许废反;湙,苦穴反。《释草》:葵,他忽反;葰,於为反;萎,人垂反;薕,徒南反;莙,居筠反;攘,居郡反;藘,苦圭反;繭,去贫反;萎,力朱反。《释木》:杼,昌汝反;臧,子郎反;檄,七各、七路二反;蕡,符粉反。《释虫》:蟹,甫尾反;蛵,子逸反;貀,户各反;杗,丈耕反。《释鸟》:鶃,敕乱反。《释兽》:寓,五胡、鱼句二反。《释畜》:騧,犬县反;犉,今本作"騲",汝均反)。其切语上字即《广韵》常用之字,可知此等字实孙叔然以来师师相传,以为双声之标目,无异后世之字母也。吕维祺《音韵日月灯》云:"古人作切有常用切脚者,若熟记之,亦翻切捷径也。"吕氏此说,与古法暗合;但以为捷径,而未悟为坦途耳(袁子让《字学元元》亦有古人常切字一条。江慎修《音学辨微》亦有之。澧尝欲取孙叔然以后陆法言以前四部群书之切语抄集分韵为一书而未成,附记于此)。

　　同上,卷六,页6~7。

　　【高本汉论反切法】——我应该附带地说反切在注音时,还免不了"无方法的方法"的毛病。显然地,三十余字母当中,每母只须两个字,一个代表纯粹声母(例如 k 等),另一个代表腭化声母(例如 kj 等)。同理,在每一个韵当中,也只用四个字就够了,例如第一个字代表 a,第二个字代表 ia,第三个字代表 ua,第四个字代表 iua。著书的人没有依照这办法,大约因为踌躇地不能决定以原字即注其本身的音(力按:例如"东"东东切)。互相比较的结果,我们发现"郎、当、冈、刚"是同样的切,这四字与其余许多字都表示唐韵的开口呼;同理,"光、黄、旁"也是同样的切,都表示唐韵的合口呼。就普通说,靠着互相比较,我们可以颇可靠地决定哪一些反切的字代表哪一些声类,哪一些字代表另一些显然不相同的声类。

Karlgren,Etudes sur la Phonologie Chinoise,p. 27～28。

【高本汉论二百六韵与反切】——在《切韵》时代(601),实际的韵的系统包括了二百零六个韵。如果我们能证明:《广韵》依照它的反切,把语音分为自然的声类,而成为二百零几个韵的系统,那么,我们就得到我们所希望的本证了。《广韵》依照传统的二百零六个韵划分,这事实当然不能作一点儿证据。实际上的韵的系统尽可以简单化了;而为了保存传说的关系,著者尽可以把各字硬排在二百零六个韵里头。但是,如果反切是代表这样简单化后的语音,那么,同一个反切下字就该往往混入不相同的几个韵里,换句话说就是二百零六个韵当中,每韵已经不复有它自己的"切"了。这一点,这是审查的一种方法。我在这一点上,曾把《广韵》很精细地审查过,为的是要靠这方法去发现二百零六个韵是实际的呢还是表面的。结果,我证明它们是实际的了。仅仅有几个例外:在这很少的例外里,我们才看见一个字的"切"是表示两个韵相通的(例如"凡",这字本身就是韵目,注云"符咸切"。这是我所不能解释的。一切等韵家都把凡韵排在三等。同样,声母"符"字也只在三等而不在别的等列。但是,"咸"字本身也是韵目,却只在二等不在别的等列。我想这里乃是误切)。

纵使我们因为一个字的牵连而把两韵算为一韵,总算起来,实际上的声类虽不能代表二百零六个韵,至少还比二百更多些。在这许许多多的余字当中,很容易用了一个误切,而甲韵与乙韵之间,往往只有极细微的分别,所以我们仍有权利把反切里的韵母系统与《切韵》里的系统认为完全相同。声母的系统也是同样的道理。由此看来,反切的价值之高,已经得了本证。我们知道,《广韵》的字数比《切韵》与《唐韵》增加了许多,但我只挑了数千个常用的字来分析,似乎我能担保我所研究的乃是《切韵》里的真反切。

Ibd. ,p. 30 ~ 31。

第三编　本论中（由《广韵》上推古音）

第一章　古　音

第一节　古音学略史

古音学最昌明的时代要算清朝，但在汉朝已经有人谈到古音，例如刘熙《释名》里说："古者曰'车'，声如'居'，所以居人也；今曰'车'，声近'舍'。"也注意到古今音的异同。因此我们可以说古音之学在汉朝已有根源，只不曾作有系统的研究罢了。

南北朝以后，研究《诗经》的人有"叶韵"的说法。因为当时的人读起《诗经》来，觉得许多地方的韵不谐和，于是他们以为某字该改为某音，以求谐和，这就是所谓叶韵，或称"协句"，例如沈重《毛诗音》于《邶风·燕燕》三章"远送于南"之下注云①："协句，宜乃林反。"②沈重的意思以为周朝的人平常念起"南"字来，也像南北朝的人一样地念作"那含切"，但在吟这一首诗的时候，为着要与"音、心"字协韵，就临时改念为"乃林切"。此外有徐邈等人，也

---

① 《诗》原文云："燕燕于飞，下上其音。之子于归，远送于南，瞻望弗及，实劳我心。"
② 见《经典释文》卷五，页11。

都是沈重一派。

到了唐朝，变本加厉，以致有改经的事。唐明皇读《书·洪范》至"无偏无颇，遵王之义"，觉得"颇"字与"义"字不能协韵，就敕改为"陂"字，这种改经的风气，唐宋间是很盛行的。

唐朝只有一个陆德明颇能保存古音。陆德明《经典释文》于《邶风》"南"字下虽录沈重之说，但他自己又加注云："今谓古人韵缓，不烦改字。"又于《召南》"华"字下注云："古读华为敷。"

宋朝的古音学家有吴棫、程迥、郑庠三人。吴棫，字才老，武夷人①，宣和六年（1124）进士，著有《韵补》一书。他的见解颇与陆德明"古人韵缓"的见解相同，所以有古韵通转之说。如果把他所认为相通的韵归类，那么，古韵可分为九部如下：

　　一东　（冬钟通，江或转入）；

　　二支　（脂之微齐灰通，佳皆咍转声通）；

　　三鱼　（虞模通）；

　　四真　（谆臻殷痕耕庚清青蒸登侵通，文元魂转声通）；

　　五先　（仙盐沾严凡通，寒桓删山覃谈咸衔转声通）；

　　六萧　（宵肴豪通）；

　　七歌　（戈通，麻转声通）；

　　八阳　（江唐通，庚耕清或转入）；

　　九尤　（侯幽通）。

这只就表面看来如此，若细察其内容，上列九部的界限就完全被他自己打破了，例如东韵有"登、唐、分、朋、务、尊"；支韵有"加、鱼、逃、阴、焞、春"；先韵有"宫、监、南、风、平、心、行、林"等字，非但不合他所自定的通转的界限，而且就字论字，也不合于先秦的古音。他甚至援引欧阳修、苏轼、苏辙的诗为证据，更为后人所不满

———————————

①　参看《四库全书提要·韵补》条。

意。但是,在古音学的路途上,总算他是一个开路先锋,他的功劳是不能完全埋没了的。

程迥著有《音式》,其书不传;我们只知道他以三声通用、双声互转为说①,其详不可考了。

郑庠所作的书也早已不传,他的古音学说见于夏炘的《诗古韵表廿二部集说》。他分古韵为六部:

(一)东、冬、江、阳、庚、青、蒸;

(二)支、微、齐、佳、灰;

(三)鱼、虞、歌、麻;

(四)真、文、元、寒、删、先;

(五)萧、肴、豪、尤;

(六)侵、覃、盐、咸。

其韵目完全为平水韵的韵目,故后人或疑其非郑氏原作②。六部之分法,甚有系统,尤其是第一部、第四部、第六部,代表-ŋ、-n、-m三种阳声,秩然不紊。只可惜这是宋朝语音的系统,而不是古音的系统。所以分韵虽宽,而按之《诗经》,仍有出韵者。

明朝的古音学家有杨慎、陈第二人。杨慎字用修,成都人。杨慎著有《转注古音略》《古音丛目》《古音略例》《古音复字》《古音骈字》《古音余》《古音拾遗》等书,其中以《转注古音略》为主要(1532)。杨慎不赞成宋人的叶韵;他以为古人的叶韵是有标准

---

① 见《四库全书提要·韵补》条。

② 某图书馆一位同志写信告诉我说,《通志堂经解》第318册有《熊先生经说》(熊先生即熊朋来,宋末人)卷二《易书诗古韵》云:"郑庠作《古音辨》,以真谆臻文欣元魂痕寒欢删山先仙十四韵相通,皆协先仙之音;以东冬钟江阳唐庚耕清青蒸登十二韵相通,皆协阳唐之音;以支脂之微齐佳皆灰哈九韵相通,皆协支微之音;以鱼虞模歌戈麻六韵相通,皆协鱼模之音;以萧宵爻豪尤侯幽七韵相通,皆协尤侯之音;以侵覃谈盐添严咸衔凡九韵相通,皆协侵音。"由此看来,郑庠的古韵六部原是依照《广韵》韵目的("桓"字避宋钦宗讳,改为欢韵),夏炘误引为平水韵的韵目。

的,是从转注而来的,宋人的叶韵是无标准的,是乱来的①。

陈第,字季立,闽人。他著有《毛诗古音考》《读诗拙言》《屈宋古音义》,其中以《毛诗古音考》(1606)为较重要。杨慎虽不赞成宋人的叶韵,却仍相信《诗经》中有叶韵;到了陈第然后把叶韵之说根本推翻。他的意思是:《诗经》的韵是天然的,不是人造的,所以无所谓叶韵;后人所谓叶韵的音,恰是古人本有的语音,例如"母"字古音本读如"米"②,所以常与"杞、止、祉、喜"等字为韵;假使说是偶然的叶音,为什么不叶音"买、姥、蛮、芒"等,而仅能叶音"米",而且处处是音"米",没有一处读如《广韵》的莫厚切呢③?

陈第的见解,比吴棫、杨慎的见解高了许多。因为他能知道"时有古今,地有南北,字有更革,音有转移"。时地的观念,在音韵学上最为重要;所以陈第的古音学非但超越前辈,而且给予后世一个很好的榜样。

到了清朝,是古音学的全盛时代,他们往往是由《广韵》上推古音。清朝最有名的古音学家是顾炎武、江永、戴震、钱大昕、段玉裁、孔广森、江有诰、王念孙等。关于各家研究音韵的方法及其所著的书,将于以下各节中,每人作一个大略的介绍。

参考资料

【潘耒古今音论】——天下无不可迁之物。声音之出于喉吻,宜若无古今之殊;而风会迁流,潜移默转,有莫知其然而然者。楚骚之音异于风雅,汉魏之音异于屈宋。古读"服"为"匐",而今如"复";古读"下"如"户",而今如"夏";古读"家"如"姑",而今如

---

① 参看下面的参考资料中杨慎《答李仁夫论转注书》。
② 严格地说,上古"母、米"也不同音,当云"母"字古音属之韵。
③ "母"字在《广韵》为莫厚切,今各地大约都读为莫补切,离古音更远了。

"嘉";古读"明"如"芒",而今如"名",此第就常用之字考其旁押而知之;其不见于风骚,不经于押用,而变音读者,不知其几也。古无韵书,某字某音,莫得而考。自周颙、沈约著为韵谱,系之反切,而后字有定音,音有定韵。凡方隅之音,讹滥之读,质于谱而知其非,立可改正,功不细矣。而无如代异时移,迄于今日,不独唐虞三代之音渺不可追,即齐梁之音,亦已渐失其故。有一母全变者:如微母之字,今北人读作喻母;疑母之字,南人半读作喻母,北人全读作喻母;邪母之字,南北人俱读作从母(力按:今北平音之邪母字读作心母,仅"词、辞"二字读作从母耳)。有一母半变者:泥娘母下齐齿撮口之字,南北人俱读作疑母(力按:此言非是);照穿床审四母下开口合口之字,南人读作精清从心四母;禅母下字,北人半读作澄母。有一韵全变者:江韵之字,举世读作唐韵(力按:此不尽然);歌韵之字,吴音读作模韵(力按:此恐亦不尽然);麻韵之字,吴音读作歌韵;灰韵之字,读作规窥;肴韵之字,读作宵豪;至侵覃盐咸四韵闭口之音,自浙闽人而外,举世读作真寒山先。又上声浊母之字,多读作去声;入声之字,北人散入三声;其余只字单音之变,又不可枚举也。夫今之去齐梁,仅千余年,而变迁已若是,更千百年又当何如?古大行人之职,九岁属瞽史,谕书名,听音声,盖早虑及此。今缺其职矣;无已,则仍以韵正之。韵不有旧谱乎?而未尽善也。齐梁之时去古未远,三代两汉之音独可考见;而作谱者一切不问,仅就当日通用之音编次成书,遂使古音荡然无存,致烦千载而下,好古之士,多方考求,仅得十之三四(谓吴才老、杨用修、陈季立辈,及先师顾亭林):此一失也。

《类音》,页10~11。

【徐蒇《韵补》序】——吴才老棫,与蒇为同里有连,其祖后家同安。才老登宣和六年进士第……平生多著书。若《书裨传》《诗补音》《论语指掌考异续解》《楚辞释音》《韵补》,皆渊原精确,而

歉然不敢自矜。曰"裨"、曰"补"、曰"续"云者，其谦可见矣。自
《补音》之书成，然后《三百篇》始得为诗。从而考古铭箴诵歌谣谚
之类，莫不字顺音叶。而腐儒之言曰：《补音》所据多出于《诗》后，
殆后人因《诗》以为韵，不当以是韵《诗》也。殊不知音韵之正，本
诸字之谐声，有不可易者。如"霾"为亡皆切，而当为陵之切者，由
其以"貍"得声；"浼"为每罪切，而当为美辨切者，由其以"免"得
声；"有"为云九切，而"贿、痏、洧、鲔"皆以"有"得声，则当为羽轨
切矣；"皮"为蒲縻切，而"波、坡、颇、跛"皆以"皮"得声，则当为蒲
禾切矣。又如"服"之为房六切，其见于《诗》者凡十有六，皆当为
蒲北切，而无与房六叶者；"友"之为云九切，其见于《诗》者凡十有
一，皆当作羽轨切，而无与云九叶者。以是类推之，虽毋以它书为
证可也，腐儒安用谫谫为？《补音》引证初甚博，才老惧其繁重不
能行远，于是稍削去，独于最古者、中古者、近古者各存三二条；其
间或略远而举近，非有所不知也。才老以壬申岁出闽，别时谓葳
曰："吾书后复增损，行遽，不暇出，独藏旧书。"又三年，葳归吴，而
才老死久矣。访诸其家，不获，仅得《论语续解》于延陵胡颖氏云。
乾道四年四月壬子，武夷徐葳书。

　　《韵补·序》，页1～2。

　　【《四库全书提要》评《韵补》】——《韵补》五卷，宋吴棫撰。
棫字才老。武夷徐葳为是书序，称与葳本同里，而其祖后家同安；
王明清《挥麈三录》则以为舒州人，疑明清误也（力按：徐朔云"考
《宋史·地理志》福建路泉州有同安县，宜致后人之疑；而舒州有
同安监，亦见《宋史·食货志》。才老上世盖自武夷迁舒之同安
耳，《挥麈录》初不误"）。宣和六年，第进士。召试馆职，不就。绍
兴中，为太常丞。以为孟仁仲草表忤秦桧，出为泉州通判以终。葳
序称所著有《书裨传》《诗补音》《论语指掌考异续解》《楚辞释音》
《韵补》，凡五种。陈振孙《书录解题·诗类》载棫《毛诗补音》十

卷,注曰:棫又别有《韵补》一书,不专为《诗》作;小学类载棫《韵补》五卷,注曰:"棫又有《毛诗补音》一书,别见诗类。今《补音》已亡,惟此书存。"自振孙谓朱子注《诗》用棫之说,朱彝尊作《经义考》,未究此书仅五卷,于《补音》条下误注"存"字,世遂谓朱子所据即此书,莫敢异议。考《诗集传》,如《行露》篇二"家"字,一音"谷",一音各空反;《驺虞》篇二"虞"字,一音"牙",一音五红反;《汉广》篇"广"音古旷反,"泳"音于诳反;《绿衣》篇"风"音孚愔反之类,为此书所无者不可殚举。《兔罝》篇"仇"音渠之反,以与"逵"叶,此书乃据《韩诗》"逵"作"馗",音渠尤反,以与"仇"叶,显相背者亦不一。又《朱子语录》称棫音"务"为"蒙"、音"严"为"庄",此书有"务"而无"严"。周密《齐东野语》称朱子用棫之说,以"艰"音"巾"、"替"音"天",此书有"艰"而无"替",则朱子所据非此书明甚。盖棫音《诗》、音《楚辞》,皆据其本文,推求古读,尚能互相比较,粗得大凡,故朱子有取焉。此书则泛取旁搜,无所持择,所引书五十种中,下逮欧阳修、苏轼、苏辙诸作,与张商英之伪《三坟》,旁及《黄庭经》《道藏》诸歌,故参错冗杂,漫无体例。至于韵部之上平注:文殷元魂痕通真,寒桓删山通先;下平忽注:侵通真,覃谈咸衔通删,盐沾严凡通先;上声又注:梗耿静迥拯等六韵通轸,寝亦通轸,感敢琰忝豏槛俨范通铣;去声又注:问焮通震而愿恩恨自为一部,谏裥通霰而翰换自为一部,勘阚通翰,艳㮇验通霰,陷鉴梵通谏,割为三部;入声又注:勿迄职德缉通质为一部,曷末黠鎋屑薛叶帖业乏通月为一部,颠倒错乱,皆亘古所无之臆说。世儒不察,乃执此书以诬朱子,其傎殊甚。然自宋以来,著一书以明古音者,实自棫始,而程迥之《音式》继之。迥书以三声通用、双声互转为说,所见较棫差的,今已不传。棫书虽抵牾百端,而后来言古音者皆从此而推阐加密,故辟其谬而仍存之,以不没筚路蓝缕之功焉。

【杨慎《转注古音略·题辞》】——《周官》保氏六书,终于转注。其训曰"一字数音,必展转注释而后可知"。《虞典》谓之和声,《乐书》谓之比音,小学家谓之动静字音。训诂以定之,曰"读作某",若"於戏"读作"呜呼"是也。引证以据之,曰"某读",若云"徐邈读、王肃读"是也。《毛诗》《楚辞》悉谓之叶韵,其实不越保氏转注之义耳。《易》注疏云"'贲'有七音",实始发其例。宋吴才老作《韵补》,始有成编;旁通曲贯,上下千载。朱晦翁《诗传》《骚注》,尽从其说。魏文靖论《易》经传皆韵,详著于师友雅言。学者虽稍知宻诵,而犹谓叶韵自叶韵,转注自转注,是犹知二五而不知十也。余自舞象之年,究竟六书,不敢贪古人成编为不肖捷径,尤复根盘节解,条入叶贯。间有晦于古而始发于今,缪于昔乃有正于后。故知思不厌精,索不厌深也。古人恒言音义,得其音斯得其义矣。以之读奥篇隐帙,涣若冰释,炳若日烛。又以所稡参之古人成编,裁其烦重,补其遗漏,庶无蹈于雷同,兼有益于是正。乃作《转注古音略》。大抵详于经典而略于文集;详于周汉而略于晋以下也。今之所采,必于经有裨,必于古有考,扶微广异,是之取焉;靡徒以逞博麝,累卷帙而已。方今古学大昭,当有见而好之者,不必求子云于后世也。壬辰九月二十九日博南山人杨慎书。

《转注古音略·序》,页5~6。

【杨慎《答李仁夫论转注书》】——远枉书札,下问假借之字有限,转注之法亦有限邪?凡字皆可转邪?走近著《转注古音》一书悉之矣。然远近诸君子观省者皆以寻常韵书视之,未有琢磨陶冶,洗髓伐毛至此者。执事其有意于启海之乎?敢无以复?盖转注,六书之变也。自沈约之韵一出,作诗者据以为定,若法家之玉条金律,而古学遂失传矣。故凡见于经传子集与今韵殊者,悉谓之古音。转注也,古音也,一也,非有二也。韩昌黎多用之,方、樊诸家注之曰"古音也"。至宋吴才老深究其本源,作《韵补》一书。程可久又为之说曰:"才老之说虽多,不过四声互用,切响通用而已。"

朱子又因可久而衍其说云:"明乎此,古音虽不尽见,而可以类推。"愚谓可久互用通用之说近之,类推之说可疑也。凡字皆有四声,皆有切响。如皆可通也,皆可互也,则为字为音,不胜其繁矣。原古人转注之法,义可互则互,理可通则通,未必皆互皆通也。如"天"之字为"天、忝、舔、铁",是其四声也;他年切之外有铁因切,是其切响也。其音"忝、舔、铁"三音皆无义而不可转,"铁因"之切则与方言叶,故止有切响可通,而四声不互也。"日"之为字有"人、忍、任、日"(力按:"天"以 n 收,"忝"以 m 收,"忝"非"天"之上声;"人"以 n 收,"任"以 m 收,"任"非"人"之去声。杨慎为成都人,故有此失),是其四声;其音"若"、音"热"是其切响(力按:即普通所谓一声之转,同声母不同韵母)。音"若"者,日生于若木,故《毛诗》之音叶之;音"热"者,日本阳精而影炎,故《楚辞》之音叶之,今楚南方言犹呼日头为热头,是其证也。四声之平上去皆无义,故不互也。又如"应"之为字,"应、影、映、役"(力按:"影、映"非"应"之上去,"役"为合口细音,更非"应"之入)有平去二互,而无上入;"中"之为字,"中、肿、仲、竹"亦如之(力按:此四字亦不应相配)。此类推之则窒矣。《诗》之叶音,如《易》之卦变:六十四卦可变为九千四十六卦,而孔子《彖》《传》取卦变之义者不过《讼》《随》以下十余卦。盖变而有义则取之,无义则弗之取也。又考之《易》之《彖》《象》皆韵,而其所叶无异于《诗》;《诗》十五国不同言语,而叶音无异也;楚远在江汉数千里外,而叶音无异于《诗》也(力按:杨慎与陈第同注意到这事实,但陈第善于推理,故据此以推翻叶韵之说;杨慎则仅以为古人叶音不是乱叶而已);汉人赋颂、《史》《汉》叙传、扬雄《太玄》、焦贡《易林》,其取韵又何异于《易》《诗》《楚辞》哉?至于宋人则不然。欧阳、二苏、王介甫皆深于音韵,而贤者过之自信,谓四声皆可转,切响皆可通,其所推衍枝叶,出于《易》《诗》《楚辞》、赋颂、《玄》《林》之外,不啻十之五六。如其说也，则尽南山之竹不足为其书，穷万籁之音不足为其韵矣……如其类而推之，则当呼"天"为"铁"，名"日"为"忍"矣。可乎？不可乎？……私心窃病才老之书多杂宋人之作，而于经典注疏子史杂家尚多遗逸。其显而易见者，如《左传》之"鞠"音"芎"，《毛诗》之"喤"音"戏"，古音有在于是，特未押于句杪尔。譬则缣縠之未裁，曲蘖之未酿也。谓刀尺之余为绮丽而遗机杼，杯勺之余为酒醴而遗瓮盎，可乎？予之著详经典，亦犹《通鉴》之前编，其汰宋人者，犹文章正宗韩柳，而下无取也。一得之愚，盖在于是；亦使好古者勿惑于类推之说而自取不类也。其才老所取已备者不复载；间有复者，或因其谬音误解，改而正之，单文孤证，补而广之，故非剿说雷同也。

　　《转注古音略·序》，页 8～14。

　　【陈第《毛诗古音考·自序》】——夫《诗》，以声教也；取其可歌，可咏，可长言嗟叹，至手足舞蹈而不自知，以感竦其兴观群怨，事父事君之心，且将从容以绅绎夫鸟兽草木之名义，斯其所以为《诗》也。若其意深长而韵不谐，则文而已矣。故士人篇章，必有音节；田野俚曲，亦各谐声；岂以古人之诗而独无韵乎？盖时有古今，地有南北，字有更革，音有转移，亦势所必至。故以今之音读古之作，不免乖剌而不合，于是悉委之叶。夫其果出于叶也，作之非一人，采之非一国，何"母"必读"米"，非韵"杞"韵"止"则韵"祉"韵"喜"矣；"马"必读"姥"，非韵"组"韵"黼"则韵"旅"韵"土"矣；"京"必读"疆"，非韵"堂"韵"将"则韵"常"韵"王"矣；"福"必读"偪"，非韵"食"韵"翼"则韵"德"韵"亿"矣。厥类实繁，难以殚举；其矩律之严，即《唐韵》不啻，此其故何耶？又《左》《国》《易》《象》《离骚》《楚辞》、秦碑、汉赋，以至上古歌谣箴铭赞诵，往往韵与《诗》合，实古音之证也。或谓《三百篇》诗辞之祖，后有作者，规而韵之耳。不知魏晋之世，古音颇存；至隋唐渐尽矣。唐宋名儒，博学好古，间用古韵以炫异耀奇，则诚有之。若读"垤"为"姪"，以与"日"韵,尧诫也;读"明"为"芒",以与"良"韵,皋陶歌也,是皆前于《诗》者,夫又何放?且读"皮"为"婆",宋役人讴也;读"邱"为"欺",齐婴儿语也;读"户"为"甫",楚民间谣也;读"裘"为"基",鲁朱儒谑也;读"作"为"诅",蜀百姓辞也;读"口"为"苦",汉白渠诵也。又"家","姑"读也,秦夫人之占;"怀","回"读也,鲁声伯之梦;"旃","斤"读也,晋灭虢之征;"瓜","孤"读也,卫良夫之噪。彼其闾巷赞毁之间,梦寐卜筮之顷,何暇屑屑模拟,若后世吟诗者之限韵邪?愚少受《诗》家庭,窃尝留心于此。晚年独居海上,庆吊尽废;律绝近体,既所不娴,六朝古风,企之益远,惟取《三百篇》日夕读之。虽不能手舞足蹈,契古人之意,然可欣、可喜、可戚、可悲之怀,一于读《诗》泄之。又惧子侄之学《诗》而不知古音也,于是稍为考据,列本证旁证二条。本证者,《诗》自相证也;旁证者,采之他书也。二者俱无则宛转以审其音,参错以谐其韵,无非欲便于歌咏,可长言嗟叹而已矣。盖今之诗,古韵可不用也;读古之诗,古韵可不察乎?嗟夫!古今一意,古今一声;以吾之意而逆古人之意,其理不远也;以吾之声而调古人之声,其韵不远也。患在是今非古,执字泥音,则支离日甚,孔子所删几于不可读矣。愚也闻见孤陋,考究未详,姑借之以请正明达君子。闽三山陈第季立题。

录自《学津讨原》本。

【《四库全书提要》评《毛诗古音考》】——《毛诗古音考》四卷,明陈第撰。第有《伏羲图赞》,已著录。言古韵者自吴棫;然《韵补》一书,庞杂割裂,谬种流传,古韵乃以益乱。国朝顾炎武作《诗本音》,江永作《古韵标准》,以经证经,始廓清妄论;而开除先路,则此书实为首功。大旨以为古人之音,原与今异;凡今所称叶韵,皆即古人之本音,非随意改读,辗转牵就。如"母"必读"米"、"马"必读"姥"、"京"必读"疆"、"福"必读"偪"之类,历考诸篇,悉

截然不紊。又《左》《国》《易》《象》《离骚》《楚辞》、秦碑、汉赋,以
至上古歌谣箴铭颂赞,往往多与《诗》合,可以互证。于是排比经
文,参以群籍,定为本证旁证二条。本证者,《诗》自相证,以探古
音之源;旁证者,他经所载,以及秦汉以下,去《风》《雅》未远者,以
竟古音之委。钩稽考验,本末秩然,其用力可谓笃至。虽其中如
"素"音为"苏"之类,不知古无四声,不必又分平仄;"家"又音
"歌","华"又音"和"之类,不知为汉魏以下之转韵,不可以通《三
百篇》,皆为未密。然所列四百四十四字,言必有征,典必探本,视
他家执今韵部分,妄以通转古音者,相去盖万万矣。初第作此书,
自焦竑以外,无人能通其说,故刊版旋佚。此本及《屈宋古音义》
皆建宁徐时作购得旧刻,复为刊传。虽卷帙无多,然欲求古韵之津
梁,舍是无由也。

第二节　顾炎武的古音学

顾炎武,字宁人,号亭林(1613～1682),昆山人,为明末清初经
学大师。他一生的著述很多,现在只说他在音韵学上的贡献。

他著有《音学五书》:一,《音论》;二,《诗本音》;三,《易音》;
四,《唐韵正》;五,《古音表》。此外尚有《韵补正》,是把吴才老的
《韵补》错误处改正。

《音论》是泛论古音的,共有三卷,十五篇。其中最重要的有
四篇:第一篇《古人韵缓不烦改字》,大意谓古人用韵颇宽,苟其声
相近可读,则不必再改,例如"燔"字不必改读符沿反、"官"字不必
改读俱员反、"天"字不必改读铁因反(《音论》卷中,页2)。第二
篇《古诗无叶音》,完全赞成陈第的主张。第三篇《古人四声一
贯》,以为古人虽有四声,而可以并用;平上去三声,古多通贯;入声
与入声为韵者占十分之七,入声与平声为韵者占十分之三(《音

论》卷中,页 18～26)。第四篇《先儒两声各义之说不尽然》,以为声调之别,不过发言轻重之间,非有疆界之分。先儒谓一字两声,各有意义,如"恶"字为爱恶之"恶"则为去声,为美恶之"恶"则为入声。其实依古书看来,爱恶之"恶"亦可读为入声,美恶之"恶"亦可读为去声(《音论》卷下,页 3～8)。

《诗本音》是顾氏认为五书中最重要的一部,以《毛诗》之音为主,其他的经书为旁证,来考定《毛诗》的音韵。

《易音》专讲《易经》的音。他并不像《毛诗》一般地把《易经》全部抄下来,因为他认为《易经》有许多地方是没有韵的①。

《唐韵正》表面上是改正《唐韵》,其实只把本该载在《诗本音》里的许多证据拿出来另编一部书,省得《诗本音》太繁重了②。所以我们尽可认《唐韵正》为《诗本音》的详细的注解。

《古音表》变更《唐韵》的次第,分古音为十部:

(一)东冬钟江;

(二)脂之微齐佳皆灰咍(支半,尤半,去声祭、泰、夬、废,入声质,术,栉,昔半,职,物,迄,屑,薛,锡半,月,没,曷,末,黠,鎋,麦半,德,屋半);

(三)鱼虞模侯(麻半,入声屋半,沃半,烛,觉半,药半,铎半,陌,麦半,昔半);

(四)真谆臻文殷元魂痕寒桓删山先仙;

(五)萧宵肴豪幽(尤半,入声屋半,沃半,觉半,药半,铎半,锡半);

(六)歌戈(麻半,支半);

(七)阳唐(庚半);

(八)耕清青(庚半);

---

① 顾氏《音学五书·后叙》云:"《易》文不具何也? 曰:不皆音也。"

② 顾氏《音学五书·后叙》云:"《唐韵正》之考音详矣,而不附于经,何也? 曰:文繁也。"

（九）蒸登；

（十）侵覃谈盐添咸衔严凡（入声缉，合，盍，葉，帖，洽，狎，业，乏）。

我们把这十部与郑庠的六部比较，有许多不同之处：例如郑氏的入声字都配阳声，而顾氏除第十部外，入声字都配阴声，入声字配阴声，清代古音学家都无异说。顾氏又能离析《唐韵》，例如：

支韵　"支枝卮衹儿疵卑雌知"等字归第二部；"为麾扬縻隳蠃吹披陂罴随亏窥奇牺羲宜仪皮离罹施漪"等字归第六部。

麻韵　"麻嗟瘥嘉加珈差沙"等字归第六部；"蟆车奢赊邪遮华瓜家瑕巴牙"等字归第三部。

尤韵　"忧留流秋犹由游修周舟收鸠"等字归第五部；"尤訧邮牛丘紑裘谋"等字归第二部。

这样把一韵分为两半，表示不受《唐韵》拘束，顾氏以前的音韵学未有能如此者。

顾亭林有一个缺点，就是他对于语音有复古的思想。他说（《音学五书·叙》）："天之未丧斯文，必有圣人复起，举今日之音而还之淳古者。"我们只看《唐韵正》的"正"字，就知道他以古音为正。江永反对他的主张，以为顾氏《音学五书》只是考古之书，不能为复古之用①。我们觉得江永的话是对的。

在顾亭林先后间的古音学家有方日升、毛先舒（1620～1688）、柴绍炳、邵长蘅、李因笃、毛奇龄等②。诸人中以毛奇龄（1623～1716）为极端排斥顾氏的人。他做了一部《古今通韵》，说古韵有五部，三声，两界，两合。所谓五部就是宫商角徵羽，三声就是平上去

---

① 见江氏《古韵标准·例言》。

② 方日升作《韵会小补》，柴绍炳作《古韵通》，毛先舒作《声韵丛说》，邵长蘅作《古今韵略》及《韵学通指》，李因笃作《古今韵考》。

可通,两界就是阴阳二界不能相通,两合就是无入之去与有入之入可以相通。按之三声两界两合不可通的有时而通,便叫做"叶"。这种取巧的说法,非但不足以驳倒顾氏,倒反显得毛奇龄的武断了。

参考资料

【顾炎武《答李子德书》】——三代六经之音,失其传也久矣。其文之存于世者,多后人所不能通;以其不能通,而辄以今世之音改之,于是乎有改经之病。始自唐明皇改《尚书》,而后人往往效之;然犹曰"旧为某,今改为某",则其本文犹在也。至于近日,锓本盛行,而凡先秦以下之书,率臆径改,不复言其旧为某,则古人之音亡,而文亦亡,此尤可叹者也。

开元十三年敕曰:"朕听政之暇,乙夜观书,每读《尚书·洪范》,至'无偏无颇,遵王之义',三复兹句,常有所疑。据其下文,并皆协韵,惟'颇'一字,实则不伦。又《周易·泰》卦中'无平不陂',《释文》云:'陂字亦有颇音。''陂'之与'颇',训诂无别,其《尚书·洪范》'无偏无颇'字宜改为'陂'。"盖不知古人之读"义"为"我",而"颇"之未尝误也。《易·象传》:"鼎耳革,失其义也;覆公餗,信如何也。"《礼记·表记》:"仁者,右也;道者,左也;仁者,人也;道者,义也。"是"义"之读为"我";而其见于他书者,遽数之不能终也。王应麟曰:宣和六年,诏《洪范》复旧文为"颇",然监本犹仍其故;而《史记·宋世家》之述此书,则曰"毋偏毋颇";《吕氏春秋》之引此书,则曰"无偏无颇";其本之传于今者,则亦未尝改也。《易·渐》上九"鸿渐于陆,其羽可用为仪",范谔昌改"陆"为"逵",朱子谓以韵读之良是,而不知古人读"仪"为"俄",不与"逵"为韵也。《小过》上六"弗遇过之,飞鸟离之",朱子存其二说,谓仍当作"弗过遇之",而不知古人读"离"为"罗",正与"过"为韵也。《杂卦传》"《晋》,昼也;《明夷》,诛也";孙奕改"诛"为"昧",

而不知古人读"昼"为"注"，正与"诛"为韵也。《楚辞·天问》："简狄在台，喾何宜？玄鸟致诒，女何嘉？"后人改"嘉"为"喜"，而不知古人读"宜"为"牛何反"，正与"嘉"为韵也。《招魂》"魂兮归来，北方不可以止些；增冰峨峨，飞雪千里些；归来归来，不可以久些"；五臣《文选》本作"不可以久止"，而不知古人读"久"为"几"（力按：当云读"久"为"纪"），正与"止"为韵也。《老子》"朝甚除，田甚芜，仓甚虚，服文采，带利剑，厌饮食，财货有余，是谓盗夸"；杨慎改为"盗竽"，谓本之《韩非子》，而不知古人读"夸"为"刳"，正与"余"为韵也。《淮南子·原道训》"以天为盖，以地为舆，四时为马，阴阳为驾，乘云陵霄，与造化者俱，纵志舒节，以驰大区"；后人改"驾"为"御"（据吴才老《韵补》引此作"驾"），而不知古人读"驾"为"邓"，正与"舆"为韵也。《史记·龟策传》"雷电将之，风雨迎之，流水行之，侯王有德，乃得当之"；后人改"迎"为"送"，而不知古人读"迎"为"昂"，正与"将"为韵也。《太史公自序》"有法无法，因时为业，有度无度，因物与舍"；今《汉书·司马迁传》亦正作"舍"，而后人改为"合"，不知古人读"舍"为"恕"，正与"度"为韵也。《柏梁台诗》上林令曰"走狗逐兔张罝罦"，今本改为"罦罝"，又改为"罦罳"，而不知古人读"罦"为"扶之反"，正与"时"为韵也。扬雄《后将军赵充国颂》"在汉中兴，充国作武，赳赳桓桓，亦绍厥后"；五臣《文选》本改"后"为"绪"，而不知古人读"后"为"户"，正与"武"为韵也。繁钦《定情诗》"何以结相於，金薄画搔头"；后人改"於"为"投"，而不知古人读"头"为"徒"，正与"於"为韵也。陆云《答兄平原诗》"巍巍先基，重规累构，赫赫重光，遐风激鹜"；今本改"鹜"为"鹜"，而不知古人读"构"为"故"，正与"鹜"为韵也。齐武帝《估客乐》"昔经樊邓役，阻潮梅根冶，深怀怅往事，意满辞不叙"；今本改"冶"为"渚"，不知《宋书·百官志》"江南有梅根及冶塘二冶"，而古人读"冶"为"墅"，正与"叙"为韵也。

《隋书》载梁沈约《歌赤帝辞》"齐醍在堂,笙镛在下,匪惟七百,无绝终古",今本改"古"为"始",不知"长无绝兮终古"乃《九歌》之辞,而古人读"下"为"户",正与"古"为韵也。

《诗》曰"汎彼柏舟,在彼中河,髧彼两髦,实为我仪,之死矢靡他",则古人读"仪"为"俄"之证也。《易·离》九三"日昃之离,不鼓缶而歌,则大耋之嗟",则古人读"离"为"罗"之证也。张衡《西京赋》"徼道外周,千庐内附,卫尉八屯,巡夜警昼",则古人读"昼"为"注"之证也。《诗》曰"君子偕老,副笄六珈,委委佗佗,如山如河,象服是宜,子之不淑,云如之何",则古人读"宜"如"牛何反"之证也。又曰"何其久也?必有以也";又曰"吉甫燕喜,概多受祉,来归自镐,我行永久",则古人读"久"为"几"之证也。左思《吴都赋》"横塘查下,邑屋隆夸,长干延属,飞甍舛互",则古人读"夸"为"刳"之证也。《汉书·叙传》"舞阳鼓刀,滕公厩驷,颍阴商贩,曲周庸夫,攀龙附凤,并乘天衢",则古人读"驷"为"邪"之证也。《庄子》"不将不迎,应而不藏,故能胜物而不伤";又曰"无有所将,无有所迎",则古人读"迎"为"昂"之证也。《曲礼》"将适舍,求毋固";《离骚》"余固知謇謇之为患兮,忍而不能舍也,指九天以为正兮,夫惟灵修之故也",则古人读"舍"为"恕"之证也。秦始皇《东观刻石文》"常职既定,后嗣循业,长承圣治,群臣嘉德,祗诵圣烈,请刻之罘",则古人读"罘"为"扶之反"之证也。《诗》曰"予曰有疏附,予曰有先后,予曰有奔奏,予曰有御侮",则古人读"后"为"户"之证也。《史记·龟策传》"今寡人梦见一丈夫,延颈而长头,衣玄绣之衣,而乘辎车",则古人读"头"为"徒"之证也。《荀子》"肉腐出虫,鱼枯生蠹,怠慢忘身,祸灾乃作,强自取柱,柔自取束,邪秽在身,怨之所构","作、束"并去声,则古人读"构"为"故"之证也。马融《广成颂》"然后缓节舒容,裴回安步,降集波篡,川衡泽虞,矢鱼陈罟,兹飞宿沙,田开古冶,犟终葵,扬关斧,刊重冰,拨

蛰户，测潜鳞，踵介旅"，则古人读"冶"为"墅"之证也。《诗》曰
"于以奠之，宗室牖下，谁其尸之，有齐季女"，则古人读"下"为
"户"之证也。凡若此者，遽数之不能终也。其为古人之本音而非
叶韵，则陈第已辨之矣。

　　若夫近日之锓本，又有甚焉。阮瑀《七哀诗》"冥冥九泉室，漫
漫长夜台，身尽气力索，精魂靡所能"，今本改"能"为"回"，不知
《广韵》十六咍部元有"能"字，姚宽证之以《后汉书·黄琬传》"欲
得不能，光禄茂才"，以为不必是鳌矣。张说《陇右节度大使郭知
运神道碑铭》"河曲回兵，临洮旧防，手握金节，魂沈玉帐，千里送
丧，三军悽怆"，《唐文粹》本改"防"为"阯"以叶上文"喜、祉"诸
字，不知《广韵》四十一漾部元有"防"字，而"峻岨塍埒长城，谽
险吞若巨防"，已见于左思之《蜀都赋》矣（卢照邻《奉使益州诗》"峻
岨埒长城，高标吞巨防"，正用《蜀都赋》语，今本卢诗改"防"为
"舫"）。李白《日夕山中有怀》诗"久卧名山云，遂为名山客，山深
云更好，赏弄终日夕，月衔楼间峰，泉漱阶下石，素心自此得，真趣
非外借"，今本改"借"为"惜"，不知《广韵》二十二昔部元有"借"
字，而"伤美物之遂化，怨浮龄之如借"，已见于谢灵运之《山居赋》
矣。凡若此者，亦遽数之不能终也（其详并见《唐韵正》本字下）。

　　嗟夫！学者读圣人之经与古人之作，而不能通其音；不知今人
之音不同乎古也，而改古人之文以就之，可不谓之大惑乎？昔者，
汉熹平四年，议郎蔡邕奏求正定五经文字，乃自书丹于碑，使工镌
刻，立于大学门外，后儒晚学，咸取正焉。魏正始中，又立古文、篆、
隶三字石经。自是以来，古文之经不绝于代，传写之不同于古者，
犹有所疑而考焉。天宝初，诏集贤学士卫包改为今文，而古文之传
遂泯，此经之一变也。汉人之于经，如先、后郑之释三礼，或改其
音，而未尝变其字。子贡问乐一章，错简明白，而仍其本文，不敢移
也，注之于下而已。所以然者，述古而不自专，古人之师传固若是

也。及朱子之正《大学》《系辞》，径以其所自定者为本文，而以错简之说注于其下，已大破拘牵之习。后人效之，《周礼》五官互相更易，彼此纷纭；《召南·小雅》，且欲移其篇第，此经之又一变也。

闻之先人，自嘉靖以前，书之锓本虽不精工，而其所不能通之处，注之曰"疑"；今之锓本加精，而疑者不复注，且径改之矣。以甚精之刻，而行其径改之文，无怪乎旧本之日微，而新说之愈凿也。故愚以为读九经自考文始，考文自知音始，以至诸子百家之书亦莫不然。不揣寡昧，僭为《唐韵正》一书；而于《诗》《易》二经各为之音，曰《诗本音》，曰《易音》，以其经也，故列于《唐韵正》之前。而学者读之，则必先《唐韵正》而次及《诗》《易》二书，明乎其所以变，而后三百五篇与卦爻象象之文可读也。其书之条理最为精密，窃计后之人必有患其不便于寻讨，而更窜并入之者，而不得不豫为之说以告也。夫子有言："齐一变，至于鲁，鲁一变，至于道。"今之《广韵》固宋时人所谓菟园之册，家传而户习者也。自刘渊韵行，而此书几于不存。今使学者睹是书，而曰自齐梁以来，周颙、沈约诸人相传之韵固如是也，则俗韵不攻而自绌，所谓"一变而至鲁"也。又从是而进之五经三代之书，而知秦汉以下至于齐梁历代迁流之失，而三百五篇之《诗》可弦而歌之矣，所谓"一变而至道"也。故吾之书一循《广韵》之次第，而不敢辄更，亦犹古人之意，且使下学者易得其门而入。非托之足下，其谁传之？今抄一帙附往。而考古之后，日知所亡，不能无所增益，则此之书犹未得为完本也。

《音学五书》卷首，附序后。

第三节　江永的古音学

在第一编第三章里，我们已经讲过江永的等韵学，现在再讲他的古音学。关于古音方面，他著有《古韵标准》一书。

　　他研究音韵学与顾亭林稍有不同：顾氏不管今音，只研究古音；而他则二者兼备。因为他研究今音，懂得音理，对于他的古音学有很大的帮助。他曾批评顾亭林"考古之功多，审音之功浅"①，可见他本人是很注重于审音的了。

　　江氏对于古韵部的见解，与顾氏大不相同处有两点：第一，自真至仙，顾氏认为一部；自侵至凡，顾氏亦认为一部。江氏则以真谆臻文殷与魂痕为一类，口敛而声细；元寒桓删山与仙为一类，口侈而声大②。先韵介于两韵之间，一半从真谆，另一半从元寒③。侵至凡，江氏亦认为可分两部：侵韵字与覃韵之"南男参潭"，谈韵之"三"，盐韵之"潜缄"等字共为一类，口敛而声细；添严咸衔凡与覃韵之"函涵"，谈韵之"甘蓝谈"，盐韵之"詹襜"等字另为一类，口侈而声大。敛侈，亦称为弇侈，就是现在所谓闭口元音与开口元音。江氏根据音理而把以-n 收的韵及以-m 收的韵各分为两类，这可说是音韵学上的一种进步。

　　第二，顾氏把侯韵归入鱼虞模的一类，江氏不以为然。江氏把虞韵分为两半，以"吴无于瞿夫尃夸雩"谐声的属鱼，另以"禹吕句区需须朱殳俞臾娄付音厨取"谐声的属侯，于是鱼与侯就划然成为两类。顾氏把萧宵肴豪尤幽认为一类，江氏却把幽尤归侯。这么一来，顾氏的鱼萧二类到了江氏手里就变了鱼萧侯三类。江氏把鱼从侯部里分出来，也是一种进步；但他认幽尤与鱼同类，却是后世的古音学家所不承认的。

　　由上述两点看来，江氏所分的古韵部比顾氏多了三部。因此，他所定的古韵就是十三部：

---

① 见《古韵标准·例言》第四段。
② 见《古韵标准》平声第四部总论。《守山阁丛书》本，卷一，页 24。
③ "先天坚贤田年颠渊"等字从真谆，"肩前钱戋燕莲妍胼涓边悬"等字从元寒。

（一）东冬钟江；

（二）脂之微齐佳皆灰咍(分支尤韵字属之)；

（三）鱼模(分虞麻韵字属之)；

（四）真谆臻文殷魂痕(分先韵字属之)；

（五）元寒桓删山仙(分先韵字属之)；

（六）萧宵肴豪(此四韵字分属第十一部)；

（七）歌戈(分麻支韵字属之)；

（八）阳唐(分庚韵字属之)；

（九）耕清青(分庚韵字属之)；

（十）蒸登；

（十一）侯幽(分尤虞萧宵肴豪韵字属之)；

（十二）侵(分覃谈盐韵字属之)；

（十三）添严咸衔凡(分覃谈盐韵字属之)。

此外关于入声问题，江氏主张"数韵共一入"①，所以他只把入声分为八部：

（一）屋烛(分沃觉韵属之，又别收锡候韵字)；

（二）质术栉物迄没(分屑薛韵字属之，又别收职韵字)；

（三）月曷末黠鎋(分屑薛韵字属之)；

（四）药铎(分沃觉陌麦昔锡韵字属之，又别收御祃韵字)；

（五）麦昔锡(此三韵分属第四部，又别收烛韵字)；

（六）职德(别收屋志怪队代咍沃韵字)；

（七）缉(分合葉洽韵属之)；

---

①　江氏《四声切韵表·例言》云："除缉合以下九部为侵覃九韵所专，不为他韵借，他韵亦不能借；其余二十五部诸韵，或合二三韵而共一入。无人者间有之，有人者为多。诸家各持一说，此有彼无，彼有此无者，皆非也。顾氏之言曰：'天之生物，使之一本，文字亦然。'不知言各有当，数韵共一入，犹之江汉共一流也，何嫌于二本乎？"

（八）盍帖业狎乏（分合叶洽韵属之）。

江氏对于古代声调，和顾亭林的意见颇相合，也以为四声一贯。依他看来，古人是有四声的，不过押韵不甚严格，平声也可与入声相押罢了。

参考资料

【《四库全书提要》评《古韵标准》】——《古韵标准》四卷，国朝江永撰。永有《周礼疑义举要》，已著录。自昔论古音者不一家，惟宋吴棫，明杨慎、陈第，国朝顾炎武、柴绍炳、毛奇龄之书最行于世。其学各有所得，而或失于以今韵分求古韵，或失于以汉魏以下，隋陈以前，随时递变之音，均谓之古韵。故拘者至格阂而不通，泛者至丛脞而无绪。永是书惟以《诗》三百篇为主，谓之诗韵，而以周秦以下音之近古者附之，谓之补韵。视诸家界限较明。其韵分平上去声各十三部，入声八部；每部之首，先列韵目。其一韵歧分两部者，曰"分某韵"，韵本不通，而有字当入此部者，曰"别收某韵"；四声异者，曰"别收某声某韵"。较诸家体例亦最善。每字下各为之注，而每部末又为之总论，书首复冠以《例言》及《诗韵举例》一卷。大旨于明取陈第，于国朝取顾炎武，而复补正其讹缺；吴棫、杨慎、毛奇龄之书间有驳诘；柴绍炳以下，则自郐无讥焉。古韵之有条理者，当以是编为最，未可以晚出而轻之也。

【江永《古韵标准·例言》】——近世音学数家，毛先舒稚黄、毛奇龄大可、柴绍炳虎臣各有论著，而昆山顾炎武宁人为特出。余最服其言曰："孔子传《易》亦不能改方音。"又曰："韩文公笃于好古，而不知古音。"非具特识，能为是言乎？有此特识，权度在胸，乃能上下考其同异，订其是非，否则彼以为韵则韵之，何异侏儒观优乎？细考《音学五书》，亦多渗漏，盖过信古人韵缓不烦改字之说，于"天田"等字皆无音。《古音表》分十部，离合处尚有未精，其分配入声多未当,此亦考古之功多,审音之功浅,每与东原叹惜之。今分平上去三声,皆十三部,入声八部,实欲弥缝顾氏之书。顾氏尝言五十年后当有知我者(见《李榕村集》),盖同时若毛氏奇龄辈,自负该博,未肯许可。余学谫陋,匪云能知顾氏,然已倾倒其书;而不肯苟同,是乃所以为知;更俟后世子云论定之。毛氏著《古今通韵》,其病即在"通"字,古韵自有疆界,当通其所可通,毋强通其所不可通。若第据汉魏以后乐府诗歌,何不反而求之《三百篇》? 某韵与某韵果通乎? 有数字通矣,岂尽一韵皆通乎? 偶一借韵矣,岂他诗亦常通用乎? 今书三声分十三部,入声分八部,疆界甚严;间有越畔,必求其故,正所以遏其通也。

　　古韵既无书,不得不借今韵离合以求古音,今韵有隋唐相传二百六部之韵,有宋末平水刘渊合并一百七部之韵。今世词家习于并韵,谈韵学者亦粗举并韵,甚且误以刘韵为沈约韵。夫音韵精微,所差在毫厘间;即此二百六部者,吾尚欲条分缕析,以别音呼等第,以寻支派脉络;况又以并韵混而一之,宜乎不得要领,而迷眩于真文元寒删先之通转,质物月曷黠屑之通转也! 顾氏书悉用《唐韵》,最为有见。今本之。每部首先列韵目,一韵歧分两部者,曰"分某韵";韵本不通而有字当入此部者,曰"别收某韵";四声异者曰"别收某声某韵"。顾氏分十部,今何以平上去皆十三部也? 第四部为真文魂一类,第五部为元寒仙一类,顾氏合为一也;第六部为萧肴豪分出一支,不与尤侯通;第十一部为尤侯一类,当分萧肴豪之一支,不与第六部通,而顾氏亦合为一也。第十二十三,自侵至凡九韵,当分两部,而顾氏又合为一也。其说详于各部总论。

　　四声虽起江左,案之实有其声,不容增减,此后人补前人未备之一端。平自韵平,上去入自韵上去入者,恒也;亦有一章两声或三四声者,随其声讽诵咏歌,亦自谐适,不必皆出一声。如后人诗余歌曲,正以杂用四声为节奏,《诗》韵何独不然? 前人读韵太拘,必强纽为一声，遇字音之不可变者，以强纽失其本音。顾氏始去此病，各以本声读之。不独《诗》当然，凡古人有韵之文皆如此读，可省无数纠纷，而字亦得守其本音，善之尤者也。然是说也，陈氏实启之。陈氏于"不宜有怒"句引颜氏"怒"有上去二音之说驳之曰："四声之说起于后世，古人之诗取其可歌可咏，岂屑屑毫厘若经生为耶？且上去二音亦轻重之间耳。"又于"绸缪束刍，三星在隅"注云："'刍'音'邹'，'隅'音鱼侯切；或问二平而接以去声可乎？曰'中原音韵声多此类，音节未尝不和畅也'。"是陈氏知四声可不拘矣，他处又仍泥一声，何不能固守其说耶？四声通韵，今皆具于举例；其有今读平而古读上如"予"字，今读去而古读平如"庆"字，可平可去如"信令行听"等字者，不在此例。唐人叶韵之"叶"字本不为病；病在不言叶音是本音，使后人疑《诗》中又自有叶音耳。叶韵，六朝人谓之协句，颜师古注《汉书》谓之合韵，叶即协也，合也，犹俗语言押韵，故叶字本无病。自陈氏有古无叶音之说，顾氏从之，又或以古音有异，须别转一音者为叶音。今亦不必如此分别，凡引《诗》某句韵某字，悉以韵字代之。

毗陵邵长蘅子湘曰："吴才老作《韵补》，古韵始有成书；朱子释《诗》注《骚》，尽从其说。"又引沙随程可久之言曰："吴说虽多，其例不过四声互用，切响同用二条，如通其说，则古书虽不尽见，可例推。盖才老《韵补》为朱子所推服如此，今四子经书训诂悉宗朱子，朱子宗之，吾从而诋排之，傎也！"论非不正；然古人著书，草创者未必尽精，《韵补》岂遂为不刊之典？叶韵者，诗中之末事，朱子取《韵补》释《诗》，所以便学者诵读，意不在辨古音。故"桃之夭夭，灼灼其华，之子于归，宜其室家"，"昼尔于茅，宵尔索绹"，"其桐其椅，其实离离，岂弟君子，莫不令仪"，此类今音可读，即不复加叶音；今书意在辨古音，此类势不得复仍旧贯。凡吴氏之叶音，《集传》从之而不安者，亦不得不行改正；书之体宜尔。且朱子于经书既得其大者，古韵一事不暇辨析毫厘,亦何损于朱子? 笃信先儒,固不在此区区也。

顾氏《诗本音》改正旧叶之误颇多,亦有求之太过,反生葛藤。如一章平上去入各用韵,或两部相近之音各用韵,率谓为一韵,恐非古人之意。《小戎》二章,以"合軜邑"叶"骖",以"念"字叶"合軜邑",尤失之甚者。今随韵辨正,亦不能尽辨也。

经传楚辞子史百家可证《诗》韵者引之。亦不必多引,取证明而已。凡旁证取其近古者,魏晋以后间引一二。欲考其详,自有顾氏专书。音变源流,及《诗》外之字,亦多采顾说。

桐城方以智密之曰:"古音之亡于沈韵,犹古文之亡于秦篆;然沈韵之功,亦犹秦篆之功。自秦篆行而古文亡;然使无李斯画一,则汉晋而下各以意造书,其纷乱何可胜道! 自沈韵行而古音亡;然使无沈韵画一,则唐至今皆如汉晋之以方言读,其纷乱又何可胜道!"此言实为确论。方氏虽误以今行之韵为沈韵,然韵之合并,亦因唐宋之同用。幸而二百六部之韵书犹存,考古者犹可沿流而溯源;使无其书,人自为韵,则真侵寒咸亦且可合,不但如周德清、宋景濂等之并江阳与庚青蒸而已;一东且将阑入"彭朋兄荣"等字,不止"风冯弓雄"而已。甚则依吴杨二家之书,杂采汉晋唐宋舛谬鄙俚之韵,而命之曰"此古韵也",其纷乱曷有极乎! 韵书流传至今者虽非原本,其大致自是周颙、沈约、陆法言之旧。分部列字,虽不能尽合于古,亦因其时音已流变,势不能泥古违今。其间字似同而音实异,部既别则等亦殊,皆杂合五方之音,剖析毫厘,审定音切,细寻脉络,曲有条理。其源自先儒经传子史音切诸书来,六朝人之音学非后人所能及;同文之功,拟之秦篆,当矣。今为《三百篇》考古韵,亦但以今韵合之,著其异同斯可矣;必曰某字后人误入某韵,混入某韵,此顾氏之过论,余则不敢。今韵之有条理处,别有《四声切韵表》《音学辨微》二书明之。

顾氏曰:"《三百五篇》,古人之音书;魏晋以下,去古日远,辞赋日繁，而后名之曰韵；至宋周颙、梁沈约而四声之谱作。然自秦汉之文，其音已渐戾于古，至宋益甚；而休文作谱，乃不能上据《雅》《南》，旁摭《骚》子，以成不刊之典，而仅案班张以下诸人之赋，曹刘以下诸人之诗所用之音，撰为定本，于是今音行而古音亡，为音学之一变。"案顾氏所以责休文者似矣，愚谓不然。当时四声之说新立，声病之论甚严，又反切之学盛行于南北，而等韵字母亦渐传自西域，演于缁流。休文盖因李登、吕静之《声类》，周颙之《四声切韵》而谱之；观其与王筠论《郊居赋》"霓"字之读，首须严于辨声。若夫东冬钟、支脂之，别之为三；寒桓删山、萧宵肴豪，析之为四；江次冬钟，不随阳唐；侯间尤幽，不厕虞模；此类盖因当时通行之音，审其粗细，以别部居。若一部之中，同韵异等如"公、宫"，同母异呼如"饥、龟"，同音异字如"岐、奇"，皆别其音切，不令淆混。由当时反切等韵之理大明，故能条分缕析。然则《四声》乃严于审音之书，亦为避八病之用，不止为诗家分韵而已。如欲分韵，则当时未有近体，取韵本宽，一声分十数部足矣，奚必二百六部，若此其严密哉？谓休文不能上据《雅》《南》，旁摭《骚》子，仅案班张曹刘以下之诗赋撰为定本，以今韵书考之，汉魏诗赋乍合乍离，恐非其所据；冬必别东，虞必别鱼，诗赋岂能分析及此哉？且音之流变已久，休文亦据今音定谱为今用耳，如欲绳之以古，"风"必归侵，"弓"必归"登"，"宜为"必归歌戈，举世其谁从之？余所病休文者：当时若能别定一谱，与今韵并行，听好古自择，亦足令古音不亡。既不能然，斯为缺典。若责其不能复古，是怪许叔重作《说文》不为钟鼎科斗书，而顾祖李斯以亡古文也，岂足以服其心哉？

　　顾氏又曰："天之未丧斯文，必有圣人复起，举今日之音而还之淳古者。"愚谓此说亦大难。古人之音，虽或存方音之中，然今音通行既久，岂能以一隅者概之天下？譬犹窑器既兴，则不宜于笾豆；壶斝既便，则不宜于尊罍。今之孜孜考古音者，亦第告之曰：古人

本用笾豆尊罍,非若今日之窑器壶斝耳。又示之曰:古人笾豆尊罍
之制度本如此,后之摹仿为之者或失其真耳。若废今人之所日用
者,而强易以古人之器,天下其谁从之? 观明初编《洪武正韵》,就
今韵书稍有易置,犹不能使之通行,而况欲复古乎? 顾氏《音学五
书》与愚之《古韵标准》皆考古存古之书,非能使之复古也。

第四节　段玉裁的古音学

　　段玉裁,字若膺,一字懋堂,江苏金坛人(1735～1815)。他著有
《说文解字注》,书后附有《六书音均表》。表中分古音为六类十七部:
　　第一类
　　(一)之咍(入声职德);
　　第二类
　　(二)萧宵肴豪;
　　(三)尤幽(入声屋沃烛觉);
　　(四)侯;
　　(五)鱼虞模(入声药铎);
　　第三类
　　(六)蒸登;
　　(七)侵盐添(入声缉葉怗);
　　(八)覃谈咸衔严凡(入声合盍洽狎业乏);
　　第四类
　　(九)东冬钟江;
　　(十)阳唐;
　　(十一)庚耕清青;
　　第五类
　　(十二)真臻先(入声质栉屑);

（十三）谆文欣魂痕；

（十四）元寒桓删山仙；

第六类

（十五）脂微齐皆灰祭泰夬废（入声术物迄月没曷末黠鎋薛）；

（十六）支佳（入声陌麦昔锡）；

（十七）歌戈麻。

照上表所列，有三点可注意：

1. 第十二部真至第十四部仙，江氏仅分作两部，段氏则分为三。

2. 第四部侯韵，顾氏以之归于鱼韵；江氏以之归于尤韵；到了段氏，他以为应独立为一部；《毛诗》中凡似侯尤幽通押者，并非同韵，乃系转韵，例如《诗·鄘风》："载驰载驱，归唁卫侯；驱马悠悠，言至于曹；大夫跋涉，我心则忧。"江氏以为"侯悠忧"是同韵，而段氏以为"侯驱"同韵，至"悠"字已经是转韵了。

3. 第十六部支佳是一韵，第十五部脂微齐皆灰是一韵，第一部之咍是一韵。将这些韵分为三部，是段氏的特见。他随便举了下面一些证据：

《诗·鄘风》：

　　相鼠有齿，人而无止。人而无止，不死何俟？

"齿止俟"属第一部。

　　相鼠有体，人而无礼。人而无礼，胡不遄死？

"体礼死"属第十五部。

《诗·小雅·鹿鸣之什》：

　　鱼丽于罶，鲿鲨；君子有酒，多且旨。

　　鱼丽于罶，鲂鳢；君子有酒，旨且有。

"鲨旨"属第十五部。"鳢有"属第一部。

《诗·大雅·生民之什》：

天之方懠,无为夸毗,威仪卒迷,善人载尸。民之方殿屎,则莫我敢葵。丧乱蔑资,曾莫惠我师。

"懠毗迷尸屎葵资师"属第十五部。

天之牖民,如埙如篪,如璋如圭,如取如携。

"携篪圭"属第十六部。

《孟子·公孙丑》:

虽有智慧,不如乘势;虽有镃基,不如乘时。

"慧势"属第十五部。"基时"属第一部。

屈原《卜居》:

宁与骐骥抗轭乎?将随驽马之迹乎?

"轭迹"属第十六部。

宁与黄鹄比翼乎?将与鸡鹜争食乎?

"翼食"属第一部。

秦琅邪台刻石文:

维二十六年,皇帝作始。端平法度,万物之纪,以明人事,合同父子;圣智仁义,显白道理。东抚东土,以省卒士;事已大毕,乃临于海。皇帝之功,勤劳本事;上农除末,黔首是富。普天之下,抟心揖志;器械一量,同书文字。日月所照,舟舆所载,皆终其命,莫不得意。

"始纪子理士海事富志字载意"属第一部。

应时动事,是维皇帝。匡饬异俗,陵水经地;忧恤黔首,朝夕不懈。除疑定法,咸知所辟;方伯分职,诸治经易。举错必当,莫不如画。

"帝地懈辟易画"属第十六部。

这只是千百例当中的几个例子。段氏所谓"三部自唐以前分别最严",乃是当时及后世的古音学家所公认的。这可算是古音学上的一个大发明。

段氏对于入声，仍如江永主张异平同入，以为平声多而入声少，所以每个入声必有几个平声相配，例如：职德本是第一部的入声，但同时可作第二部和第六部的入声，所以第一、第二、第六的平声可同一入声。

此外关于韵部次序，在段氏以前，如顾氏离析《唐韵》，然尚不敢把次序移动；到了段氏，他很大胆地把次序变更了。如东，从前都是列为第一部，他却移作第九。他以为韵的排列，应该把声音相近的放在一块儿。

段氏对于四声的意见也有不同，他以为周秦时仅有三声，即平上入，而没有去声。到魏晋时才渐渐有去声字，去声字是由上声入声而来。又周秦时的平声后来渐渐成为仄声①。他又说古代平声上声是一类，去声入声是一类，平上相近，去入相近。

和段氏同时的有段氏弟子江沅，著《说文解字音韵表》，完全依据段氏所说；其后有傅寿彤，著《古音类表》；朱骏声著《说文通训定声》，分古韵为十八部，这里不能细述。

参考资料

【段玉裁《诗经韵分十七部表》序】——十七部之分，于《诗经》及群经导其源派也。谛观《毛诗》用韵，第一部第十五部第十六部之分，第二第三第四第五部之分，第十二第十三第十四部之分以及入声之分配，皆显然不辨而自明。《孟子》曰："博学而详说之，将以反说约也。"宋苏氏之言曰："参伍错综，八面受敌，沛然应之，而莫御焉。"顾氏《诗本音》、江氏《古韵标准》，虽以《三百篇》为据依，未取《三百篇》之文，部分而汇谱之也。玉裁紬绎有年，依其类为之表，因其自然，无所矫拂，俾学者读之，知周秦韵与今韵异。凡

---

① 平上去入四声当中，除平声外，其余都是仄声。

与今韵异部者,古本音也;其于古本音有龃龉不合者,古合韵也。本音之谨严,如唐宋人守官韵;合韵之通变,如唐宋诗用通韵。不以本音蒇合韵,不以合韵惑本音,三代之韵昭昭矣。

【段玉裁第三部第四部第五部分用说】——下平十九侯,上声四十五厚,去声五十候为古韵第四部;上平九鱼、十虞、十一模,上声八语、九麌、十姥,去声九御、十遇、十一暮,入声十八药、十九铎,为古韵第五部。《诗经》及周秦文字,分用画然。顾氏误合侯于鱼为一部,江氏又误合侯于尤为一部,皆考之未精。顾氏合侯于鱼,其所引据,皆汉后转音,非古本音也。侯古音近尤而别于尤:近尤,故入音同尤;别于尤,故合诸尤者亦非也。第二第三第四第五部,汉以后多四部合用,不甚区分;要在《三百篇》,故较然画一。《载驰》之“驱侯”,不连下文“悠曹忧”为一韵;《山有枢》之“枢榆娄驱愉”不连下章“栲杻埽考保”为一韵;《南山有台》之“枸椽考后”,不连上章“栲杻寿茂”为一韵;《左氏传》“专之渝,攘公之输”,不与下文“莸臭”为一韵:此第四部之别于第三部也。《株林》之“驹株”,不与“马野”为一韵;《板》之“渝驱”,不与“怒豫”为一韵;《史记》“瓯窭满沟”,不与“汗邪满车”为一韵:此第四部之别于第五部也。古第二部之字,多转入于屋觉药铎韵中;第三部之字,多转入于萧宵肴豪韵中;第四部之字,多转入于虞韵中;第五部平声之字,多转入于麻韵中;入声之字,多转入于陌麦昔韵中:此四部分别之大概也。《左氏传》鸜鹆童谣首二句“鸲辱”及末二句“鸲哭”,第三部也;“羽野马”,第五部也;“趹侯襦”,第四部也;“巢遥劳骄”,第二部也:一谣而可识四部之分矣。

【段玉裁第十二部第十三部第十四部分用说】——(十二部、十三部、十四部)《三百篇》及群经屈赋分用画然。汉以后用韵过宽,三部合用,郑庠乃以真文元寒删先为一部。顾氏不能深考,亦合真以下十四韵为一部,仅可以读汉魏间之古韵,而不可以论《三百篇》之韵也。江氏考《三百篇》，辨元寒桓删山仙之独为一部矣；而真臻一部与谆文欣魂痕一部分用，尚有未审。读《诗经韵表》而后见古韵分别之严。唐虞诗："明明上天，烂然星陈，日月光华，宏予一人。"第十二部也。"南风之薰兮，可以解吾民之愠兮。"第十三部也。"卿云烂兮，糺缦缦兮，日月光华，旦复旦兮。"第十四部也。三部之分，不始于《三百篇》矣。第十二部入声质栉韵，汉以后多与十五部入声合用；《三百篇》分用画然。如《东方之日》一章不与二章一韵，《都人士》三章不与二章一韵，可证。

【段玉裁古十七部本音说】——《三百篇》音韵，自唐以下不能通，仅以为协音，以为合韵，以为"古人韵缓不烦改字"而已。自有明三山陈第深识确论，信古本音与今音不同，如凤鸣高冈，而啁噍之喙尽息也。自是顾氏作《诗本音》，江氏作《古韵标准》。玉裁保残守阙，分别古音为十七部。凡一字而古今异部，以古音为本音，以今音为音转。如"尤"读"怡"、"牛"读"疑"、"丘"读"欺"，必在第一部，而不在第三部者，古本音也。今音在十八尤者，音转也。举此可以隅反矣。第一部之韵，音转入于尤。第三部尤幽韵，音转入于萧宵肴豪。第四部侯韵，音转入于虞。第五部鱼虞模韵，音转入于麻。第六部蒸韵，音转入于侵。第七部侵盐韵，音转入于覃谈咸衔严凡。第二部至第五部、第六部至第八部，音转皆入于东冬钟。第九部东冬钟韵，音转入于阳唐。第十部阳唐韵，音转入于庚。第十一部庚耕清青韵，音转入于真。第十二部真先韵，音转入于文欣魂痕。第十三部文欣魂痕韵，音转入于元寒桓删山仙。第十三部第十四部音转皆入于脂微。第十五部脂微齐皆灰韵，音转入于支佳。第十六部支佳韵，音转入于脂齐歌麻。第十七部歌戈韵，音转亦多入于支佳。此音转之大较也。四江一韵，东冬钟转入阳唐之音也。不以其字杂厕之阳唐，而别为一韵，系诸一东二冬三钟之后，别为一韵，以著今音也；系诸一东二冬三钟之后，以存古音也。长孙讷言所谓"酌古沿今"者是也。其例甚善,而他部又未能准是例。惟二十幽一韵为尤韵将转入萧之音,十九臻一韵为真韵将转入谆之音,亦用此例之意。《说文》而下,《字林》所载,即多《说文》所无。苟有合于指事、象形、形声、会意之法,考文者所不废也。《三百篇》后,孔子赞《易》,老子言道德五千余言,用韵即不必皆同《诗》。汉代用韵甚宽,离为十七者几不可别识。晋宋而降,迄于梁陈,音转音变,积习生常,区别既多,陆韵遂定。皆古今声音之自然,考文者不能变今音而一反诸三代也。

【段玉裁古十七部音变说】——古音分十七部矣;今韵平五十有七,上五十有五,去六十,入三十有四,何分析之过多也?曰:音有正变也。音之敛侈必适中;过敛而音变矣,过侈而音变矣。之者,音之正也;咍者,之之变也(如同一"台"声,而"怡饴"在之韵,"咍诒"在咍海韵)。萧宵者,音之正也;肴豪者,萧宵之变也(如同一"肖"声,而"宵消"在宵韵,"梢旓"在肴韵;同一"高"声,"歊"在宵韵,"蒿膏"在豪韵)。尤侯者,音之正也;屋者,音之变也(入声沃烛为正音,屋韵过侈为音变)。鱼者,音之正也;虞模者,鱼之变也(如"都"古音"猪"、"荼"古音"舒"之类)。蒸者,音之正也;登者,蒸之变也(如去声韵目"證嶝"二字皆"登"声,"嶝"字古音同"證")。侵者,音之正也;盐添者,侵之变也(如"廉"古音"林"、"占"古音"箴")。严凡者,音之正也;覃谈咸衔者,严凡之变也(严凡犹第十四部之元韵,覃谈咸衔犹第十四部之寒桓删山也,侵犹第十二部之真韵,盐添犹第十二部之先韵)。冬钟者,音之正也;东者,冬钟之变也(钟为正音,冬韵稍侈,东韵过侈)。阳者,音之正也;唐者,阳之变也。耕清者,音之正也;庚青者,耕清之变也(庚音侈,青音敛)。真者,音之正也;先者,音之变也(如"田"古音"陈"、"填"古音"尘"之类)。谆文欣者,音之正也;魂痕者,谆文欣之变也(如"魂","云"声,"云芸妘沄"在文韵;"痕","艮"声,"垠龈"

在欣韵)。元者,音之正也;寒桓删山仙者,元之变也。脂微者,音之正也;齐皆灰者,脂微之变也。支者,音之正也;佳者,支之变也。歌戈者,音之正也;麻者,歌戈之变也。大略古音多敛,今音多侈。之变为咍,脂变为皆,支变为佳,歌变为麻,真变为先,侵变为盐,变之甚者也。其变之微者,亦审音而分析之。音不能无变,变不能无分。明乎古有正而无变,知古音之甚谐矣。

【段玉裁古四声说】——古四声不同今韵,犹古本音不同今韵也。考周秦汉初之文,有平上入而无去;洎乎魏晋,上入声多转而为去声,平声多转为仄声,于是乎四声大备,而与古不侔。有古平而今仄者,有古上入而今去者,细意搜寻,随在可得其条理。今学者读《三百篇》诸书,以今韵四声律古人,陆德明、吴棫皆指为协句,顾炎武之书亦云平仄通押、去入通押,而不知古四声不同今,犹古本音部分异今也。明乎古本音不同今韵,又何惑乎古四声不同今韵哉?如"戒"之音"亟"、"庆"之音"羌"、"享飨"之音"香"、"至"之音"质",学者可以类求矣。古平上为一类,去入为一类;上与平一也,去与入一也。上声备于《三百篇》,去声备于魏晋(或谓四声起于永明,其说非也。永明文章,沈约、谢朓、王融辈始用四声,以为新变。五字之中,音韵悉异,一句之内,角徵不同。梁武帝雅不好焉,而问周舍曰:"何谓四声?"舍曰:"天子圣哲是也。"谓如以此四字成句,是即行文四声谐协之旨,非多文如梁武,不知平上去入为何物,而舍以此四字代平上去入也。取《宋书·谢灵运传论》及《南史·沈约庾肩吾陆厥传》《梁书·王筠传》读之,自明)。第二部平多转为入声,第十五部入多转为去声(第二部"乐龠爵绰较虐药谑凿沃柝驳的翟濯鬻跃蹻熇藐削溺"等字,绎《三百篇》皆平声,汉人不皆读平矣。至第十五部,古有入声而无去声,随在可证。如《文选》所载班固《西都赋》"平原赤,勇士厉",而下以"厉窜秒蹶折噬杀"为韵,"厉窜秒噬"读入声。左思《蜀都赋》"轨躅入达"而下,以"达出室术驷瑟恤"为韵,"驷"读入声。《吴都赋》"高门鼎贵"而下,以"贵杰裔世辙设噎"为韵,"贵裔世"读入声。《魏都赋》"均田画畴"而下,以"列羁悦世"为韵,"羁世"读入声。"鬈首之豪"而下,以"杰阙设晰裔发"为韵,"晰裔"读入声。郭璞《江赋》以"觖月聒翙沫豁碣"为韵,"觖"读入声。江淹《拟谢法曹诗》,以"汭别袂雪"为韵,"汭袂"读入声;《拟谢临川诗》,以"缺设绝澈晰沈蔽汭逝雪穴灭澨说"为韵,"晰蔽汭逝澨"读入声。法言定韵之前,无去不可入;至法言定韵以后而谨守者,不知古四声矣。他部皆准此求之),古无去声之说,或以为怪,然非好学深思不能知也。不明乎古四声,则于古谐声不能通。如李阳冰校《说文》,于"臬"字曰"自非声";徐铉于"裔"字曰"冏非声",是也。于古假借转注尤不能通。如"卒于毕郢"之"郢",本"程"字之假借;"颠沛"之"沛",本"跋"字之假借,而学者罕知,是也。

【段玉裁《古十七部合用类分表》序】——今韵二百六部,始东终乏,以古韵分之,得十有七部。循其条理,以之咍职德为建首,萧宵肴豪音近之,故次之;幽尤屋沃烛觉音近萧,故次之;侯音近尤,故次之;鱼虞模药铎音近侯,故次之:是为一类。蒸登音亦近之,故次之;侵盐添缉叶帖音近蒸,故次之;覃谈咸衔严凡合盍洽狎业乏音近侵,故次之:是为一类。之二类者,古亦交互合用。东冬钟江音与二类近,故次之;阳唐音近冬钟,故次之;庚耕清青音近阳,故次之:是为一类。真臻先质栉屑音近耕清,故次之;谆文欣魂痕音近真,故次之;元寒桓删山仙音近谆,故次之:是为一类。脂微齐皆灰术物迄月没曷末黠镲薛音近谆元二部,故次之;支佳陌麦昔锡音近脂,故次之;歌戈麻音近支,故次之;是为一类。《易·大传》曰:"方以类聚,物以群分。"是之谓矣。学者诚以是求之,可以观古音分合之理,可以求今韵转移不同之故,可以综古经传假借转注之用,可以通五方言语清浊轻重之不齐。

以上各节皆见《六书音均表》。

第五节　戴震的古音学

戴震,字东原,安徽休宁人(1723～1777)。他生平的著作很多;关于音韵学方面,他做了《声韵考》与《声类表》两部书①。《声类表》,起初是分为七类二十部②,后又改定为九类二十五部。今假定其所欲言之音值,列表如下:

(一)	1 阿……平声	歌、戈、麻	o
	2 乌……平声	鱼、虞、模	u
	3 垩……入声	铎	ok
(二)	4 膺……平声	蒸、登	iŋ
	5 噫……平声	之、哈	i
	6 億……入声	职、德	ik
(三)	7 翁……平声	东、冬、钟、江	uŋ
	8 讴……平声	尤、侯、幽	ou
	9 屋……入声	屋、沃、烛、觉	uk
(四)	10 央……平声	阳、唐	aŋ
	11 夭……平声	萧、宵、肴、豪	au
	12 约……入声	药	ak
(五)	13 婴……平声	庚、耕、清、青	eŋ
	14 娃……平声	支、佳	e
	15 戹……入声	陌、麦、昔、锡	ek

---

①　此外尚有《转语》二十章,今不传。或云《声类表》即《转语》。
②　九类中之第六与第七合并,第八与第九合并,即得七类二十部。

$$
（六）\begin{cases}16\ 殷……平声 & 真、谆、臻、文、欣、魂、痕 & in \\ 17\ 衣……平声 & 脂、微、齐、皆、灰 & i \\ 18\ 乙……入声 & 质、术、栉、物、迄、没 & it\end{cases}
$$

$$
（七）\begin{cases}19\ 安……平声 & 元、寒、桓、删、山、先、仙 & an \\ 20\ 霭……平声 & 祭、泰、夬、废 & ai \\ 21\ 遏……入声 & 月、曷、末、黠、鎋、屑 & at\end{cases}
$$

$$
（八）\begin{cases}22\ 音……平声 & 侵、盐、添 & im \\ 23\ 邑……入声 & 缉 & ip\end{cases}
$$

$$
（九）\begin{cases}24\ 醃……平声 & 覃、谈、咸、衔、严、凡 & am \\ 25\ 磼……入声 & 合、盍、葉、怗、业、洽、狎、乏 & ap\end{cases}
$$

阿乌垩……等是戴氏自己定的韵目。他所选的韵目全是影母的字。这一层是戴氏懂音理的地方，因为影母的字的元音之前都无辅音。又戴氏说那表上第一类到第五类是收鼻音的；第六与第七是收舌齿音的；第八与第九是收唇音的。不过他所说的收鼻音有不能全通之处；如"噫"类是收 i 音的，而 i 并非鼻音。戴氏将每一大类分三类：一阳声；一阴声；一入声。又谓阳声字为有入声之韵；阴声字为无入声之韵。他认歌戈麻近于阳声，故用鱼虞与之相配，拿现在的音理来说，这一点也很勉强。不过阴阳相配，实是戴氏开的先河。又第八、第九两部没有阴声字，据他说："以其为闭口音，而配之者更微不成声也。"但他这说法与语音学的道理恰相反；设如有音为 u，他的阳声是 um，在实际上，有 m 的音往往难念，而没有 m 的音比较好念。

又戴氏用音理来说明声韵正转之法。他在《声韵考》里说："正转之法有三：一为转而不出其类，脂转皆、之转哈、支转佳是也；一为相配互转，真文魂先转脂微灰齐、……模转歌是也；一为联贯递转，蒸登转东、之哈转尤、职德转屋、东冬转江……是也。"

他这一切理论,都出于他的一个根本观念①:

> 仆谓审音本一类,而古人之文偶有相涉,有不相涉,不得
> 舍其相涉者,而以不相涉者为断;审音非一类,而古人之文偶
> 有相涉,始可以五方之音不同,断为合韵。

他有了这一个根本观念,就不肯纯任客观。凡是他所认为应合的,就说是审音本一类;凡是他所认为应分的,就说是审音非一类。戴、段大不相同的地方,就是段氏只在《诗经》里作客观的归纳,而戴氏却根据他心目中的音理作主观的演绎。又书中多以等韵为根据②;根据宋元以后的等韵去推测周秦的古音,这是多么危险的事!戴氏的《声类表》中,仅分二十纽,以影喻微为同纽③,又以疑杂于精清从与心邪之间,非但不合古音,连宋元的等韵也不能相符,令人怀疑他的心目中的音理是否可靠,是否从他的主观去推测古音。所以单就古音学而论,戴氏是不及段氏的。

参考资料

【戴震《答段若膺论韵》书】——陆德明于《邶风》"南"字云:"古人韵缓,不烦改字。"顾氏取其说。江慎修先生见于覃至凡八韵字实有古音改读入侵者,元寒至仙七韵字实有古音改读入真者,音韵即至谐,故真已下十四韵侵已下九韵各析而二,自信剖别入微。在此大著更析真臻先与谆文殷魂痕为二,尤幽与侯为二,且悟古四声不同今韵,犹古本音不同今韵,遂以此断古无平仄通押,去入通押。书中自信剖别入微,亦在古音韵至谐之云。然仆谓古人

---

① 见《声类表》卷首,《答段若膺论韵书》,页8。段氏侯幽分立,真文分立,皆甚合理者;而戴氏强以审音本一类为理由,而把它们合并。
② 其等韵之说,散见《声韵考》与《声类表》。
③ 例如以"汪、王、亡、罔"同列于一纽。

以音韵从其意言：帝舜歌"喜、起、熙"二上一平，音节自佳，若并读平声，"喜、熙"转嫌于积韵。

　　夫音韵之谐，密近而成节奏为谐，稍远而成节奏亦谐，远而隔碍为不谐，字异音同，或积相似之音亦不谐。癸巳春，仆在浙东，据《广韵》分为七类，侵已下九韵皆收唇音，其入声古今无异说。又方之诸韵，声气最敛，词家谓之闭口音，在《广韵》虽属有入之韵，而其无入诸韵无与之配，仍居后为一类；其前无入者，今皆得其入声两两相配，以入声为相配之枢纽。

　　真已下十四韵皆收舌齿音，脂微齐皆灰亦收舌齿音，入声质术栉物迄月没曷末黠鎋屑薛合为一类。东冬钟江阳唐庚耕清青蒸登皆收鼻音，支佳之咍萧宵肴豪尤侯幽亦收鼻音，入声屋沃烛觉药陌麦昔锡职德。分蒸登之咍职德为一类；东冬钟江尤侯幽屋沃烛觉为一类；阳唐萧宵肴豪药为一类；庚耕清青支佳陌麦昔锡为一类；"弓冯熊雄梦腾"等字由蒸登转东；"尤邮牛丘裘纰谋"等字由之咍转尤；"服伏鞴福郁彧牧坶穆"等字由职德转屋；而东冬转为江；尤侯转为萧；屋烛韵字转觉；阳唐转为庚，及药韵字转陌麦昔锡。音之流变无定方；而可以推其相配者有如是。歌戈麻皆收喉音，鱼虞模亦收喉音，入声铎合为一类，以七类之平上去分十三部，及入声七部，得二十部。陆德明所谓古人韵缓者，仍有取焉。

　　大著内第一部之咍，第十五部脂微齐皆灰，第十六部支佳分用，说至精确；举三部入声论其分用之故，尤得之，其余论异平同入，或得或失。蒸之职登咍德一类，如"陾"由之转登，"能"由咍转登，"等"由海转等，及"凝"从"疑"之属。书内举"得来"为"登来"，"螟蛉"为"螟螣"，证陆韵以职德配蒸登非无见，因谓蒸登与之咍同入，此说是也。陆氏惟此类所分之韵多寡适同，余则或此分而彼合，盖陆氏未知音声洪细如阴阳表里之相配，是以参差不均。

　　真谆臻（分为三）脂（合为一）质术栉（亦分为三）文殷（分为

二）微（合为一）物迄（亦分为二）元废月魂痕（分为二）灰（合为
一）没（亦合为一）寒桓（分为二）泰（合为一）曷末（亦分为二）删
皆黠山夬镯先齐屑仙祭薛一类，如"寅"由真转脂，"挥晖翚"由文
转微，"旂圻沂"由殷转微，"西"由先转齐，"洗洒"由铣转荠，"狋"
由旨转狋，"浼"由铣转贿，"敦"由魂转灰，"窜"由泰转换，及"吻"
从"勿"，"讁辙"从"献"之属。书内言第十三部谆文欣魂痕第十四
部元寒桓删山仙与第十五部同入是也，而遗第十二部真臻先，则于
脂韵字以质栉为入者，及齐以屑为入，有未察矣。真已下分三部，
脂微诸韵与相配者仅一部，又言第十一部庚耕清青与第十二部同
入，殊失其伦。第十一部乃与第十六部同入，庚清青（分为三）支
（合为一）陌昔锡（亦分为三）耕佳麦一类，如"掷"从"郑"，"帻崝"
从"冥"，亦可证陆韵以陌麦昔锡配庚耕清青非无见。

　　书内言第十七部歌戈麻与十六部支佳同入，第十部阳唐与第
五部鱼虞模同入，皆失伦。盖陌麦昔锡为庚耕清青及支佳之入，今
音字也；其古音字与铎通者，陌韵之"陌莫伯白圻宅泽赫客格索作
哑虢绤剧戟逆虩摆"等字，麦韵之"获恕"等字，昔韵之"昔舄席夕
绎奕射释尺赤斥摭炙石硕碧"等字，锡韵之"赦䛐"等字，是为歌戈
麻及鱼虞模之入。麻韵半由歌戈流变，半由鱼虞模流变，如箇由暮
转箇；古音"华"读如"敷"，转而为"嶀"，再转而为今音。及"若婼
惹作哑咋蠚"等字，皆铎之类，平上去声见于麻马箇祃数韵，同类互
转也。陆氏所分，有入声无入声之韵截然不同，惟歌戈麻与有入者
同，与无入者异。陆氏溷同药铎为一，故失其入声；不知觉药一类，
铎又一类，铎韵之"襮乐栎凿鹤熇"等字，当别出归于药，而屋韵之
"熇瀑翟"等字，沃韵之"沃喾襮"等字，陌韵之"翟搦"等字，麦韵之
"覈"字，锡韵之"的趯轹溺激"等字，古音皆与觉药为一类。觉韵
之"朔斮簎"等字，药韵之"若著略蟜郤臄碏斫缚戄蠖"等字，当别
出归于铎。一为阳唐之入，一为歌戈麻之入，不可溷也。阳唐与萧

宵肴豪相配,歌戈麻与鱼虞模相配。

　　大著六(蒸登)七(侵盐添)八(覃谈咸衔严凡)九(东冬钟江)十(阳唐)十一(庚耕清青)十二(真臻先)十三(谆文欣魂痕)十四(元寒桓删山仙)凡九部,旧皆有入声;以金石音喻之,犹击金成声也。一(之咍)二(萧宵肴豪)三(尤幽)四(侯)五(鱼虞模)十五(脂微齐皆灰)十六(支佳)十七(歌戈麻)凡八部,旧皆无入声;前七部以金石音喻之,犹击石成声也。惟第十七部歌戈与有入者近,麻与无入者近,旧遂失其入声,于是入声药铎溷淆不分。仆审其音:有入者,如气之阳,如物之雄,如衣之表;无入者,如气之阴,如物之雌,如衣之里。又平上去三声,近乎气之阳,物之雄,衣之表;入声近乎气之阴,物之雌,衣之里。故有入之入与无入之去近,从此得其阴阳雌雄表里之相配;而侵已下九韵独无配,则以其为闭口音,而配之者更微不成声也。

　　顾氏分古音十部,入声仅分为四部,侵已下如旧,余则以配其无入之韵。其第五部虽误以尤幽合于萧肴豪,而分一屋之半,二沃之半,四觉之半,十八药之半,十九铎之半,二十三锡之半为萧宵肴豪之入者,独得之。其第三部虽误转侯以合于鱼虞模,又误以一屋之半,二沃之半,三烛四觉之半为鱼虞模之入,而不知此乃尤侯幽之入也。其以十八药之半,十九铎之半,二十陌,二十一麦之半,二十二昔之半为鱼虞模之入者,亦得之。其第二部虽溷淆不分,从而分之,以五质六术七栉八物九迄为脂微齐灰之入;十月十一没十二曷十三末十四黠十五鎋十六屑十七薛为皆祭泰夬废之入。二十一麦之半,二十二昔之半,二十三锡之半为支佳之入;二十四职,二十五德,一屋之半为之咍之入。此四者之平上去,昔人淆溷不分,而入声有分,顾氏因其平上去不分,并入声亦合之。然顾氏列真至仙为第四部,庚之半及耕清青为第八部,蒸登为第九部。苟知相配之说,昔人以入声隶于四部者非无见,则知入声当分为四。知入声可隶于彼又可隶于此，必无平上去分而入不分，入分而平上去不分，则彼分为四，此亦当分为四。今书内举入声以论三部之分，实发昔人所未发。

然昔人以职德隶蒸登，今以隶之咍，而明其同入，于彼此相配得矣；昔人以陌麦昔锡隶庚耕清青，今以隶支佳，而讥昔人于音理未审，则于彼此相配未有见故耳。昔人以质术栉物迄月没曷末黠鎋屑薛隶真谆臻文殷元魂痕寒桓删山先仙，今独质栉屑仍其旧，余以隶脂微齐皆灰，而谓谆文至山仙同入，是谆文至山仙与脂微齐皆灰相配，亦得矣；特彼分二部，此仅一部，分合未当。又六术韵字不足配脂，合质栉与术始足相配，其平声亦合真臻谆始足相配。屑配齐者也，其平声则先齐相配，今不能别出六脂韵字配真臻质栉者，合齐配先屑为一部，且别出脂韵字配谆术者，合微配文殷物迄，灰配魂痕没为一部，废配元月，泰配寒桓曷末，皆配删黠，夬配山鎋，祭配仙薛为一部，而以质栉屑隶旧有入之韵，余乃隶旧无入之韵，或分或合，或隶彼或隶此，尚宜详审。

第九第十第十一，此三部之次，观江从东冬流变，庚从阳唐流变，得其序矣。东韵字有从蒸登流变者，而列为第六部，隔越七八两部；尤从之咍流变，萧从尤幽流变，而以萧宵看豪处之咍后，尤幽侯前，未知音声相配故耳。支佳韵字，虽有从歌戈流变者，虞韵字虽有从侯幽流变者，皆属旁转，不必以列正转。其正转之法有三：一为转而不出其类，脂转皆、之转咍，支转佳是也；一为相配互转，真文魂先转脂微灰齐，换转泰，咍海转登等，侯转东，厚转讲，模转歌是也；一为联贯递转，蒸登转东，之咍转尤，职德转屋，东冬转江，尤幽转萧，屋烛转觉，阳唐转庚，药转锡，真转先，侵转覃是也。以正转知其相配及次序，而不以旁转惑之，以正转之同入相配定其分合，而不徒恃古人用韵为证，仆之所见如此。盖援古以证其合，易明也；援古以证其分，不易明也。古人用韵之文，传者希矣，或偶用此数字,或偶用彼数字,似彼此不相涉,未足断其截然为二为三也。况据其不相涉者分之,其又有相涉者,则不得不归之合韵,是合韵适以通吾说之穷,故曰,援古以证其分,不易明也。

江先生分真已下十四韵,侵已下九韵各为二,今又分真已下为三,分尤幽与侯为二,而脂微齐皆灰不分为三,东冬钟不分为二,谆文至山仙虽分而同入不分,尤幽侯虽分而同入不分。试以声位之洪细言之:真之"筠"与文之"云",本无以别,犹脂之"帷"与微之"韦"本无以别也。侯之"鈎讴"与尤之"鸠忧",虽洪细不同矣,犹东之"公翁"与钟之"恭雍",洪细不同也。他如模之"孤乌"与鱼之"居於",痕之"根恩"与殷之"斤殷",魂之"昆温"与文之"君煴"(於分切),豪之"高熘"(於刀切),与宵之"骄夭",其洪细皆然。而据《三百篇·山有枢》首章"枢榆娄驱愉",二章"栲杻埽考保",《南山有台》五章"枸椋考后",四章"栲杻寿茂",谓侯与尤幽不相杂;《载驰》之"驱侯",则谓其不连"悠曹忧"为一韵,《生民》之"榆蹂叟浮",《棫朴》之"櫯趋",《角弓》之"裕瘉",则谓为合韵。仆谓审音本一类,而古人之文偶有相涉,有不相涉,不得舍其相涉者,而以不相涉为断,审音非一类,而古人之文偶有相涉,始可以五方之音不同断为合韵。今书内列十七部,仆之意第三第四当并,第十二第十三亦当并,惟第七第八及第十四,江先生力辨其当分,仆曩者亦以为然,故江先生撰《古韵标准》时,曾代为举"艰鳏"二字,辨论其偏旁得声,江先生喜而采用之,后以真至先皆收舌齿音,侵至凡皆收唇音,其各分为二也,不过在侈敛之间,遂主陆氏古人韵缓为断。上年于《永乐大典》内得宋淳熙初杨倓《韵谱》校正一过,其书亦即呼等之说,于旧有人者不改,旧无人者悉以入隶之,与江先生《四声切韵表》合。仆已年定《声韵考》,别十九铎不与觉药通者,又分觉药陌麦昔锡之通铎者,为歌戈之入;谓江先生以曷为歌之入,末为戈之入者,应改正。杨氏虽不能辨别药铎之异,而以药铎配阳唐,配萧宵肴豪,又以铎配歌。

仆因究韵之呼等,一东内一等字与二冬无别,六脂内三等字与八微无别,十七真二等字与十九臻无别,十七真十八谆内三等合口呼与二十文三韵皆无别,真韵内三等开口呼与二十一殷无别,二十七删与二十八山无别,二仙内四等字与一先无别,四宵内四等字与三萧无别,十二庚内二等字与十三耕无别,十二庚十四清内三等开口呼两韵无别,清韵内四等字与十五青无别,十八尤内四等字与二十幽无别,二十二覃与二十三谈无别,二十四盐内四等字与二十五添无别,盐韵内三等字与二十八严二十九凡三韵皆无别,二十六咸与二十七衔无别,其余呼等同者音必无别(力按:若就宋音言之诚然;但不当据此以证古音)。盖定韵时有意求其密,用意太过,强生轻重,其一读东内一等字必稍重,读二冬内字必稍轻(力按:此乃戴氏臆说),观“东”德红切,“冬”都宗切,洪细自见(力按:德红与都宗无洪细之分)。然人之语言音声,或此方读其字洪大,彼方读其字微细,或共一方而此人读之洪大,易一人读之又微细,或一人语言此时言之洪大,移时而言之微细,强生重轻,定为音切,不足凭也。

唐国子祭酒李涪撰《刊误》论陆法言《切韵》一条有云:“上声为去,去声为上,又有字同一声,分为两韵,法言平声以‘东、农’非韵,以‘东、崇’为切,上声以‘董、勇’非韵,以‘董、动’为切,去声以‘送、种’非韵,以‘送、众’为切,入声以‘屋、烛’非韵,以‘屋、宿’为切,何须‘东、冬、中、终’,妄别声律?”涪去法言未远,已读“东冬”如一,“中终”如一,讥其妄别矣。又今人语言,矢口而出,作去声者,《广韵》多在上声;作上声者,《广韵》多在去声。李涪又云:“予今别白去上,各归本音;详较轻重,以符古义。理尽于此,岂无知音?”是今人语言与《广韵》上去互异,非后代始流变,在唐人已语言与韵书互异矣。韵书既出,视为约定俗成,然如“东冬、中终”

之妄别，不必强为之辞也。

仆巳年分七类为二十部者，上年以呼等考之，真至仙，侵至凡，同呼而具四等者二；脂微齐皆灰及祭泰夬废，亦同呼而具四等者二，仍分真巳下十四韵，侵巳下九韵各为二，而脂微诸韵与之配者亦各为二。……仆初定七类者，上年改为九类，以九类分二十五部，若入声附而不列，则十六部。阿第一，乌第二，垩第三，此三部皆收喉音；膺第四，噫第五，億第六，翁第七，讴第八，屋第九，央第十，夭第十一，约第十二，婴第十三，娃第十四，卮第十五，此十二部皆收鼻音；殷第十六，衣第十七，乙第十八，安第十九，霭第二十，遏第二十一，此六部皆收舌齿音；音第二十二，邑第二十三，醃第二十四，谍第二十五，此四部皆收唇音。收喉音者其音引喉，收鼻音者其音引喉穿鼻，收舌齿音者其音舒舌而冲齿，收唇音者其音敛唇，以此为次，自几于自然。

郑庠《古音辨》分阳支先虞尤覃六部；顾氏《古音表》析东阳耕蒸而四，析鱼歌而二，故增多四部；江先生《古音标准》更析真元而二，宵侯而二，侵谈而二，故多于顾氏三部；今析支脂之祭而四，故又多三部。入声，顾氏仅屋质药缉四部；江君析质月锡职而四，析缉盍而二，故增多四部；今更析药铎而二。顾氏铎并屋后，而药铎有分，江君适未省照也。顾以屋质药缉隶鱼支宵侵，江以屋质月药锡职缉盍隶东真元阳耕蒸侵谈，又以屋隶侯，质月锡职隶支，药隶鱼，缉盍隶侵谈。而《广韵》歌戈麻，取其所分月之属曷末及药之属陌昔隶之。盖江君未知音声相配，故分合犹未当：知皆有入声而未知歌戈本与旧有入之韵近，因引喉而不激扬，昔人遂以其所定无入之韵例之。凡音声皆起于喉，故有以歌韵为声音之元者，其同于旧有入之韵，不同于旧无入之韵，明矣。江君亦未明于音声相配，此虽仆所独得，而非敢穿凿也。

仆以为考古宜心平，凡论一事，勿以人之见蔽我，勿以我之见自蔽;尝恐求之太过,强生区别,故宁用陆德明古人韵缓之说。后以殷衣乙及音邑五部字数过多,推之等韵,他部皆止于四等,此独得四等者二,故增安霭遏及醃醈五部。至若殷乙及沤,更析之则呼等不全,于《三百篇》以合韵之说通其穷者必多。凡五方之音不同,古犹今也,故有合韵。必转其读,彼此不同,乃为合韵。如《载驰》之"济闷",《抑》之"疾戾",此不必改读而自谐者也。"闷"属六至,"济"属十二霁,在去声本一类;即读入声,如五质之"佖",脂旨至质,真轸震质,相配共入,亦无不谐。"疾"属质韵,"戾"属霁韵,亦然。特以质栉屑隶真臻先,使真臻先不与谆文殷魂痕通,以脂微齐皆灰与谆文至山仙共入,不与真臻先共入,而"济戾"二字便将脂微齐皆灰及术物迄没诸韵字牵连,而至割之不断矣。"榆趣苟驱附奏垢裕"之互相牵连亦然。

　　顾氏于古音有草创之功,江君与足下皆因而加密。顾改侯从虞,江改虞从侯,此江优于顾处;顾药铎有别,而江不分,此顾优于江处。其郑为六,顾为十,江为十三,江补顾之不逮,用心亦勤矣。此其得者,宜引顾江之说,述而不作;至支脂之有别,此足下卓识,可以千古矣!仆更分祭泰夬废及月曷末黠镈薛,而后彼此相配,四声一贯,则仆所以补前人而整之就叙者,愿及大著未刻,或降心相从而参酌焉。

　　《声类表》卷首,页1~14。

第六节　钱大昕的古音学

　　钱大昕,字晓徵,号辛楣,又号竹汀,江苏嘉定人(1728~1804)。关于音韵方面的著作他没有专书①,但他的《十驾斋养新

---

① 他著有《声类》一书,在《粤雅堂丛书》内。但只搜集材料,颇像类书,里头没有音韵理论。

录》卷五与《潜研堂文集》卷十五都是讨论音韵的。

在钱氏以前,研究古音的人,如陈第、顾炎武、江永、段玉裁、戴震等,都只注重古韵,没有讨论到古纽。首先注意到古纽的问题的,恐怕要算钱氏了。关于古纽,钱氏注意到四个要点:

(一)古无轻唇音。钱氏举例甚多,如伏羲即庖羲、伯服即伯鞴、士鲂即士彭、扶服即匍匐、密勿即蠠没、附娄即部娄、汶山即岷山①。证据确凿,当为可信。虽仅就古书通用之例看来,也可以说古无重唇而有轻唇;但是,依现代方言看来,在闽粤吴等处,轻唇字仍多读重唇者,而重唇字却未变轻唇,这一个重要的痕迹令我们倾向于假定古无轻唇。

(二)古无舌上音。钱氏所举之例亦甚多,例如古音"赵"读如"捯"、"直"读"特"、"竹"读如"笃"、"裯"读"祷"②。"捯、特、笃、祷"等字都是舌头音,所以舌上音在古代是与舌头音不分的。《十驾斋养新录》卷五有"舌音类隔之说不可信"一条,专论此理。按所谓舌上音,高本汉假定为舌面与前硬腭接触所发之音,此种音不若舌头音之常见。舌头音既系世界各民族所常有的音,当中国古代舌上与舌头不分时,我们当然倾向于相信是舌上归入舌头,而古代没有舌上音了。

(三)古人多舌音。钱氏谓"古人多舌音,后代多变齿音,不独知彻澄三母为然"。他的意思就是说照穿床等母的字在古代也有许多归舌音的。他所举的例是:古读"舟"如"雕"、读"至"如"疐"、读"专"如"嵩"、读"支"如"鞮"③。

(四)古影喻晓匣双声。钱氏说:"如'荣怀'与'杬阻'均为双声,

---

① 引证原文共六十五则,见《养新录》卷五,页14~25。
② 引证原文见《养新录》卷五,页25~30。
③ 引证原文见《养新录》卷五,页30~31。

今人则有匣喻之别矣①。'噫嘻、於戏、於乎、呜呼'皆叠韵兼双声也，今则以'噫於呜'属影母，'嘻戏呼'属晓母，'乎'属匣母。又如'于、於'同声亦同义，今则以'于'属喻母，'於'属影母。"

上述的四点，都是很有道理的，尤其是一、二两点很值得我们注意。此外，钱氏对于古音也有许多议论；其中最着重的根本主张就是说《诗经》有正音，有转音。正音，就是从偏旁得声；转音，就是声随义转或双声假借。

所谓声随义转，例如《诗·小雅·节南山之什·小旻》第三章云：

> 我龟既厌，不我告犹。谋夫孔多，是用不集。发言盈庭，谁敢执其咎？如匪行迈谋，是用不得于道。

因为依毛公说，"集"是"就"的意思，所以便读为"就"音。又如《诗·大雅·荡之什·瞻卬》第七章云：

> 不自我先，不自我后。藐藐昊天，无不克巩。无忝皇祖，式救尔后。

后，古音"户"②，"巩"的正音本在东部，但毛公训"巩"为固，钱氏以为即从"固"音，所以"固"与"户"就能押韵了。

所谓双声假借，例如《易·屯·象》以"民"与"正"为韵，因为"民、冥"双声，所以读"民"为"冥"。《观·象》以"平"与"宾民"为韵，因为"平、便"双声，所以读"平"为"便"。《讼·象》以"渊"与"成正"为韵，因为"渊、营"双声，所以读"渊"为"营"。《乾·象》以"天"与"形成"为韵，因为"天、汀"双声，所以读"天"为"汀"。

依我们看来，声随义转之说已有几分勉强，双声假借之说更与

① 按："杌陧"乃疑母双声，与匣喻无关。
② 此乃依顾炎武之说。若依段玉裁、江有诰、王念孙之说，"后"字在侯部，不与"户"字同音，则不能与"固"押韵，钱氏之说亦即不能成立。

宋人叶音之说异名而同实。钱氏自己也说："古人有韵之文,正音
多而转音少,则谓转音为协,固无不可。"①这种说法,不能像他对
于古纽的辩证那样地博得音韵学界的普遍的同情。

参考资料

　　【钱大昕评古敛今侈说】——问:近儒言古音者,每谓古敛而
今侈,如之之为哈、歌之为麻,由敛而侈,似乎可信。曰:此说亦不
尽然;盖有古侈而今敛者矣。如古之唇音,皆重唇也,后人于其中
别出轻唇四母;轻唇敛于重唇也。古多舌音,后人或转为齿音,齿
音敛于舌音也(力按:段玉裁等所谓古敛今侈,系指元音之开闭程
度而言。钱氏以辅音与元音相提并论,未合音理)。"甫方扶房武
分"诸字本重唇,今转为轻唇,而魏晋人所制反切不能改,则为类隔
之例以通之。善学者即类隔可以考齐梁以前之音,盖古人制反切,
其音未有不和者。而暖姝恟愁之夫,遂谓古人真有类隔之例,夫亦
大可哀矣。古人读"陟敕直耻猪竹张丈"皆为舌音,每用以切舌音
之字。"沖",直弓反,而《说文》读若"动",此可证古音"直"如
"特"也。字母家虽不知今之齿音古多读舌音,而犹不敢轻改相传
之反切,乃于舌音四母之外,兼存知彻澄三母,不混于齿音。此吾
所以言三十六母之为华音也。就今音言之,此三母诚为重沓,然因
是可以考求中华之旧音,则亦不无裨益矣。声音或由敛而侈,或由
侈而敛,各因一时之语言,而文字从之。如"仪宜为"字古音与歌
近,今入支韵,即由侈而敛也。岂可执古敛今侈之说,一概而论乎?
　　《潜研堂文集》卷十五,《答问》十二,页16~17。
　　【钱大昕论古无轻唇音】——问:轻唇之音,何以知古人必读
重唇也? 曰:《广韵》平声五十七部,有轻唇者仅九部(力按:此殆

---

① 参看下面参考资料。

指东钟微虞文元阳尤谈盐凡诸韵而言;谈盐两韵之轻唇音皆僻
字,故仅云九部),去其无字者,仅二十余纽。证以经典,皆可读
重唇。如伏羲即庖羲、伯服即伯犕、士鲂即士彭、扶服即匍匐、密
勿即蠠没、附娄即部娄、汶山即岷山、望诸即孟诸、负尾即陪尾、
苯芬即馥芬、有匪即有邲、繁缨即鞶缨、方羊即旁羊、封域即邦
域、亹亹即勉勉、膴膴即腜腜、芜菁即蔓菁、"封"读如"窆"、"佛"
读如"弼"、"纷"读如"豳"、"繁"读如"婆"、"亹"读如"门"、
"妃"读如"配"、"负"读如"背"、"茀"读如"孛"、"犮"读如
"勃"、"凤"读如"鹏",凡今人所谓轻唇者,汉魏以前,皆读重唇,
知轻唇之非古矣。吕忱《字林》反"穮"为方遥、反"襮"为方沃、
反"邝"为方代,"穮、襮、邝"皆重唇,则"方"之为重唇可知也。
忱,魏人,其时反切初行,正欲人之共晓,岂有故设类隔之例,以
惑人者乎?神珙《五音九弄反纽图》有重唇,无轻唇;即《涅槃经》
所列唇吻声,亦无轻唇。轻唇之名大约出于齐梁以后,而陆法言
《切韵》因之(力按:《切韵》非但无轻唇之名,且其反切亦无轻唇重
唇之分),相承至今。然非敷两母,分之卒无可分,亦可知其不出于
自然矣。

　　同上,页18。

　　【钱大昕论晓匣影喻古音】——问:古音于晓匣影喻,似不分
别。曰:凡影母之字,引而长之,即为喻母;晓母之字,引长之,稍
浊,即为匣母,匣母三、四等字,轻读,亦有似喻母者(力按:"引长、
轻读"皆不足为声纽相互间的分别)。故古人于此四母,不甚区
别。如"荣怀"与"杌隉"均为双声,今人则有匣喻之分矣;"噫嘻、
於戏、於乎、呜呼",皆叠韵兼双声,今则以"噫於呜"属影母,"嘻戏
呼"属晓母,"乎"属匣母矣;"于、於"同声亦同义,今则以"于"属
喻母,"於"属影母矣。此等分别,大约始于东晋。考颜之推《家
训》云:"字书,'焉'者鸟名,或云语辞,皆音於愆反。自葛洪《字

苑》分'焉'字音:训'若',训'何',训'安',当音於愆反;若送句及助词,当音矣愆反。江南至今行此分别,而河北混同一音。虽依古读,不可行于今也。"据颜氏说,知古无影喻之分,葛洪强生分别,江南学者靡然从之,翻谓古读不可行于今,失之甚矣。

同上,页 18~19。

【钱大昕论古今音之别】——问:吴才老于《三百篇》有叶韵之说,而朱文公因之;厥后陈季立撰《诗古音》《屈宋古音》,始知《三百篇》自有本音。至昆山顾氏撰《音学五书》而古音粲然明白矣。然同时毛奇龄已有违言。岂古今音果大相远乎?曰:古今音之别,汉人已言之。刘熙《释名》云:"古者曰车,声如居,所以居人也;今曰车,声近舍。"韦昭辩之云:"古皆音尺奢反,从汉以来始有居音。"此古今音殊之证也。但刘、韦皆言古音而说正相反,实则刘是而韦非。盖宏嗣生于汉季,渐染俗音,因《诗》"王姬之车、君子之车"皆与"华"韵,遂疑"车"当读尺奢切;不知读"华"为呼瓜切,亦非古音也。古读"华"如"敷":《诗》"有女同车"与"华琚都"为韵,"携手同车"与"狐乌"为韵,则"车"之读"居"断可识矣(力按:"车居舍奢"古音同在鱼部;刘、韦所辩者,纽也,非韵也)。……顾氏讲求古音,其识高出于毛奇龄辈万倍,而大有功于艺林者也。但古人亦有一字而异读者。文字偏旁相谐,谓之正音;语言清浊相近,谓之转音。音之正有定,而音之转无方。正音可以分别部居,转音则只就一字相近假借互用,而不通于它字。其以声转者,如"难"与"那"声相近,故"傩"从"难"而入歌韵,"难"又与"泥"相近,故"𪄰"从"难"而入齐韵,非谓歌齐两部之字尽可合于寒桓也。"宗"与"尊"相近,故《春秋传》伯宗或作伯尊;"临"与"隆"相近,故《云汉》诗以"临"与"躬"韵;"巩"与"固"相近,故《瞻卬》诗以"巩"与"后"韵,非谓魂侵侯之字尽可合于东钟也(力按:此说亦甚勉强)。其以义转者,如"躬"之义为身,即读"躬"如"身",《诗》"无遏尔躬"与"天"为韵；《易·震》"不于其躬,而于其邻","躬"与"邻"韵,非谓真先之字尽可合于东钟也。"赓"之义为续,《说文》以"赓"为"续"之古文,盖《尚书》"乃赓载歌",孔安国读"赓"为"续",非阳庚之字尽可合于屋沃也。又如溱洧之"溱",本当作"潧",《说文》"潧水出郑国",引《诗》"潧与洧,方涣涣兮",此是正音;而《毛诗》作"溱"者,读"潧"如"溱",以谐韵耳。"溱"即"潧"之转音,不可据《说文》以纠《诗》之失韵,亦不可据《诗》以疑《说文》之妄作;又不可执"潧、溱"相转而谓蒸真两部之字尽可通也。如谓吾言不信,则试引而伸之。夫"增"与"潧",皆"曾"声也。《毛诗》于《鲁颂》"烝徒增增"云:"增增,众也。"此《尔雅·释训》之正文;而于《小雅》"室家溱溱"亦云:"溱溱,众也。"文异而义不异,岂非以"溱、增"声相近,而读"增"为"溱",不独假其音,并假其字乎? 古人有韵之文,正音多而转音少,则谓转音为协,固无不可;如以正音为协,则俱到甚矣。顾氏谓一字止有一音,于古人异读者,辄指为方音,固未免千虑之一失;而于古音之正者,斟酌允当;其论入声,尤中肯綮。后有作者,总莫出其范围。若毛奇龄辈不知而作,哓哓謷謷,置勿与辩可也。

同上,页 1～3。

【钱大昕论真谆与耕清通转】——问:古今言音韵者,皆以真谆为一类,耕清为一类,而孔子赞《易》,于此两类,往往互用。昆山因谓五方之音,虽圣人有不能改者(力按:江永最服其言,见《古韵标准·例言》)。信有之乎? 曰:此顾氏之轻于持论,以一孔之见窥测圣人也。夫士女之讴吟,词旨浅近;圣贤之制作,义理闳深。深则难晓,浅则易知。《七月》一章,已有岐音;《清庙》一什,半疑无韵。非无韵也,古音久而失其传耳。夫依形寻声,虽常人可以推求;转注假借,非达人不能通变。如但以偏旁求音,则将谓《国风》之谐畅胜于《雅》《颂》之聱牙,而周公亦囿于方音矣。有是理乎?

且后儒所疑于象象传者,不过"民、平、天、渊"诸字。此古人双声假借之例,非举两部而混之也。"民、冥"声相近,故《屯·象》以韵"正",读"民"如"冥"也。"平、便"声相近,故《观·象》以韵"宾、民",读"平"如"便"也。"渊"音近"环",与"营"声相近,故《讼·彖》以韵"成、正",读"渊"如"营"也。"天、汀"声相近,故《乾·象》以韵"形、成",《乾·文言》以韵"情、平",读"天"如"汀"也。……古人之立言也,声成文而为音。有正音以定形声之准,有转音以通文字之穷。转音之例,以少从多,不以多从少。顾氏知正音而不知转音,有扞格而不相入者,则诿之于方音,甚不然也。五方言语不通,知其一而不知其他,是之谓拘于方。如"实",神质切,亦读如"满";"久"读如"九",亦读如"几",《易》《传》皆兼用之,此正圣人不拘方音之证。"民、平、天、渊"亦犹是耳,顾可轻议圣人哉?

　　同上,页1~3。

　　【钱大昕论古音以偏旁得声】——问:顾氏论古音皆以偏旁得声,合于《说文》之旨。然亦有自相矛盾者:如"斦沂圻"皆以从"斤"为古音,则"近"亦从"斤"也,乃援《诗》"会言近止"与"偕迩"韵,谓古音"记",当改入志韵,何邪?曰:凡字有正音,有转音。"近"既从"斤",当以其隐切为正,其读如"几"者转音,非正音也。如"硕人其颀"亦"颀"之转音。《礼记》"颀乎其至",读"颀"为"恳"者,乃其正音耳。"倩"从"青"而与"盼"韵、"颙"从"禺"而与"公"韵、"实"从"贯"而与"室"韵、"怓"从"奴"而与"述"韵,皆转音而非正音。《礼记》"相近于坎坛",郑康成读"相近"为"禳祈","祈"未必不可读为"近"也。《三百篇》中用韵之字不及千名,乌能尽天下之音?顾氏但以所见者为正,宜其龃龉而不相入矣。"仇"从"九"声,古人读"九"本有"纠、鬼"二音,故《关雎》以"仇"韵"鸠",《兔罝》以"仇"韵"逑",顾氏不知"九"有二音,乃谓"仇"当有二音,如"母、戎、兴、难"之类,然《三百篇》中亦不过四五字而已。

予谓《三百篇》中转音之字甚多，《七月》之"阴"、《云汉》之"临"、《荡》之"谌"、《小戎》之"骖"、《车攻》之"调、同"、《桑柔》之"瞻"、《文王》之"躬"（《释诂》"躬，身也"）、《生民》之"稷"、《北门》之"敦"、《召旻》之"频"、《正月》之"局"，皆转音也。毛公诂训传每寓声于义；虽不破字，而未尝不转音。《小旻》之"是用不集"，训"集"为"就"，即转从"就"音；《鸳鸯》之"秣之摧之"，训"摧"为"莝"，即转从"莝"音；《瞻卬》之"无不克巩"，训"巩"为"固"，即转从"固"音；《载芟》之"匪且有且"，训"且"为"此"，即转从"此"音。明乎声随义转，而无不可读之诗矣。识字当究其源，源同则流不当有异。"求"本衣裘字，借为求与之义，"求、祈"声相近，故又有渠之切之音，后人于"求"加"衣"，仍取"求"声，非"衣"声也。"求、裘"本一字，而顾氏析而二之，若鸿沟之不可越；且同一从"求"之字也，而读"俅"为渠之切，读"觩𦃃"为巨鸠切；同一从"九"之字也，而读"仇"为渠之切，读"鸠"为居求切，不知"求九"元有两音也。"睘"从"袁"声，故字之从"睘"者皆在山仙韵，而"独行睘睘"乃与"菁"韵：读"環"者"睘"之正音，读"茕"者"睘"之转音也。"黍稷"字本在职德韵，而《生民》首章"稷"与"夙、育"韵，读如"谡"者，"稷"之转音也。《简兮》以"翟"与"籥、爵"韵，《君子偕老》则与"髢、揥"韵，考"褕翟、阙翟"字或作"狄"，"狄"有"剔"音，正与"髢"协，是"翟"有两音也。"旧"与"舅"皆从"臼"声，《三百篇》中"舅"与"咎"韵（《伐木》），亦与"首、阜"韵（《頍弁》），"旧"与"时"韵（《荡》），亦与"里、哉"韵（《召旻》），"舅"从正音，"旧"从转音也。知一字不妨数音，而辨其孰为正，孰为转，然后能知古音；知《三百篇》之音，然后无疑于《易》音。予盖深爱顾氏考古之勤，而惜其未达乎声音之变也。

　　同上，页7~8。

第七节　孔广森的古音学

　　孔广森字众仲,一字㧑约,号㢅轩,曲阜人(1752～1786),自幼受经于戴东原。关于音韵学方面的著作有《诗声类》,将古韵分作十八部,包括阳声九部和阴声九部。

阳声九部:

(一)原类:元、寒、桓、删、山、仙。

(二)丁类:耕、清、青。

(三)辰类:真、谆、臻、先、文、殷、魂、痕。

(四)阳类:阳、唐、庚。

(五)东类:东、钟、江。

(六)冬类:冬。

(七)侵类:侵、覃、凡。

(八)蒸类:蒸、登。

(九)谈类:谈、盐、添、"咸"、"衔"、严①。

阴声九部:

(一)歌类:歌、戈、麻。

(二)支类:支、佳,入声麦、锡。

(三)脂类:脂、微、齐、皆、灰,入声质、术、栉、物、迄、月、没、曷、末、黠、辖、屑、薛。

(四)鱼类:鱼、模,入声铎、陌、昔。

(五)侯类:侯、"虞",入声屋、烛。

(六)幽类:幽、"尤"、萧,入声"沃"。

(七)宵类:宵、肴、豪,入声"觉"、药。

---

①　凡加引号之韵,表示韵目之字在他部。

(八)之类:之、咍,入声职、德。

(九)合类:入声合、盍、缉、葉、"帖"、洽、狎、业、"乏"。

又以丁辰通用,冬侵蒸通用,支脂通用,幽宵之通用;由此看来,孔氏所定的窄韵虽有十八类,而宽韵则仅有十二类。十二类"取其收声之大同",十八类"乃又剖析于敛侈清浊毫厘纤眇之际"[1]。十八部都是自立韵目,有许多地方和段氏及戴氏不同,互相比较,可以找出孔氏的特点如下:

(一)东冬分韵。自有古音学以来都是东冬合韵,到孔氏才将东冬分成两部。

(二)阴阳对转。这要算孔氏研究音韵学最精采之处;本来开阴阳对转先河的是戴东原,他的九类二十五部就有对转的痕迹,但是不甚显明,到孔氏才确定。他说:"此九部者各以阴阳相配而可以对转。"他的对转法是:"入声者阴阳互转之枢纽。"[2]例如"之"为平声字,转为上声"止",再转作去声"志",再转作入声"职";由入声"职"再转便成阳声字"证、拯、蒸"了。所以入声职是之、蒸阴阳对转的枢纽[3]。

(三)古代无入声。他说:"至于入声,则自缉合等闭口音外,悉当分隶自支至之七部,而转为去声。盖入声创自江左,非中原旧韵。"他所以如此主张,因为他相信四声是沈约作的,而沈约是江左人;同时因孔氏是北方人,北方没有入声,所以他猜想中原古音,也是无入声的。他解释的理由是:古代有两去声,一是"长言之",一是"短言之"。后来"短言之去"成了入声。其实这是大错。先说,

---

①　见《诗声类·序》。

②　见《㸤轩孔氏所著书》卷三十八,页1~2。

③　孔氏不为旁转之说。其所谓耕与真通,支与脂通,蒸侵与冬通,之宵与幽通,只是指用韵疏者而言。其余各部,虽相邻近,不得通也。

四声并非沈约所创,任何人都不能创造语音或声调,何况著《切韵》的八个人大半是北方人?再说,他把"长言之、短言之"叫作两去声,那么,在另一方面,也可同时把两种声调用同一的称呼,如平上两声也可命名为两平声了。古代声调数目,尚无定论;唯孔氏之论证实未足以服人。

总之,孔氏的最大错误也在乎求整齐:这是中国大多数的音韵家的毛病。因为阴声有九类,阳声也只容有九类,好教它们恰够相配。甚至阳声第二与第三类通用,阴声也跟着是第二与第三类通用;阳声第六第七第八类通用,阴声也跟着是第六第七第八类通用。这种整齐的分配法,无论如何总有几分勉强的。

和孔氏同时的音韵学家有洪亮吉,著有《汉魏音》;孔氏以后有严可均、姚文田。更后有刘逢禄。严有《说文声类》,将古韵分为十六部,赞成孔氏的东冬分韵,不过不主张冬独立为一部,应该归入侵部;姚有《古音谐》及《说文声系》,以为古韵有平上去十七部,入声九部;刘有《诗声衍》(未成书),分古韵为二十六部。这都不必细述。

参考资料

【孔广森《诗声类·序》】——书有六,谐声居其一焉。偏旁谓之形,所以读之谓之声。声者,从其偏旁而类之者也。小学文字之书,以形为经者,莫善于《说文》;以声为经者,莫备于《唐韵》。夫去古日远,篆降而隶,隶降而楷,虽形犹失其本,况声之无所准者乎?今据《唐韵》以上求汉魏人诗歌铭颂,已合者半,否者半;据汉魏人之文以上求《三百篇》,又合者半,否者半。虽然,所合与否,固皆有踪迹理络,可寻而复也。

《唐韵》二百六部,盖本于隋陆法言等数人之所定。其意大率斟酌消息,使通乎今,不硋乎古。古者读灰近皆,后世读灰近咍,《切韵》则厕灰于皆咍之间而两别之;古者读庚入唐,后世读庚入耕,《切韵》则厕庚于唐耕之间而两别之。既分古侯虞之属为二,而侯未敢混于尤,虞未敢混于模。其它冬钟覃谈先仙萧宵之界,莫不各有意义。

迨唐功令以词赋取士,病其部狭律严,一切同用,而声学始讹矣。是故知萧宵之不可并,而后知古音萧本幽之类也,宵则肴豪之类也;知先仙之不可并,而后知古音先与真谆臻文殷魂痕为一类,仙与元寒桓删山为一类;知覃谈之不可并,而后知侵覃凡为一类,谈盐添咸衔严自为一类;知冬钟之不可并,而后知钟江为一类,冬自为一类;知侯虞之不可分,而后知虞与鱼模两类之辨;知唐庚之不可分,而后知庚与耕清青两类之辨;知灰不可离皆合咍,而后知咍类于之也,皆灰类于脂微齐也,又知其各与支佳不相类也。

窃尝基于《唐韵》,阶于汉魏,跻稽于二《雅》三《颂》十五国之《风》而绎之,而审之,而条分之,而类聚之,久而得之。有本韵,有通韵,有转韵。通韵聚为十二,取其收声之大同;本韵分为十八,乃又剖析于敛侈、清浊,毫厘纤眇之际。曰元之属,耕之属,真之属,阳之属,东之属,冬之属,侵之属,蒸之属,谈之属,是为阳声者九;曰歌之属,支之属,脂之属,鱼之属,侯之属,幽之属,宵之属,之之属,合之属,是为阴声者九。此九部者,各以阴阳相配,而可以对转。其用韵疏者,或耕与真通,支与脂通,蒸侵与冬通,之宵与幽通;然所谓通者,非可全部混淆,间有数字借协而已。至于入声,则自缉合等闭口音外,悉当分隶自支至之七部,而转为去声。盖入声创自江左,非中原旧读。其在《诗》曰"参差荇菜,左右芼之。窈窕淑女,钟鼓乐之",初不知哀乐之"乐"当入声也。《离骚》曰"理弱而媒拙兮,恐导言之不固。时溷浊而嫉贤兮,好蔽美而称恶",初不知美恶之"恶"当入声也。昔周舍举"天子圣哲"以晓梁武帝,帝雅不信用。沈约作《郊居赋》以示王筠,读至"雌霓连蜷"句,常恐筠呼"霓"为"倪",是则江左文人尚有不知入声者,况可执以律三代之文章哉？

自沈氏释《诗》，颜氏注《汉书》，多有合韵音某；至吴才老大畅叶音之说，而作《韵补》。要其谬有三：一者，若“庆”之读“羌”、“皮”之读“婆”，此今音讹，古音正，而不得谓之叶；二者，古人未有平声仄声之名，一东三钟之目，苟声相近，皆可同用，而不必谓之叶；三者，凡字必有一定之部类，岂容望文改读，漫无纪理，以至《行露》“家”字二章音“谷”，三章音“公”；《驺虞》之“虞”首章“五加反”，次章“五红反”，抑重可嗤已！

广森学古音，幸生于陈季立、顾宁人二君子之后，既已辨去叶音之惑，而识所指归；近世又有段氏《六书音均表》出，借得折衷诸家，从其美善。若之止志收尤有宥之半，模姥暮收麻马祃之半，歌哿个收支纸寘之半，耕耿诤收庚梗映之半，昔入于陌，锡入于麦，而别以其半归于沃药，顾氏得之矣。真元之列为二，支脂之之列为三，幽别于宵，侯别于幽而复别于鱼，皆段氏得之矣。至乃通校东韵之偏旁，使冬割其半，钟江通其半，故《大明》《云汉》诸篇虽出入于蒸侵，而不嫌其泛滥；分阴分阳九部之大纲；转阳转阴，五方之殊音，则独抱遗经，研求豁悟。于“思我小怨、只自疷兮、肆戎疾不殄”等，向之不可得韵者，皆一以贯之，无所牵强，无所疑滞。

诚虑罕发于前闻，沿疑于后进，知此者稀，倘昭所尤，辄复旁引博验，疏通证明。即《唐韵》以为柢，指《毛诗》以为正，所因所革，总而录之。窃取李登《声类》之名，以名是编。盖文字虽多，类其偏旁，不过数百；而偏旁之见于《诗》者，固已什举八九。苟不知推偏旁以谐众声，虽遍列六经诸子之韵语，而字终不能尽也。故左方载《诗》所见字而止；有信愚说者，触类而长之，观其会通焉，可矣。

《顨轩孔氏所著书》卷二十七，页1～4。

【孔广森论十八部之偏旁见于《诗》者】——《唐韵》平声二十二元、二十五寒、二十六桓、二十七删、二十八山、二仙，上声二十

阮、二十三旱、二十四缓、二十五潸、二十六产、二十八"狝"（凡部
首之字，古音不在本类者，规识之，后仿此），去声二十五愿、二十八
翰、二十九换、三十谏、三十一裥、三十二线，古音合为一部。其偏
旁见于《诗》者，有从"泉"、从"袁"、从"亘"、从"爰"、从"采"、从
"樊"、从"繁"、从"半"、从"言"、从"干"、从"叩"、从"難"、从
"安"、从"晏"、从"夗"、从"旦"、从"莧"、从"戋"、从"元"、从
"丸"、从"專"、从"卵"、从"厂"、从"官"、从"山"、从"閒"、从
"閑"、从"叠"、从"犬"、从"延"、从"丹"、从"廛"、从"連"、从
"昌"、从"虔"、从"衍"、从"焉"、从"肩"、从"虘"、从"夗"、从
"展"、从"巽"、从"憲"、从"柬"、从"奂"、从"冊"、从"亂"、从
"段"、从"曼"、从"弁"、从"羨"、从"散"、从"見"、从"燕"，五十有
四类。凡此类谐声，而《唐韵》误在他部之字，并当改入。唯与歌、
哿、"个"、戈、果、过、麻"马"、祃"部可以互收。

　　《唐韵》平声十三耕、十四清、十五青，上声三十九耿、四十静、
四十一迥，去声四十四诤、四十五劲、四十六径，古音合为一部，其
偏旁见于《诗》者，有从"丁"、从"赬"、从"争"、从"生"、从"贏"、从
"盈"、从"弊"、从"贞"、从"壬"、从"殸"、从"正"、从"名"、从
"令"、从"頃"、从"騂"、从"坙"、从"开"、从"皿"、从"盘"、从
"冥"、从"平"、从"敬"、从"鳴"，从"甹"，廿有四类。凡此类谐声，
而《唐韵》误在他部之字，并当改入。唯与支纸寘"麦"佳蟹卦锡部
可以互收。

　　《唐韵》平声十七真、十八谆、十九臻、一先、二十文、二十一
殷、二十三魂、二十四痕，上声十六轸、十七"准"、二十七铣、十八
吻、十九隐、二十一混、二十二很，去声二十一震、二十二稕、三十二
"霰"、二十三问、二十四焮、二十六恩、二十七恨，古音合为一部。
其偏旁见《诗》者，有从"玄"、从"胤"、从"辰"、从"参"、从"垔"、从
"因"、从"辛"、从"臣"、从"人"、从"申"、从"頻"、从"粦"、从

"真"、从"麀"、从"巾"、从"囷"、从"分"、从"民"、从"身"、从"殷"、从"旬"、从"勹"、从"屯"、从"辜"、从"秦"、从"命"、从"先"、从"千"、从"田"、从"扁"、从"天"、从"門"、从"云"、从"員"、从"焚"、从"尹"、从"熏"、从"斤"、从"堇"、从"昆"、从**"菡"**、从"孫"、从"飧"、从"存"、从"軍"、从"侖"、从"艮"、从"川"、从"扁"、从"罙"、从"矜"、从"文"、从"刃"、从"隶"、从"引"、从"允"、从"畾"、从"豕"、从"壹"、从"典"、从"免"、从"丐"、从"卉"、从"靣"、从"卂"、从"晋",六十有六类。凡此类谐声,而《唐韵》误在他部之字,并当改入。唯与脂旨至质术栉微尾未物迄月没齐荠霁祭屑薛皆"骇"泰怪夬黠辖灰"贿"队废曷末部可以互收。

　　《唐韵》平声十阳、十一唐、十二庚,上声三十六养、三十七荡、三十八梗,去声四十一漾、四十二宕、四十三映,古音合为一部。其偏旁见《诗》者,有从"易"、从"羊"、从"亡"、从"長"、从"畺"、从"昌"、从"方"、从"章"、从"商"、从"香"、从"量"、从"襄"、从"相"、从"爿"、从"丞"、从"向"、从"尚"、从"上"、从"倉"、从"王"、从"坒"、从"央"、从"桑"、从"爽"、从"网"、从"网"、从"卬"、从"光"、从"黄"、从"亢"、从"庚"、从"京"、从"羹"、从"明"、从"彭"、从"亨"、从"兵"、从"兄"、从"行"、从"皀"、从"慶"、从"丙"、从"永"、从"競",四十有四类。凡此类谐声,而《唐韵》误在他部之字,并当改入。唯与鱼语御铎模姥暮陌昔部可以互收。

　　《唐韵》平声一东、三钟、四江,上声一董、二肿、三讲,去声一送、三用、四"绛",古音合为一部。其偏旁见《诗》者,有从"東"、从"同"、从"丰"、从"充"、从"公"、从"工"、从"豖"、从"卤"、从"从"、从"龍"、从"容"、从"用"、从"封"、从"凶"、从"邕"、从"共",从"送"、从"雙"、从"龙",十有九类。凡此类谐声,而《唐韵》误在他部之字,并当改入。唯与侯厚候屋"虞麌"遇烛部可以互收。

《唐韵》平声二冬，上声二肿之半（旧以字少未立部，而"湩"字下注云，"此是冬字上声"，则误也，愚谓宜取"䍺㦸宂内牥䵂稄䡵揘拢㝩厇"十二字别作一韵，与冬宋相配），去声二宋，古音合为一部。其偏旁见《诗》者，有从"冬"、从"衆"、从"宗"、从"中"、从"蟲"、从"戎"、从"宫"、从"農"、从"夅"、从"宋"十类。凡此类谐声，而《唐韵》误在他部之字，并当改入。唯与幽黝幼"尤有宥"萧篠啸"沃"部可以互收。

《唐韵》平声二十一侵、二十二覃、二十九凡，上声四十七寝、四十八感、五十五范，去声五十二沁、五十三勘、六十梵，古音合为一部。其偏旁见《诗》者，有从"寻"、从"先"、从"林"、从"品"、从"罙"、从"甚"、从"壬"、从"心"、从"今"、从"音"、从"彡"、从"三"、从"南"、从"男"、从"尤"、从"马"、从"龕"、从"凡"、从"臽"、从"占"、从"覃"、从"乏"，廿有三类（力按：仅廿二类，误云二十三类）。凡此类谐声，而《唐韵》误在他部之字，并当改入。唯与宵小笑肴"巧"效豪"皓"号药"觉"部可以互收。

《唐韵》平声十六蒸、十七登，上声四十二拯、四十三等（《诗经》未见用上声字），去声四十七证、四十八嶝，古音合为一部。其偏旁见《诗》者，有从"丞"、从"徵"、从"夌"、从"應"、从"朋"、从"夊"、从"黽"、从"升"、从"朕"、从"兢"、从"興"、从"登"、从"曾"、从"厶"、从"弓"、从"曹"、从"亘"、从"乘"，十有八类。凡此类谐声，而《唐韵》误在他部之字，并当改入。唯与之止志职咍海代德部可以互收。

《唐韵》平声二十三谈、二十四盐、二十五添、二十六"咸"、二十七"衔"、二十八严，上声四十九敢、五十琰、五十一忝、五十二豏、五十三槛、五十四俨，去声五十四阚、五十五艳、五十六㮇、五十七"陷"、五十八鉴、五十九酽，古音合为一部。其偏旁见《诗》者，有从"炎"、从"甘"、从"監"、从"詹"、从"敢"、从"斩"六类。凡此类谐声，而《唐韵》误在他部之字，并当改入。唯与缉合盍葉"帖"洽狎业部可以互收。

《唐韵》平声七歌、八戈、九麻，上声三十三哿、三十四果、三十五"马"，去声三十八"个"、三十九过、四十"祃"，古音合为一部。其偏旁见《诗》者，有从"可"、从"左"、从"我"、从"沙"、从"麻"、从"加"、从"皮"、从"爲"、从"吹"、从"离"、从"羅"、从"那"、从"多"、从"禾"、从"它"、从"也"、从"瓦"、从"咼"、从"化"、从"罷"，二十类。凡此类谐声，而《唐韵》误在他部之字，并当改入。唯与元阮愿寒旱翰桓缓换删潸谏山产祆仙"狝"线部可以互收。

《唐韵》平声五支、十三佳，上声四纸、十二蟹，去声五寘、十五卦，古音合为一部。其偏旁见《诗》者，有从"支"、从"斯"、从"圭"、从"巂"、从"卑"、从"知"、从"虒"、从"氏"、从"是"、从"此"、从"只"、从"解"、从"鲜"、从"束"、从"帝"、从"益"、从"易"、从"厄"、从"析"、从"臭"、从"狄"、从"辟"、从"脊"、从"鬲"，廿有四类。凡此类谐声，而《唐韵》误在他部之字，并当改入。唯与耕耿诤清静劲青迥径部可以互收。

《唐韵》平声六脂、八微、十二齐、十四皆、十五灰，上声五旨、七尾、十一荠、十三"骇"、十四"贿"，去声六至、八未、十二霁、十三祭、十四泰、十六怪、十七夬、十八队、二十废，古音合为一部，而转入入声五质、六术、七栉、八物、九迄、十月、十一没、十二曷、十三末、十四黠、十五辖、十六屑、十七薛。其偏旁见《诗》者，有从"一"、从"二"、从"四"、从"七"、从"匕"、从"夷"、从"弟"、从"韦"、从"𦣞"、从"几"、从"氐"、从"尾"、从"犀"、从"尸"、从"厶"、从"示"、从"矢"、从"隹"、从"畾"、从"辠"、从"眉"、从"米"、从"贵"、从"微"、从"非"、从"飞"、从"幾"、从"希"、从"衣"、从"齊"、从"妻"、从"西"、从"利"、从"虫"、从"回"、从"由"、从"美"、从"兕"、从"弗"、从"死"、从"履"、从"水"、从

“豈”、从“豐”、从“焱”、从“毁”、从“火”、从“至”、从“位”、从
“豙”、从“惠”、从“卒”、从“對”、从“未”、从“必”、从“旡”、从
“季”、从“聿”、从“胃”、从“尉”、从“气”、从“隶”、从“棄”、从
“彗”、从“丯”、从“戾”、从“疐”、从“戌”、从“兑”、从“欮”、从
“折”、从“世”、从“萬”、从“列”、从“舌”、从“昏”、从“勾”、从
“乂”、从“大”、从“帶”、从“伐”、从“米”、从“外”、从“會”、从
“介”、从“屮”、从“祭”、从“拜”、从“貝”、从“退”、从“内”、从
“吷”、从“喙”、从“日”、从“乙”、从“實”、从“桼”、从“匹”、从
“吉”、从“栗”、从“术”、从“血”、从“出”、从“穴”、从“弗”、从
“鬱”、从“月”、从“戉”、从“叐”、从“坺”、从“殳”、从“勿”、从
“怛”、从“末”、从“最”、从“夺”、从“叕”、从“龶”、从“截”、从
“桀”、从“熱”、从“徹”、从“設”、从“逸”、从“卪”、从“抑”、从
“妥”，百二十七类。凡此类谐声，而《唐韵》误在他部之字，并当改
入。唯与真轸震谆臻“准”稕先铣“霰”文吻问殷隐焮魂混恩痕很
恨部可以互收。

　　《唐韵》平声九鱼、十一模，上声八语、十姥，去声九御、十一
暮，古音合为一部，而转入入声十九铎、二十陌、二十二昔。其偏旁
见《诗》者，有从“魚”、从“余”、从“予”、从“与”、从“旅”、从“者”、
从“古”、从“車”、从“疋”、从“巨”、从“且”、从“亏”、从“虍”、从
“去”、从“父”、从“瓜”、从“乎”、从“壺”、从“無”、从“圖”、从
“土”、从“女”、从“烏”、从“叚”、从“家”、从“巴”、从“牙”、从
“夫”、从“五”、从“圉”、从“宁”、从“卸”、从“鼠”、从“黍”、从
“雨”、从“午”、从“户”、从“吕”、从“鼓”、从“股”、从“馬”、从
“寡”、从“下”、从“夏”、从“吴”、从“武”、从“羽”、从“禹”、从
“庶”、从“芉”、从“兔”、从“翠”、从“各”、从“蒦”、从“亍”、从
“素”、从“亞”、从“乍”、从“昔”、从“舄”、从“夕”、从“射”、从
“石”、从“睪”、从“昍”、从“壑”、从“若”、从“霍”、从“郭”、从

"百"、从"白"、从"谷"、从"毛"、从"尺"、从"亦"、从"赤"、从"炙"、从"戟",七十有八类。凡此类谐声,而《唐韵》误在他部之字,并当改入。唯与阳养漾唐荡宕庚梗映部可以互收。

《唐韵》平声十九侯、十"虞",上声四十五厚、九"麌",去声五十候、十遇,古音合为一部,而转入入声一屋、三烛。其偏旁见《诗》者,有从"侯"、从"區"、从"句"、从"娄"、从"禺"、从"芻"、从"需"、从"俞"、从"殳"、从"朱"、从"取"、从"豆"、从"口"、从"后"、从"後"、从"厚"、从"斗"、从"主"、从"臾"、从"侮"、从"奏"、从"冓"、从"扁"、从"具"、从"付"、从"犀"、从"飲"、从"谷"、从"屋"、从"蜀"、从"賣"、从"殼"、从"束"、从"鹿"、从"录"、从"族"、从"奠"、从"卜"、从"木"、从"玉"、从"獄"、从"辱"、从"曲"、从"足"、从"粟"、从"角"、从"豕",四十有七类。凡此类谐声,《唐韵》误在他部之字,并当改入。唯与东董送钟肿用江讲"绛"部可以互收。

《唐韵》平声二十幽、十八"尤"、三萧,上声四十六黝、四十四"有"、二十九篠,去声五十一幼、四十九"宥"、三十四啸,古音合为一部,而转入入声二"沃"。其偏旁见《诗》者,有从"幺"、从"求"、从"九"、从"丣"、从"卯"、从"酉"、从"流"、从"秋"、从"旒"、从"攸"、从"由"、从"翏"、从"收"、从"州"、从"周"、从"舟"、从"舀"、从"孚"、从"牟"、从"憂"、从"囚"、从"休"、从"窔"、从"矛"、从"隹"、从"壽"、从"咎"、从"舅"、从"叉"、从"缶"、从"棘"、从"牢"、从"包"、从"朮"、从"焦"、从"哀"、从"丑"、从"丂"、从"韭"、从"首"、从"手"、从"阜"、从"卤"、从"受"、从"秀"、从"鳥"、从"告"、从"昊"、从"老"、从"早"、从"艸"、从"棗"、从"柔"、从"毕"、从"帚"、从"牡"、从"戊"、从"好"、从"簋"、从"守"、从"臭"、从"褒"、从"就"、从"售"、从"祝"、从"六"、从"复"、从"宿"、从"夙"、从"肅"、从"畜"、从"報"、从

"冃"、从"奥"、从"學"、从"廟"、从"毒"、从"竹"、从"逐"、从"匊"、从"肉"、从"穆"、从"局"，八十有三类。凡此类谐声，而《唐韵》误在他部之字，并当改入。唯与冬"肿"宋部可以互收。

《唐韵》平声四宵、五肴、六豪，上声三十小、三十一"巧"、三十二"皓"，去声二十五笑、二十六效、二十七号，古音合为一部，而转入入声四"觉"、十八药。其偏旁见《诗》者，有从"小"、从"朝"、从"嚣"、从"麃"、从"苗"、从"要"、从"票"、从"爻"、从"尞"、从"劳"、从"堯"、从"巢"、从"䍃"、从"夭"、从"交"、从"高"、从"敖"、从"毛"、从"刀"、从"敊"、从"兆"、从"丩"、从"杲"、从"到"、从"盗"、从"号"、从"皃"、从"暴"、从"弔"、从"卓"、从"羍"、从"勺"、从"龠"、从"弱"、从"虐"、从"爵"、从"樂"、从"翟"，卅有八类。凡此类谐声，而《唐韵》误在他部之字，并当改入。唯与侵寝沁覃感勘凡范梵部可以互收。

《唐韵》平声七之、十六咍，上声六止、十五海，去声七志、十九代，古音合为一部，而转入入声二十四职、二十五德。其偏旁见《诗》者，有从"㞢"、从"㠯"、从"絲"、从"其"、从"臣"，从"里"、从"才"、从"兹"、从"來"、从"思"、从"不"、从"龜"、从"某"、从"母"、从"尤"、从"郵"、从"邱"、从"牛"、从"止"、从"喜"、从"己"、从"巳"、从"史"、从"耳"、从"子"、从"士"、从"梓"、从"采"、从"在"、从"音"、从"又"、从"舊"、从"久"、从"婦"、从"負"、从"戠"、从"司"、从"弋"、从"事"、从"異"、从"意"、从"亟"、从"塞"、从"葡"、从"佩"、从"北"、从"戒"、从"畐"、从"直"、从"力"、从"食"、从"敕"、从"息"、从"則"、从"畟"、从"色"、从"棘"、从"或"、从"奭"、从"㝬"、从"匿"、从"克"、从"黑"、从"革"、从"伏"、从"服"、从"而"，六十有七类。凡此类谐声，而《唐韵》误在他部之字，并当改入。唯与蒸拯證登等嶝部可以互收。

《唐韵》入声二十七合、二十八盍(当并为谈之阴)、二十六缉(盐之阴)、二十九葉、三十"帖"(当并为添之阴)、三十一洽("咸"之阴)、三十二狎("衔"之阴)、三十三业(严之阴)、三十四"乏"("乏"古音"泛",此韵内"妥泛"二字已见梵韵,当削之,余字并入业韵),古音合为一部。其偏旁见《诗》者,有从"合"、从"軜"、从"畗"、从"盇"、从"螫"、从"立"、从"及"、从"業"、从"邑"、从"枽"、从"疌"、从"涉"、从"甲"、从"集",十有四类。凡此类谐声,而《唐韵》误在他部之字,并当改入。唯与谈敢阚已下十八韵可以互收。

同上,卷二十七,页5,至卷三十八,页3。

力按:孔氏所定之声类与江有诰、夏炘等所定之声类大致相同,唯江、夏诸人所定之古韵部增加,则其声类亦区分较密。学者由孔氏之声类推求江、夏诸人之声类,已甚易知,故仅录孔氏之说。

第八节　王念孙、江有诰的古音学

王念孙,字怀祖,高邮人(1744~1832),他对于古韵,有《诗经群经楚辞韵谱》,见于罗振玉所辑《高邮王氏遗书》。又有《韵谱》与《合韵谱》,未刊行①。他的儿子王引之在《经义述闻》卷三十一登载他给李方伯的一封信,主张分古韵为二十一部:

东第一(平上去);　　　　蒸第二(平上去);
侵第三(平上去);　　　　谈第四(平上去);
阳第五(平上去);　　　　耕第六(平上去);
真第七(平上去);　　　　谆第八(平上去);
元第九(平上去);　　　　歌第十(平上去);

① 参看陆宗达《王石臞先生韵谱合韵谱稿后记》,见北京大学《国学季刊》五卷二号。

支第十一（平上去入）；　　　　　至第十二（去入）；

脂第十三（平上去入）；　　　　　祭第十四（去入）；

盍第十五（入）；　　　　　　　　缉第十六（入）；

之第十七（平上去入）；　　　　　鱼第十八（平上去入）；

侯第十九（平上去入）；　　　　　幽第二十（平上去入）；

宵第二十一（平上去入）。

以上二十一部，自东至歌十部为一类，皆有平上去而无入；自支至宵十一部为一类，皆有入声。王氏在考定二十一部以前仅得见顾、江二氏之书，及考定二十一部之后始得见段氏所撰《六书音均表》。然而其分支脂之为三，真谆为二，尤侯为二，皆与段氏不约而同。等到他写信给李方伯的时候，他已经看见了段玉裁的书，所以他提出他与顾、江、段三家不同之处，说他的学说有四个特色：（一）缉不宜承侵，乏不宜承凡；（二）至部宜从脂部分出，自成一部；（三）祭泰夬废亦宜从脂部分出，自成一部；（四）屋沃烛觉四韵中，凡从“屋”、从“谷”、从“木”、从“卜”……等字皆宜认为侯部之入声。

但是，他所提出的四个特色又有三个与别人的学说暗合了。缉乏独立为二部，祭泰夬废独立为一部，“屋谷木卜……”等字归侯，都与江有诰不约而同；而且戴东原也早就另立祭部了。由此看来，王氏的独见只在乎至部独立而已。

所谓至部，是去声至霁两韵及入声质栉黠屑薛五韵里头一部分的字。凡从“至”、从“疐”、从“質”、从“吉”、从“七”、从“日”、从“疾”、从“悉”、从“栗”、从“桼”、从“畢”、从“乙”、从“失”、从“八”、从“必”、从“卪”、从“節”、从“血”、从“徹”、从“設”之字，及“閉实逸一抑别”等字，都归这一部。

及王氏著《韵谱》时，改从段氏古无去声之说，故至祭两部改称质月。《合韵谱》为晚年所改定，认古代为有四声，并增冬部为二十二部。

　　与王念孙的学说很近似的就是江有诰的学说,所以我们把他们二人排在一起。

　　江有诰,字晋三,歙县人(? ～1851),著有《音学十书》①:

　　(一)《诗经韵读》;

　　(二)《群经韵读》;

　　(三)《楚辞韵读》;

　　(四)《汉魏韵读》(未刻);

　　(五)《二十一部韵谱》(未刻);

　　(六)《谐声表》;

　　(七)《入声表》;

　　(八)《四声韵谱》②;

　　(九)《唐韵四声正》。

　　除九书之外,又有《说文汇声》《等韵丛说》《音学辨讹》;仅《等韵丛说》附《入声表》后,余皆未刊。江有诰在清儒当中,经学的名声虽不及戴、段诸氏,然而他对于古韵确有很精深的研究。他起初把古韵分为二十部,比段氏多三部:(一)祭泰夬废另为一部(在段氏是归于脂部)。这还不是江君的独见,因为戴东原也曾以祭部与脂部分立③。这部没有平上声,仅有月曷末镈薛五个入声韵

---

① 江氏《音学十书》总目屡有更改,王静安先生在嘉庆甲戌春镌本批云:"江氏《音学十书》:《诗经韵读》;《群经韵读》,附《国语》《大戴》;《楚辞韵读》附宋赋;《子史韵读》;《汉韵读》;《廿一部韵谱》,附《通韵谱》《合韵谱》;《唐韵再正》;《古音总论》;《谐声表》;《入声表》。附目五种与此本同。此许印林与张芸心书述之。"力按:《子史韵读》当即《先秦韵读》;《汉韵读》当即《汉魏韵读》;《唐韵再正》当即《唐韵四声正》。惟许印林所述有《古音总论》而无《四声韵谱》为异耳。嘉庆甲戌春镌本卷首亦有《古韵总论》,惟未列入十书之目。

② 嘉庆甲戌春镌本仅有《四声韵谱》之目而无其书,想亦未刻。

③ 《音学十书》凡例有云:"拙著既成后,始得见休宁戴氏《声类表》。"然则祭脂二部分立,江君与戴氏不谋而合,非江君采自戴氏。

与它相配。江君云："月者废之入，曷末者泰之入，鎋者夬之入，薛者祭之入。"（二）叶帖业狎乏另为一部。（三）缉合另为一部。盍洽则一半归叶部，一半归缉部。这两部没有平上去三声，仅有入声。自顾亭林至段玉裁，都以缉盍与侵谈相配；到了江君，以为《毛诗》这些入声字没有与平上去押韵的，所以另立为二部。后来他看见孔广森的《诗声类》中将东冬分开，他很赞成①，于是增加为二十一部：

第一，之部（平声之咍，入声职德，又灰尤屋三分之一）；

第二，幽部（平声尤幽，又萧肴豪之半，沃之半，屋觉锡三分之一）；

第三，宵部（平声宵，又萧肴豪之半，沃药铎之半，觉锡三分之一）；

第四，侯部（平声侯，入声烛，又虞之半，屋觉三分之一）；

第五，鱼部（平声鱼模，入陌，又虞麻之半，药铎麦昔之半）；

第六，歌部（平声歌戈，又麻之半，支三分之一，无入声）；

第七，支部（平声佳，又齐之半，支纸寘三分之一，麦昔之半，锡三分之一）；

第八，脂部（平声脂微皆灰，入声质术栉物迄没屑，又齐与黠之半，支三分之一）；

第九，祭部（去声祭泰夬废，入声月曷末鎋薛，又黠之半，无平上声）；

第十，元部（平声元寒桓山删仙，又先三分之一，无入声）；

第十一，文部（平声文欣魂痕，又真三分之一，谆之半，无入声）；

第十二，真部（平声真臻先，又谆之半，无入声）；

① 《音学十书》凡例有云："拙著既成后，始得见曲阜孔氏《诗声类》，因依孔氏画分东冬（今改为中）为二，得二十一。"江氏又把冬部改名中部，理由是："冬部甚窄，故用中字标目。"

第十三，耕部（平声耕清青，又庚之半，无入声）；

第十四，阳部（平声阳唐，又庚之半，无入声）；

第十五，东部（平声钟江，又东之半，无入声）；

第十六，中部（平声冬，又东之半，无上入）；

第十七，蒸部（平声蒸登，无入声）；

第十八，侵部（平声侵覃，又咸凡之半，无入声）；

第十九，谈部（平声谈盐添严衔，又咸凡之半，无入声）；

第二十，叶部（入声叶帖业狎乏，又盍洽之半，无平上去）；

第二十一，缉部（入声缉合，又盍洽之半，无平上去）。

至于声调方面，江氏在《诗经韵读》初刻时尚主张顾氏四声一贯之说，及至著《唐韵四声正》的时候，他才断定"古人实有四声，特古人所读之声与后人不同"①。他的意思不是说调值不同，只是说古人的字所归的调类与《广韵》字所归的调类不同。

江君的朋友夏炘，当涂人，著有《诗古韵表廿二部集说》，首列郑庠所分古韵六部，其次叙述顾炎武、江永、段玉裁、王念孙、江有诰五人的学说，而结论则赞成江君的二十一部，又赞成王氏的至部独立，于是定为古韵二十二部。

王静安先生（名国维，海宁人，1877～1927）也主张古韵应分为二十二部。他在《周代金石文韵读·序》里说：

> 古韵之学，自昆山顾氏，而婺源江氏，而休宁戴氏，而金坛段氏，而曲阜孔氏，而高邮王氏，而歙县江氏，作者不过七人，然古音二十二部之目遂令后世无可增损。故训故名物文字之学有待于将来者甚多；至古韵之学，谓之前无古人，后无来者，可也。

> 原斯学所以能完密至此者，以其材料不过群经诸子及汉

---

① 参看本节参考资料江有诰《再寄王石臞先生书》。

魏有韵之文，其方法则皆因乎古人用韵之自然而不容以后说私意参乎其间；其道至简，而其事有涯，以至简入有涯，故不数传而遂臻其极也。……惟昔人于有周一代韵文，除群经诸子《楚辞》外，所见无多，余更搜其见于金石刻者得四十余篇；其时代则自宗周以讫战国之初，其国别如杞、鄫、邾娄、徐、许等，并出国风十五之外，然求其用韵，与《三百篇》无乎不合，故即王江二家部目谱而读之。非徒补诸家古韵书之所未详，亦以证国朝古韵之学之精确无以易也。①

我们相信王先生的话包含着许多真理。单就寻求古韵的系统而论，顾、江、段、王、江五人的方法可称为科学方法，正因为他们能就其所要研究的时代的史料作客观的归纳，而不以乙时代的史料去证明甲时代的语音，这就是王先生所谓"不容以后说私意参乎其间"。戴、孔二人虽不免有些"私意"，但他们还有多少客观的态度。因为有些"私意"，所以他们弄出古韵部的整齐局面；因为还有多少客观的态度，所以他们都能有所发明。至于顾、江、段、王、江五人的治音韵学的态度就完全一样；王念孙如果早生一百年，他只能做到顾炎武的成绩；顾炎武如果迟生一百年，也就能有王念孙的成绩。我们只须看王念孙之与戴段江、江有诰之与戴王，皆不约而同，就知道科学方法能使人们趋向于同一的真理了②。

---

① 见《观堂集林》卷八，页 27～28。王先生尚有《五声说》一篇，以为"古音有五声，阳类一，与阴类之平上去入是也"。这大约因为他看见《毛诗》入韵的阳声字非但没有入声，连上去声也很少很少（参看段氏《六书音均表》及夏炘《诗古韵表》），所以他下此结论，本是值得我们考虑的。至于他用戴氏说：以金声比阳类，以石声比阴类，却未能合于音理。这是所谓"千虑之一失"。

② 此外有苗夔（1788～1858）著《说文声读表》，龙启瑞（1814～1858）著《古韵通论》，张成孙著《说文谐声谱》，张行孚著《说文审音》。苗氏分古韵为七部，张行孚分古韵为十一部，张成孙述其父惠言之说，分古韵为二十部。皆不必细述。

参考资料

【王念孙《与李方伯书》】——修书甫竟，复接季冬手札，欣悉先生福履茂畅，诸协颂忱。某尝留心古韵，特以顾氏五书已得其十之六七；所未备者，江氏《古韵标准》、段氏《六书音均表》皆已补正之，唯入声与某所考者小异，故不复更有撰述。兹承询及，谨献所疑，以就正有道焉。

入声自一屋至二十五德，其分配平上去之某部某部，顾氏一以九经、《楚辞》所用之韵为韵，而不用《切韵》以屋承东、以德承登之例，可称卓识；独于二十六缉至三十四乏仍从《切韵》以缉承侵、以乏承凡，此两歧之见也。盖顾氏于九经、《楚辞》中，求其与去声同用之迹而不可得，故不得已而仍用旧说。又谓《小戎》二章以"骖合軜邑念"为韵，《常棣》七章以"合琴翕湛"为韵；不知《小戎》自以"中骖"为一韵，"合軜邑"为一韵，"期之"为一韵，《常棣》自以"合翕"为一韵，"琴湛"为一韵，不可强同也。

今案缉合以下九部当分为二部。遍考《三百篇》及群经、《楚辞》所用之韵皆在入声中，而无与去声同用者，而平声侵覃以下九部，亦但与上去同用而入不与焉。然则缉合以下九部本无平上去，明矣。

又案去声之至霁二部，入声之质栉黠屑薛五部中，凡从"至"、从"疐"、从"吉"、从"七"、从"日"、从"疾"、从"悉"、从"栗"、从"桼"、从"畢"、从"乙"、从"失"、从"八"、从"必"、从"卩"、从"節"、从"血"、从"徹"、从"設"之字，及"閉实逸一抑别"等字，皆以去入同用，而不与平上同用；因非脂部之入声，亦非真部之入声。《六书音均表》以为真部之入声，非也。《切韵》以质承真，以术承谆，以月承元；《音均表》以术月二部为脂部之入声，则谆元二部无入声矣，而又以质为真之入声，是自乱其例也。又案《切韵》平声自十二齐至十六咍凡五部，上声亦然，若去声则自十二霁至二十废共有九部,较平上多祭泰夬废四部,此非无所据而为之也。考《三百篇》及群经、《楚辞》,此四部之字皆与入声之月曷末黠鎋薛同用,而不与至未霁怪队及入声之术物迄没同用。且此四部有去入而无平上;《音均表》以此四部与至未等部合为一类,入声之月曷等部亦与术物等部合为一类,于是《蓼莪》三章之"烈发害"与六章之"律弗卒",《论语》八士之"达适突忽",《楚辞·远游》之"至比"与"厉卫"皆混为一韵,而音不谐矣。其以月曷等部为脂部之入声,亦沿顾氏之误而未改也。唯术物等部乃脂部之入声耳。

又案屋沃烛觉四部中,凡从"屋"、从"谷"、从"木"、从"卜"、从"族"、从"鹿"、从"賣"、从"粦"、从"录"、从"束"、从"獄"、从"辱"、从"豖"、从"曲"、从"玉"、从"蜀"、从"足"、从"局"、从"角"、从"岳"、从"吉"之字,及"秃哭粟珏"等字,皆侯部之入声,而《音均表》以为幽部之入声,于是《小戎》首章之"驱续毂辈玉屋曲",《楚茨》六章之"奏禄",《角弓》三章之"裕瘉",六章之"木附属";《桑柔》十二章之"穀垢",《左传·哀十七年》繇辞之"窦踰",《楚辞·离骚》之"属具",《天问》之"属数",皆不以为本韵而以为合韵矣。且于《角弓》之"君子有徽猷,小人与属",《晋》初六之"罔孚裕,无咎",皆非韵而以为韵矣。以上四条,皆与某之所考不合。不揣寡昧,僭立二十一部之目而为之表,分为二类:自东至歌之十部为一类,皆有平上去而无入;自支至宵之十一部为一类,或四声皆备,或有去入而无平上,或有入而无平上去,而入声则十一部皆有之,正与前十类之无入者相反。此皆以九经、《楚辞》用韵之文为准,而不从《切韵》之例。一偏之见,未敢自信;谨述其大略,并草韵表一纸呈览。如蒙阁下是正其失,幸甚幸甚。某又启。

《经义述闻》卷三十一,页52~54。

【段玉裁《诗经韵读》序】——古韵分部,肇于宋郑庠;分二百六韵为六类,其入声三。近昆山顾氏更析为十部,其入声四;婺源江氏又析为十三部，其入声八。此余师休宁戴氏所谓古音之学以渐加详者也。丙戌丁亥间，余读《毛诗》，有见于支脂之之当分为三，尤侯、真文之当各分为二，因定为十七部，东原师善之。丁酉，作《声类表》，取余说之分支脂之者，而更析脂祭为二，得十六部，其入声九。嗣后曲阜孔氏㧑约亦善余说，作《诗声类》，更析东冬为二，并真文为一，析屋沃以分隶尤侯，别出缉合九韵为一，得十八部。戴氏所谓以渐加详者，至此亦綦备矣。

今年春，歙江君晋三寓手书于余论音，余知其未见戴孔之书也，而持论与之合，余甚伟其所学之精。秋九月，谒余枝园，出所著书请序。余谛观其书，精深邃密；盖余与顾氏、孔氏皆一于考古，江氏、戴氏则兼以审音，而晋三于二者尤深造自得。据《诗经》以分二十一部，大抵述顾氏、江氏及余说为多。其脂祭之分，独见与戴氏适合者也；析屋沃以分隶尤侯，改质栉屑以配脂齐，独见与孔氏适合者也；东冬之分，则近见孔氏之书而取者也。于前人之说，皆择善而从，无所偏徇，又精于呼等字母之学，不惟古音大明，亦且使今韵分为二百六部者得其剖析之故。前人论入声说最多歧，未有能折衷至当者，晋三则专据《说文》之偏旁谐声及周秦人平入同用之章为据，作《入声表》一卷，尤为精密；不惟陆氏分配之误辨明，即江戴异平同入之说亦可不必，其真知确见有如此者！

尝闻六经者，圣人之道无尽藏也。凡古礼乐制度名物之昭著，义理性命之精微，求之六经，无不可得，虽至千万年，而学士大夫推阐容不能尽，无他，经之所蕴深也。韵，其一耑耳。无不读《诗经》者，唐宋元乃鲜知《诗》之韵，明陈氏及顾氏以迄晋三皆就经文讽诵，而所得日深，几无剩义。信乎，天下之学无不可求诸经；其谓经有不载者，皆忽焉而不求，求之而不详者也。抑余重有感焉："恨我不见古人，亦恨古人不见我。"古所云也。余谓恨我不见今人，亦恨今人不见我。余于江氏孔氏，每有彼此不相见之恨，犹幸得见余师戴氏，今又幸得见吾晋三。是二人者，皆有知我之乐焉，皆有互相挹注之益焉。假令天不假我以年，余即获亲戴氏而不获见晋三，安能知晋三集音学之成，于前此五家皆有匡补之功哉？晋三不见我，有不叹"得一知己可以不恨"哉？晋三富于春秋，精进未有艾；余耄不及见，而固知其所学焉必皆能深造也。嘉庆壬申十月，金坛段玉裁撰于姑苏朝山墩之枝园，时年七十有八。

【江有诰《寄段懋堂先生书》】——有诰谫劣无知，惟好音韵之学。曩者有志于此，不得其门而入也。博观毛西河、邵子湘诸公之说，当时虽不敢以为非，然觉其言之滉漾而无岸涘；及见顾氏之《音学五书》、江氏之《古韵标准》《四声切韵表》，叹其言之信而有征，谓讲音学者当从此入矣。后得先生所著《六书音均表》读之，益佩其造诣深邃，真能复三代之元音，发唐宋以来未宣之秘，足与顾、江二君子叁分鼎立者，惟先生而已。

但其书宏纲大体，固已极善，而条理似未尽密。还淳方氏有言："学者当为宋儒诤臣，不当为宋儒佞臣。"有诰敢为先生诤臣，而献其疑焉。表中于顾氏无韵之处，悉以合韵当之；有最近合韵者，有隔远合韵者。有诰窃谓近者可合，而远者不可合也。何也？著书义例，当严立界限，近者可合，以音相类也；远者亦谓之合，则茫无界限，失分别部居之本意矣。表中谓宵部无入，其入声字皆读为平；有诰则谓不若割沃觉药铎锡之半为宵入，不必全以沃觉配幽，药铎配鱼，锡配支也。表中又以屋沃烛觉均为幽入；有诰则谓当以屋沃之半配幽，以烛与屋觉之半配侯也。细为按之：四韵中如"六夙肃𣎴畜祝匊复肉毒夙目竹逐叕粥臼"等声，皆幽之入也；"角族屋狱足束𡔷辱曲玉㔽蜀木录粟𥣫豕卜局鹿谷"等声，皆侯之入也。匪独《诗》《易》如此分用，即周秦汉初之文皆少有出入者。如此，则表中第三部之"驱附奏垢"等字当改入侯部，不必为幽之合韵矣；第四部，"裕"字乃其本音，不必为侯之合韵矣。表中又以侵盐添为第七部，覃谈六韵为

第八部;有诰则谓当改《召旻》之"玷贬"入八部,而以侵覃为一类,谈盐以下为一类也。表中又以质栉屑配真臻先;有诰窃考古人平入合用之文,《唐韵》偏旁谐声之字,而知此三韵之当配脂齐,与术迄物黠没为一家眷属,不可离而二之也。以等韵言之:质栉者,脂开口之入也;术者,脂合口之入也;迄者,微开口之入也;物者,微合口之入也;屑者,齐之入也;黠者,皆之入也;没者,灰之入也。如此,则十五部之"疾至阈"等字,其本音不必为脂之合韵矣。以上数条,皆致疑之大者;管见如斯,未知有当高明否也。抑鄙见犹有说焉:去之祭泰夬废,入之月曷末镈薛,表中并入脂部;有诰考此九韵,古人每独用,不与脂通,盖月者废之入,曷末者泰之入,夬者镈之入,祭者薛之入,其类无平上,与至未质术之有平上者疆界迥殊,则此九韵当别为一部无疑也。缉合九韵之配侵覃,历来举无异说;有诰则谓平入分配,必以《诗》《骚》平入合用之章为据。支部古人用者甚少,《诗》《易》《左传》《楚辞》仅三十九见,而四声互用者十之三;今考侵覃九韵,《诗》《易》《左传》《楚辞》共五十七见,缉合九韵,《诗》《易》《大戴》《楚辞》共二十二见,并无一字合用者,即遍考先秦两汉之文,亦无之,检《唐韵》之偏旁,又复殊异,盖几于此疆尔界,绝不相蒙,乌能强不类者而合之也? 则当以缉合为一部,盍叶以下为一部,其类无平上去。盖四声之说,起于周、沈,本不可言古韵,又况冬无上,祭泰夬废无平上,原非每部凿定四声也。如此,增立三部,合先生之所分共二十部。有诰据此,撰为《诗经韵读》《群经韵读》《楚辞韵读》《先秦韵读》《古韵谱》等书。又先生之《十七部谐声表》,实从来讲古韵者所未见及;但有诰于先生之部分既有更改,平入分配间有异同,谨更为《谐声表》一卷。韵学谈及入声尤难,有明章氏著《韵学集成》,分配全误;顾氏一正之,而得者半,失者半,江慎斋再正顾氏,而得者十之七,失者十之三,盖不专以三代之经传、许氏之谐声为据,而调停旧说,是以未能尽善。有诰因之更为《入声表》一卷,而以《古音总论》

《等韵丛说》《说文质疑》《系传订讹》《音学辨讹》附焉。已上书缮写已成。又有《说文汇声》《汉韵读》《唐韵再正》三书，尚未脱稿。今谨将论撰大意，先达座右，再容执贽登堂，面求诲正，锡以弁言，无任冒昧之至。惟先生恕其狂愚而辱教焉，则幸矣。有诰再拜。

【王念孙《寄江晋三书》】——王念孙再拜，晋三兄足下：往者胡竹邨中翰以大著《诗经韵读》见赠，奉读之下，不胜佩服。念孙少时服膺顾氏书，年二十三入都会试，得江氏《古韵标准》，始知顾氏所分十部犹有罅漏。旋里后，取《三百五篇》反复寻绎，始知江氏之书仍未尽善，辄以己意重加编次，分古音为二十一部，未敢出以示人。及服官后，始得亡友段君若膺所撰《六书音均表》，见其分支脂之为三，真谆为二，尤侯为二，皆与鄙见若合符节；唯入声之分合，及分配平上去，与念孙多有不合。嗣值官务殷繁，久荒旧业，又以侵谈二部分析未能明审，是以书虽成而未敢付梓。己酉仲秋，段君以事入都，始获把晤，商订古音，告以侯部自有入声，月曷以下非脂之入，当别为一部，质亦非真之入；又质月二部皆有去而无平上，缉盍二部则无平上而并无去。段君从者二（谓侯部有入声及分术月为二部），不从者三。自段君而外，则意多不合，难望钟期之赏，而鄙书亦终未付梓。及奉读大著，则与鄙见如趋一轨，不觉狂喜！嗟乎！段君殁已六年，而念孙亦春秋七十有八。左畔手足偏枯，不能步履，精日销亡，行将继段君而去矣！唯是获睹异书，犹然见猎心喜。曩者李许斋方伯闻念孙所编入声有与段君不合者，曾走札相询，今复札录出寄呈教正。然其中有与大著不合者。好学深思，心知其意者，无如足下，故敢略言其概焉。段氏以质为真之入，非也；而分质术为二则是。足下谓质非真之入，是也；而合质于术以承脂则似有未安。《诗》中以质术同用者，唯《载驰》三章之"济闷"，《皇矣》八章之"类致"（"是类"与"是致"为韵，"是祃"与"是附"为韵，"类致""祃附"，皆通韵也），《抑》首章之"疾戾"，不得因此而谓其全部皆通也（有诰按：尚有《终风》三章之"曀寐嚏"未引。首二章第三句皆入韵，则"寐"字不得谓非韵）。若《宾之初筵》二章"以洽百礼，百礼既至"，此以两"礼"字为韵，而"至"字不入韵；"四海来格，来格其祁"，亦以两"格"字为韵；凡下句之上二字与上句之下二字相承者，皆韵也。质术之相近，犹术月之相近，《侯人》四章之"荟蔚"，《出车》二章之"旆瘁"，《雨无正》二章之"灭戾勚"，《小弁》四章之"嘒淠届寐"，《采菽》二章之"淠嘒驷屈"，《生民》四章之"旆穟"，术月之通较多于质术，而足下尚不使之通，则质术之不可通明矣。念孙以为质月二部皆有去而无平上，术为脂之入，而质非脂之入，故不与术通；犹之月非脂之入，故亦不与术通也。孔氏分东冬为二，念孙亦服其独见；然考《蓼萧》四章皆每章一韵，而第四章之"冲冲、雝雝"既相对为文，则亦相承为韵。孔以"冲冲"韵"浓"，"雝雝"韵"同"，似属牵强。《旄邱》三章之"戎东同"，孔谓"戎"字不入韵，然"蒙戎"为叠韵，则"戎"之入韵明矣。《左传》作"尨茸"，亦与"公从"为韵也。又《易》《象传》《象传》合用者十条，而孔氏或以为非韵，或以为隔协，皆属武断。又如《离骚》之"庸降"为韵，凡若此者，皆不可析为二类。故此部至今尚未分出。又读大著《古韵总论》，有献疑数处，别录呈正。大著自《诗经韵读》而外，念孙皆未之见，并希赐读，以开茅塞。"海内存知己，天涯若比邻"，爱而不见，怅何如之！念孙再拜。

　　附复书

　　石臞先生阁下：十月二十八日接胡竹邨中翰寄到先生手书，反复观诵，不胜雀跃，伏念有诰以无师之学，鼓其臆说，虽笃于自信，而绝鲜知音。后得段懋堂先生推许，窃自幸得一知己可以不恨；今又蒙先生如此嘉奖，有诰益可以无恨矣。来书谓拙著与先生尊见如趋一轨，所异者惟质术之分合耳。曩者有诰于此条思之至忘寝食，而断其不能分者有数事焉。论古韵必以《诗》《易》《楚辞》为宗，今此部于《诗》《易》似若可分，而《楚辞》分用者五章：《九歌·东君》之"节日"，《远游》之"一逸"，《招魂》之"日瑟"，《高唐赋》之"室乙毕"，四条为质部字，《高唐赋》之"物出"一条为术部字。合用者七章：《九章·怀沙》之"抑替"（替从白声，白，古自字），《悲回风》之"至比"，《九辨》六之"济至死"，《风赋》之"慄欷"，《高唐赋》之"出忽失"，《笛赋》之"节结一出疾"，《钓赋》之"失术"。《楚辞》而外，则尤犬牙相错，平侧不分，其不能离析者一也。段氏之分真文，孔氏之分东冬，人皆疑之，有诰初亦不之信也；细绎之，真与耕通用为多，文与元合用较广，此真文之界限也；东每与阳通，冬每与蒸侵合，此东冬之界限也。今质术二部，《诗》中与祭部去入合用十一章：《旄丘》之"葛节日"，《正月》之"结厉灭威"，《十月之交》之"彻逸"，《宾之初筵》之"设逸"，此质之与祭合也；《侯人》之"荟蔚"，《出车》之"旆瘁"，《雨无正》之"灭戾勩"，《小弁》之"嘒届浘寐"，《采菽》之"浘嘒驷届"，《皇矣》之"犌柳"，《生民》之"旆穟"，此术之与祭合也；亦无平侧宾主之辨，其不能离析者二也。《唐韵》去入二声分承平上，统系分明；今若割至霁与质栉屑别为一部，则脂齐无去入矣。二百六部中有平去而无上入者有之，未有有平上而无去者也。且至霁二部为质之去者十之二，为术之去者十之八，宾胜于主，无可擘画。若专以质迄栉屑成部，则又有去声数十字牵引而至，非若缉盍九韵之绝无攀缘也。有诰于四声之配合，有《入声表》一卷，言之甚详。此段氏质术之分，有诰所以反覆思之而不能从也。先生又谓《宾之初筵》诗以二"礼"字韵，"至"字不入韵，然下三句以"壬林湛"韵，末六句以"能又时"韵，则此二句自当以"礼至"韵，二"百礼"二"其湛"恐非韵也。《元鸟》篇亦当以"祁河宜何"韵，二"来格"亦恐非韵也。考古人歌脂二部合用甚多。《楚辞·九歌·东君》以"雷蛇怀归"韵，《远游》篇以"妃歌飞夷蛇徊"韵。《高唐赋》以"螭谐哀悽欷"韵，《荀子·成相》一章以"罢私施移"韵。《文子·上德篇》以"类遂施"韵。

汉人合用尤广,其书可覆按,有诰所以不敢为苟同之论也。辱蒙纠正各条,俱甚切当。有诰于总论已芟去,于大文已改正矣。承索拙著各种,但拙著甚繁,家贫无力刊布,今将已刻数种敬呈座右,仍望先生纠其纰缪而赐教焉,则幸甚幸甚。有诰再拜。

【江有诰《再寄王石臞先生书》】——去秋接奉手书,比即裁函奉覆,未审有当高明否?近者有诰复有新知,敢胪陈管见,望先生赐教焉。古韵一事,至今日几如日丽中天矣;然四声一说尚无定论。顾氏谓古人四声一贯,又谓入为闰声;陈季立谓古无四声;江慎斋申明其说者,不一而足,然所撰《古韵标准》仍分平上去入四卷,则亦未有定见;段氏谓有平上入而无去,孔氏谓古有平上去而无入。有诰初见亦谓古无四声,说载初刻凡例,至今反复绎,始知古人实有四声,特古人所读之声与后人不同,陆氏编韵时不能审明古训,特就当时之声误为分析。有古平而误收入上声者,如"享飨颈颡"等字是也;有古平而误收入去声者,如"讼化震患"等字是也;有古上而误收入平声者,如"偕"字是也;有古上而误收入去声者,如"狩"字是也;有一字平上两音,而仅收入上声者,如"怠"字是也;有一字平上两音而仅收入平声者,如"愆"字是也;有一字平去两音而仅收入去声者,如"信"字是也;有一字平去两音而仅收入平声者,如"居"字是也;有一字上去两音而仅收入上声者,如"喜"字是也;有一字上去两音而仅收入去声者,如"顾"字是也;有一字去入两音而仅收入去声者,如"意"字是也;有一字去入两音而仅收入入声者,如"得"字是也;有一字平上去三音而遗其上去者,如"时"字是也;有一字平去入三音而遗其去入者,如"来"字是也;有一字上去入三音而遗其上入者,如"至"字是也;有一字平上去三音而遗其平声者,如"上"字是也;有一字平上去三音而遗其平去者,如"静"字是也。偶举一以见例,其余不可枚数。有诰因此撰成《唐韵四声正》一书,仿《唐韵正》之例,每一字大书其上,博采三代两汉之文分注其下,便知四声之说非创于周、沈。其中间有四声通押者,如《诗经·扬之

水》之"皓(上)绣(去)鹄(入)忧(平)",《大东》之"来(去)服(入)裘
(平)试(去)",《易·遁·象传》之"裁(平)志悫事(去)否(上)疑
(平)",《楚辞·九辨》六之"凿(入)教(去)乐(入)高(平)",此亦如二
十一部之分,瞭然不紊;而亦间有通用合用者,不得泥此以窒其余也。
其四声具备者七部:曰之、曰幽、曰宵、曰侯、曰鱼、曰支、曰脂;有平上去
而无入者七部:曰歌、曰元、曰文、曰耕、曰阳、曰东、曰谈;有平上而无去
入者一部:曰侵;有平去而无上者一部:曰真;有去入而无平上者一
部:曰祭;有平声而无上去入者二部:曰中、曰蒸;有入声而无平上
去者二部:曰葉、曰缉。一以三代两汉之音为准,晋宋以后迁变之
音,不得而疑惑之。于此悟古无四声之说为拾人牙慧,而古人学与
年俱进之说诚不诬也。其中有《唐韵》本不误而《集韵》误采者,则
不复致辨(如"馆"字本无上声,《唐韵》上声不收,《集韵》收之,今
人几不知"馆"字为去声矣)。鄙见如此,未审先生以为然否? 仍
望诲正而赐示焉,则幸甚,幸甚。有诰再拜。

　　附复书

　　接奉手札,谓古人实有四声,特与后人不同,陆氏依当时之声
误为分析,特撰《唐韵四声正》一书;与鄙见几如桴鼓相应,益不觉
狂喜! 顾氏四声一贯之说,念孙向不以为然,故所编古韵如札内所
举:"颡飨化信"等字皆在平声,"偕茂"等字皆在上声,"馆"字亦在
去声,其他指不胜屈,大约皆与尊见相符;"至"字则上声不收,惟
收去入,为小异耳。其侵谈二部,仍有分配未确之处,故至今未敢
付梓;既与尊书大略相同,则鄙著虽不刻可也。足下富于春秋,敏
而好学,日进无疆,不能测其所至;念孙日西方莫,恐不及见大著之
成矣! 手战书不成字,可胜惭悚! 念孙再拜。

　　【夏炘《诗古韵表》】——力按:夏氏表中专列《诗经》用以为韵
之字,于今古音不同者注其音,分四声排列。今为节省篇幅起见,
四声杂列,不复注音。

之部第一

哉丝治訧霾来思淇姬谋尤蚩丘期媒坶佩贻鋂偲其梅裘骐狸台莱基时矣箕诗僛邮牛脢饴龟紑鼒駓才采友否母苡有趾子沚事汜以悔李裹已久耳齿止俟右妇玖涘里杞洧士晦喜亩屺鲤耜载祉芑试仕殆宰史使负似恃梓在耻纪起秄敏薿怠改祀秠忌海鲔旧异背痗疚富克服备戒能识食诲囿伏字翼式寺倍炽福得侧特麦北弋极德国饰力直革绒息襋棘辐億稷域忒牧饬急则奭菖意蜮侑敕彧穑螣贼黑暱色亟匐嶷慝塞织馘。

幽部第二

鸠洲逑流求逵仇休雠售漕悠滺游昴裯犹舟忧游救陶翿修啸淑轴好抽膠潚瘳滔慆聊条周收輈袍矛綯絿遒莜椒蜩茅裒柔櫜酬浮丑酒妯觩幽炮孚臭櫄叟蹂曹牢匏酋刘骚苞优囚搜球旒包诱手老轨牡埽道狩鸨首阜皭茂栲杻考保簋饱缶皓懰受慅枣稻寿蚤韭舅咎罶草戊祷卯搗昊莠柳蹈宝蓼朽茆鸟冒报宿匊笃燠薁菽畜復奥蹙戚俶迪夙萧穆。

宵部第三

夭劳旄敖骄镳朝桃瑶苗摇消麃乔遥漂要忉儦殽谣号巢苕膏曜飘嘌鸮谯翘晓蒿昭恌傚旐悄嚣嗸刀脊鷮教漉高寮笑荛藻潦小少摽皎僚沼弔罩炤盗庙貌耄到龠翟爵药凿襮沃栎駮的濯蹻跃熇削溺。

侯部第四

娄驹姝隅躕驱侯殳濡渝枢榆刍逅株诹趣趋揄愚笱后枸楰耇瘉口愈侮树数厚主醹斗后咮媾豆醧具孺饫奏禄裕餶取木附属欲句鍭漏觏谷角族屋狱足樕鹿束玉读辱曲藚续毂彛縠粟仆椓卜浊霂渥绿局沐岳。

鱼部第五

砠瘏痡吁华家罝夫牙车葭豝乎虞居诸虚邪且狐乌旟都瓜琚苏阇荼芦娱著素渠余舆壶苴樗据租胡肤瑕帑图涂书鱼徒辜铺幠舍盱庐菹蒲屠胥誉舒与沮騢祛徂嗽楚马筥釜下处渚辅阻暑罟祜纾羽野雨土

顾苦怒虎舞组五予甫许浒父武举所鱮鼠黍户者杜湑踽栩盬怙禦鼓夏纻语宇股圃稼蕖羖酤暇写旅午麌寡祖堵扈羖黼斝御若赋尃脯圉助補茹吐吁噳浦绪虏稌瞽虡鰕秬鲁露夜据愬故射瞿莫路濩恶洳度岵除固庶作获去芋据柘祃呱訏豫呼鹭绤斁落石席蓆捽伯薄鞹夕泽戟骆奕舄绎宅错藿客阁橐怿踖炙格酢白柏赫获廓咢籍貊螯柞雒逆诺尺昔恪。

歌部第六

皮紽蛇沱过歌为何离施河仪他伽佗宜猗磋磨阿邁靡罗罹吪麻嗟加吹和多差娑池陂荷缡嘉锜鲨椅莪驾驰破罴议讹瘥左俄傞那沙可牺瑳掎我拖祸哆侈地瓦贺佐。

支部第七

支觿知斯枝提伎雌易只篪卑疷圭携辟刺皙翟鬄揥易帝粺适益谪篑锡甓鹝惕鶂绩踖脊蜴蹢剔解甓狄。

脂部第八

萋飞喈归私衣嵬隤罍怀累绥枚饥祁薇悲夷微靁迟违畿霏妻姨荑脂蛴犀眉畏晞崔凄湄跻坻师隮蓍骓骙依腓哀氏维毗迷底麋阶伊懠资坏黎推郿齐鸱追祇围威尾燬迩瀰鸗非体死茅弟沛祢姊炜美指礼泲偕火苇毁几韡鳢旨泥岂矢兕醴罪匕砥履视稺尔妣秭皆肆弃塈谓溃纰四畀济遂悸穟醉季寐比佽棣檖萃惠戾届阕瘁淠蔚穧利驷爱妹渭翳对穖匮位溉内退僾逮队悖替济出卒述律弗没茀仡肆忽拂。

至部第九

至噎嚏疾实室袺襭七吉节日栗漆瑟穴即耋慄韠结一垤窒恤彻逸血珌设抑毕飕密毖挃栉秩匹。

祭部第十

败憩拜脱帨吠厉揭鞷迈卫害逝带艾外蹶泄肺晢祋芾旆岁晣哕勚秣嘒愒瘵虿世茇兑駾茷栵大蕨惙伐芨阔活月佸桀说渴达阙濊發孽朅葛闼阅雪偈烈褐灭威舌撮髮軷拨幭夺杰越截钺曷蘖。

元部第十一

干言叹展祥颜媛涧宽垣关涟迁乾璊园檀餐还閒肩儇鬈闲廛貆旃然焉管蓳卷悁冠栾拚原山轩宪莞安幡怨傩樊反仙远燔献连嫄繁宣巊单残藩番嘽完蛮典裸騠燕丸虔梴转选管洒浼鲜僩喧谖阪溥愿践愆幝痑谏板痯亶简雁旦泮晏怨岸馆粲慢罕彦烂涣婉娈卯贯乱讪衍霰宴喙援羡锻涧衍翰汉难。

文部第十二

诜振麏春缗孙门殷贫艰奔君哼陨湣昆闻谆雲存巾员鳏轮沦困鶉殰群镎恩勤闵晨辉旂犉云愍廛瘽雰芹䡝熏欣芬辰川焚遁濆纯耘训先堙忍殄盼顺问愠壸允。

真部第十三

榛人蘋滨渊身洵信薪榛苓天零田千姻命申仁溱颠令邻邻年骃均询闉亲臻陈翩臣贤甸宾矜民玄莘坚钧旬填泯烬频神领尽引电。

耕部第十四

萦成丁城盈星征鸣旌青莹声清庭营名正甥菁姓罂苹笙平宁生嘤听惊楹冥定醒政程经争桢屏灵泾馨刑倾牲嬴霆敬聘冥颍骋。

阳部第十五

筐行冈黄魟伤荒将方裳亡颃良忘锽兵臧凉雰央防襄详长唐乡姜上疆兄堂京桑虹狂汤爽杭望梁阳簧房墙扬彭旁英翔明昌光瀼狼荡跄霜尝常杨苍鲂胖煌粮庚斯场飨羊皇享王刚遑藏觊衡玱珩祥床喤痒盟浆章箱傍亨祊庆仓炳仰抗张让商亢璋相丧康粮囊印纲螗羹尚肠粻鳜锡洸罔穰鸧芒香庄广泳永养景掌往竞梗两向。

东部第十六

僮公墉讼从缝纵东同雒蓬狨封庸容罿凶聪松龙充童双功濛颙攻庞调饔傭讻诵邦用邛共空重恫冲椶镛钟痌豊奉訌龙巩勇燶濛峰动悚总控送丰巷。

中部第十七

中宫虫螽忡降襛冬穷冲躬戎浓融终潨宗崇仲宋。

蒸部第十八

薨绳掤弓梦憎升朋兴增恒崩承惩雄兢肱胜腾冰陾登冯縢膺。

侵部第十九

林心三风音南葚耽衿钦骖阴芩琴湛骎谂僭壬煁男饮谌潜临深琛绶黮簟寝锦甚枕。

谈部第二十

岩瞻惔谈斩监涵谗甘馠蓝襜詹槛葵敢萏俨砧贬滥。

菜部第二十一

菜涉鞢甲业捷。

缉部第二十二

揖蛰及泣湿合軜邑隰翕渒集楫入辑洽。

第九节　章炳麟、黄侃的古音学

章炳麟与黄侃可算是清代音韵学之结束者。章字太炎,余杭人(1868~1936),著有《章氏丛书》。关于音韵的著作,大部分载在《丛书》中的《国故论衡》及《文始》里。

章氏对于古韵,初本定为二十二部。他在给刘光汉的信里说①:

古韵分部,仆意取高邮王氏外,复采东冬分部之义;王故有二十一部,增冬部则二十二。清浊敛侈,不外是矣。

这与夏炘的意见是相同的。后来他觉得脂部去入声的字,在《诗经》里往往不与平上押韵,所以把它再分为脂队两部②。他说③:

---

① 见《文录》二。
② 章氏在《国故论衡》里,认队为去入韵;在《文始》里,却以"虽椎雷蕌傀鬼鬼夒虺"等字归入队部,则队部似亦兼有平上声字。
③ 见《文始》二。

　　　　　队脂相近,同居互转,若"聿出内术戾骨兀鬱勿弗卒"诸声,谐韵则《诗》皆独用;而"自佳霝"或与脂同用。

　　这么一来,又变为二十三部了①。自从顾亭林以来,古韵学家只知道分析韵部,不知道研求各韵的音值。他们未尝不心知其意;尤其是江永、戴震、孔广森诸人,都是心里大致地猜定某韵古读某音,然后定下古韵的部居来的。但是,他们却不曾明白说出某韵古读某音。直到章太炎才用中国汉字去描写二十三部的音值,虽没有国际音标那样正确,但我们由此可知他所假定的古代韵值的大概。由此看来,章氏是知道注重韵值的第一人。

　　章氏既不用音标,故其所定上古韵值不易了解②。今仅将其易知者叙述如下③:

　　1.鱼部读[u],如"乌姑枯吾"。

　　2.支部读[i],如"酏鸡溪倪"。

　　3.至部亦读[i],但为去入韵。

　　4.脂部读[uei],如"韦归魁危";队部亦读[uei],但为去入韵。

　　5.歌部读[o],泰部读[a]。

　　6.之部读[ai],如"欸该海騃"。

　　7.青真谆寒诸部皆收舌(即收-n),东侵冬蒸谈皆收唇(即收-m),又缉盍亦收唇(即收-p)。

　　但是,章氏假定韵值的时候,往往不申明理由,不足使人确信。除假定音值之外,他还继承孔广森而发明阴阳对转旁转之说,作《成均图》(见下页):

────────

① 章氏晚年,在光华大学《中国语文学研究》曾发表《音论》一文,主张以冬部并入侵部;据此,则仍为二十二部。

② 章氏的话颇含糊。例如说:"蒸侵所以分者,蒸视侵为舒。"怎样才算"舒"? 蒸比侵舒了多少? 都令人不能十分了解。

③ 参看《国故论衡》上,页20～29,《二十三部音准》。

他自己加以说明：

（一）同列：阴弇与阴弇为同列；阳弇与阳弇为同列；阴侈与阴侈为同列；阳侈与阳侈为同列。

（二）近转：凡二部同居为近转。

（三）近旁转：凡同列相比为近旁转。

（四）次旁转：凡同列相远为次旁转。

（五）正对转：凡阴阳相对为正对转。

（六）次对转：凡自旁转而成对转为次对转。

（七）正声：凡近转、近旁转、次旁转、正对转、次对转为正声。

（八）变声：凡双声相转，不在五转之例为变声①。

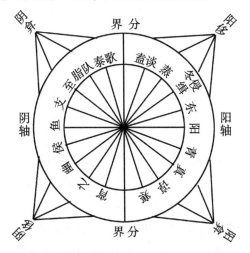

人们往往不满意于章氏的《成均图》，因为他无所不通，无所不转，近于取巧的办法。但我们须知，章氏的通转说与孔氏的通转

---

① 《成均图》在《国故论衡》上，页5，又在《文始叙例》，页8。《国故论衡》所载，尚有交纽转与隔越转。凡阴声阳声虽非对转，而以比邻相出入者，为交纽转。凡隔轴声者不得转；然有间以轴声隔五相转者，为隔越转。凡近旁转、次旁转、正对转、次对转为正声；凡交纽转、隔越转为变声。在《文始叙例》里，他把交纽隔越两转取消了。

说很不相同。孔氏根据通转说以分古韵,于是古韵由旁转而并为十二部,更由对转而并为六大类,似密而实疏;章氏只根据通转说以谈文字之转注假借及孳乳之理,并未因此而完全泯灭古韵二十三部的疆界。所以我们可以说《成均图》与他的古韵分部的理论没有很大的关系,只表示某韵与某韵相近或相对而已①。

　　章氏对于古纽,大致从钱大昕的说法,但他认娘日二纽在古代也与泥纽不分②。他在《国故论衡》里列有一个"纽目表":

喉音③:见　　溪　　群　　疑

牙音:晓　　匣　　影喻

舌音:端知　　透彻　　定澄　　泥娘日　　来

齿音:照精　　穿清　　床从　　审心　　禅邪

唇音:帮非　　滂敷　　並奉　　明微

由上表看来,古代共有二十一纽。表上的小字,是表示古代所没有的声纽。

　　黄侃是章炳麟的弟子,字季刚(1886～1935),蕲水人。他对于音韵学,除一部《集韵声类表》外,只有些论文散见于各处,如《音略》《声韵通例》《与友人论小学书》等。黄氏于《广韵》中考得三十二韵为"古本韵",十九纽为"古本纽"。他因为这三十二韵里只有十九个古本纽,所以断定它们是古本韵;又因为三十二个古本韵里只有这十九纽,所以断定它们是古本纽。三十二个古本韵当中,有八个因开口合口相配

---

① 章氏所谓阴阳对转,其主要元音不一定相同,例如阳声的阳韵为[a],对转为鱼韵,但鱼的音值是[u],不是[a]。

② 章氏有《古音娘日二纽归泥说》,见《国故论衡》上,页31～33。

③ 章氏以见溪群疑为喉音,晓匣影喻为牙音,与普通的说法相反。后来在《文始》里,他把见溪群疑改称深喉音,晓匣影喻改称浅喉,仍不合于语音学原理,因见纽并不比影纽更深。黄氏在这一点上远胜其师,因他称影喻为深喉,见溪群疑晓匣为浅喉。

的关系可以归并为四部，因此他以为古韵共有二十八部。

他所考定的古十九纽如下表①：

深　喉	浅　喉	舌　音	齿　音	唇　音
影（喻于）	见 溪（群） 晓 匣 疑	端（知照） 透（彻穿审） 定（澄神禅） 来 泥（娘日）	精（庄） 清（初） 从（床） 心（山邪）	帮（非） 滂（敷） 并（奉） 明（微）

他所考定的古韵二十八部如下表②：

阴声八部

1.歌戈　2.灰　3.齐　4.模　5.侯　6.豪　7.萧　8.咍。

阳声十部

1.寒桓　2.先　3.痕魂　4.青　5.唐　6.东　7.冬　8.登
9.覃　10.添。

入声十部

1.曷末　2.屑　3.没　4.锡　5.铎　6.屋　7.沃　8.德
9.合　10.怗。

黄氏以等韵为出发点，与戴震相似，所以他在《音略》里说"戴君所得为独优"。我们不反对拿《广韵》的系统去推测古音系统；恰恰相反，《广韵》是我们研究古韵的重要根据。但是，我们不能赞成黄氏拿《广韵》的反切法去做推测古音的工具，因为反切法是后起的东西，与古音不会发生关系。黄氏以古本纽证古本韵，又以古本韵证古本纽，在论理学上犯了乞贷论证（begging the question）的毛病③。而且他所指出的古本韵，实际上是在韵图中居一等或四等的韵；舌

---

① 据钱玄同《文字学音篇》，页30；参看《华国月刊》第一卷第五期。
② 据钱玄同《文字学音篇》，页30～31。表中1.2.3.等号码不是钱氏书中所原有。
③ 《语言学论丛》，页46。

上音与正齿音本来没有一、四等,轻唇音与日母本来没有一、二、四等,自然不能入于黄氏所谓古本韵之中。由此看来,黄氏只在每一个古韵部中(例如之部或支部)拣出一个一等或四等的韵(例如之部咍韵居一等,支部齐韵居四等),认为古本韵①。这对于古音系统仍不能证明,倒反弄出不妥来,例如"齐"字本身属于古音脂部,而黄氏所谓齐部却指古音支部而言;"先"字本身属于古音谆部,而黄氏所谓先部却指古音真部而言。又如黄氏本主阴阳入三分之说,当得古韵二十九部,然因萧部的入声有"变纽"(非古本纽者,黄氏谓之"变纽"),终不敢另立一部。由此看来,古本韵之说适成为一种桎梏。不过,他所谓二十八部大致系从章氏二十三部再分出入声五部(独萧部入声未分),故于古音系统仍能不紊。总之,他古本韵、古本纽之说绝不可信②,而阴阳入三分之说则不失为一家之言,我们该分别来看,不可因他立言失当而完全抹杀他的古韵学说。

参考资料

【章炳麟论古代韵值】——古音流传于晚世者,自二十三支分为二百六,则有正韵支韵之异。以今观古,侯当从正韵,不从支韵之虞;支当从正韵,不从支韵之佳;歌当从正韵,不从支韵之麻;幽当从正韵,不从支韵之萧。此为以正韵定音。脂当从支韵之微,之当从支韵之咍,青当从支韵之先,侵当从支韵之咸,东当从支韵之

---

① 但所谓"古本韵中只有古本纽",亦不能无例外。如"狗俌藬鄹鼞枒遂歔鮍糚膜疠"等字,黄氏谓为"后人沾益"。又东一类的"讽瞗凤"三字,则云"以平声准之,此三字当入第二类"。此外刘盼遂又查出例字十五个,即"编(上声)弸胚觲奔(去声)瘕伽缚甓佣窜槽掷陪莒",见刘盼遂《文字音韵学论丛》,页280~283。

② 所谓古本纽(例如帮)与变纽(例如非),在古代的音值是否相同呢? 如不相同,则非不能归并于帮,亦即不能减三十六纽为十九纽;如古代非帮的音值相同,则帮纽可切之字,非纽何尝不可切呢? 又如泰韵既无变纽,为什么不认为古本韵,而认为曷末之变韵呢? 我们不信黄氏的说法,这也是一个强有力的理由。

江。此为以支韵定音。鱼模主模，祭泰夬废曷末镈月薛主曷末镈。此为以正韵诸部建其訇适之音，非审音端谛者莫能明也。段氏言古音敛，今音侈，悉以支韵还就正韵，则支脂之何以分，东冬何以辨焉？钱君驳之曰："歌部字今多入支，此乃古侈今敛之征也。"余以古人呼泰若今北方呼麻之去，今乃与代队至乱，亦古侈今敛也。大氐声音转变，若环无耑，终则有始；必若往而不返，今世宜多解颐之忧矣！昔《唐韵》以入声配阳声韵，顾氏悉取以配阴声；及戴君言二平同入，以为阴阳对转之符；孔氏取声焉，而复以古无入声。案古音本无药觉职德沃屋烛铎陌锡诸部，是皆宵之幽侯鱼支之变声也。有入声者：阴声有质栉屑一类，曷月镈薛末一类，术物没迄一类，阳声有缉类盍类耳。顾君以药觉等部悉配阴声，征之《说文》谐声，《诗》《易》比韵，其法契较然不迳。若"藐"得声于"貌"、"荻"得声于"芺"、"爍"得声于"樂"、"试"得声于"式"、"特"得声于"寺"、"萧"得声于"肃"、"窦"得声于"賣"、"博缚"得声于"尃"、"锡"得声于"易"，兹其平上去入皆阴声也，遽数之不能终其物。江、戴以阴阳二声同配一入，此于今韵得其条理，古韵明其变迁，因是以求对转，易若截肪；其实古韵之假象耳，已知对转，犹得兔可以忘蹄也。然顾氏以入声丽阴声，及缉盍终不得不丽侵谈；孔氏云无入声，而谈与缉盍乃为对转。戴氏以一阴一阳同趣入声，至缉盍独承阳声，侵谈无阴声可承者，皆若自乱其例。此三君者，坐未知古平上韵与去入韵堑截两分；平上韵无去入，去入韵亦无平上。夫泰队至者，阴声去入韵也；缉盍者，阳声去入韵也。入声近他国所谓促音；用并音则阳声不得有促音，而中土入声可舒可促。舒而为去，收声属阴声则为阴，收声属阳声则为阳；阴声皆收喉，故入声收喉者丽阴声；阳声有收唇收舌，故入声收唇者丽阳声。缉盍收唇也，舒为侵谈去声，其收唇犹如故。以是与侵谈同居。泰队至皆有入声，舒其入声归泰队至，犹故收喉，而不与寒谆真同收，以是不与寒谆真同居。入声所以乏寡者：之部非不可促，促之乃与至同；侯幽宵非不可促，促之声相似也；歌鱼非不可促，促之声相似也；蒸部促之复若缉，阳部促之复若泰，声相疑似则止矣。众家之说，各有冯依，要之皆未尽其常变。入声不属阳声，盖汉魏讫今所同，顾惟陆韵为异。如“宿”转去为息救切，不入送宋用；“恶”转去为乌故切，不入漾宕；“易”转去为以豉切，不入劲径；“织识”转去为职吏切，不入证嶝；“质”转去为陟利切，不入震，此皆晋宋齐梁人旧音，其余可知也。陆韵于此循旧，佗则反之，例自乱矣。征以今音：北方读入声皆作去，安徽江苏浙江福建广东五部，其入声崭然促音，与去绝异，而江西湖北湖南广西四川云南贵州七部，入声似去而加沉重。此七部者，言“力”似“吏”，言“式”似“试”，言“锡”似“细”，言“递”似“递”，言“郭”似“故”，言“铎”似“度”。其言“笃”言“竹”者，湖南江西声清，故“笃”似“斗”，“竹”似“肘”；其为五部声浊，故“笃”似“妒”，“竹”似“箸”，旁皇幽侯鱼模之间，本相转也。未有言“力、式”似“拢、胜”，言“锡、递”似“性、定”，言“郭、铎”似“桃、宕”，言“笃、竹”似“冬、中”者。此则入声不系阳声，今音犹旧音也。及夫“谷”声为“容”，“束”声为“疎”，“屮”声为“蚩”，“易”声为“饧”，“黄”声为“璜”，“畾”声为“羸”，“兀”读如“复”，“芉”读似“聿”，此皆对转变声，非其相丽。陆韵以入声分丽阳声，虽因是得见对转之条，卒非声音本然之纪。阴阳声者，例犹夫妇，入声犹子：子虽合气受形，怀妊必于其母。然则一平一入者，其说方以智；二平同入者，其说圆而神。圆出于方，未有蔑弃矩则而作旋规者也。问曰：大江上游，读术物没诸韵，有似御莫遇者，北方殆无分别矣。虽等阴声，而分配固非其部，何也？答曰：此其迁变久矣。宋人以“鹘突”为“胡涂”，以“兀术”为“乌珠”，“回鹘”亦或作“畏吾儿”。犹曰宋后然也。前世赫连氏之“白口骢城”，元魏讹为“薄骨律镇”；《魏略》称徐庶白垩涂面，而曰“白垩突面”。

及夫"拙"之为"铢"，"勿"之为"无"，自古以然。以术物没阖口撮口呼之，鱼模虞亦阖口撮口呼之，故相转耳。问曰：今人呼缉盍诸部，舒之齐齿者如支部去声，开口者如歌部去声，违戾已甚，此今音不可证旧音也。答曰：缉盍之讹，以江河内外失收唇之音耳；呼以收唇，自转为侵谈去声，广东固未失矣。今人读入声，惟缉盍误为甚；平声惟侵谈误为甚，故岭外为正音宗。

《国故论衡》上，页20～23。

【钱玄同述黄侃古本韵变韵说】——

东₁（董，送₁，屋₁）　平声东₁，入声屋₁，为古本韵；上声董，去声送₁，为东₁之变韵。

变韵有四类：（一）古在此韵之字，今变同彼韵之音，而特立一韵者。如古东韵之字，今韵有变同唐韵之合口呼者，因别立江韵；则江者，东之变韵也。（二）变韵之音为古本韵所无者。如模韵变为鱼韵，覃韵变为侵韵是也。（三）变韵之母音全同本韵，以韵中有今变纽，因别立为变韵。如寒桓为本韵，山为变韵；青为本韵，清为变韵是也。（四）古韵有平入而无上去，故凡上去之韵皆为变韵。如此处上声之董，去声之送₁，在古皆当读平声，无上去之音，故云变韵是也。

东₂（送₂，屋₂）　冬之变韵，由本音变同东韵之撮口呼。

冬（［湩］宋沃）　冬沃为古本韵。

钟（肿用烛）　东之变韵，由合口呼变为摄口呼。

江（讲绛觉）　东之变韵，由本音变同唐韵之合口呼。

支（纸寘）　齐歌戈三韵之变韵。齐韵之有变纽者；歌戈二韵之由本音变同齐韵者。

脂（旨至）　灰之变韵，由本音变同齐韵。

之（止志）　咍之变韵，由本音变同齐韵。

微（尾未）　灰痕魂三韵之变韵，均由本音变同齐韵。合数本韵为一变韵者,又别于一本韵之变韵。故脂微又分二韵。《广韵》分部之多,职是故也。

　　鱼(语御)模之变韵,由合口呼变为撮口呼。

　　虞(麌遇)　模侯二韵之变韵。模由合口呼变为撮口呼,侯由本音变同模韵之撮口呼。

　　模(姥暮)　模为古本韵。

　　齐(荠霁)　齐为古本韵。

　　祭　曷末没三韵之变韵。均由本音变为曷末之去声之齐撮呼。

　　泰　曷末二韵之变韵,由入声变为去声(无变纽)。

　　佳(蟹卦)　齐之变韵,由本音变同咍韵。

　　皆(骇怪)　灰之变韵,由本音变同咍韵。

　　夬　曷末二韵之变韵,由入声变为去声(有变纽)。

　　灰(贿队)　灰为古本韵。

　　咍(海代)　咍为古本韵。

　　废　曷末二韵之变韵,由入声开合呼变为去声齐撮呼。

　　真(轸震质)　先之变韵,由本音变为痕魂韵之齐撮呼。

　　谆(准稕术)　魂先二韵之变韵。魂由合口呼变为撮口呼;先由本音变同魂韵之撮口呼。

　　臻([龀]栉)　先之变韵,由本音变同痕韵。

　　文(吻问物)　魂之变韵,由合口呼变为撮口呼。

　　殷(隐焮迄)　痕之变韵,由开口呼变为齐齿呼。

　　元(阮愿月)　寒桓二韵之变韵,由本音变同先韵。

　　魂(混慁没)　魂没为古本韵。

　　痕(很恨[麧])　痕[麧]为古本韵。

　　寒(旱翰曷)　寒曷为古本韵。

　　桓(缓换末)　桓末为古本韵。

　　删(潸谏黠)　寒桓先三韵之变韵。寒桓二韵之有变纽者;先韵之由本音变同寒桓韵者。

山（产裥锴）　寒桓二韵之变韵，有变纽。

先（铣霰屑）　先屑为古本韵。

仙（狝线薛）　寒桓先三韵之变韵。寒桓二韵之由本音变同先韵者；先韵之有变纽者。

萧（篠啸）　萧为古本韵。

宵（小笑）　豪之变韵，由本音变同萧韵。

肴（巧效）　豪萧二韵之变韵。豪韵之有变纽者；萧韵之由本音变同豪韵者。

豪（皓号）　豪为古本韵。

歌（哿箇）　歌为古本韵。

戈一（果过）　戈一为古本韵。

戈二　歌之变韵，由开口呼变为齐齿呼。

戈三　戈一之变韵，由合口呼变为撮口呼。

麻（马祃）　歌戈模三韵之变韵。歌戈二韵之有变纽者；模韵之由本音变同歌戈韵者。

阳（养漾药）　唐之变韵，由开合呼变为齐撮呼。

唐（荡宕铎）　唐铎为古本韵。

庚（梗敬陌）　唐青二漾之变韵，均由本音变同登韵。

耕（耿诤麦）　登青二韵之变韵。登韵之有变纽者；青韵之由本音变同登韵者。

清（静劲昔）　青之变韵，有变纽。

青（迥径锡）　青锡为古本韵。

蒸（拯证职）　登之变韵，由开合呼变为齐撮呼。

登（等嶝德）　登德为古本韵。

尤（有宥）　咍萧二韵之变韵，均由本音变为侯韵之齐撮呼。

侯（厚候）　侯为古本韵。

幽（黝幼）　萧之变韵，由本韵变为侯韵之齐撮呼。

侵（寝沁缉）　覃之变韵。

覃（感勘合）　覃合为古本韵。

谈（敢阚盍）　添之变韵，由本音变同覃韵。

盐（琰艳叶）　添之变韵，有变纽。

添（忝㮇怗）　添怗为古本韵。

咸（豏陷洽）　添覃二韵之变韵。添韵之由本音变同覃韵者；覃韵之有变纽者。

衔（槛鉴狎）　覃之变韵，有变纽。

严（俨酽业）　覃添二韵之变韵。覃韵之由本音变同添韵者；添韵之有变纽者。

凡（范梵乏）　覃之变韵，由本音变同添韵。

【王力论古韵分部异同】——诸家古韵分部，各不相同；大抵愈分愈密。鄙意当以王念孙为宗；然顾炎武、江永、戴震、段玉裁、孔广森、严可均、江有诰、朱骏声、章炳麟、黄侃，亦皆有独到之处。顾段孔王严朱章为一派，纯以先秦古籍为依归；江永戴黄为一派，皆以等韵条理助成其说；江有诰则折中于二派者也。

清儒考求古韵，往往历数十年而后成书，或并或分，皆有其当并当分之理。苟细审其异同之所在，则其所以启示吾辈者实多。如顾氏以侯归鱼，江氏永以侯归幽，段氏侯部独立，则知侯音介乎鱼幽之间也。顾氏以冬归东，孔氏冬部独立，严氏复并冬于侵，则知冬音介乎东侵之间也。段氏并祭于脂，戴氏祭部独立，则知祭音本近于脂也。段氏并至于真，王氏至部独立，江氏有诰并至于脂，则知真至脂音皆相近也。甚至一字之争，所关亦大。故比较诸家之异同，非特为博览也；新知之启发，或将导源于是。

夏炘始作《诗古韵表廿二部集说》，考顾江段王江五家同异，以著于篇。然其病在仅举《广韵》韵目，无以悉见分合之迹。盖诸家称名或殊，而其实从同，例如夏君云："段氏以药铎配鱼，江君（指有诰）以陌，并分麦昔配之。"其实入声偏旁如从"睪"、从"各"、从"蒦"、从"屰"等，段江皆以配鱼，固无一字不相同也。故欲考求诸家分部之异同，宜舍并合韵目之旧法，但以谐声偏旁区分。然除《诗经》入韵之字而外，诸家或有缺而不论者；故兹篇所述，略依孔广森《诗声类》，只取谐声偏旁之见于《诗》者，其余从缺。

顾、江、戴、段、孔、严、江、朱，各有专书可据。章氏偏旁归部，但能于《文始》中觅之。至于王氏之说，则暂据静安先生《补高邮王氏说文谐声谱》；黄氏之说，暂据其弟子刘赜教授所述（见其所著《音韵学表解》）。王氏晚年似亦从东冬分部之说，章氏晚年并冬于侵；然表中于王氏但依《经义述闻》，于章氏但依《文始》。附记于此，则二公壮年与晚年之异同，亦可概见。

本篇共分三表：第一表细析谐声偏旁为三十二类，复以《诗经》入韵之字系于谐声偏旁之下，命曰"《诗经》入韵字分类表"；第二表曰"诸家韵部表"，大抵不外以此三十二类分别归并（本表于第二表从略）；第三表曰"诸家分部异同表"。三表相参，则诸家异同自明矣。

《诗经》入韵字分类表

一、凡诸家未尽从同者，规识其外。

二、谐声偏旁不入《诗》韵者，以△识之。

三、所从得声之字有问题者，以○识之。

四、或谓非最初声符者，以⊙识之。

五、或谓不入韵者，以＊识之。

基类第一

㞢 蚩 寺 時 诗 㤈 特 目 以 苢 似 已 耜 改 能 矣 佚 佚 涘 台 治 始 贻 饴 殆 丝 其 基 期 騏 祺 淇 萁 傲

臣姬熙里狸裹鲤霾才耒㦲載在兹⊛莱麥思偲不紑駓否秠龟某谋媒腜母

亩梅鋂悔敏海痗海晦尤訧邮丘牛止祉趾沚齿喜饎己杞屺纪芑忌起⊞巳祀

汜史使耳耻子秄李士仕宰梓采⊜倍又右友有侑洧鲔囿旧久玖疚妇负

司嗣事佩而臺疑嶷嶷裘

[附注]来，孔入棘类。配，江、黄入饥类。"音"声"部剖涪掊"
等字，严入钧类。顾以"菩踣趌"入谷类。

棘类第二

㦰識熾纖弋忒蟘(螣)式试㢲㥛塞葡備北背畐富福辐葍萄直德力食饬饰

敕息则側贼测㚔稷色棘襋穑或國緎域蜮彧棫奭导得匿克黑革伏服牧

戒異翼意億

饥类第三

二资茨伙匕旨脂著指泥比妣纰毗膍夷姨黄梯弟涕韦违围炜苇韡几饥氏氐底

鸥衹砥尾犀迟犀稗尸屎厶私⊗祁视矢翳皋米迷糜微薇非霏悲骓腓斐飞

幾畿希晞衣依哀齐蛴跻㤏隮荠穧济妻萋凄棲⊗洒利黎美牝沘姊秭死履

水豈豐體禮鳢㚜爾邇⊗襧灁毁燬火⊗绥枚皆階偕喈眉郿湄癸骙葵阕

伊威⊗萎师

[附注]"西"声，顾江(永)入坚类，孔兼入坚类。妥，王入嘉
类。"绥威萎"，章似入归类。"委"声，顾入嘉类，王入圭类。"示"
声，黄入季类。灁，孔兼入圭类。

归类第四

自追歸隹崔维推巂惟摧隼晶曡纍靁蘲贵隤溃匮遗缋虫虺⊙鬼鬽愧畏褱

懷壞

[附注]回,章兼入饥类。

季类第五

四驷由界溿兕对怼未寐妹旡墍溉爱傻季悸气忾仡隶棣逮肆弃退内胃谓渭惠穟豕遂槎檖隧戾建位洷屵届类尉蔚

[附注]"对"声,章入介类。"胃"声、"惠"声、"豕"声、"屵"声、"尉"声,及"肆、类",黄入饥类。"未"声,章入饥类。

骨类第六

卒醉萃瘁聿律术述出苬弗茀拂郁殁没勿忽孛悖

吉类第七

一七至室螏垤窒挃必瑟咇悉怭窒噎日乙秩柣疾实桼漆匹吉秸襭结噎拮栗慄血恤穴鴥彻设逸卩节即栉抑毕襌

[附注]彻、设,江有诰入介类。

介类第八

兑脱悦駾说阅世泄勩彗嘒雪孛害万厉迈蛮匃揭愒(愒)渴偈竭葛褐曷乂刈艾大达阓带外会哙荟介祭瘵拜贝败吠喙最撮卫

[附注]"彗"声,戴王章皆入季类。万,王兼入季类。严以"万"入干类,从万得声之字仍入介类。

括类第九

欨蹶蕨阙戉岁噦濊减威折逝晢晣列柳烈冽舌昏阔活括佸伐茷犪宋肺芾斾月戉越钺友旆犮髪犮址發撥末秫㝰叕掇惙韐截桀傑＊热役夺肖蘖

[附注]戉址,王入季类;戉声之"岁",址声之"發",王入括类。

圭类第十

支枝伎斯圭觿䲦攜卑䍴虒箎氏祇痕是提此雌泚只帝捬適謫蹢

[附注]"此"声，段严朱入饥类。

隔类第十一

益易鬄锡惕蜴剔厄析晳昦鶪狄辟璧躄襞脊踖鬲鶺觲束刺簀绩

嘉类第十二

可歌河何阿荷猗锜椅掎左佐差磋嗟瘥傞瑳我儀哦議俄犧沙娑鲨麻磨靡加伽

嘉驾贺皮陂破为吹离離羅那多哆侈宜禾和它蛇沱佗也施他池驰地扡

瓦呙过蒪祸化讹吡罢罴

家类第十三

鱼蘇鲁余荼馀涂稌除舍舒予纾野豫与與旟譽舉鯱奠旅者瘏诸都阇著屠渚暑

堵绪書古居据琚胡辜椐罟祜苦鹽怙酤故岵固车疋胥湑楚巨渠秬且砠罝苴租

菹沮俎阻组祖助亏吁樗盱夆芋訏華虍虚蘆膚廬處虎虏膚據臄去祛父痡铺蒲

釜辅甫圃黼脯補浦薄瓜狐呱乎呼壺無幠舞图土徒杜吐女帑怒茹迦呕乌

叚葭瑕騢暇家稼巴钯牙邪五语圄宁紵矜卸禦御鼠黍雨午许浒户顾所扈

吕营鼓瞽股殺马胯寡下夏虞娱虞噓武赋羽栩禹芋莫免素亚恶罜盱

瞿懼

[附注]呕，江永与孔皆入交类。

格类第十四

睪斁擇泽绎怿各路露鹭落骆阁格雒佫蓻濩穫獲芦愬咢逆昔错踖籍舄寫夕

石柘橐壑若诺霍藿郭鞹廓百貊白伯柏谷綌毛宅尺亦夜弈赤赫炙戟庶

度席蓆乍作酢柞射

鉤类第十五

侯篌鍭区驱枢謳謳句驹笱构耈娄数禹隅愚兕趋需濡䙥孺俞渝楡揄瘉愈殳

朱姝株咮取诹趣豆口后逅後厚斗主臾椸侮奏薵媾觏扁漏具付附舜
壴踦樹

[附注]"句"，严谓有"瞿""鉤"两音。"揄"，孔入鸠类。

谷类第十六

谷裕欲屋渥蜀属独浊賣读讟续殸毂榖束橄鹿录禄绿族羧僕卜木霖沐玉
狱嶽辱曲足粟角豥椓（局）

[附注]"賣"声字如"讟楝赎渎"等，严氏皆入菊类；"羧犊读窦续"则入谷类。局，孔入菊类，江永入隔类。

交类第十七

小消悄削（朝）廟嚣麃镳儦灖苗要薷嘤票漂嘌飘標爻殽教尞寮潦僚劳眘尧
翘晓荛巢垚瑶遥谣摇夭笑沃（饫）交效皎敫高蒿嚣熇膏乔骄鹪敖謷毛芼庑毫
刀切若昭沼炤兆桃桃旄梟藻到盗号號鴞騔弔（焦）谯少

[附注]"朝"声，王入鸠类。孔以"朝"入交类，以"廟"入鸠
类。"焦"声，段孔王严皆入鸠类。饫，孔入谷类。

激类第十八

卓罩芉凿勺的侖篱弱溺虐谑爵乐藥櫟翟濯躍暴襮兒貌

[附注]芉，王严入谷类，但"芉"声之"凿"入激类。

鸠类第十九

幺幽求述救绿觩銶俅九鸠仇轨馗（逵）丣劉懰罶柳茆卯昴聊酉猶道醜酒櫌酋
流旒秋斿遊游攸悠愁脩條滌由轴抽妯迪收莜州洲周裯绸舟辀舀滔慆稻蹈
孚浮覃牟憂優囚休叟搜矛茅柔蹂（务）帷雔壽翿醻飌檮擣咎皋瞽舅㕚骚慅
蚤缶寶棘曹漕牢包袍炮匏苞饱陶绹哀丑杻万考栲朽孝韭首道手阜卣受

秀诱鸟昊早^草皁枣呆保^阜鸨帚牡戊^茂好簋守臭襃售报㈣纠

[附注]"㈣"声，孔王入交类。务，严江（有诰）入鉤类。

菊类第二十

朮淑椒菽俶戚蹙祝六陆复復覆腹宿夙肃^{啸潚}畜^嬌目冒学^觉毒竹笁鞠逐蓫菊肉育穆翏膠瘳蓼告^{皓造}就奥懊薁

经类第二十一

丁成城朋嘤争生^{星旌甥姓牲}青菁倩嬴盈楹^荦萦营莹鹦（罂）贞桢壬^{庭聴酲}程霆殷聲馨正征政定名顷倾颍骍壬经泾^开屏刑䪨靈盦宁冥平苹敬驚鸣粤聘骋

[附注]开，王严入干类，但严以从"开"得声之"刑邢"入经类。

京类第二十二

易傷湯揚蕩揚錫陽羊^{详姜翔祥痒养洋}亡荒忘虹芒良狼粮丧长张糧量畺彊昌方雱防房旁魴傍祊章璋商香襄瀼讓囊襁相霜箱爿將臧藏牆牂斨莊牀漿鱗卯梁粱向尚^{堂鏜裳甞掌常}上仓跄苍玱鸧王皇煌遑蝗丰往匩狂央英桑爽网罔冈刚纲𦉈两卯仰光㷉洸黄簧廣亢颃抗亢庚唐康螗京凉景羹明盟彭亨享兵兄贶行衡珩皀鄉卿饗庆丙炳梗永泳竟

弓类第二十三

丞蒸丞徵懲夌陵鷹膺朋棚崩夨冰冯黾蝇升塍滕媵胜縢騰兢兴登㿺曾憎增厶肱弘雄弓酉夢甍亘恒乘陝

[附注]應，严入今类，但"膺"入弓类。黾，江有诰入经类，但"蝇"入吕类。陝，段入基类。

公类第二十四

東蝀童僮動艟重锺罿衝同丰邦逢豐缝蓬荃唪充公松讼工功攻空讧鸿控卬冡蒙濛幪囱聰緫从豵枞龙容用庸墉镛傭诵封葑凶讻邕雝廱饔共恭巷送雙厖庞

宫类第二十五

冬终螽衆潨宗崇中忡冲仲虫融戎宫躬窮农浓襛(襛)夅降宋

今类第二十六

㝡緅骎浸寝兂鬵谮僭林品臨罙琛深甚葚湛谌煁黮壬任心今衿芩念諗琴衾陰金钦饮锦音歆彡参骖三南男冘耽枕髟马涵㲋讒凡风汎臽萏占玷覃簟乏貶

[附注]“㲋”声,江永入甘类。“马”声、“㲋”声、“臽”声、“占”声,江有诰朱黄入甘类。“乏貶”,黄入甲类。江有诰以“乏”入甲类,以“貶”入甘类,谓“《说文》从贝从乏,不云乏声”。

给类第二十七

合翕洽軜咠辑楫濈巠滛陘执蛰立泣及急邑集入

[附注]入,严入枣类。軜,段入季类。

甘类第二十八

炎谈惔餤菼甘监蓝槛滥詹瞻襜敢巖嚴儼斩

甲类第二十九

业枼葉韘疌捷涉甲

干类第三十

泉原願嫄袁園還環儇遠亘垣貆宣咺爰谖援媛釆番幡燔蕃藩卷绻鬈樊繁半

祥泮言干轩罕岸衍虷翰乾叩單癉暉蟬埋（難）歎熯漢安晏奴餐粲旦亶檀（怛）

莧寬戈殘踐元完莞冠丸专薄博轉卵關厂彦顏雁反阪板官营管瘝馆山汕间萠

涧個简闲砉僊遷犬然延梃丹斾廛连涟冐捐罤虔衍愆焉肩膚巘獻夗怨婉

展巽選宪柬爛諫奂焕毌贯乱段锻曼慢弁羑散见燕（鲜）（兩）（典）（亜）裡

[附注]鲜,顾江(永)孔入圭类。"兩"声,孔严入坚类。"典"声、"亜"声,孔严入斤类。"難"声,章入斤类,怛,孔入括类。

斤类第三十一

胤辰晨振潸震巾囷麏分芬雾盼殷慇屯纯春享錞焞（敦）先詵门闻问云雲耘

員陨焚尹（君）群熏斤欣芹旃（祈）（顾）（近）堇勤僅墐昆孙飧存军辉（翚）仑沦

轮川顺训罜鳏文闵刅忍允狁昷愠豚遯壼免（浼）卉濆奔覃（昏）婚痻

[附注]敦翚顾浼,孔入饥类。君近,孔兼入饥类。顾祈,严入饥类。"昏",孔认为从"民"得声,则当入坚类。

坚类第三十二

玄（参）畛珍因骃姻恩辛亲新薪莘臣坚贤人仁信申神陳电頻蘋賓濱舜鄰鄰麟

真填闐顛巅瑱尘民泯身旬询洵匀均钧秦臻蓁溱榛（命）千季（年）田甸屑淵

天扁（矜）妻盡爐引孔（訊）（替）（令）苓领零

[附注]"参"声,王入斤类。珍,孔兼入饥类。恩,夏炘入斤类,或有所本。命、令,江兼入经类。替,江黄入季类。訊,孔兼入饥类。

诸家分类异同表

一、表中朱氏下之江氏为江有诰,戴氏下为江永。

二、表中声调一栏,大致指《广韵》声调而言,然亦随各家所考定而异。如江永以"厌"字为有平上去入四声,则宜兼入其所考之古韵第十三部与入声八部，余仿此。又段氏谓古无去声，孔氏谓古无入声，黄氏谓古无上去，各从其说观之可耳。

声类	基类	棘类	饥类	归类	季类	骨类	吉类	介类	括类	圭类	隔类
声调	平上去	入／入	平上去	平上去／入	平上去／去	入	入／去	去	入／去	入／入／去	平上去／入／去
黄	哈部	德部		灰部		没部	屑部		曷末部	齐部	锡部
章	之部		脂部		队部		至部		泰部	支部	
朱	颐部		履部						泰部	解部	
江	之部		脂部						祭部	支部	
严	之类		脂类							支类	
王	之部		脂部			至部			祭部	支部	
孔	之类		脂类							支类	
段	第一部			第十五部			(十二)		(十五)	第十六部	
戴	噫部	億部　(噫)	衣部	(乙)衣部	乙部　(衣)	(乙)			靄部　遏部　(靄)	娃部　厄部	(娃)
江	第二部	入声六部　(二)	第二部	(入二)	第二部	入声二部　(二)	(入)(二)	(二)	入声三部　(二)	第二部	入声五部　(二)
顾	第二部										

声类	嘉类	家类	格类	鉤类	谷类	交类	激类	鸠类	菊类
声调	平上去	平上去／入	入	平上去	去	平上去／入	入	平上去／入	入
黄	歌戈部	模部	铎部	侯部	屋部	豪部	沃部	萧部	
章	歌部	鱼部		侯部		宵部		幽部	
朱	随部	豫部		需部		小部		孚部	
江	歌部	鱼部		侯部		宵部		幽部	
严	歌类	鱼类		侯类		宵类		幽类	
王	歌部	鱼部		侯部		宵部		幽部	
孔	歌类	鱼类		侯类		宵类		幽类	
段	第十七部	第五部		第四部　(第三部)		第二部		第三部	
戴	阿部	乌部	垩部　(乌)	讴部	屋部(?)	夭部	约部　(夭)	讴部　屋部	(讴)
江	第七部	第三部	入声四部　(三)	第十一部	(入)(十一)	第六部	入声四部　(六)	第十一部　入声一部	(十一)
顾	第六部	第三部				第五部			

续表

声类	经类	京类	弓类	公类	宫类	今类	给类	甘类	甲类	干类	斤类	坚类
声调	平上去	平上去	平上去	平上去	平上去	平上去	入	平上去	入	平上去	平上去	平上去
黄	青部	唐部	登部	东部	冬部	覃部	合部	添部	帖部	寒桓部	痕魂部	先部
章	青部	阳部	蒸部	东部	冬部	侵部	缉部	谈部	盍部	寒部	谆部	真部
朱	鼎部	壮部	升部	丰部		临部		谦部		乾部	屯部	坤部
江	耕部	阳部	蒸部	东部	中部	侵部	缉部	谈部	蓁部	元部	文部	真部
严	耕类	阳类	蒸类	东类		侵类		谈类		元类		真类
王	耕部	阳部	蒸部	东部		侵部	缉部	谈部	盍部	元部	谆部	真部
孔	丁类	阳类	蒸类	东类	冬类	侵类	(合)	谈类	合类	原类		辰类
段	第十一部	第十部	第六部	第九部		第七部		第八部		第十四部	第十三部	第十二部
戴	婴部	央部	膺部	翁部		音部	邑部	醃部	韘部	安部		殷部
江	第九部	第八部	第十部	第一部		第十二部	入声七部	第十三部	入声八部	第五部		第四部
顾	第八部	第七部	第九部	第一部		第十部				第四部		

《语言与文学》第一期,页51~58,中华书局出版。

第十节　古代音值问题

　　古音学的最高理想,在乎考定古代每一时期的音值,而不仅在乎考定当时的语音系统。但是,中国的文字既不是纯然标音的,研究中国古代音值自然要比西洋的更难。上古音值的研究,比中古的又更难。清儒对于先秦的语音系统有了惊人的成绩,但他们对于音值方面,大多数是置而不论,或论而不精。例如古韵支脂之三部,《三百篇》分用,段懋堂考之甚明,而不能读为三种音①。

　　上古音值之所以难研究,是因为不像中古时代有韵书、韵图,及外国译音的资料;又因中古离现代较近,单靠现代的方音也可以

---

① 段氏晚年写信给江有诰说(见陈澧《切韵考》卷六,页10):"足下能知其所以分为三乎? 仆老耄,倘得闻而死,岂非大幸?"

对于中古的音值推测得一个大概。我们研究上古音,大约只能有
两种根据:第一是谐声;第二是先秦的韵文。但是,从这两种材料
里也只能得到一个语音系统;至于实际音值,不能不依靠我们所估
定的中古音值再往上古推测;如果中古音值考得不精确,上古音值
跟着也发生动摇。由此看来,上古音系容易得到定论,而其音值的
定论却很难得到①。

上节说过,汉语音韵学家直到章炳麟,才对于上古整个的韵系
作音值的假定。但是他的话颇含糊②,而且没有说出其所以如此推
定的理由,很难令人相信。后来汪荣宝发表了一篇《歌戈鱼虞模古
读考》③,从外国译音中考证古代音值,以为唐宋以上,凡歌戈韵之字
皆读[a]音,不读[o]音;魏晋以上,凡鱼虞模之字亦皆读[a]音,不读
[u]音或[ü]音。关于歌戈,汪氏之说大约可成定论;鱼虞模则在魏
晋以上与歌戈分得很清楚,未可混为一韵。再者,上文说过,中古的
外国译音不适宜于做上古音值的证据,所以汪氏所谓魏晋以上似乎
只能直溯到汉音,先秦的音值是不能单靠外国译音来断定的。

除了汪荣宝以外,研究上古音值的还有高本汉、李方桂诸
人④。他们研究的结果虽不相同,但他们所走的路向是差不多的:

---

① 李方桂先生云:"拟测上古音,近世虽用音标,但亦是系统,绝无法可证明其音值,其
近似值亦不过猜想。但其方法及符号较紧密,故成绩较好。"

② 例如章氏对于各部往往举数十字为标准,说"今人得正音者九十六字"或"九十七字"
等。所谓"今人"是指何处的人,不曾说出;又如支部标准字有"鸡题",复有"知支",
令人不知他所定支部的标准音值是[i]呢还是[ʅ]呢,抑或是北京的[ʅ]。脂部标准
字中既有"归飞",又有"追催",若比以北京音读之,亦显然有两种韵:第一是[ei],第
二是[ui]。

③ 见北京大学《国学季刊》第一卷第二号。

④ 看高本汉的 Shi King Researches Word Families in Chinese,与 Grammata Serica, Script
and Phonetics in Chinese and Sino-Japanese;李方桂的《切韵 â 的来源》及 Ancient Chi-
nese-ung,-uk,-uong,-uok etc. in Archaic Chinese, 又 Archaic Chinese *i̯wəng *i̯wək
and *i̯wəg(皆见于《史语所集刊》)。

大家都是拿谐声及先秦的韵文做上古语音系统的根据,拿他们所承认的中古音值做上古音值的出发点①。高本汉对于上古韵部都有音值的假定,现在把高氏研究的结果叙述于后②:

歌部第一

　　歌韵:　"歌"类 ɑ③

　　戈韵:　"过"类 wɑ

　　麻韵:　"加"类 a　　　　　"化"类 wa　　　　"蛇"类 ǐa

　　支韵:　"皮"类 ia　　　　"亏"类 wia

鱼部第二

　　麻韵:　"家"类 ɔ　　　　"瓜"类 wɔ　　　　"且"类 ǐɔ

　　模韵:　"古"类 o　　　　"孤"类 wo

　　鱼韵:　"居"类 ǐo

　　虞韵:　"吁"类 ǐwo

侯部第三

　　侯韵:　"口"类 u

　　虞韵:　"驹"类 ǐu

元部第四

　　寒韵:　"干"类 ɑn

　　桓韵:　"官"类 wɑn

　　删韵:　"颜"类 an　　　　"关"类 wan

　　仙韵:　"展"类 ǐan　　　　"转"类 ǐwan

　　先韵:　"见"类 ian　　　　"涓"类 iwan

---

① 他们都拿高本汉的《切韵》音值做根据。

② 高氏未立韵部名称,今略夏炘二十二部之名称及次序,再体会高氏之意加谷铎瑞没四部,共成二十六部。又各类前的韵目也是为了便利读者而由著者添上的。

③ 每一部有平上去声者,但举平声韵目以括上去;若无平上声者,则但举去声韵目;入声则皆另列。

山韵：　"闲"类an　　　　"幻"类wan

元韵：　"言"类ǐan　　　　"原"类ǐwan

祭部第五①

曷韵：　"葛"类ɑt

末韵：　"括"类wɑt

黠韵：　"杀"类at　　　　"八"类wat

薛韵：　"桀"类ǐat　　　　"悦"类ǐwat

屑韵：　"截"类iat

镤韵：　"辖"类at　　　　"刮"类wat

月韵：　"揭"类ǐat　　　　"蕨"类ǐwat

泰韵：　"带"类ɑd　　　　"外"类wɑd

夬韵：　"蛋"类ad　　　　"呀"类wad

祭韵：　"厉"类ǐad　　　　"悦"类ǐwad

霁韵：　"螮"类iad

怪韵：　"瘵"类ad　　　　"拜"类wad

废韵：　"刈"类ǐad　　　　"吠"类ǐwad

瑞部第六②

歌韵：　"鼍"类ɑr　　　　"播"类wɑr

支韵：　"觶"类ǐar　　　　"瑞"类ǐwar

　　　　"迻"类ǐar　　　　"毇"类ǐwar

真部第七

先韵：　"天"类ien　　　　"渊"类iwen

真韵：　"人"类ǐěn

谆韵：　"均"类ǐwěn

---

① 此部多数依李方桂的意见。参看李著《切韵 â 的来源》。

② 高氏以"迻瀰毇"等字的韵为 ǎr，偶然与 er 叶韵。

至部第八

屏韵："结"类 iet   "穴"类 iwet

质韵："吉"类 ǐět

术韵："恤"类 ǐwět

霁韵："嚏"类 ied

至韵："至"类 ǐěd

文部第九

痕韵："跟"类 ən

魂韵："昆"类 wən

欣韵："勤"类 ǐən

真韵："振"类 ǐən

文韵："君"类 ǐwən

谆韵："春"类 ǐwən

先韵："先"类 ien   "犬"类 iwen

山韵："艰"类 ɛn   "鳏"类 wɜn

臻韵："诜"韵 ǐɛn

真韵："巾"类 ǐɛn   "陨"类 ǐwɜn

没部第十

没韵："卒"类 wət

迄韵："讫"类 ǐət

质韵："质"类 ǐət

物韵："屈"类 ǐwət

术韵："出"类 ǐwət

屏韵："撇"类 iət   "阒"类 iwət

黠韵："戛"类 ɛt   "滑"类 wɜt

栉韵："瑟"类 ǐɛt

质韵："暨"类 ǐɜt

术韵："橘"类 ǐwɛt

代韵："溉"类 əd

队韵："退"类 wəd

未韵："气"类 ǐəd　　"贵"类 ǐwəd

至韵："利"类 ǐəd　　"类"类 ǐwəd

霁韵："戾"类 iəd　　"惠"类 iwəd

怪韵："届"类 ɛd　　"篑"类 wɛd

至韵："弃"类 ǐɛd　　"匮"类 ǐwɛd

脂部第十一

灰韵："哀"类 ər　　"回"类 wər

微韵："几"类 ǐər　　"归"类 ǐwər

脂韵："脂"类 ǐər　　"追"类 ǐwər

齐韵："氐"类 iər

皆韵："皆"类 ɛr　　"怀"类 wɛr

脂韵："几"类 ǐɛr　　"葵"类 ǐwɛr

谈部第十二

谈韵："甘"类 ɑm

衔韵："芟"类 am

盐韵："拑"类 ǐam

添韵："玷"类 iam

咸韵："陷"类 am

凡韵："欠"类 ǐam　　"范"类 ǐwam

叶部第十三

盍韵："腊"类 ɑp

狎韵："甲"类 ap

叶韵："猎"类 ǐap

帖韵："颊"类 iap

　　洽韵："插"类 ap

　　业韵："怯"类 ĭap

　　乏韵："法"类 ĭwap

　　泰韵："盖"类 ɑb

　　御韵："去"类 ĭab

侵部第十四

　　覃韵："南"类 əm

　　侵韵："今"类 ĭəm

　　添韵："垫"类 iəm

　　咸韵："咸"类 ɛm

　　盐韵："潜"类 ĭɜm

　　东韵："芃"类 um　　　　　　　"风"类 ĭum

缉部第十五

　　合韵："纳"类 əp

　　缉韵："给"类 ĭəp

　　帖韵："褶"类 iəp

　　洽韵："袷"类 ɛp

　　葉韵："慑"类 ĭɛp

　　队韵："内"类 wəb

　　至韵："挚"类 ĭəb

阳部第十六

　　唐韵："刚"类 ɑŋ　　　　　　　"光"类 uɑŋ

　　阳韵："疆"类 ĭaŋ　　　　　　　"筐"类 ĭwaŋ

　　庚韵："庚"类 aŋ　　　　　　　"横"类 waŋ

　　　　　"京"类 ĭaŋ　　　　　　　"兄"类 ĭwaŋ

铎部第十七

　　铎韵："鹤"类 ɑk　　　　　　　"郭"类 wɑk

药韵：　"若"类 ĭak　　　　　"矍"类 ĭwak

陌韵：　"百"类 ak　　　　　　"虢"类 wak　　　　　　　"逆"韵 ɤak

昔韵：　"昔"类 ĭak

暮韵：　"度"类 ɑg　　　　　　"护"类 wɑg①

祃韵：　"写"类 ĭag

御韵：　"庶"类 ĭwag

祃韵：　"怕"类 ag　　　　　　"樗"类 wag　　　　　　　"射"类 ĭag

耕部第十八

耕韵：　"耕"类 ĕŋ　　　　　　"嵘"类 wĕŋ

清韵：　"轻"类 ĭĕŋ　　　　　"倾"类 ĭwĕŋ

青韵：　"经"类 ieŋ　　　　　"萤"类 iweŋ

支部第十九

麦韵：　"责"类 ĕk　　　　　　"画"类 wĕk

昔韵：　"易"类 ĭĕk

锡韵：　"击"类 iek　　　　　　"鶪"类 iwek

佳韵：　"解"类 ĕg　　　　　　"挂"类 wĕg

支韵：　"知"类 ĭĕg　　　　　"踓"类 ĭwĕg

齐韵：　"帝"类 ieg　　　　　"圭"类 iweg

蒸部第二十

登韵：　"登"类 əŋ　　　　　　"肱"类 wəŋ

蒸韵：　"兢"类 ĭəŋ

耕韵：　"橙"类 ɛŋ　　　　　　"宏"类 wɛŋ

---

① 高氏在《诗经研究》里，以"路护"等字的韵尾为[k]的唯闭音（implosive）；李方桂以为是喉闭塞音（glottal stop），高在 Word Families 里改从之，但在 Script and Phonetics 和 Grammata Serica 里又改为收-g。

东韵：“弓”类 ǐuŋ①

之部第二十一

德韵：“得”类 ək　　　　“国”类 wək

职韵：“亟”类 ǐək　　　　“域”类 ǐwək

麦韵：“革”类 ɛk②　　　　“麦”类 wɛk

屋韵：“囿”类 ǐŭk

咍韵：“该”类 əg

侯韵：“母”类 əg

灰韵：“灰”类 wəg　　　　“梅”类 wəg

之韵：“基”类 ǐəg

脂韵：“龟”类 ǐwəg

怪韵：“戒”类 ɛg　　　　“怪”类 wɛg

尤韵：“久”类 ǐŭg

中部第二十二③

冬韵：“冬”类 ôŋ

东韵：“宫”类 ǐôŋ

江韵：“降”类 ôŋ
.

幽部第二十三④

沃韵：“酷”类 ôk

屋韵：“菊”类 ǐok

---

① 高氏以为“弓囿久”等字的元音[ǔ]比“江觳角”等字的元音[ǔ]更开口些，所以有
　分别。

② 李方桂以为“梅”类的上古音是 wəg，“久”类是 ǐwəg，“母”类是 wəg，“囿”类是
　ǐwək，“戒”类是 ǎg，“革”类是 ǎk，“麦”类是 wək。

③ 高氏在《诗经研究》里东中不分，李方桂主张分立，高改从之。其音值亦因李氏辩
　论而有所修正。

④ 高本汉在《诗经研究》里以幽宵合为一部；李方桂主张幽宵分立，高从之。

　　锡韵：“戚”类 iok

　　觉韵：“学”类 ôk

　　豪韵：“告”类 ôg

　　尤韵：“求”类 ĭôg

　　萧韵：“萧”类 iôg

　　肴韵：“巧”类 ôg

宵部第二十四

　　沃韵：“沃”类 ok

　　药韵：“虐”类 ĭok

　　锡韵：“的”类 iok

　　觉韵：“较”类 ŏk

　　铎韵：“乐”类 ɔk

　　豪韵：“高”类 og

　　宵韵：“矫”类 ĭog

　　萧韵：“皎”类 iog

　　肴韵：“郊”类 ŏg

东部第二十五

　　东韵：“工”类 uŋ

　　钟韵：“恭”类 ĭuŋ

　　江韵：“江”类 ŭŋ

谷部第二十六①

　　屋韵：“谷”类 uk

　　烛韵：“曲”类 ĭuk

　　觉韵：“角”类 ŭk

---

① 在《诗经》里，侯部与谷部往往相叶，高氏认为不规则的叶韵，见 Word Families in Chinese，p. 49。

候韵："瞉"类 ug

遇韵："仆"类 ĭug

候韵："縠"类 ǔg

　高本汉根据谐声与《诗经》，把上古韵部分得颇精当；但其所定的音值，则有待于修正者甚多。高氏似乎以为在《切韵》不同音的字在上古亦必不同音，这一点未免太呆板。上古音值的研究只由汪荣宝、高本汉诸人开端，后人的成绩当更超乎他们之上，这是可断言的①。

参考资料

　【汪荣宝论歌戈鱼虞模古读】——《广韵》二百六部，阴声之部七十。依今音读之，此七十部中属于纯粹"阿"音者，惟麻马祃三韵（以后统谓麻韵或麻部）；然麻韵诸字，以古韵条理分析之，其什之七八当隶鱼虞模部，什之二三当隶歌戈部，故麻韵为闰余之音，无独建一类之实。今鱼虞模部之字多读 u 音或 ü 音，歌戈部字多读 o 音，若以麻韵诸字散归此二部，则是中国古语竟无纯粹"阿"音之字，岂非大奇？依余研究之结果，则唐宋以上，凡歌戈韵之字皆读 a 音，不读 o 音；魏晋以上，凡鱼虞模之字亦皆读 a 音，不读 u 音或 ü 音也。中国文字以形为主，无记音之符，故语言之变迁为尤易。近世学者据谐声偏旁及经典中有韵之文以考古韵，所得甚多；然偏旁及韵文之功用，至考见古今韵分部之异同而止。若古某部之当读某音，其与今读之差别如何，则虽遍稽旧籍，无由得确实之证明。是故吾人知唐宋之音歌戈麻为一摄矣，然歌麻同摄云者，为当读歌如今音之麻乎？抑读麻如今音之歌乎？进而求之，吾又知

---

①　本节仅论及古韵的拟音，未及古纽的拟音，因近人论及古纽之拟音者颇少，故暂不叙述。

周秦汉魏之音鱼虞模马为同部矣,然鱼马为同部云者,为当读鱼如今之马乎? 抑读马如今之鱼乎? 此从来学者所未及也。夫古之声音既不可得而闻,而文字又不足以相印证,则欲解此疑问者,惟有从他国之记音文字中求其与中国古语有关者而取为旁证而已。其法有二:一则就外国古来传述之中国语而观其切音之如何,一则就中国古来音译之外国语而反求原语之发音,是也。试举研究之结果分论如下:

何以知唐宋以上凡歌戈韵之字皆读 a 也? 考日本之有汉籍,在西晋初,而其采汉制以制假名为切音之用,在唐之季世。日本之所谓汉音,正六朝唐人之读音也。今观假名五十音中,其代表 a、ka、sa、ta、na、ha、ma、ya、ra、wa 十音者,用“阿、加、左、多、那、(亦作奈)、波、末、也、罗”(亦作良)、和”十字,即属于歌韵者五字,属于戈韵者二字,属于末韵者一字。夫依声托事,必取其声之相近者;纵有一二通假之字不必与本音全相吻合,要其大体当不甚违异。今 a 列十字中,取材于歌戈者七字,则歌戈之必与 a 音相谐可知。……谓日本之所谓汉音未足据,则试更求古代西人译语以证之。第九世纪——即我晚唐时代——阿剌伯商人所著中国游记,或称中国海滨方面与 sila 诸岛为界……此必指朝鲜。是时半岛全部方在新罗王国统治之下,中国亦称之曰斯罗。……sila 之为“斯罗”译音,毫无疑义。此唐人读“罗”为 la 之证矣。又阿剌伯人之知日本,亦在是时,而名之曰 Waqwaq。西人之治东故者,或以此为日本语 Wakoku(倭国)之音转。……阿剌伯此语亦必直接译自汉文,此又唐人读“倭”为 wa 之证矣。不第此也,马哥博罗以宋元之际来游中国,其时中原音韵已渐开近世语言之端。今观其所纪地名,如 Cacianfu 之为河中府,Cacanfu 之为河间府,皆明白可据;而译“河”作 ka,乃与日本所谓汉音“河”为 ka 者完全一致。东西互证,有以明其必非偶合。则读歌如麻,虽元初犹有未变者矣。

凡此皆就外国人所传中国语音言之。若夫中国古来传习极盛之外国语，其译名最富，而其原语具在，不难覆按者，无如梵语。故华梵对勘，尤考订古音之无上法门也。六朝唐人之译佛书，其对音之法甚有系统，视今人音译泰西名词之向壁自造，十书九异者，颇不相侔。今寻其义例，则见其凡用歌戈韵之字，所代表者必为 a音，否则为单纯声母（consonne）。试举证以明之。……综合上列译字观之，其中属于歌戈韵者二十一字，为"阿迦柯伽多捶陀驮那波簸婆婆魔摩磨罗逻娑莎诃"，今惟"阿迦伽那"四字有读 o 音者，余皆读 a，而古概用以谐 a，苟非古人读歌戈如麻，则更无可以说明之法（此二十一字中，惟"迦"字戈麻两收，今人读释迦之"迦"古牙切，音本不误；然《广韵》则于戈韵"迦"字下注云："释迦，出释典"。按释迦本音，作《广韵》者断无不审之理，而以之入戈者，非读戈如kyo，乃读戈如 kwa 也）。且此非独梵书译例为然也，凡当时所译外国人名地名，语源之可考者，按其对音之例，无不相同。随举数事，足资证验。阿剌伯，唐时谓之大食，史家以为其王姓大食氏，虽传闻之异，然古来西域诸国所以称阿剌伯人者，其音实与大食二字相似，即波斯语回纥语谓之 Tazi（Sambery 氏 Kudatku bilik），亚美尼亚语土耳其语谓之 Tadjik 或 Tazik，西里亚语谓之 Tayi Tai 或Tayoye（D'ohsson 氏《蒙古史》卷一），明大食译音所自出，而唐人亦谓之多氏（《西域求法高僧传》），其证一矣。大食人名见于史传者，如阿蒲罗拔即 Abul Abbas，为阿拔斯系哈里发初祖；如诃论即HarunalRoshid，为同系第五世哈里发，其证二矣。大食王都谓之亚俱罗（杜还《经行记》），即 Akula，为当时西里亚人及下希伯来人称阿拔斯故都 Kufa（《元史》作苦法）之名（Abbeloos and Lamy 又 As-semani 氏东方文库三），其证三矣。波斯自称其国曰 Iran，亦曰Pars，亦曰 Fars，其形容词为 farsi，而中国自古称为波斯，亦作波剌斯，其证四矣。今波斯地 Kharassan，唐时译为呼罗珊（《旧唐书·

大食传》），其证五矣。葱岭西部高原，今译帕米尔，出土耳其鞑靼语 Pamir，译言无人之野（近人或以帕米尔为波斯语平屋顶之义，误也。波斯人称帕米尔一带地为 Bamidnia，译言世界之屋顶，非帕米尔为波斯语也），唐时译为波谜罗，其证六矣。花剌子模为咸海西南，里海以东，阿母河下游以西地方之总称，其名最古，出波斯语 kharazm，khara 义为榛莽，kharazm 犹言榛莽之地，今西文作 kh-warizm 或作 kharezm，其首缀如"哈"如"喀"，而《唐书》译作火寻（"寻"为闭口音，古读如 zim），亦作货利习弥，亦省作过利（《元史译文证补》云："花剌子模，波斯语解为地低平，《唐书·西域传》有货利习弥，因询波斯人，考证其音，则为货勒自弥，知《唐书》译音犹胜《元史》。"余按：洪说误也。今依波斯语音，正为哈剌自姆，《唐书》译首音为"货"，乃古人读"货"如"化"之故，非与《元史》译音有异同也），其证七矣。海南诸国之名，见于古史者，如干陀利，如阇婆，如燮皇，如呵罗单，如婆利，如奔陀浪，如占波，其中"陀婆燮呵罗波"诸字，以原语考之，无不当读 a 音。即干陀利者，kandari 也，为苏门塔剌之古名；阇婆者，Java 也，今译爪哇，又或讹为瓜哇；呵罗单者，Kalantan 也，今图作吉连丹，为暹罗领马来半岛东岸之地；燮黄亦作婆黄，即 Pahang，在吉连丹东南，今图作彭亨；婆利为 Bali，爪哇正东南岛国，今图作巴里；奔陀浪者，Pandarang 也，古交趾南部之称，今法领交趾地；占波者，Champa 也，交趾南部古国。其证八矣。日本古来自称 Yamats，《魏志》谓之邪马台（古音"台"为 tai），而《后汉书》注为之耶摩推（隋唐作邪靡堆，"靡"亦从"麻"声，古音与"摩"相同），其证九矣。新罗，朝鲜语为 Sinra，其证十矣。今西藏首府拉萨 Lassa，为唐时吐蕃故都，《旧唐书》作逻些，其证十一矣。以上诸名，皆唐以前旧译，重规袭矩，斠如画一，谓非六朝唐人读音如此，不可得也。

　　以上论六朝唐宋之音读歌如麻，既详且尽矣；何以知汉魏之音虽鱼虞模之字亦读 a 音也？无论何种国语，开齐之音常多于合撮，复缀语尤然。试观梵语 a 音之缀字，殆占其全部十分之九以上，而现在诸国语中其无 ü 音者，尚往往而有，此明证也。乃检《史记》《汉书》所译外国人名，依今音读之，其含 a 音者寥寥无几；反之而其属于鱼虞模韵当读 u 音或 ü 音者，如"姑孤车渠吾都屠涂徒图奴蒲莫诸且苏疏胥乌于呼虚狐壶胡余卢间"等字，触目皆是，是何开口之少而合撮之多乎？余以译文异同校之，则见同一语音而在宋齐以后用歌戈韵字译对者，在魏晋以上多用鱼虞模为之，因恍然于汉魏时代之鱼虞模即唐宋以上之歌戈麻，亦皆收 a 音，而非收 u、ü 者也。今请详述之。……然此犹可曰译音之偶歧也，则请更引鱼虞模古不读 u 之例以反证之。汉魏六朝译例，凡遇梵书 u 音缀字，系以尤侯韵字相对，或假屋沃为之，从无用鱼虞模韵者；乃若有之，则必其字本当入侯而后人杂入虞模者也。故谐 u 以"优"，upa 为"优婆"，唐人乃改"邬婆"，Udumbara 为"优昙钵"；谐 ku 为"鸠"，kuru 为"鸠楼"，唐人乃改为"拘卢"，kumara 为"鸠摩罗"，唐人乃改"拘摩罗"；谐 ksha 以"丘"，Bhikshu 为"比丘"，bhikshum 为"比丘尼"；谐 tu 以"兜"，tushita 为"兜率陀"，唐人乃改"睹史多"；或谐 tu 以"锸"，以"斗"，stupa 为"私锸簸"，亦为"数斗波"，唐人乃改"窣堵波"；谐 du 为"头"或以"豆"，Sindu 为"辛头"，唐人曰"信度"；Indu 或 Hindu 为"贤豆"，唐人曰"印度"，古作"身毒"，或作"天竺"，"天"读如"显"，"竺"读如"笃"也；谐 nu 以"耨"，anuttara 为"阿耨多罗"；谐 bu 为"浮"，Buddha 为"浮图"，为"浮屠"；Yambu 为"剡浮"，为"阎浮"，唐人乃改"赡部"；谐 mu 以"牟"，muni 为"牟尼"；谐 ru 以"娄"，以"楼"，kuru 为"鸠楼"，Sumeru 为"须弥娄"，唐人改"苏迷卢"；谐 su 为"首"，Sudra 为"首陀罗"，唐人改"戍陀罗"；谐 su 为"修"，亦以"须"，asura 为"阿修罗"，vasu 为"和须"，唐人改"伐苏"；谐 hu 为"睺"，Rahula 为"罗睺罗"。此鱼虞模与尤侯之列，显然可见。凡唐人所谓旧译作某讹者，乃古今音异同，非讹也。然则古鱼虞模韵之收 a 而不收 u，反覆证明，已无驳难之余地。试更以声音自然之理考之，禽鸟之名多象其声，乌啼"雅雅"，故谓之"乌"，"乌"之为言 a 也，字亦作"雅"，作"鵶"，作"鸦"，音义皆同。孔子曰："乌，盱呼也，取其助气，故以为乌呼。"助气云者，谓张口舒气，若乌之鸣，故乌呼之为言 aha 也。若读 uhu 则是合口，何助气之有乎？字亦作"於戏"，其音并同之。《春秋传》曰"於越入吴"，说者以为"於"者发声之词，"於"读如 a，故云发声。"戲"从"虍"声，古读如 ha，"伏羲"亦为"伏戏"，"戏"者"化"也。"呱"从"瓜"声，《诗》曰"后稷呱矣"，"呱"之为言 kwa也，象小儿啼声，此干越夷貊之子所生而同者也。自称曰"吾"，"吾"之为言 nga 也，象小儿学语声，故小男小女谓之"吾子"，亦谓之"童牙"，古音"吾、牙"同也。"父"读如 ba，古奉并同母，今俗语亦谓父曰"爸"，即"父"字之本音也。"鼓"读如 kwa，象土鼓之声，土鼓，鼓之始也。凡此皆出于天籁之自然，言语之音有变，而天籁终古不变，据不变以考变者，其原始可知也。鱼虞模转入则为药铎，药铎之韵摄为 ak，以药铎之读 ak，证鱼虞模之读 a，此平入相通之理也。鱼虞模之读 u 音 ü 音，乃宋齐以后之变迁，观"新卢"宋时曰"新罗"，可以推见。此盖江左之音，非中原之旧，而其同部之字犹有若干未改旧读；作韵书者乃取其杂入麻部以与歌戈相次。考古者见其音之不类也，于是毅然为之说曰：古音"家"读如"姑"，"瓜"读如"孤"，"牙"读如"吾"，"者"读如"渚"，"华"读如"敷"，"马"读如"武"，"下"读如"户"，"暇"读如"豫"。亭林倡之，江、段以下诸君和之，三百年以来，此说遂如金科玉律之不可动矣。由今考之，乃知古人读"姑"如"家"，读"孤"如"瓜"，读"吾"如"牙"，读"渚"如"者"，读"敷"如"华"，读"武"如"马"，读"户"如"下"，读"豫"如"暇"，与亭林诸人所想象者正相反也。

然则读歌戈收 a 者,唐宋以上之音;读鱼虞模收 a 者,魏晋以上之音。南山可移,此案必不可改!异日倘有得匈奴西域诸国之古史以考证司马、班、范诸书者,循吾说以求之,其于人名地名之印合,思过半矣。

北京大学《国学季刊》第一卷,第二号。

第十一节　古代声调问题

对于古代声调①,我们可以发三个疑问:

(一)古代是否有声调?

(二)古代的调类是否为四个?

(三)古代的调值与现代调值是否相同?

先说,古代大约是有声调存在的。我们可以举出两个理由:第一,在《诗经》的用韵里,我们虽看见古调类不与今调类相符,但我们同时注意之幽宵侯鱼支等部平上入三声的畛域并未完全混乱,尤其是入声与平声往往不混。顾炎武云:"其入与入为韵者什之七八,与平上去为韵者什之三。"若以祭至队的去声归入上古入声,则平上去与入相混者更不及什一。由此看来,《诗经》是有声调的痕迹的。第二,与汉语同系的藏缅语、泰语等,也都有声调存在,可见声调是与单音语(monosyllabic language)有密切关系的。汉语近代双音缀以上的词渐渐增加,但我们越远溯至古代,则双音缀的词必越少,因此,同音异义的字必甚多。如果加上声调的分别,则一音可变为数音。假设上古汉语里共有八百个音,加上了四个声调的分别,不同的音就能有三千二百个,这也许是单音语对于同音异义字(homonym)的一种补偿。

———————

① 本节所谓古代,包括上古、中古而言。

关于古代的调类是否为四个，问题就不很简单了。依顾炎武的意思，古人虽有四声，但每字并不限定读某声，字的声调可以随时看情形而变化的，所以他以为古人四声一贯①。段玉裁以为周秦汉初之文有平上入而无去；魏晋上入声多转而为去声，平声多转而为仄声②。王念孙、江有诰、夏炘皆以为古人实有四声③。王国维以为古有五声④。黄侃以为上古声调仅有平入两类⑤。我们对于这一点，不敢下十分确定的断语，但我们比较地倾向于相信上古的调类有四个，因为现代中国各地方言都保存着四声的痕迹。例如北京平声分为两个，入声归入平上去；大部分的吴语平上去入各分为二，唯有许多地方的阳上归入阳去；广州平上去各分为二，唯入声分化为三。这都是按着四声的条理而为系统的分合，所以我们料想四声由来已久，也许会早到汉魏以前。至于"谐声时代"的调类是否为四个，就很难断定了。

我们虽则料想古代有四声，却同时相信有些字从甲调类走到了乙调类，这就是段玉裁所谓"古四声不同今韵"、江有诰所谓"古人所读之声与后人不同"。例如南北朝以前，"下"字只读上声，不读去声；"馆"字只读去声，不读上声⑥。然而这只是字的隶属关系改变了，对于调类的数目是没有影响的。

古代的调类虽可与现代的调类相同，但其调值则决不能与现代的调值相同。在音韵学上有两个原则：第一是音类难变，音值易变，例如"脂"字与"迟"字的韵母，自上古至现代仍为同类，但它们

---

① 参看本节之参考资料。
② 参看第三编第一章第四节。
③ 参看本章第七节，又夏炘《古韵表集说缀言》。
④ 参看《观堂集林》卷八，页1～5。
⑤ 黄侃《音略》云："古无去声，段君所说；今更知古无上声，惟有平入而已。"
⑥ 遍检《汉魏六朝百三家集》等书，无例外。

的实际音值却不知变化了多少次了。第二是调类难变,调值易变,例如"高"字与"君"字的声调,自上古至现代仍为平声,但它们的实际调值也不知变化了几次了。严格地说起来,恐怕调值比音值更为易变,因为音值须视发音的部位与方法为转移,而调值只是呼气缓急及喉头肌肉松紧的关系。一个人把某一个字连念两次,实验起来,其声调的曲线也不会完全一样的,何况数千年来的调值,还能不发生变化吗?

有些人拿自己的方言里的声调去比拟古代的声调,例如自己读的上声字是这样一个调子,因而猜想古代的上声也是这样一个调子,这是很不科学的类推法。我们须知,现代中国各地方言的调值相同的极少。譬如说北京话与天津话,它们都是有阴阳上去四声的,声调的系统完全相同,然而其调值却大有分别。我们该说古代的平声像现代北京的平声呢,还是像天津的平声呢? 其实既未必像北京,也未必像天津,又未必像苏州或杭州或广州或厦门的声调。究竟什么地方的某种声调与古代声调相仿佛,现在已经很难推知;至于古代实际调值如何,更难考定了。

参考资料

【顾炎武论古人四声一贯】——四声之论虽起于江左,然古人之诗已自有迟疾轻重之分;故平多韵平,仄多韵仄;亦有不尽然者,而上或转为平,去或转为平上,入或转为平上去,则在歌者之抑扬高下而已。故四声可以并用。"骐骒是中,骊骒是骖;龙眉之合,鋈以觼軜;言念君子,温其在邑;方何为期,然我念之?""合、軜、邑、念"四字皆平而韵"骖"。"一之日觱发,二之日栗烈,无衣无褐,何以卒岁?""发、烈、褐"三字皆去而韵"岁"。今之学者必曰:此字元有三音,有两音,故可通用,不知古人何尝屑屑于此哉? 一字之中自有平上去入,今一一取而注之,字愈多,音愈杂,而学者愈迷，不识其本，此所谓大道以多歧亡羊者也。陈氏之书盖多此病，至其末卷乃曰："四声之辨，古人未有；中原音韵，此类实多，旧说必以平叶平，仄叶仄也，无亦以今而泥古乎？"斯言切中肯綮。不知季立既发此论，而何以犹扞格于四声，一一为之引证？亦所谓劳唇吻而费简册者也。方子谦之《小补》，抑又甚焉。今之为书，取前一字而叶两三声者尽并之，使学者之视听一而不乱，其庶乎守约之旨也夫。五方之音，有迟疾轻重之不同。《淮南子》云："轻土多利，重土多迟；清水音小，浊水音大。"陆法言《切韵序》曰："吴楚则时伤轻浅，燕赵则多伤重浊；秦陇则去声为入，梁益则平声似去。"约而言之，即一人之身，而出辞吐气先后之间已有不能齐者。其重，其疾，则为入，为去，为上；其轻，其迟，则为平；迟之又迟，则一字而为二字，"茨"为"蒺藜"，"椎"为"终葵"是也（亦有二字并为一字者；《旧唐书》云：吐谷浑俗多谓之退浑，盖语急而然）。故注家多有疾言徐言之解，而刘勰《文心雕龙》谓疾呼中宫，徐呼中徵。夫一字而可以疾呼徐呼，此一字两音三音之所繇昉已。平上去入之名，汉时未有。然《公羊·庄二十八年传》曰："《春秋》伐者为客，伐者为主。"何休注于"伐者为客"下曰："伐人者为客，读伐，长言之，齐人语也。"于"伐者为主"下曰："见伐者为主，读伐，短言之，齐人语也。"长言则今之平上去声也，短言则今之入声也。平上去三声固多通贯，惟入声似觉差殊。然而"祝"之为"州"，见于《穀梁》；"蒲"之为"亳"，见于《公羊》；"趋"之为"促"，见于《周礼》；"提"之为"折"，见于《檀弓》：若此之类，不可悉数。迨至六朝，诗律渐工，韵分已密；而唐人功令，犹许通用。故《广韵》中有一字而收之三声四声者。非谓一字有此多音，乃以示天下作诗之人，使随其迟疾轻重而用之也。后之陋儒，未究厥旨，乃谓四声之说，考诸五行四序，如东西之易向，昼夜之异位而不相合也，岂不谬哉？且夫古之为诗，主乎音者也；江左诸公之为诗，主乎文者也。文者一定而难移,音者无方而易转,夫不过喉舌之间,疾徐之顷而已。谐于音,顺于耳矣,故或平,或仄,时措之宜而无所窒碍。《角弓》之"反"上,《宾筵》之"反"平,《桃夭》之"室"入,《东山》之"室"去,惟其时也。《大东》一篇两言"来",而前韵"疚",后韵"服",《离骚》一篇两言"索",而前韵"妬",后韵"迫",惟其当也。有定之四声以同天下之文,无定之四声以协天下之律;圣人之所以和顺于道德而理于义,非达天德者其孰能知之? 夫一字而可以三声四声,若《易》爻之上下无常,而唯变所适也;然上如其平,去如其上,入如其去,而又还如其平,是所谓言天下之至赜而不可恶,言天下之至动而不可乱也。此声音文字相生相贯自然之理也。或曰:一字而可以三声,则"天"可读为上去乎? 曰:"天"不可去,而"地"可平。《楚辞·天问》:"启棘宾商,九辩九歌;何勤子屠母,而死分竟地?"是也。"东"不可去,而"北"可平。汉司马相如《上林赋》:"东西南北,驰骛往来。"是也。是以四声同用,则歌者以上为平,而不以平为上;以入为去,而不以去为入。何则? 歌之为言也,长言之也:平音最长,上去次之,入则诎然而止,无余音矣。凡歌者,贵其有余音也;以无余从有余,乐之伦也。

　　《音学五书·音论》卷中,页 18~25。

第四编 本论下（由《广韵》下推今音）

第一章 《广韵》后的韵书

第一节 《礼部韵略》《集韵》

《韵略》一书，与宋时审定的《切韵》同时颁行。据《玉海》所载："景德四年（1007），龙图待制戚纶等，详定考试声韵；纶等以殿中丞邱雍等所定《切韵》同用独用例及新定条例参定。"次年，《切韵》改名《大宋重修广韵》①。《广韵》比《韵略》详细，大致说起来，和《韵略》只是一部书②。至景祐四年（1037），诏令丁度等刊定窄韵十三，许附近通用，改名为《礼部韵略》。同年，诏宋祁、郑戬、贾昌朝、王洙刊修《广韵》，丁度、李淑典领；令所撰集，务从该广，改名为《集韵》。由此看来，《集韵》与《礼部韵略》又是同一部书而分为详略两种。《集韵》书成于宝元二年（1039），在《礼部韵略》颁行后二年，或曰治平四年（1066）司马光继纂其职，是《集韵》出世在

---

① 参看莫友芝《韵学源流》，罗氏铅印本，页17。
② 此《韵略》今不存。

《礼部韵略》之后，所以在此先说《礼部韵略》。

《礼部韵略》与《广韵》韵目之不同有下列数点①：

（一）《广韵》上平声二十一殷，《礼部韵略》改为二十一欣，二十六桓改为二十六欢；"殷"字避宣祖讳，"桓"字避钦宗讳。

（二）《广韵》二十文独用，二十一殷独用②；《礼部韵略》二十文与欣通③。

（三）《广韵》二十三魂，《礼部韵略》改为二十三蒐，以"魂"字为第二字。

（四）《广韵》下平声二仙，《礼部韵略》改为二僊，以"仙"字为第二字。

（五）《广韵》五肴，《礼部韵略》改为五爻。

（六）《广韵》上声十八吻独用，十九隐独用④，《礼部韵略》十八吻与隐通。

（七）《广韵》五十二俨，《礼部韵略》改为五十二广（yǎn）。

（八）《广韵》去声三十七号，《礼部韵略》改为三十七號，于

---

① 根据顾炎武《音论》卷上，页 22～25。

② 顾炎武云（《音论》卷上，页 23）："按唐时二十一殷虽云独用，而字少韵窄，无独用成篇者，往往于真韵中间一用之。如杜甫《崔氏东山草堂》诗用'芹'字，独孤及《送韦明府》《答李滁州》二诗用'勤'字是也。然绝无通文者。而二十文独用，则又绝无通殷者。合为一韵，始自景祐。"力按：南北朝诗人有以殷通真者，如谢庄《宋明堂歌》用"垠"字，梁武帝《玄览赋》用"欣"字，沈约《需雅》用"垠"字，庾信《哀江南赋》用"勤"字，徐陵《走笔戏书》用"勤"字，牛弘《圜丘歌》用"垠"字是也；亦有以殷通文者，如颜延之《还至梁城作》以"勤军群分云文坟君闻殷"相叶，鲍照《芜城赋》以"殷勤坟云文君分"相叶，《还都道中》以"勤分群绘闻"相叶，卢思道《升天行》以"群君文云垠氲闻纷"相叶，然则文殷相通非自景祐始。

③ 按泽存堂本《广韵》作二十一欣，文韵下注云"欣同用"，与顾氏所见《广韵》异。

④ 顾炎武云（《音论》卷上，页 24）："今本目录十八吻下注云'隐同用'，其卷中十八吻十九隐又各自为部，不相连属，而其下各注云'独用'。友人富平李子德因笃以为目录误。又考唐人如李白《寄韦六》、孙逖《登会稽山》、杜甫《赠郑十八贲》诗，皆以隐韵字同轸准用，其不与吻同明矣。"

"號"字下注云"亦作号"。

(九)《广韵》二十三问独用,二十四焮独用,《礼部韵略》二十三问与焮通。

(十)《广韵》四十三映,《礼部韵略》改为四十三敬。

(十一)《广韵》入声八物,《礼部韵略》改为八勿。

(十二)《广韵》八物独用,九迄独用,《礼部韵略》八勿与迄通。

(十三)《广韵》十五鎋改为十五辖,以"鎋"字为第二字。

(十四)《广韵》三十怗,《礼部韵略》改为三十帖。

《广韵》原收 26194 字[1],《礼部韵略》只收 9590 字,有因申明续降及诸家补遗续添之字凡 344 字[2]。绍兴三十二年(1162),毛晃表进其所撰《增修互注礼部韵略》五卷,共增 2655 字[3]。现存的《礼部韵略》有郭守正重修本及毛晃增修本。

至宋淳祐十二年壬子(1252),江北平水刘渊著《壬子新刊礼部韵略》,增四百三十六字,并通用之韵,改二百六部为一百七部。书今不存,但黄公绍《韵会》的一百七韵即根据此书[4]。现代流传的诗韵分一百六部,毛大可谓即刘渊所撰,故世亦称此书为"平水韵";但邵长蘅以为非刘氏之书,而是元时阴时夫所著[5]。王国维根据王文郁《新刊韵略》及张天锡《草书韵会》,而断定一百六部是金时功令;当时韵书大约有两种:第一种依宋韵依同用例归并,再加上去声径证嶝的归并,成为一百七部,如刘渊书;第二种又加

---

[1]　《玉海》云:"《大宋重修广韵》凡二万六千一百九十四言,注一十九万一千六百九十二字。"

[2]　据熊忠《韵会举要·凡例》。

[3]　晃表自云。

[4]　《韵会举要》卷之一韵目后注:"近平水刘氏《壬子新刊韵》,始并通用之类,以省重复,上平声十五韵,下平声十五韵,上声三十韵,去声三十韵,入声一十七韵,今因之。"

[5]　看本节参考资料第二则。

上上声迥拯等的归并,成为一百六部,如王文郁书及张天锡所据韵书①。由此看来,一百六部的分配也不是阴氏创始的;不过今世诗韵每字下所载的词藻系从阴氏的《韵府群玉》录出罢了。兹将今世诗韵一百六部与《广韵》二百六部列成对照表如下页所示。

由此表看来,今世诗韵比《广韵》少了一百个韵部。但若依《广韵》的同用例归并,已经可并成一百十五部②,此外再加归并者,有文与殷、吻与隐、问与焮、物与迄、队代与废,又盐以下六韵并为两韵,皆与景祐《礼部韵略》同用例相符;只有迥与拯等、径与证嶝的归并是后起的事。依音理而论,平声青既不与蒸登并,入声锡又不与职德并,则其相配之上去声迥径也自然不该与拯等证嶝归并;这显然因为这几个韵的上去声字少,所以归并起来,以便考试之用的③。

现在回说到《集韵》。《集韵》有平声四卷,上去入声各一卷,字数 53525,比《广韵》多 27331 字。《集韵》之韵数与《广韵》完全相同;韵目则与《广韵》《礼韵》皆稍异(如麌改为噳,锴改为䪥等)。至于韵中所收之音,则《集韵》与《广韵》歧异之处颇多,今归纳如下:

----

① 王先生原文云:“金人场屋,或曾以拯韵字为韵,许其与迥通用,于是有百七部之目,如刘渊书;或因拯及证,于是有百六部之目,如王文郁书及张天锡所据韵书。”力谨按:刘渊书但并径证,不并迥拯,王先生云云,想系一时笔误。今依邵长蘅《古今韵略》更正。

② 上平声认文欣为独用,共得十六部;下平声亦十六部;上声认吻隐为独用,琰忝同用,豏槛同用,俨范同用,得三十部;去声认艳㮇同用,陷鉴同用,酽梵同用,得三十四部;入声十九部。

③ 现在通行的《诗韵合璧》把业韵与洽狎乏归并,与《礼部韵略》的同用例大相违背,而与其平上去声的归并条理也不相符,这显然是一种谬误。今依邵长蘅《古今韵略》,以业韵并于叶帖。又清代避仁宗讳,故改上声二十八琰为二十八俭。

平声	诗韵次第	1	2	3	4	5	6	7	8
	诗韵	东	冬	江	支	微	鱼	虞	齐
	广韵	东	冬钟	江	支脂之	微	鱼	虞模	齐
上声	诗韵次第	1	2	3	4	5	6	7	8
	诗韵	董	肿	讲	纸	尾	语	麌	荠
	广韵	董	肿	讲	纸旨止	尾	语	麌姥	荠
去声	诗韵次第	1	2	3	4	5	6	7	8
	诗韵	送	宋	绛	寘	未	御	遇	霁
	广韵	送	宋用	绛	寘至志	未	御	遇暮	霁祭
入声	诗韵次第	1	2	3					
	诗韵	屋	沃	觉					
	广韵	屋	沃烛	觉					

平声	诗韵次第		9	10	11	12	13	14
	诗韵		佳	灰	真	文	元	寒
	广韵		佳皆	灰咍	真谆臻	文殷	元魂痕	寒桓
上声	诗韵次第		9	10	11	12	13	14
	诗韵		蟹	贿	轸	吻	阮	旱
	广韵		蟹骇	贿海	轸准	吻隐	阮混很	旱缓
去声	诗韵次第	9	10	11	12	13	14	15
	诗韵	泰	卦	队	震	问	愿	翰
	广韵	泰	卦怪夬	队代废	震稕	问焮	愿恩恨	翰换
入声	诗韵次第			4	5	6	7	
	诗韵			质	物	月	曷	
	广韵			质术栉	物迄	月没	曷末	

平声	诗韵次第	15	1	2	3	4	5	6	7	8
	诗韵	删	先	萧	肴	豪	歌	麻	阳	庚
	广韵	删山	先仙	萧宵	肴	豪	歌戈	麻	阳唐	庚耕清
上声	诗韵次第	15	16	17	18	19	20	21	22	23
	诗韵	潸	铣	筱	巧	皓	哿	马	养	梗
	广韵	潸产	铣狝	篠小	巧	皓	哿果	马	养荡	梗耿静
去声	诗韵次第	16	17	18	19	20	21	22	23	24
	诗韵	谏	霰	啸	效	号	箇	祃	漾	敬
	广韵	谏裥	霰线	啸笑	效	号	箇过	祃	漾宕	映净劲
入声	诗韵次第	8	9						10	11
	诗韵	黠	屑						药	陌
	广韵	黠鎋	屑薛						药铎	陌麦昔

平声	诗韵次第	9	10	11	12	13	14	15
	诗韵	青	蒸	尤	侵	覃	盐	咸
	广韵	青	蒸登	尤侯幽	侵	覃谈	盐添严	咸衔凡
上声	诗韵次第	24		25	26	27	28	29
	诗韵	迥		有	寝	感	俭	豏
	广韵	迥拯等		有厚黝	寝	感敢	琰忝俨	豏槛范
去声	诗韵次第	25		26	27	28	29	30
	诗韵	径		宥	沁	勘	艳	陷
	广韵	径证嶝		宥候幼	沁	勘阚	艳㮇酽	陷鉴梵
入声	诗韵次第	12	13		14	15	16	17
	诗韵	锡	职		缉	合	叶	洽
	广韵	锡	职德		缉	合盍	叶帖业	洽狎乏

谆准稕魂混缓换戈果九韵,《广韵》仅有合口呼,《集韵》兼有

开口呼。

隐焮迄恨四韵，《广韵》仅有开口呼，《集韵》兼有合口呼。

《集韵》轸震二韵仅有正齿三等及半齿音；其他各纽在《广韵》属轸震者，在《集韵》则属准稕。

《广韵》平声真韵影喻两母及见系开口四等，在《集韵》属谆（《礼部韵略》与《集韵》同）。

《广韵》吻问物三韵之喉牙音，在《集韵》属隐焮迄。故《集韵》吻问勿仅有唇音字。

《广韵》痕很两韵之疑母字，在《集韵》属魂混。

《集韵》圂韵仅有喉牙音；其他各纽在《广韵》属慁韵者，在《集韵》则属恨韵。

《广韵》旱翰两韵之舌音、齿音、半舌音，在《集韵》尽入缓换。

《集韵》平声歌韵仅有喉牙音；其他各纽在《广韵》属歌者，在《集韵》则属戈。

《广韵》谆韵无舌头音，《集韵》谆韵有舌头古音（如"颠天田年"），属开口呼。

《集韵》之反切亦与《广韵》有异，有些地方是对于类隔的矫正。卷首韵例有云："凡字之翻切，旧以'武'代'某'，以'亡'代'茫'，谓之类隔，今皆用本字。"其实所谓类隔在《切韵》时代都是音和（参看本书 75~76 页；《集韵》时代语音已变，自然不能不改了。方成珪有《集韵考正》，对于今本《集韵》反切上的错误订正了不少。

参考资料

【《礼部韵略》考】——晁公武《读书志》曰："皇朝丁度等撰。元祐中，孙谔、苏轼再加详定。"陈振孙《书录解题》曰："雍熙殿中丞邱雍，景德龙图阁待制戚纶所定，景祐知制诰丁度重修，元祐太学博士增补。其曰'略'者，举子诗赋所常用，盖字书声韵之略也。"王应麟《玉海》曰："景祐四年六月丙申,以丁度所修《礼部韵略》五卷颁行。"张萱《疑耀》曰:"《礼部韵略》初仅九千五百九十字,续降六十有五字,分为五声二百六韵。其间通用独用各别,若欣淳覃咸音相近而不同韵者多矣,至于冬东鱼虞清青语麌御遇劲径锡昔,以字母推之,宜可同韵,岂不得附于先仙覃谈通古之例,何乃隔别而不许通押耶?麻韵从'奢'以后,马韵从'写'以后,祃韵从'藉'以后,雅音别之,宜当小异,岂不得用歌戈哿果邻韵之例?又何以纤悉于他韵而阔略于此也。况变隶已久,字文猥多,知音罕逢,反切易舛,韵家正如聚讼。自唐人释文音韵行世,而士不知古音久矣。"邵长蘅《韵略叙录》曰:"《礼部韵略》五卷,宋景祐四年诏国子监颁行。《艺文志》载景祐《礼部韵略》五卷,又淳熙监本《礼部韵略》五卷。吾意当时虽有《广韵》《集韵》,二书不甚通行,盖《广韵》多奇字,《集韵》苦浩繁也。《礼韵》虽专为科举设,而去取实亦不苟;每出入一字,必经两省看详,礼部颁下,故又有申明续降诸字。字既简约,义多雅驯,学士歙然宗之。中间奇字僻韵多遭刊落,颇为嗜古者所少;其实沿用至今。虽诸家互异,要之,仍《礼韵》而增损之者也。"《四库全书提要》曰:"《礼部韵略》,旧本不题撰人,晁公武《读书志》云丁度撰。今考所并旧韵十三部,与度所作《集韵》合,当出度手,其上平声三十六桓作欢,则南宋重刊所改;观卷首载郭守正重修条例,称绍兴本尚作桓,是其证也。考曾慥《类说》引《古今词话》曰:'真宗朝试《天德清明赋》,有闽士破题云:天道如何,仰之弥高。会试官亦闽人,遂中选。'是宋初程试,用韵尚漫无章程。自景祐以后,敕撰此书,始著为令,迄南宋之末不改。然收字颇狭,如欢韵漏'判'字,添韵漏'尖'字之类,尝为俞文豹《吹剑录》所议。故元祐中博士孙谔,绍兴中朝散大夫黄积厚,福州进士黄启宗,淳熙中吴县主簿张贵谟,嘉定中嘉定府教授吴桂,皆屡请增收,而杨伯嵒亦作《九经补韵》以拾其遗。然每有陈奏,必下国子监看详,再三审定,而后附刊韵末。其间或有未允者,如黄启宗所增'跻,一作齐''鰻,一作矜'之类,赵彦卫《云麓漫钞》尚驳诘之。盖既经廷评,又经公论,故较他韵书特为谨严。然当时官本已不可见,其传于今者,题曰《附释文互注礼部韵略》。每字之下,皆列官注于前;其所附互注,则题一'释'字别之。凡有二本:一本为康熙丙戌曹寅所刻,冠以余文熽所作《欧阳德隆押韵释疑序》一篇,郭守正《重修序》一篇,《重修条例》十则,《淳熙文书式》一道。……一本为常熟钱孙保家影抄宋刻。"

　　谢启昆《小学考》卷三十一,页14～19。

　　【《壬子新刊礼部韵略》考】——邵长蘅《韵略叙例》曰:"《壬子新刊礼部韵略》五卷,宋淳祐间江北平水刘渊增修。按韵目元二百六部,不知的起于何时,大较隋唐以来有之;其'独用、同用'字,或是唐人注,以便声律之用耳。平水刘氏始尽并同用之韵为一百七部,至今仍焉。字稍增于旧,注释大抵从毛氏(力按:此指毛晃《增修互注礼部韵略》)。"胡鸣玉《订讹杂录》曰:"误以今世所传诗韵为沈约所撰,其来已久,如元黄公绍《七音考》、周德清《中原音韵》、宋濂《洪武正韵》之类,无不极诋约韵为江左偏音,不足为据。不知约所撰《四声》一卷,久矣无存,近毛大可氏谓今世所用乃宋淳祐间江北平水刘渊所撰,为平水韵,非沈韵也。而邵子湘氏谓并非刘氏之旧,乃元时阴氏兄弟所著,其言较毛氏尤为详晰。备录于此,以资博雅之览。曰:今韵宗梁沈约氏,夫人而言之;而约所撰《四声》一卷久已亡。继之者隋陆法言氏,而法言所撰《四声切韵》亦亡。嗣是有唐孙愐氏,而愐所撰《唐韵》五卷今亦亡。今宋元韵之存者,略可指数:《广韵》,宋祥符间所修也;《集韵》,宋景祐间奉敕修也;《礼部韵略》,宋时列之学官者也;毛晃氏,仍《礼韵》而增益之者也;平水刘渊氏,仍《礼韵》而通并其部分者也;元黄公绍氏《韵会》,仍刘韵而广其笺注者也。三家者,递有增字,字寝以多。《礼部韵略》初载九千五百九十字,至《韵会》乃有一万二千六百字矣,然尚不足当《集韵》四之一。最后有阴氏兄弟著《韵府》,乃大加刊削,仅存八千八百二十字,又不专主刘韵,颇多遗漏。顾明初至今用之,学者或尊之为沈韵,或指之为平水韵,皆是书也。今韵非沈韵不待言,校刘韵少三千字,则今韵之非刘韵,较然易辨。而世儒罕见刘氏元本,乃承讹袭舛,三百余年相习而不察,可怪也。"

同上,页 26～28。

【王国维《书金王文郁〈新刊韵略〉、张天锡〈草书韵会〉后》】——自王文郁《新刊韵略》出世,人始知今韵一百六部之目不始于刘渊矣。余又见金张天锡《草书韵会》五卷,前有赵秉文序,署至大八年(力按:西历 1329)二月。其书上下平声各十五韵,上声二十九韵,去声三十韵,入声十七韵,凡一百六部,与王文郁韵同。王韵前有许古序,署至大六年己丑季夏,前乎张书之成才一年有半。又王韵刊于平阳,张书成于南京,未必即用王韵部目,是一百六部之目并不始于王文郁。盖金人旧韵如是,王、张皆用其部目耳。何以知之?王文郁书名《平水新刊礼部韵略》,刘渊书亦名《新刊礼部韵略》。《韵略》上冠以"礼部"字,盖金人官书也。宋之《礼部韵略》,自宝元讫于南渡之末,场屋用之者逾二百年。后世递有增字,然必经群臣疏请,国子监看详,然后许之。惟毛晃增注本,加字乃逾二千,而其书于三十二年表进,是亦不膏官书也。然历朝官私所修改惟在增字增注,至于部目之分合,则无敢妄议者。金韵亦然。许古序王文郁韵,其于旧韵,谓之简严。"简"谓注略,"严"谓字少,然则文郁之书,亦不过增字增注,与毛晃书同;其于部目,固非有所合并也。故王韵并宋韵同用诸韵为一韵,又并宋韵不同用之迥拯等及径证嶝六韵为二韵者,必金时功令如是。考金源词赋一科,所重惟在律赋:律赋用韵,平仄各半。而上声拯等二韵,《广韵》惟十二字,《韵略》又减焉,在诸韵中字为最少。金人场屋,或曾以拯韵字为韵,许其与迥通用,于是有百七部之目,如刘渊书;或因拯及证,于是有百六部之目,如王文郁书及张天锡所据韵书。至拯证之平入两声犹自为一部,则因韵字较宽之故。要之,此种韵书为场屋而设,故参差不治如此,殆未可以声音之理绳之也。

《观堂集林》卷八,页26~27。

【莫友芝论景祐《集韵》】——王应麟《玉海》云:"景祐四年,翰林学士丁度等承诏撰。宝元二年九月书成,上之;十一日进呈颁行。韵例云:真宗时,令陈彭年、邱雍,因法言韵就为刊益。景祐四年,太常博士直史馆宋祁、郑戬建言:'彭年、雍所定,多用旧文,繁略失当。'因诏祁、戬与直讲贾昌朝、王洙同修定,知制诰丁度、李淑典领;令所撰集务从该广。凡字训悉本许慎《说文》;慎所不载,则引他书为解。凡古文见经史诸书可辨识者取之,不然则否。字五万三千五百二十五,新增二万七千三百三十一,分十卷,诏名曰《集韵》。"自注云:"或曰:治平四年,司马光继纂其职。"考司马光《切韵指掌图·序》称"仁宗皇帝诏翰林学士丁公度、李公淑增崇韵学,自许叔重而降数十家,总为《集韵》。而以贾公昌朝、王公洙为之属,治平四年,余得旨继纂其职,书成上之,有诏颁焉"云云,则此书奏于英宗时,非仁宗时;成于司马光之手,非尽出于度等也。其书于《广韵》所注同用独用,封演称为许敬宗定者,改并移易其旧部,则实自此书始。《玉海》云:"昌朝又请修《礼部韵略》,其窄韵凡十有三,听学者通用之。"《东斋记事》云:"景祐初,以崇政殿说书贾昌朝言,诏度等改定韵窄者十三处,许令附近通用。"是其事也。今以《广韵》互校,平声并殷于文,并严于盐添,并凡于咸衔,上声并隐于吻,去声并废于队代,并焮于问,入声并迄于物,并业于叶帖,并乏于洽狎,凡得九韵,不足十三。然《广韵》平声盐添咸衔严凡与入声叶帖洽狎业乏皆与本书部分相应,而与《集韵》互异;惟上声并俨于琰忝,并范于豏槛,去声并酽于艳㮇,并梵于陷鉴,皆与本书部分不应,而乃与《集韵》相同。知此四韵亦《集韵》所并,而重刊《广韵》者误据《集韵》以较之,遂移其旧第耳。其驳《广韵》注,凡姓望之出,广陈名系,既乖字训,复类谱牒,诚为允协。至谓兼载他切,徒酿细文,因并删其字下之互注,则音义俱别与义同音异之字难以遽明,殊为省所不当省;又韵主审音,不主辨体,乃篆籀兼登,雅俗并列,重文复见,有类字书,亦为繁所不当繁。其于《广韵》,盖互有得失,故二书并行不废。

《韵学源流》,罗氏铅印本,页 16~17。

第二节　《五音集韵》《韵会》

《五音集韵》为金时韩道昭所撰。道昭字伯晖,真定松水人。书成于崇庆元年(1212)。此书有两要点:

(一)每一韵的字统以字母;按字母次第的先后,凡同母的字都放在一处。字母以牙音见母为首,终于来日。非但分纽,而且每纽各分四等。

(二)全书分为一百六十韵,比《广韵》少四十六韵,比刘渊《礼部韵略》多五十三韵。或云并韵始于刘渊[①],实则始于韩道昭,兹将一百六十韵列成下表[②]:

上平声

一东	二冬	三钟
四江	五脂支之	六微
七鱼	八虞	九模
十齐	十一皆佳	十二灰

---

① 邵长蘅即主此说,见本节参考资料第四则。
② 小字表示《广韵》韵目之被并者。

十三哈 　　　 十四真臻 　　　 十五谆

十六文 　　　 十七殷 　　　 十八痕

十九魂 　　　 二十元 　　　 廿一寒

廿二桓 　　　 廿三山删

下平声

一仙先 　　　 二宵萧 　　　 三肴

四豪 　　　 五歌 　　　 六戈

七麻 　　　 八阳 　　　 九唐

十庚耕 　　　 十一清 　　　 十二青

十三蒸 　　　 十四登 　　　 十五尤幽

十六侯 　　　 十七侵 　　　 十八覃谈

十九盐添 　　　 二十咸衔 　　　 廿一凡严

上声

一董 　　　 二肿 　　　 三讲

四旨纸止 　　　 五尾 　　　 六语

七麌 　　　 八姥 　　　 九荠

十骇蟹 　　　 十一贿 　　　 十二海

十三轸 　　　 十四准 　　　 十五吻

十六隐 　　　 十七狠 　　　 十八混

十九阮 　　　 二十旱 　　　 廿一缓

廿二产潸 　　　 廿三狝铣 　　　 廿四小筱

廿五巧 　　　 廿六皓 　　　 廿七哿

廿八果 　　　 廿九马 　　　 三十养

卅一荡 　　　 卅二梗耿 　　　 卅三静

卅四迥 　　　 卅五拯 　　　 卅六等

卅七有黝 　　　 卅八厚 　　　 卅九寝

四十感敢 　　　 四十一琰忝 　　　 四十二豏槛

四十三范_俨

去声

一送	二宋	三用
四降	五至_{寘志}	六未
七御	八遇	九暮
十霁	十一祭	十二泰
十三怪_{卦夬}	十四队	十五代
十六废	十七震	十八稕
十九问	二十焮	廿一恨
廿二恩	廿三愿	廿四翰
廿五换	廿六谏_裥	廿七线_霰
廿八笑_啸	廿九效	三十号
卅一箇	卅二过	卅三祃
卅四漾	卅五宕	卅六诤_敬
卅七劲	卅八径	卅九证
四十嶝	四十一宥_幼	四十二候
四十三沁	四十四勘_阚	四十五艳_㮇
四十六陷_鉴	四十七梵_㪿	

入声

一屋	二沃	三烛
四觉	五质_栉	六术
七物	八迄	九没
十月	十一曷	十二末
十三辖_黠	十四薛_屑	十五药
十六铎	十七陌_麦	十八昔
十九锡	二十职	廿一德
廿二缉	廿三合_盍	廿四葉_帖
廿五洽_狎	廿六乏业	

　　这种不遵唐人同用例的归并，显然是以当时北地的语音为根据的。所以《五音集韵》是汉语语音史的宝贵资料。

《韵会》,本名《古今韵会》,元黄公绍编。黄氏编辑这书的时候,很注重训诂,所以征引的典故很繁,后来与黄氏同时的熊忠觉得黄书太繁,他另编一部较简的,名为《古今韵会举要》。现代所存者是熊氏的书,不是黄氏原本;但其韵部想必与黄书相同。

黄公绍字在轩,熊忠字子忠,都是昭武人。《韵会》作于至元廿九年(1292)之前[①],《举要》作于大德元年丁酉(1297)。书中分一百七韵,完全依照刘渊归并《礼部韵略》的方法;若以今世流行诗韵的一百六韵相比,就是多了一个拯韵。

但是,表面上虽则依照传统的韵部,实际上熊氏书中已隐藏着元朝的语音系统。其凡例有云:"旧韵所载,考之七音,有一韵之字而分为数韵者,有数韵之字而并为一韵者。今每韵依七音韵各以类聚,注云'已上案七音属某字母韵'。""旧韵"就是传统的韵部,"某字母韵"才是元朝的实际语音系统。所谓"某字母韵"平声共有六十七个,见下表:

居孤歌戈迦瘸嘉瓜牙嗟;
鸡赀规妫麾惟佳该羁乖;
骁骄交高鸠樛裒钩浮;
公弓雄江冈光黄庄京行兄经搄弘;
巾筠钧根欣昆干官关间鞬坚贤卷涓;
金歆簪甘兼箝嫌杴缄。

又入声韵共有二十九个:

縠匊觉郭各脚爵格虢额矍黑克国洫;
吉讫聿栉橘厥讦怛结玦葛括戛刮。

其后有孙吾与作《韵会定正》,直以一公二居三觚四江等字为

① 刘辰翁《韵会序》作于此年,故《韵会》成书不能更晚。

韵目①,又比熊氏更进一步了②。

参考资料

　　【韩道昭《五音集韵·自序》】——声韵之学,其来尚矣。书契既造,文籍乃生。然训解之士犹多阙焉。迄于隋唐,斯有陆生长孙之徒,词学过人,闻见甚博,于是同刘臻辈探赜索隐,钩深致远,取古之所有,今之所记者,定为《切韵》五卷,析为十策。夫"切韵"者,盖以上切下韵,合而翻之,因为号以为名,则《字统》《字林》《韵集》《韵略》不足比也。议者犹谓注有差错,文复漏误,若无刊正,何以讨论? 则《唐韵》所以修焉。采撷群言,撮其枢要,六经之文自尔焕然,九流之学在所不废,古人之用心为何如哉? 尝谓以文学为事者,必以声韵为心;以声韵为心者,必以五音为本,则字母次第,其可忽乎? 故先觉之士,其论辨至详,惟求至明,著书立言,蔑无以加;然愚不揆度,欲修饰万分之一。是故引诸经训,正诸讹舛,陈其字母,序其等第。以见母牙音为首,终于来日字,广大悉备,靡有或遗。始终有伦,先后有别,一看如指诸掌,庶几有补于初学,未敢并期于达者已。前印行音韵既增加三千余字;兹韵也,方之于此,又以《龙龛训字》增加五千余字焉。是以再命良工,谨镂佳板,

---

① 见钱曾《敏求记》。

② 《韵会》的反切不尽精确。如"雄"字注云胡公切,"洪"字亦注胡公切,而"洪"归公字韵,"雄"归雄字韵(《韵略通考》又云"雄"属弓字韵)。"雄"字果读如"洪"则不当另为一韵;若不读如"洪"(以音理推之,后说为是),则当另易反切,不当注胡公切。《韵会》又云《增韵》以中切,误,这因为古今音不同的缘故,无误不误之可言。《广韵》"雄"字注羽弓切,"弓、中"同属撮口,"羽、以"同属喻母,若以《广韵》为标准,则《增韵》不误,却是《韵会》误了。《韵会》中注音同而不用同一反切者,比比皆是(例如"宜"与"疑","支"与"脂、之"),此乃不敢完全违背旧韵书之故。又我们在《韵会》中可考见元代语音与古今音的异同。江与阳同,支与齐同,这是与古音异而与今北音同的;"官、关"不同韵,"交、焦"不同韵,这是与古音同而与今北音异的;又如"为"字注云"音与危同",这又是在声纽上违反《广韵》而与今北音相合了。

学者观之，目击而道存。时崇庆元年岁次壬申长至日序。

【《四库全书提要》论《五音集韵》】——金韩道昭撰。道昭字伯晖，真定松水人。世称以等韵颠倒字纽，始于元熊忠《韵会举要》，然是书以三十六母各分四等，排比诸字之先后，已在其前。所收之字，大抵以《广韵》为蓝本，而增入之字则以《集韵》为蓝本。考《广韵》卷首云“凡二万六千一百九十四言”，《集韵》条例云“凡五万三千五百二十五言，新增二万七千三百三十言”，是书亦云：“凡五万三千五百二十五言，新增二万七千三百三十言。”合计其数，较《集韵》仅少一字，殆传写偶脱。《广韵》注十九万一千六百九十二字，是书云“注三十三万五千八百四十言，新增十四万四千一百四十八言”，其增多之数则适相符合。是其依据二书，足为明证。又《广韵》注独用同用，实仍唐人之旧；封演《闻见记》言许敬宗奏定者是也。终唐之世，下迄宋景祐四年，功令之所遵用，未尝或改。及丁度编定《集韵》，始因贾昌朝请，改并窄韵十有三处。今《广韵》各本，俨移赚槛之前，酽移陷鉴之前；独用同用之注，如通殷于文，通隐于吻，皆因《集韵》颁行后窜改致舛。是书改二百六韵为百六十，而并忝于琰，并槛于赚，并俨于范，并桥于艳，并鉴于陷，并酽于梵，足证《广韵》原本上去声末六韵之通为二，与平声入声不殊。其余如废不与队代通，殷隐焮迄不与文吻问物通，尚仍《唐韵》之旧，未尝与《集韵》错互，故十三处犁然可考，尤足订《重刊广韵》之讹。其等韵之学亦深究要渺。虽用以颠倒音纽，有乖古例，然较诸不知而妄作者，则尚有间矣。

【熊忠《古今韵会举要·自序》】——六经有韵语，无韵书；五方之音各以韵叶也。自《南史》沈约撰类谱，而四声不相为用；隋陆法言等制韵书，而七音遂讹。迨李唐声律设科，《韵略》下之礼部，进士词章非是不在选，而有司去取决焉。一部《礼韵》遂如金科玉条，不敢一字轻易出入。中更名公巨儒，皆有科举之累，而焉得议其非？

独于私作诗文,间用古韵,读者已聱牙不能以句,音学之失久矣。宋省监申明儒绅论叶韵略集注,殆且五十余家,率皆承舛袭讹,以苟决科之便。造韵者既未尝尽括经传之音,释韵者又专以时文为据。或言经作某字,韵无此字,不可用;或言经本某音,监韵此字下无注,押者非。至使人宁背经音,无违韵注,其敝可胜言哉? 它又未暇论也。同郡在轩先生黄公公绍慨然欲正千有余年韵书之失,始秤字书,作《古今韵会》。大较本之《说文》,参以籀古隶俗,《凡将》《急就》,旁行夑落之文,下至律书方技乐府方言,靡所不究。而又检以七音六书,凡经史子集之正音、次音、叶音、异辞、异义,与夫事物伦类制度,纤悉莫不详说而备载之,浩乎山海之藏也。仆辱馆公门,独先快睹。且日窃承绪论,惜其编帙浩繁,四方学士不能遍览。隐屏以来,因取《礼部韵略》,增以毛、刘二韵及经传当收未载之字,别为《韵会举要》一编。虽未足以纪纲人文,亦可以解旧韵之惑矣。其诸条贯,具如凡例。虽然,声音之起而乐生焉,古先圣人以声为律,有以也,言语文字云乎哉? 今之人终身由之而不知其道,反区区取信于沈、陆,自得之私,诚不知其可也。姑陈梗概,以俟来哲。岁丁酉日长至。

【邵长蘅论《古今韵会举要》】——《古今韵会举要》三十卷,元昭武黄氏公绍编辑,熊氏忠举要。前有庐陵刘辰翁、武阳熊忠二序,刘序题壬辰十月,盖元世祖至元廿九年也(力按:刘序但称黄公绍《韵会》,未言及《举要》,且刘序作于熊序之前五年,知刘为黄作序时,熊忠之《举要》尚未成书也)。至顺二年,又敕应奉翰林文字余谦校正,有翰林学士前江浙等处行中书省参知政事孛术鲁翀序。是书分并依刘氏《壬子韵略》,字仅增六百余,而笺注捃摭颇博,卷帙比旧增十五。虽复病其太繁,讹误时有,要之于韵学不为无补。独其字次先后,泥七音三十六母之说,考之旧韵,颠倒错糅。予尝谓唐宋韵部分亡于刘,音纽乱于黄,盖纪实也。

　　　谢启昆《小学考》卷三十三,页20。

【《四库全书提要》论《古今韵会举要》】——忠字子忠,昭武人。案杨慎《丹铅录》谓蜀孟昶有《书林韵会》,元黄公绍举其大要而成书,故以为名。然此书以《礼部韵略》为主,而佐以毛晃、刘渊所增并,与孟昶书实不相关。旧本凡例首题黄公绍编辑,熊忠举要,而第一条即云"今以《韵会》补收阙遗,增添注释",是《韵会》别为一书明矣。其前载刘辰翁《韵会·序》,正如《广韵》之首载陆法言、孙愐序耳,亦不得指《举要》为公绍作也。自金韩道昭《五音集韵》始以七音四等三十六母颠倒唐宋之字纽,而韵书一变,南宋刘渊淳祐《壬子新刊礼部韵略》始合并通用之部分,而韵书又一变。忠此书字纽遵韩氏法,部分从刘氏例,兼二家所变而用之,而韵书旧第至是尽变无遗。其《字母通考》之首,拾李涪之余论,力排江左吴音,《洪武正韵》之卤莽,此已胚其兆矣。又其中今韵古韵漫无分别,如东韵收"窗"字,先韵收"西"字之类,虽旧典有征,而施行颇骇。所注文繁例杂,亦病榛芜。惟其援引浩博,足资考证;而一字一句,必举所本,无臆断伪撰之处,较后来明人韵谱,则尚有典型焉。

第三节　《中原音韵》

《中原音韵》为周德清所著。周字挺斋,高安人。书成于泰定元年甲子(1324);另有《中原音韵正语作词起例》,虽与《中原音韵》同时编成,但其后尚有增订之处①。此书虽为词曲而作,但书中的韵部是以当时北方的语音为根据,所以在语音史上也很有价值。

《中原音韵》的韵部分为十九,如下表:

---

① 《正语作词起例》有一条云:"《中原音韵》的本内,平声阴如此字,阳如此字。萧存存欲锓梓以启后学,值其早逝。泰定甲子以后,尝写数十本,散之江湖,其韵内平声阴如此字,阳如此字,阴阳如此字。夫一字不属阴则属阳,不属阳则属阴,岂有一字而属阴又属阳也哉? 此盖传写之谬,今既有本刊行,或有得余墨本者,幸毋讥其前后不一。"像这一条就不是与《中原音韵》同时撰述,而是后来增加的。

一	东钟	二	江阳	三	支思
四	齐微	五	鱼模	六	皆来
七	真文	八	寒山	九	桓欢
十	先天	十一	萧豪	十二	歌戈
十三	家麻	十四	车遮	十五	庚青
十六	尤侯	十七	侵寻	十八	监咸①
十九	廉纤				

其所定的韵部,大半与今北京音相符。至其平声分阴阳两类,入声派入平上去三声,也与现代北京的声调数目相合。但也有些不同的地方,现在约略地提出三点:

第一,今北京侵寻、监咸、廉纤三部归入真文、寒山、先天,元时的北京音此三部尚能独立。也许有人说周氏列此三部,为的是保存古音,并非当时实际语音能与真文、寒山、先天有别。这一种说法是不成立的;我们有三个理由证明当时语言还保存着这三个韵部:(一)周氏处处排斥《广韵》为闽浙之音②,假使当时北地已无侵寻等三部,他必不肯根据《广韵》而保存它们。(二)词曲家相传以

---

① 监咸,或作"盐咸",误。"盐"字在《中原音韵》中属廉纤韵。

② 《正语作词起例》云:"余尝于天下都会之所,闻人间通济之言,世之泥古非今,不达时变者众。呼吸之间,动引《广韵》为证,宁甘受龉舌之诮而不悔。亦不思混一日久,四海同音,上自缙绅讲论治道,及国语翻译,国学教授言语,下至讼庭理民,莫非中原之音。不尔,止依《广韵》呼吸,上去入声姑置,未暇弹述,略举平声。如"靴"(许戈切)在戈韵,"车邪遮嗟"却在麻韵;"靴"不协"车","车"却协"麻"。"元暄鸳言赛焉"俱不协"先",却与魂痕同押;"靴"与"戈","车"与"麻","元"与"烦","烦"与"魂",其音何以相着?"佳、街"同音与皆同押,不协哈;咍却与灰同押。"灰"不协"挥","杯"不协"碑","梅"不协"麾","雷"不协"赢";必呼"梅"为"埋","雷"为"来",方与哈协。如此呼吸,非龉舌而何?不独中原,尽使天下之人俱为闽海之音,可乎?"又云:"详约制韵之意(力按:周氏误以《广韵》为沈约所作,或根据沈书而作的),宁忍弱其本朝,而以敌国中原之音为正耶?不取所都之内通言,却以所生吴兴之音;盖其地邻东南海角,闽海之音无疑,故有前病。"

侵寻等三部为闭口韵，想当时必读闭口；观周氏辨"针、真"不同音诸例可知①。周氏又云"江淮之间，缉至乏俱无闭口"②，因而把缉至乏韵的字都归入齐微、歌戈等部，主张不宜以配闭口之侵至凡，可见当时缉乏虽已不闭口，而侵寻等部仍读闭口。（三）闭口韵的字（即收[m]的），有些在当时已混入收[n]的韵部，如真文部上声有"品"字，寒山韵阳平声有"帆、凡"二字，去声有"範泛范犯"四字，周氏并没有依照旧韵书把它们归入侵寻等三部；可见他完全以实际语音的系统为依据了。"品"是重唇字，"帆凡範泛范犯"是轻唇字，凡唇音字的韵尾在当时都由[m]变了[n]或[ŋ]，这在语音学上叫做异化作用（dissimilation），因为[m]也是唇音，唇音与唇音相遇，念起来不很方便，所以容易异化。广州现在虽保存闭口韵，但这几个字也像《中原音韵》一样地不能保存韵尾的[m]。这一个理由更能完全证实周氏当时还保存着闭口韵了。

第二，有些字，依北京音应归此部而《中原音韵》归彼部的。如下表③：

风丰封峰崩烹冯逢蒙盲萌横蓬彭鹏猛棒哞梦孟④

　　周氏东钟　　北京庚青

兒而尔耳二饵　　周氏支思　　　北京归卷舌韵

知蜘笞痴蚩鸥池驰迟持实十石食拾直姪掷耻侈质隻炙织鸷汁只失室识适拭饰释湿尺赤吃勒叱世势逝誓日

　　周氏齐微　　北京支思

德国　　周氏齐微　　北京歌戈

---

① 详见下文。
② 《正语作词起例》云："六朝所都，江淮之间，缉至乏俱无闭口，独浙有也。以此论之，止可施于约之乡里矣。"
③ 表下的字并不完全，只举了些常见的字。下面的入声表也是如此。
④ "崩烹盲萌横孟"同时又归庚青。

做　　　周氏鱼模　　　北京歌戈

皆阶街鞋谐解懈械　　　周氏皆来　　　北京车遮

帛泽画划魄策册测迫革隔格客刻责仄索吓则额厄

　　　周氏皆来　　　北京歌戈

捉卓琢酌託橐柝索郭朔剥驳作错阁各壑绰

　　　周氏萧豪　　　北京歌戈

爵岳略掠　　　周氏萧豪　　　北京车遮

聒括　　　周氏歌戈　　　北京家麻

学　　　周氏歌戈　　　北京车遮或萧豪

车遮奢赊蛇折舌涉者捨惹拙辍辙哲折浙设摄舍社射赦

　　　周氏车遮　　　北京歌戈①

逐竹烛宿　　　周氏尤侯　　　北京鱼模

第三,有些字,依北京音应归入此声而《中原音韵》归入彼声的。如下表:

瑟涩塞鷿炙赤勒叱扶轼室释识适饰鲫稷讫泣必毕壁碧僻辟

不复酷畜黜触促速缩沃兀刻客仄侧测策册嚇撮榻飒萨趿恰

切妾窃怯阙帖泄屑亵浙撤掣设摄宿

　　　周氏作上声　　　北京作去声

吉昔惜息锡德福足卒隔格革骼责则驳阁各卓琢酌矷觉爵掇

刿扎察锸答八结劫节接决哲折摺竹烛

　　　周氏作上声　　　北京作阳平

只织汁湿失七戚漆吸扑督秃哭窟出屋郭捉割鸽钵拨剥泼括

脱託塌插杀发答搭八瞎结缺歇粥说

　　　周氏作上声　　　北京作阴平

────────

① 周氏所谓车遮,是代表ㄝ韵,今北京于这些字不读ㄝ,而读ㄜ,所以该入歌戈。

夕惑述术续鹤镬凿　　周氏作阳平①　　北京作去声

伐逼鹤　　周氏作阳平　　北京作阴平

《中原音韵》的入声字作上声念的最多，到现代的北京音里，这些字大半变了别的声调。在《中原音韵》里，入声字没有作阴平念的；大约入声字混入阴平调是较晚近的事实。

《中原音韵》虽没有依照字母次序排列韵中诸字，但是凡同音的字都放在一起，用圆圈隔开②。罗常培先生将那些同音字分类研究，知道周书的纽共有二十部③。如下表：

（一）帮並　　　（二）滂並　　　（三）明

（四）非敷奉　　（五）微　　　　（六）端定

（七）透定　　　（八）泥娘疑　　（九）来

（十）见群　　　（十一）溪群　　（十二）晓匣喻

（十三）影喻疑　（十四）照知床澄　（十五）穿彻床澄禅

（十六）审床禅　（十七）日　　　（十八）精照从

（十九）清穿从　（二十）心审邪床

纽的方音，也与现代北京音大致相同；但有应注意的两点：第一，当时微母尚能独立，不像今北京的微与喻疑相混；第二，当时见溪晓尚未各分为两类如今北京音④。

周德清在《正语作词起例》列了一个表，把那些本非同音而往往被人误读为同音的字两两比较，使大家学习他所谓“正音”，其中有大部分是为矫正吴音而作的。现在抄录于后，当时之音可见一斑：

---

① 《中原音韵》的入声归平声时，只归阳平，不归阴平，这是值得注意的。

② 《正语作词起例》云：“《音韵》内每空是一音，以易识字为头，止依头一字呼吸，更不别立切脚。”

③ 见北京大学《国学季刊》三卷三期，页488，赵荫棠《中原音韵研究》所引。

④ 但赵荫棠先生认为见溪晓已分两类，见《中原音韵研究》。

东钟	宗踪	松鬆	龙笼	浓脓	陇栊	送讼	从综
江阳	缸矼	桑双	仓窗	糠腔	赃粧	杨王	杭降	强狂
	藏床	磉爽	纲往	让酿	葬状	唱丈	胖傍
支思	丝师	死史
齐微	知之	痴眵	耻齿	世市	智志（以上三声系与支思
	分别）	篦杯	纰纴	迷梅	脾裴	米美	姒彼
	谜媚	闭避（以上三声本声自相分别）
鱼模	苏疎	粗初	吴胡	殂雏	祖阻	榉弩	素数	措助
皆来	猜差	灾斋	才柴	孩鞋	海骇	採揣	凯楷	太大
	捱艾	赛晒
真文（与庚青分别）	真贞	因英	申升	嗔称	欣兴	新星
	宾冰	君扃	榛筝	莘生	薰兄	鲲觥	温泓	奔崩
	巾惊	亲青	恩罂	喷烹	珢亨	津精	昏薨	邻灵
	贫平	民明	仁仍	裙琼	勤擎	门萌	银赢	盆棚
	尘成	秦情	云荣	神绳	痕莖	纫宁	魂横	紧景
	引影	袞矿	窘炯	轸整	闵茗	尽井	允永	敬近
	印映	训迥	镇正	运咏	鬓病	吝另	慎圣	信性
	尽净	衅兴	趁称	遰进	闷孟	混横	衬撑
寒山	珊山	残潺	趱盏	散疝
桓欢	完岏	官关	慢幔	患缓	惯贯
先天	年妍	碾辇	羡旋
萧豪	包褒	饱保	爆抱	造造（上音皂，下音操）
歌戈	鹅讹	和何	过箇	薄箔
家麻	查咱	马么	罢怕
车遮	爷笘	也雅	夜亚
庚青（与真文分别）
尤侯	溲搜	走怰	叟搜	嗽瘦	奏皱

侵寻	针真	金斤	侵亲	"深"申①	森莘	琛嗔	
	音"因"		心辛	歆欣	林邻	壬"人"	
	寻信②		吟寅	琴勤	沈陈	忱神	
	稔忍	审哂	锦紧	"枕"瑱	饮引	朕镇	
	甚肾	任认	禁近	荫印	"沁"信	浸进	
监咸	菴"安"		担单	监间	三珊③	贪滩	酣邯
	咸闲	蓝阑	谈坛	岩颜	感捍	览懒	胆瘅	毯坦
	减简	坎侃	斩盏	勘看	淦幹	憾汉	淡旦	陷限
	滥烂	赚绽	鑑涧	暗按	探炭	南难		
廉纤	詹毡	兼坚	淹烟	纤先	金千	忟掀	尖煎	掂颠
	谦牵	添天	抿涎	钳虔	簾连	粘年	甜田	髯然
	蟾缠	盐延	潜前	嫌贤	脸辇	染撚	掩偃	捡搴
	险显	飐展	闪偆	忝腆	点典	讪阐	艳砚	欠揬
	店钿	念年(去声)	剑见	僭箭	堑倩	占战		

表中有些是当时能分而现代北京不能分的音。其间嬗变的痕迹，是值得仔细研究的。

参考资料

【《四库全书提要》论《中原音韵》】——《中原音韵》二卷，元周德清撰。德清字挺斋，高安人。是书成于泰定甲子，原本不分卷帙；考其《中原音韵·起例》以下即列诸部字数，《正语作词起例》以下即列作词诸法，盖前为韵书，后为附论，畛域显然。今据此厘为二卷，以便省览。其音韵之例，以平声分为阴阳，以入声配隶三声，分为十九部：一曰东钟；二曰江阳；三曰支思；四曰齐微；五曰鱼

---

① 凡加引号的字系原书的阙文，依《律古曲韵》校补。下同。
② "寻、信"二字在今北京不同音，后面又列一"信"字，此处疑有误。
③ 编者注："担单、监间、三珊"中华本无。

模；六曰皆来；七曰真文；八曰寒山；九曰桓欢；十曰先天；十一曰萧
豪；十二曰歌戈；十三曰家麻；十四曰车遮；十五曰庚青；十六曰尤
侯；十七曰侵寻；十八曰盐咸（力按：当作监咸，见上注）；十九曰廉
纤；盖全为北曲而作。考齐梁以前，平上去无别，至唐时如元稹诸
人作长律，尚有遗风；惟入声则各自为部，不叶三声（力按：南北朝
霁祭韵多与屑薛韵叶，《提要》此语未尽然）。然如《檀弓》称子辱
与弥牟之弟游，注谓文子名木，缓读之则为弥牟；又古乐府《江南
曲》以"鱼戏莲叶北"韵"鱼戏莲叶西"，注亦称"北"读为"悲"（力
按："北、西"恐非韵），是以入叶平，已萌于古。又《春秋》盟于蔑，
《穀梁》作盟于昧；《春秋》定姒卒，《公羊》作定弋卒，是亦方言相
近，故上去入可以转通也。北音舒长迟重，不能作收藏短促之声，
凡入声皆读入三声，自其风土使然。乐府既为北调，自应歌以北
音。德清此谱，盖亦因其自然之节，所以作北曲者沿用至今。言各
有当，此之谓也。至于因而掊击古音，则拘于一偏，主持太过。夫
语言各有方域，时代递有变迁，文章亦各有体裁。《三百篇》中东
阳不叶，而孔子《象传》以"中"韵"当"，老子《道经》以"聋"韵
"盲"，此参用方音者也。《楚骚》之音，异于《风》《雅》；汉魏之音
异于屈宋，此随时变转者也。左思作《三都赋》，纯用古体，则纯用
古音；及其作《白发赋》与《咏史》《招隐》诸诗，纯用晋代之体，则亦
纯用晋代之音。沈约诗赋皆用四声，至于《冠子祝文》，则"化"字
乃作平读，又文章用韵各因体裁之明证也。词曲本里巷之乐，不可
律以正声。其体创于唐，然唐无词韵，凡词韵与诗皆同。唐初《回
波》诸篇，唐末《花间》一集，可覆按也。其法密于宋，渐有以入代
平，以上代平诸例；而三百年作者如云，亦无词韵。间或参以方音，
但取歌者顺吻，听者悦耳而已矣。一则去古未远，方言犹与韵合，
故无所入出；一则去古渐远，知其不合古音，而又诸方各随其口语，
不可定以一格，故均无书也。至元而中原一统，北曲盛行，既已别

立专门,自宜各为一谱,此亦理势之自然。德清乃以后来变例,据一时以排千古,其俱殊甚。观其"瑟"注音"史","塞"注音"死",今日四海之内宁有此音?不又将执以排德清哉?然德清轻诋古书,所见虽谬,而所定之谱,则至今为北曲之准绳。或以变乱古法诋之,是又不知乐府之韵本于韵外别行矣。故今录存其书,以备一代之学,而并论其源流得失如右。

【赵荫棠论《中原音韵》之倔兴】——我们简截的说,唐宋派的韵书到元朝已经死亡了。它们死亡的道理,或者在陆法言等作《切韵》时,其本身即具有死亡之弱点,如东冬之分当时即遭讥议,或者是因为时变境迁被新兴语言之潮流所湮没。《广韵》降为平水,虽士大夫阶级尚尊之为金科玉律,毕竟成为废纸,一般人已竟不信它了。在这个旧势力崩溃的时候,周德清先生应运而生,废入声,创阴阳,归并旧韵为十九部,辑成《中原音韵》一书,遂奠定现代国语之基础:这是中国语言革命史上最可纪念的一页。周德清,字挺斋,江西高安暇堂人;县志不载他别的事迹,他大概是个布衣之士。他以南人而作北韵,遂使人对于他的书发生疑问。明王伯良在《曲律·论韵第七》上说:"又,周,江右人,率多土音,去中原甚远,未必字字订过;是欲凭影响之见,以著为不刊之典,安保其无离而不叶于正哉?"他说这话大半是对的,周韵中"高"与"交"与"娇"之分,即不合于北音之处;但是周氏之书是由他的前辈的戏曲中归纳出来的,不会生大的危险。他在他的序上说:"言语一科:欲作乐府,必正言语;欲正言语,必宗中原之音。乐府之盛之备之难,莫如今时;其盛则自缙绅及闾阎歌咏者众,其备则自关郑白马一新制作,韵共守自然之音,字能通天下之语。"从他这话里边的意思看来,他的书是与他的前辈的制作相合的。即以王伯良自己的话也可以证明此理:"古乐府悉系古韵,宋词尚沿用诗韵,入金未能尽变,至元人谱曲,用韵始严。德清生最晚,始辑为此韵,作北曲者守之,兢兢无敢出入。"以子之矛攻子之盾,王氏之说可以自破。元代的戏曲既然合乎中原之音,周氏本于戏曲,自然也与中原之音相合。王伯良不惟以他的籍贯贬他,而且从他的学问上贬他。他说:"古之为韵,如周颙、沈约、毛晃、刘渊、夏竦、吴棫辈,皆博综典籍,富有才情,一书之成,不知更几许岁月,费几许考索,犹不尽惬后世之口。德清浅士,韵中略疏数语辄已文理不通,其所谓韵,不过杂采元前贤词曲,掇拾成编,非真有晰于五声七音之旨,辨于诸子百氏之奥也。"周德清的学问不高,诚如王伯良所言。但我以为在此时学问高尚的人,或囿于成见不敢大刀阔斧来作这样的韵书。且虞集称他"工乐府,善音律",欧阳玄称他"通声音之学,工乐章之词",他只要对于他的本行事业有研究,我们何必以别的标准来批评他?……《中原音韵》在明朝受南曲派的人如王伯良之流的攻击,略如上述。而又有一派攻击他的人,属于文人学士;这一派的人骂他的原故,就因为它不合于古,说它记载的是方言。但我们却为此,而特别欢迎它。它不合于古,才能与当时的活语言接近;它的方言,正是现在国音的出发点。至《四库全书》把它放在词曲类,其意若曰它是为词曲而设,不配列入小学之林。在我们现在的眼光看起来是不公平的,其实这很合作者的原意。周氏之书本为戏曲而设,我们现在尊它为国音的鼻祖,乃是它的副产;副产的效用比正产还大,这是原作者所料不到的。《中原音韵》之是非功过既如上述,则承当此是非功过者,当然是周德清先生。不料自中明以来有三种异说:其一是把《中州韵》放在北宋,程明善主持之。在他的《啸余谱·凡例》上说:"《中州韵》宋太祖时所编,不为词曲家设也。""《中原音韵》一以正《中州韵》之讹,一以辨阴阳之失。"其二是把隶斐轩《词林韵释》放在南宋,清厉鹗深信是说。其三是说在周德清以前本有《中原雅音》一书,周氏不过从那里抉择与修正而成《中原音韵》。如果这些话是真的,则周氏的创作权当然得取消;不过事实上并不是这样。……《中州韵》为元卓从之所作,其显于世在至正辛卯(1351),后于泰定甲子(1324)大约有二十六七年光景。现在卓氏的书已由铁琴铜剑楼抄来,看其规范不过是沿袭周氏。菉斐轩《词林韵释》,大概出于成化年间陈铎之手;现在由江苏第一图书馆抄来朱权《琼林雅韵》,更可以见它剿袭之痕迹。……现在我们再论"中原雅音"是不是书名。毛注《礼部韵略》微韵后案语云:"所谓一韵当析为二者,如麻字韵自'奢'以下,马字韵自'写'以下,祃字韵自'藉'以下,皆当别为一韵,但与之通可也。盖麻马祃等字皆喉音,'奢、写、藉'等字皆齿音;以中原雅声求之,复然不同矣。"《韵会举要》篇首题云:"韵书始于江左,本是吴音;今以七音韵母,通考韵字之序;惟以雅音求之,无不谐叶。"由他们这"求之"二字看起来,决不是有固定的书的。他们所谓"雅声"与"雅音"者,不过是当时的普通官话罢了。《洪武正韵》的序中说:"钦遵明诏,研精覃思,壹以中原雅音为定;复恐拘于方言,无以达于上下。"明代诸家记载俱谓《中原雅音》即是《中原音韵》;实在他们不过是抄毛氏的话。《洪武正韵》的话的来历,他们还弄不清楚,至于说《中原音韵》以前就有这类的书,更是揣想之词了。中国人向来的毛病,对于新兴的东西觉得没有价值的,便任意贬议它;迨它稍微得势之后,便以"古已有之"的话来压倒它。我们讲某书的历史,自然应该探求它的起源,但起源是实证的,不是附会的。周书的起源,不过是从他的前辈的戏曲中归纳出来,它的依傍不是菉斐轩《词韵》,不是《中州韵》,不是什么《中原雅音》之书,而是归并《广韵》,改革《广韵》。看他的诸起例中屡提起《广韵》的话,就知道我说的话不错。

　　《中原音韵研究》,北京大学《国学季刊》三卷三期,页430~434。

第四节　《洪武正韵》

《洪武正韵》，明乐韶凤等奉敕撰。书成于洪武八年（1375）。依卷首宋濂的序所载，参加撰述的是乐韶凤（安徽全椒人）、宋濂（浙江浦江人）、王僎、李叔允、朱右（浙江临海人）、赵壎（江西新喻人）、朱廉（浙江义乌人）、瞿庄、邹孟达、孙蕡（广东顺德人）、答禄与权（蒙古人）；更质正于汪广洋（江苏高邮人）、陈宁（湖南茶陵人）、刘基（浙江青田人）、陶凯（浙江临海人）。据籍贯可知者看来，除答禄与权外，都是南方人，都不是中原的人，然而他们所撰的《洪武正韵》却"一以中原雅音为定"，因为"韵学起于江左，殊失正音"①。

《洪武正韵》的最大特点在乎改定《礼部韵略》的韵部，如宋濂序中所云："有独用当并为通用者，如东冬清青之属，亦有一韵当析为二韵者，如虞模麻遮之属。"依他们所谓中原雅音，把旧韵归并分析之后，共得平上去声各二十二部，入声十部，如下表：

平声	上声	去声	入声
一东	一董	一送	一屋
二支	二纸	二寘	
三齐	三荠	三霁	
四鱼	四语	四御	
五模	五姥	五暮	
六皆	六解	六泰	
七灰	七贿	七队	
八真	八轸	八震	二质
九寒	九旱	九翰	三曷

① 皆宋序中语。

十删	十产	十谏	四辖
十一先	十一铣	十一霰	五屑
十二萧	十二篠	十二啸	
十三爻	十三巧	十三效	
十四歌	十四哿	十四箇	
十五麻	十五马	十五祃	
十六遮	十六者	十六蔗	
十七阳	十七养	十七样	六药
十八庚	十八梗	十八敬	七陌
十九尤	十九有	十九宥	
二十侵	二十寝	二十沁	八缉
廿一覃	廿一感	廿一勘	九合
廿二盐	廿二琰	廿二艳	十葉

　　《洪武正韵》的归并旧韵，与刘渊、王文郁、黄公绍的归并旧韵大不相同。刘渊等只是把整个的韵部归并起来，例如整个的支韵字与整个的脂之两韵字归并；《洪武正韵》却是把每一个字都重新估价，重新归类，例如二支所收的只有支脂之微四韵中一部分的字，而旧时支韵的"离弥"、脂韵的"尼肌"、之韵的"基欺"、微韵的"机几"都归入三齐，又支韵的"规危"、脂韵的"追推"、微韵的"归挥"都归入七灰。这种极端自由的归并法，与《中原音韵》同；但何字归何部，则与《中原音韵》又有许多不同的地方。

　　《洪武正韵》既以所谓中原雅音为根据，则旧韵的反切自然不能不改变；我们根据此书的反切上字，就可知道当时所定的声纽系统。依刘文锦所考定[①]，此书的纽部共三十一，与《中原音韵》大不相同；在《中原音韵》里，浊纽已与清纽相混，在《洪武正韵》则清浊的界限

―――――――――

① 　参看《史语所集刊》三本二分，刘文锦《洪武正韵声类考》。

极严。三十一个声纽与旧时三十六字母相比，只少了五个，因为非敷混，知照混，彻穿混，澄床混（床母一部分又与禅混），泥娘混。

依我们观察，《洪武正韵》并不能代表当时的中原音，并且恐怕不是一地的音，而是许多方音的杂糅。《中原音韵》成书在《洪武正韵》前五十一年，而我们相信《中原音韵》大致是当时中原语音的实录。《中原音韵》既没有浊纽，五十年后的中原不该又恢复了浊纽①；《中原音韵》既没有入声②，五十年后不该又有入声③；《中原音韵》寒删不分，五十年后不该又有分别。姑无论循环变化之难能（因现代中原无浊纽，无入声，寒删不分），即令可能，也不是五十年的短时期所能实现的事。周宾所《识小编》及钱谦益《洪武正韵笺》序皆云明太祖（钱云"圣祖"）以此书为未尽善，大约就因为它与中原音不尽符合的缘故。

推原其所以如此矛盾，大约有两个原因：第一，编此书的人为了奉诏，所以对于古说不敢完全推翻，例如中国历代相传是有平上去入四声的，他们不敢毅然减去入声；第二，编者以南人居多，甚至大部分是吴人，如果不是精通音韵而且熟习中原音的，就难免为自己的方音所影响④，例如江南原有入声、浊纽，又寒删有别，就容易误认中原音也是如此了。《洪武正韵》之编著，为的是反对沈约的

---

① 这里所谓浊纽，专指群匣喻定澄从邪床禅并奉。
② 《中原音韵·正语作词起例》虽云"呼吸言语之间还有入声之别"，但我们认为这是不敢完全推翻四声之旧说而强生分别的。
③ 试看《正韵》的入声的归并仍以其相当的阳声韵的归并为标准，也可以看出入声是依《礼部韵略》分别并合的。书中虽没有明说某入声配某平声韵（本节表中相配是为方便起见，非《正韵》原有此表），但我们把它们配起来却恰恰相当，可见是机械的配合。杨去奢《正韵笺》在缉韵后注云："质陌缉三韵多不可分别。"我们料想非但杨去奢时代（崇祯年间）不能分别，即洪武时亦不能分别，再逆溯至泰定时也不能分别，故《中原音韵》以"姪直、实十、夕习、疾寂集"为同音。
④ 宋序云"复恐拘于方言"，这是实话。

吴音①，而书中却包含着许多吴音的成分，这是一件很滑稽的事。

此书既然是许多方音杂糅而成的，在语音史上，就比不上《中原音韵》有价值。不过，如果我们在这里头能发现多少当时各地方音的痕迹，也不是完全没有用处的。

参考资料

【《四库全书提要》论《洪武正韵》】——明洪武中奉敕撰。时预纂修者为翰林侍讲学士乐韶凤、宋濂，待制王僎，修撰李淑允，编修朱右、赵壎、朱廉，典簿瞿庄、邹孟达，典籍孙蕡、答禄与权；预评定者为左御史大夫汪广洋、右御史大夫陈宁、御史中丞刘基、湖广行省参知政事陶凯。书成于洪武八年，濂奉敕为之序。大旨斥沈约为吴音，一以中原之韵更正其失。并平上去三声，各为二十二部，入声为十部，于是古来相传之二百六部并为七十有六。其注释一以毛晃《增韵》为稿本，而稍以他书损益之。盖历代韵书自是而一大变。考《隋志》载沈约《四声》一卷，新旧《唐书》皆不著录，是其书至唐已佚。陆法言《切韵序》作于隋文帝仁寿元年，而其著书则在开皇初。所述韵书惟有吕静、夏侯该、阳休之、周思言、李季节、杜台卿六家，绝不及约，是其书隋时已不行于北方。今以约集诗赋考之，上下平五十七部之中，以东冬钟三部通，鱼虞模三部通（力按：鱼虞模仅有一二处通押，其他各处皆不相通，故知沈韵鱼虞模亦当分为三），庚耕清青四部通，蒸部登部各独用，与今韵分合皆殊。此十二部之仄韵亦皆相应。他如《八咏诗》押"莘"字入微韵，与《经典释文》陈谢峤读合；《梁大壮舞歌》押"震"字入真韵，与《汉书·叙传》合；《早发定山诗》押"山"字入先韵，《君子有所思行》押"轩"字入先韵，与梁武帝、江淹诗合；《冠子祝文》押"化"字

---

① 宋序云："自梁之沈约拘以四声八病，始分平上去入，号曰《类谱》，大抵多吴音也。"

入麻韵,与《后汉书·冯衍传》合,与今韵收字亦颇异。濂序乃以陆法言以来之韵指为沈约,其谬殊甚。法言《切韵序》又曰:……今《广韵》之首,列同定八人姓名,曰刘臻、颜之推、魏渊、卢思道、李若、萧该、辛德源、薛道衡,则非惟韵不定于吴人,且序中"江左取韵"诸语已深斥吴音之失,安得复指为吴音? 至唐李涪不加深考,所作《刊误》横肆讥评,其诬实甚。濂在明初号为宿学,不应沿讹踵谬至此。盖明太祖既欲重造此书以更古法,如不诬古人以罪,则改之无名;濂亦曲学阿世,强为舞文耳。然源流本末,古籍昭然,天下后世,何可尽掩其目乎? 观《广韵》平声三钟部"恭"字下注曰:"陆以'恭蚣纵'等入冬韵,非也。"盖一纽之失,古人业已改定;又上声二肿部"湩"字下注曰:"冬字上声。"盖冬部上声惟此一字,不能立部,附入肿部之中,亦必注明,不使相乱。古人分析不苟,至于如此! 濂乃以私臆妄改,悍然不顾,不亦僇乎? 李东阳《怀麓堂诗话》曰:"国初顾禄为宫词,有以为言者,朝廷欲治之;及观其诗集,乃用《洪武正韵》,遂释之。"此书初出,亟欲行之故也。然终明之世,竟不能行于天下,则是非之心终有所不可夺也。又周宾所《识小编》曰"洪武二十三年,《正韵》颁行已久,上以字义音切尚多未当,命词臣再校。学士刘三吾言:'前后韵书唯元国子监生孙吾与所纂《韵会定正》音韵归一,应可流传(力按:可见其注重之点在乎音韵归一,不在乎字义)。'遂以其书进,上览而善之,更名《洪武通韵》,命刊行焉。今其书不传"云云,是太祖亦心知其未善矣。其书本不足录,以其为有明一代同文之治,削而不载,则韵学之沿革不备;犹之记前代典制者,虽其法极为不善,亦必录诸史册,固不能泯灭其迹,使后世无考耳。

第五节 《音韵阐微》

自金韩道昭《五音集韵》以后,韵书之学渐渐侵入等韵学的范围;直到清代的《音韵阐微》,就索性借韵书的面目去发挥等韵学。

《音韵阐微》,李光地奉敕承修,王兰生编纂,徐元梦校看。从康熙五十四年(1715)开始编纂,至雍正四年(1726)完成。

此书韵部完全依照通行的诗韵(即所谓平水韵),惟文与殷、吻与隐、问与焮、物与迄、迥与拯、径与证,都稍隔开,因为这些韵在《广韵》里本来是不能同用的。纽部则完全依照三十六字母。

关于韵中各字的次序,先按开齐合撮四呼分开,然后在每呼里再按三十六字母分开,三十六字母的次序是:见溪群疑,端透定泥,知彻澄娘,帮滂并明,非敷奉微,精清从心邪,照穿床审禅,晓匣影喻,来日。今举庚韵字的次序为例:

(一)开口呼

庚见二	阬溪二	娙疑二	丁知二
瞠彻二	橙澄二	儜娘二	绷帮二
烹滂二	彭并二	萌明二	争照二
琤穿二	峥床二	生审二	亨晓二
衡匣二	罃影二	輡来二	

(二)齐齿呼

京见三	卿溪三	擎群三	迎疑三
贞知三	柽彻三	呈澄三	兵帮三
平并三	明明三	精精四	清清四
情从四	饧邪四	征照三	声审三
成禅三	英影三	盈喻三	令来四

(三)合口呼

觥见二	轰晓二	宏匣二	泓影二

(四)撮口呼

泂见四	倾溪四	琼群四	骍心四
兄晓三	姁晓四	萦影四	荣喻三

　　凡遇某韵某呼无某纽,当然缺去,例如庚韵开口呼无端透定泥非敷奉微群精清从心邪禅喻十六纽,就从缺。这是排列上的整齐,所谓"韵部为经,字母为纬"①,也就是《音韵阐微》最接近于等韵学的地方。卷首并附韵图,略依刘鉴《切韵指南》;韵书中有韵图,此为第一部。

　　但此书最大的特色乃在乎反切法的改革,现在分项述说于下:

　　第一,是反切上下字取材的范围。《音韵阐微》于此立了两个规则:

　　(一)上字取其能生本音,故取支微鱼虞歌麻韵中字,辨其等母呼法,其音自合。按:开口用歌麻韵字,齐齿用支微齐韵字②,合撮口用鱼虞韵字。本书第一编第二章第九节里说过,《音韵阐微》之所以要用这几个韵里的字,是因为它们的韵尾不带鼻音,拼音时可免障碍。又反切上字以开切开,以齐切齐,以合切合,以撮切撮,也更顺口。鼻音韵尾为障碍的,例如:

　　　　《广韵》　坡,滂禾切,即 p'aŋ + ɣuâ = p' + uâ = p'uâ;

　　　　《阐微》　坡,铺倭切,即 p'u + uo = p'uo。③

　　反切上字与所切之字的等呼不相当的,例如:

　　　　《广韵》　干,古寒切,　即 kuo + ɣân = k + ân = kân;

　　　　《阐微》　干,歌安切,即 ko + an = kan。

　　　　《广韵》　牵,苦坚切,即 k'uo + kien = k' + ien = k'ien;

　　　　《阐微》　牵,欺烟切,即 k'i + ien = k'ien。

　　　　《广韵》　巾,居银切,即 kjiwo + ŋjiěn = kj + iěn = kjiěn;

　　　　《阐微》　巾,基因切,即 ki + in = kin。

---

① 语见原书凡例。

② 《音韵阐微》于先韵"颠"字低烟切,"天"字梯烟切,"田"字题妍切,皆认为合声,可见齐韵字亦能生本音。

③ 《音韵阐微》的反切是以当时北方官话为标准的,故不能注《切韵》时代的音值。

（二）下字取其能收本韵，故取影喻二母中字。按：第一编第二章第九节里说过，下字所以要用影喻二母中字，是因为这些字的声母是元音或近元音性的辅音，拼音时可免障碍，例如：

《广韵》　萧，苏彫切，即 suo + tieu = s + ieu = sieu；

《阐微》　萧，西腰切，即 si + iau = siau。

第二，是平仄清浊的关系。依《音韵阐微》的原则，非但反切下字该与所切的字同声调，连反切上字也该同声调。至于清浊问题，在平声里，非但反切上字该与所切的字同清浊，连反切下字也该同清浊；仄声则但凭上字定清浊，下字可以不拘。原因是"平声清浊之辨甚显，上去入声清浊之辨甚微"①。其清浊必辨者，例如：

班，《广韵》布还切，《阐微》逋弯切，"班、弯"同属清音，"还"属浊音；

桃，《广韵》徒刀切，《阐微》驼敖切，"桃、敖"同属浊音，"刀"属清音。

其清浊不拘者，例如：

恐，《阐微》苦勇切，"恐"清而"勇"浊；

愿，《阐微》遇劝切，"愿"浊而"劝"清。

第三，是反切的正例与变例。正例就是上述的几种规则，这种反切叫做合声。变例有旧切、今用、协用、借用四种。今分述如下：

（一）合声　每字之下，先引《广韵》《集韵》的旧反切，然后添上新定的反切，冠以"合声"二字。"合声"就是其声自合的意思。

（二）旧切　凡旧切已与合声相同或甚相近者，则注云"今从《广韵》"或"今从《集韵》"，不再添注合声。

（三）今用　今用是对于正例的一种救济办法。可分三方面：

（a）同声调的字当中没有适当的字可用为反切上字者，即借

---

①　语见原书凡例。

用别的声调的字：

　　　　煎,即烟切,"煎"平而"即"入；

　　　　举,居语切,"举"上而"居"平。

　　(b)支微鱼虞歌麻等韵中,没有适当的字可用为反切上字者,即借用别韵的字：

　　　　慈,层时切,"层"属蒸韵；

　　　　限,谐眼切,"谐"属佳韵。

　　声调与韵虽可通融,但开齐合撮之类不使相淆①。

　　(c)影喻两母中,无适当之字可用为反切下字者,即借用本韵中其他旁近字母中的字,换句话说就是用晓匣见溪群疑的字②：

　　　　庚,歌亨切,"亨"属晓母；

　　　　迓,义驾切,"驾"属见母。

　　(四)协用　　凡反切上字未违正例,而下字稍违正例者,谓之协用。协用是对于今用的一种救济方法。今用虽比合声稍可通融,而反切下字仍须与所切的字同韵；但是,有时候同韵没有适当的字可用,只好在邻韵中找字,这就叫做协用。协用更可细分为两类：

　　(a)以平水韵为标准,已可认为协用者,如：

　　　　春,出氲切,"春"属真韵,"氲"属文韵；

　　　　旭,虚郁切,"旭"属沃韵,"郁"属屋韵。

　　(b)以《广韵》《集韵》为标准,然后可认为协用者,如：

　　　　黄,胡王切,"黄"属唐韵,"王"属阳韵。

　　　　叫,记要切,"叫"属啸韵,"要"属笑韵。

---

① 但也有例外,如庚韵"绷",逋耕切,"烹",铺庚切,"彭",蒲衡切,反切上字都是合口字,而其所切的字都是开口字。《音韵阐微》忘了声明这一种例外。

② 也有例外,如支韵"咨",则私切,"雌",此斯切,"慈",层时切,"斯",塞赀切,"词",习慈切,"私斯时赀慈"都是齿音字,都不是影喻旁近的字。这是不得已的办法,但《音韵阐微》也忘了声明。

（五）借用　凡反切下字既非本韵字,又非影喻两母中字,谓之借用。这又是救济协用的一种方法。协用虽允许用邻韵的字为反切下字,但仍须用影喻两母中字;但是,有时候连邻韵也没有影喻两母中的字可用,只好用其他字母中的字来勉强替代。这是一种最不得已的办法,例如:

弘,胡笼切,"弘"属蒸韵,"笼"属东韵,来母;

迦,基遮切,"迦"属歌韵,"遮"属麻韵,照母。

凡用合声或旧切的时候,就用不着今用、协用、借用。但是,今用却可与协用同时并列。因为今用的好处在乎用字不出本韵,而其弊端在乎拼音时不很顺口;协用的好处在乎顺口,而坏处在乎颇违古法,擅用邻韵的字。二者互相匡救,各得其宜,例如:

睽,今用枯圭切,协用姑威切,"睽"属齐韵,"圭"属同韵见母,"威"属微韵影母;

械,今用系戒切,协用系隘切,"械"属怪韵,"戒"属同韵见母,"隘"属卦韵影母①。

第四,是反切用字的划一。依原则说,凡同母同呼同调的字,其反切上字应该相同;凡同韵同呼同调的字,反切下字应该相同。《广韵》没有做到这一步,而《音韵阐微》却努力要做到这一步。除了特别原因(后面再说)之外,它是差不多完全依照这原则的。现在把此书的平声韵的反切上下字各列一表如下②:

①　这也是以《广韵》为标准的;若以平水韵为标准,"械戒隘"同在卦韵,无协用之可言。

②　表中尽量录取协用的字;凡协用、借用及不合原则的字皆加括弧。又《音韵阐微》的韵数虽依平水韵,而每韵的内部还保存着《广韵》韵部的痕迹,所谓合声、协用,都以《广韵》为标准,所以反切下字的表中依照《广韵》的韵部。

《音韵阐微》平声韵反切上字表

等呼＼字母	见	溪	群	疑	端	透	定	泥	知	彻	澄	娘	帮	滂	並	明	非	敷
开口	歌	渴		莪	德	他	驼	傩	（知）	（敇）	（池）	（尼）	（逋）	（铺）	（蒲）	（模）		
齐齿	基	敧	奇	宜	低	梯	题	泥	知	敇	池	尼	卑	披	皮	迷		
合口	姑	枯		吴	都	秃	徒	奴					逋	铺	蒲	模	夫	敷
撮口	居	区	渠	鱼					猪	貙	除	女						

续表

反切上字\字母 等呼	日	来	喻	影	匣	晓	禅	审	床	穿	照	邪	心	从	清	精	微	奉
开口		勒		阿	何	呵		师	岑		甾		思	慈	雌	咨		
齐齿	日	离	移	衣		希	匙	诗	舌	茝	支	习	息	齐	七	即		
合口		卢		乌	胡	呼		疏	锄	初	遮		苏	(锄)	粗	租	无	扶
撮口	如	同	余	纡	穴	虚	殊	书	赎	出	朱	徐	胥	从	趋	足		

《音韵阐微》平声韵反切下字表

呼	清浊	东	冬	钟	江	支	脂	之	微	鱼	虞	模	齐	佳	皆	灰	咍	真	谆	臻	文
开	清	翁	(翁)	(翁)	江	斯	私	思						(挨)	挨		哀				
开	浊	红	(农)	(洪)		(时)	(时)	时						(崖)	(崖)		孩				
齐	清				(江)	漪	伊	医	衣				鹥					因		(因)	(氲)
齐	浊				庞	移	夷	怡	沂				倪					黄		(黄)	(云)
合	清					逶	(威)		威		(乌)	乌	(威)	歪	(歪)	隈					温
合	浊					为	帷		帏		无	吾	(帷)		怀	(帷)					
撮	清	(邕)		邕						於	纡								(氲)		氲
撮	浊	融		容						余	于								匀		云

续表

反切下字清浊 呼	韵	殷	元	魂	痕	寒	桓	删	山	先	仙	萧	宵	肴	豪	歌	戈	麻	(遮)	阳	唐
开	清				恩	安		奸	(安)		(寒)			(鏖)	鏖	阿	倭	(鸦)			冈
	浊				痕	寒		(闲)	闲					(敖)	敖	莪	讹	(牙)			昂
齐	清	殷	焉						(烟)	烟	焉	幺	腰	(交)			(遮)	鸦	遮	央	
	浊	(寅)	贤							贤	延	尧	遥	肴			(耶)	牙	耶	阳	
合	清		(弯)	温			剜	弯	(弯)		(弯)							窊		(汪)	汪
	浊		(顽)	魂			完	顽										(窊)		王	(王)
撮	清		鸳							渊	(渊)						靴				
	浊		袁							(员)	员						瘸				

续表

反切下字 清浊＼呼	开		齐		合		撮	
韵	清	浊	清	浊	清	浊	清	浊
凡					(庵)	(含)		
衔	杉	衔						
咸	(杉)	咸						
严			(淹)	(黔)				
添			(淹)	(炎)				
盐			淹	炎				
谈	(庵)	蓝						
覃	庵	含						
侵	森		音	淫				
幽			幽	(由)				
侯	讴	侯						
尤	(讴)		优	尤				
登	登	恒			(翁)	(笼)		
蒸		(恒)	膺	蝇				
青			(婴)	形			(邑)	(容)
清			婴	盈			(邑)	(容)
耕	耕	萌			(翁)	(萌)		
庚	亨	衡	英	迎	(翁)	盲	(邕)	(瓊)

但是,依照这种划一的办法,我们却遇着一种很大的困难:遇到反切上字或下字本身须注音时,我们就不能以它自己注自己。非但"歌"字不能注为"歌阿切",连与"歌"同音的字,如"哥柯牁牁"等,也不能注为"歌阿切",否则等于不注;尤其是像"纤"字不能注为"纤纤切","余"字不能注为"余余切"。所以凡遇上面两表中所有的字,要注音时,只好另换反切上字或下字,或上下字都换过;而且没法子用合声,至多只能注个今用,例如:

歌各阿　　基吉医　　姑谷乌　　居菊於

翁乌公　　红胡笼　　邕纤胸　　融余雄

此外,凡虽不同韵,而与上面两表中的字的声音相近似,或在当时语音为相同的字,也不用这些字为切,例如支韵"基"字的反切上字不能用"基",连齐韵的"鸡"也不能用"基"字为切,大约因为当时"基、鸡"已经同音的缘故。

以上所述,是《音韵阐微》反切法的大要;还有反切不用僻字也是此书的优点。总之,一个普通没有音韵学常识的人,看见《广韵》的反切往往切不出字音来;至于《音韵阐微》,只要照国音把反切上下字连着急读,就自然地拼成所切的字的声音。固然,第一编第二章第九节里说过,《广韵》的反切自有其时代的背景,不该排斥它;不过,我们同时承认《音韵阐微》的确是"用法简而取音易",是一部适合于普通人应用的注音字典。

参考资料

【《四库全书提要》论《音韵阐微》】——《钦定音韵阐微》十八卷,康熙五十四年奉敕撰,雍正四年告成。世宗宪皇帝御制序文,具述圣祖仁皇帝指授编纂之旨,刊刻颁行。自汉明帝时,西域切韵之学与佛经同入中国,所谓以十四音贯一切字是也;然其书不行于世。至汉魏之间,孙炎创为翻切;齐梁之际,王融乃赋双声,等韵渐萌,实暗合其遗法。迨神珙以后,其学大行,传于今者,有司马光《指掌图》、郑樵《七音略》、无名氏《四声等子》、刘鉴《切韵指南》。条例日密,而格碍亦日多。惟我国书十二字头用合声相切,缓读则为二字,急读则为一音,悉本乎人声之自然。证以《左传》之"丁宁"为"钲","句渎"为"榖",《国语》之"勃鞮"为"披",《战国策》之"勃苏"为"胥",于三代古法亦复相协。是以特诏儒臣,以斯立准。首列韵谱,定四等之轻重。每部皆从今韵之目,而附载《广韵》之子部,以存旧制,因以考其当合当分。其字以三十六母为次,用韩道昭《五音集韵》、熊忠《韵会举要》之例。字下之音,则备载诸家之异同:协者从之,不有心以立异;不协者改用合声,亦不迁就以求同。大抵以上字定母,皆取于支微鱼虞歌麻数韵;以此数韵能生诸音,即国书之第一部也。以下字定韵,清声皆取于影母,浊声皆取于喻母;以此二母乃本韵之喉音,凡音皆出于喉而收于喉也。其或有音无字者,则借他韵他母之字相近者代之,有今用、协用、借用三例,使宛转互求,委曲旁证,亦即汉儒训诂"某读如某,某音近某"之意。惟辨别毫芒,巧于比拟,非古人所及耳。自有韵书以来,无更捷径于此法者,亦更无精密于此书者矣。

经部,小学类三

【《音韵阐微·凡例》论古韵部分】——唐虞三代以及秦汉所传,既无韵书,故古韵部分言者各殊,究无定论。今按其收声以别之,平声分为六部,上去二声与平声同,入声分为三部,皆与国书十二字头之部分相对。歌麻支微齐鱼虞为一部,皆直收本字之喉音,凡诸韵之声皆从此出,与十二字头阿厄衣一部之音相对。佳灰与支微齐为一部,同收声于"衣"字,与十二字头艾厄矣一部之音相对。萧肴豪尤与鱼虞为一部,同收声于"乌"字,与十二字头傲欧优一部之音相对。东冬江阳庚青蒸为一部,收鼻音,与十二字头昂罂英一部之音相对。真文元寒删先为一部,收舌齿音,与十二字头

按恩因一部之音相对。侵覃盐咸为一部,收唇音,与十二字头收声
于"母"字者相对。至入声屋沃觉药陌锡职为一部,乃东冬江阳庚
青蒸之入声,其音宜与十二字头之收声于"克"字者相对,以皆收
声于鼻音也(力按:当云皆收声于舌根)。质物月曷黠屑为一部,
乃真文元寒删先之入声,其音宜与十二字头之收声于"忒"字者相
对,以皆收声于舌齿也。缉合葉洽为一部,乃侵覃盐咸之入声,其
音宜与十二字头之收声于"卜"字者相对,以皆收声于唇音也。至
十二字头之收声于"勒"、收声于"思"、收声于"尔"者,其音为汉文
之所无,不能对音者也。夫分六部收声,而三部有入,此古韵唐韵
之要诀,讲究乐府者言之;而考之秦汉以前之经书多依此为韵;即
证之高丽、回回各国字书部分,亦大致相符。而求其该括整齐,则
未有如十二字头者也。

　　《凡例》,页7~8。

　　【《音韵阐微·凡例》论存古】——韵部为经,字母为纬,等第
呼法以别其音。今于能别者悉为剖析注释,其不能辨者则仍旧,以
示存古之意。又如江韵之字,古音与东冬韵近,今音与阳韵近;殷
韵之字,唐人多与真同用,宋以后乃与文同用,此声音部分之随韵
而异者,皆详于各韵按语中。若疑微喻三母,南音各异,北音相同;
知彻澄三母,古音与端透定相近,今音与照穿床相近;又泥母与娘
母,床母与敷母(力按:此处当有脱文,当云床母与禅母,非母与敷
母),古音异读,今音同读。此声音部分之随母而异者,皆按旧谱列
之,而古今南北之别,庶按母可辨,不敢意为离合也。

　　《凡例》,页8~9。

第二章　现代音

第一节　注音字母与国语罗马字

反切旧法到了《音韵阐微》里,可谓登峰造极;但是,依着这法子做,终有两个不可避免的缺点:

第一,反切上字须择其收声于元音者,下字须择其发声于元音者,这是《音韵阐微》的原则;然而往往无适当的字可用,以致今用、协用多于合声。

第二,反切既以注音,笔画越简单越好;笔画简单则可以注于字旁,儿童学起来也更容易。而这也是反切旧法所做不到的。

为了补救这两个缺点,只有另造一种字母,专为反切之用。在清末,就有许多人做一种"切音运动"①;直到王照(1859～1933)作《官话合声字母》(1900),劳乃宣(1843～1921)作《简字全谱》(1907),反切新法更渐渐流行。虽王、劳的简字是预备离开汉字而独立的;然其便于切音与笔画简单,都足以改良反切旧法。

章炳麟反对简字离汉字独立;然而也主张一种反切新法,"取古文篆籀径省之形,以代旧谱"。一则可免与楷书相混,一见而知其为注音之用;二则可以"有典则,异于向壁虚造者所为"②。这就是注音字母的前身。

1912年,教育部设读音统一会,这会的职务是:

---

① 参看黎锦熙《国语运动史纲》卷一,页10～22。
② 参看本节的参考资料第一则。

（一）审定一切字音为法定国音；

（二）将所有国音均析为至单至纯之音素，核定所有音素总数；

（三）采定字母，每一音素均以一字表之。

1913 年，读音统一会正式开会，制定注音字母三十九个。兹开列于后，并以国际音标注其读法：

声母二十四

ㄅ p	ㄆ p'	ㄇ m	ㄈ f	万 v
ㄉ t	ㄊ t'	ㄋ n	ㄌ l	
ㄍ k	ㄎ k'	兀 ŋ	ㄏ x	
ㄐ tɕ	ㄑ tɕ'	广 ɲ	ㄒ ɕ	
ㄓ tʂ	ㄔ tʂ'	ㄕ ʂ	曰 ʐ	
ㄗ ts	ㄘ ts'	ㄙ s		

韵母十五

ㄧ i	ㄨ u	ㄩ y（此三韵母又称介母）
ㄚ a	ㄛ o	ㄝ e
ㄞ ai	ㄟ ei	ㄠ au	ㄡ ou
ㄢ an	ㄣ ən	ㄤ aŋ	ㄥ əŋ
ㄦ ər			

这里头有ㄇㄈㄉㄋㄏㄕㄘㄙㄧㄩㄛㄟㄠ十四个字母是根据章炳麟所拟的；其余的虽不是章氏所作，也是“取古文篆籀径省之形”①，与章氏的原则相合。后来国语统一筹备会议决增加ㄜ母，于是三十九字母又变为四十字母了。

注音字母的拼法有三种：

（一）单写法 例：

---

① 参看本节的参考资料第二则。

知ㄓ　　　　痴ㄔ　　　　诗ㄕ　　　　日ㄖ

兹ㄗ　　　　雌ㄘ　　　　私ㄙ

（二）双拼法　例：

巴ㄅㄚ　他ㄊㄚ　哈ㄏㄚ　拉ㄌㄚ　鸦ㄧㄚ　哇ㄨㄚ

排ㄆㄞ　呆ㄉㄞ　该ㄍㄞ　斋ㄓㄞ　灾ㄗㄞ　外ㄨㄞ

门ㄇㄣ　分ㄈㄣ　文ㄨㄣ　根ㄍㄣ　深ㄕㄣ　温ㄨㄣ

当ㄉㄤ　刚ㄍㄤ　杭ㄏㄤ　张ㄓㄤ　仓ㄘㄤ　央ㄧㄤ

（三）三拼法　例：

家ㄐㄧㄚ　　　　虾ㄒㄧㄚ　　　　茄ㄑㄧㄝ　　　　写ㄙㄧㄝ

飘ㄆㄧㄠ　　　　秋ㄑㄧㄡ　　　　边ㄅㄧㄢ　　　　宾ㄅㄧㄣ

金ㄐㄧㄣ　　　　乡ㄒㄧㄤ　　　　丁ㄉㄧㄥ　　　　星ㄙㄧㄥ

瓜ㄍㄨㄚ　　　　怪ㄍㄨㄞ　　　　灰ㄏㄨㄟ　　　　推ㄊㄨㄟ

堆ㄉㄨㄟ　　　　虽ㄙㄨㄟ　　　　关ㄍㄨㄢ　　　　昆ㄎㄨㄣ

春ㄔㄨㄣ　　　　光ㄍㄨㄤ　　　　通ㄊㄨㄥ　　　　风ㄈㄨㄥ

决ㄐㄩㄝ　　　　缺ㄑㄩㄝ　　　　雪ㄙㄩㄝ　　　　略ㄌㄩㄝ

捐ㄐㄩㄢ　　　　君ㄐㄩㄣ

《音韵阐微》已经受了满洲文字的影响①，而注音字母则更受了西洋拼音文字的影响。看上文所列读音统一会的三项职务，就知道他们是参照近代语音学的原理去创造注音字母的。

但是，注音字母还不能完全脱离了等韵家的旧法。依明清等韵家的说法，每一字音该有开齐合撮四呼，以开口字为基础，加一个[i]为韵头就是齐齿呼，加一个[u]为韵头就是合口呼，加一个[y]为韵头就是撮口呼。注音字母的三拼法，就是根据这个原理，例如：

———————

① 看上节的参考资料。

开口	齐齿	合口	撮口
山 ㄙㄢ① san	先 ㄙㄧㄢ sian	酸 ㄙㄨㄢ suan	宣 ㄙㄩㄢ syan

这是没有毛病的。但是，明清等韵家又以为每一个齐齿字（或合口、撮口）都有与它相当的开口字，就弄得不妥了。譬如我们有一个齐齿字“因”(in)，与它相当的开口字该是什么呢？严格地说起来，“因”的主要元音本身就是[i]，不能再有开口字与它相配。但明清等韵家守定每音必有四呼的规矩，一定要给它配上一个开口呼，于是就拿“恩”字(ən)与它相配。由此类推，就有下面的现象：

开口	齐齿	合口	撮口
恩 ㄣ ən	因 ㄧㄣ in	温 ㄨㄣ un	氲 ㄩㄣ yn
登 ㄉㄥ təŋ	丁 ㄉㄧㄥ tiŋ	东 ㄉㄨㄥ tuŋ	○ ㄉㄩㄥ tyŋ
盆 ㄆㄣ p'ən	贫 ㄆㄧㄣ p'in	○ ㄆㄨㄣ p'un	○ ㄆㄩㄣ p'yn
孟 ㄇㄥ məŋ	命 ㄇㄧㄥ miŋ	梦 ㄇㄨㄥ muŋ	○ ㄇㄩㄥ myŋ

ㄧ与ㄣ相加，该读为 i + ən = iən = ㄧㄝㄣ；ㄩ与ㄣ相加，该读为 y + ən = yən = ㄩㄝㄣ；ㄧ与ㄥ相加，该读为 i + əŋ = iəŋ = ㄧㄝㄥ；ㄨ与ㄥ相加，该读为 u + əŋ = uəŋ。而实际上ㄧㄣ读为[in]，ㄩㄣ读为[yn]，ㄧㄥ读为[iŋ]，ㄨㄥ读为[uŋ]。固然，为制字母的便利起见，不妨这样办；但学习的人对这类的字，不能像别的字把两个字母急读就得本字之音。

注音字母初制定时，虽大部分依照北京音，但还有些地方是采用南音的，例如保存入声，保存见系齐撮口与精系齐撮口的分别，等等。后来大家觉得这种近于人造的语言，不如一个地方的活语

---

① 　编者注：山，今汉语普通话声母为ㄕ(sh)。

言易于推行,于是 1932 年又公布《国音常用字汇》,指定北京音为标准①。改正的地方,有下列的五个要点:

(一)入声并入阴阳上去四声;

(二)精系齐撮口归入见系齐撮口,如上述三拼法里的"写"改注为ㄒㄧㄝ,"秋"改注为ㄑㄧㄡ,"星"改注为ㄒㄧㄥ,"雪"改注为ㄒㄩㄝ;

(三)万母取销,如"文"改注为ㄨㄣ;

(四)兀母取销,如"傲"(兀ㄠ)改注为ㄠ;

(五)广母并入ㄋ母,如"尼"(广ㄧ)改注为ㄋㄧ,"年"(广ㄧㄢ)改注为ㄋㄧㄢ,"女"(广ㄩ)改注为ㄋㄩ。

四十个字母减去了万兀广三个,实际上又只剩下三十七个了。1930 年又改称注音字母为注音符号。

中国还有些学者不大满意于注音字母,进一步更欲采国际化的拼音文字,于是有国语罗马字的产生。

1925 年,刘复、赵元任、钱玄同、黎锦熙、汪怡等人组织数人会②,从事于国语罗马字之议定。议定后,提出于国语统一筹备会,转请政府公布。转请未有结果,统一会乃自行公布。1928 年 9 月大学院才正式公布,今录其拼音法式与注音字母对照如下③:

(一)声母

ㄅㄆㄇㄈ(万)	b p m f (v);
ㄉㄊㄋㄌ	d t n l
ㄍㄎ(兀)ㄏ	g k (ng) h
ㄐㄑ(广)ㄒ	j ch (gn) sh

---

① 但"所谓标准,乃取其现代之音系,而非字字必遵其土音:南北习惯宜有通融,仍加斟酌,俾无窒碍"。见国语统一筹备会《请公布国音常用字汇文》。

② 参看黎著《国语运动史纲》卷三,页 164～166。

③ 为方便起见,形式略有变动。

业彳ㄕ囗　　　　　　　　　j　ch　sh　r

ㄗㄘㄙ　　　　　　　　　tz　ts　s

丨ㄨㄩ　　　　　　　　　y　w　y(u)

(二)韵母

(业)(彳)(ㄕ)(囗)

(ㄗ)(ㄘ)(ㄙ)　　　　　y

ㄚ　ㄛ　ㄜ(ㄝ)　　　　a　o　e　(e)

ㄞ　ㄟ　ㄠ　ㄡ　　　　　ai　ei　au　ou

ㄢ　ㄣ　ㄤ　ㄥ　ㄨㄥ　　an　en　ang　eng　ong

儿　　　　　　　　　　　el

丨　丨ㄚ(丨ㄛ)丨ㄝ　　　i　ia　(io)　ie

(丨ㄞ)丨ㄠ　丨ㄡ　　　　(iai)　iau　iou

丨ㄢ　丨ㄣ　丨ㄤ　丨ㄥ　ㄩㄥ　　ian　in　iang　ing　iong

ㄨ　ㄨㄚ　ㄨㄛ　　　　　u　ua　uo

ㄨㄞ　ㄨㄟ　　　　　　　uai　uei

ㄨㄢ　ㄨㄣ　ㄨㄤ　ㄨㄥ　　uan　uen　uang　ueng;

ㄩ　ㄩㄝ　　　　　　　　iu　iue

ㄩㄢ　ㄩㄣ　　　　　　　iuan　iuen

(三)声调①

阴平:(一)用基本形式,如 hua 花、shan 山;本式包括轻声、象声字、助词,如 ma 吗、aia 阿呀。(二)但声母为 m、n、l、r 者,加 h,如 mhau 猫、lha 拉。

阳平:(一)开口韵在元音后加 r,如 char 茶、torng 同、parng 旁。

---

① 注音字母只用符号表示声调:阴平无号,阳平点其左下角,上声点其左上角,去声点其右上角,入声点其右下角。后来又修改为:阴平仍无号,阳平作 ´ 号,上声作 ˇ 号,去声作 ˋ 号,入声加点于其上。参看黎著《国语运动史纲》卷二,页 79、93。

（二）韵母第一字母为 i、u 者，改为 y、w，如 chyn 琴、hwang 黄、yuan 元；但 i、u 两字母为全韵时改为 yi、wu，如 pyi 皮、hwu 胡、wu 吴。
（三）声母为 m、n、l、r 者用基本形式，如 ren 人、min 民、lian 连。

　　上声：（一）单元音双写，如 chii 起、faan 反、eel 耳。（二）复韵母首末字为 i、u 者，改为 e、o，如 jea 假、goan 管、sheu 许、hae 海、hao 好；但既改头则不再改尾，如 neau 鸟、goai 拐。（三）ei、ou、ie、uo 四韵准第一条，如 meei 美、koou 口、jiee 解、guoo 果。

　　去声：韵尾为 -i、-u、-n、-ng、-l 或 –（无）者，各改为 -y、-w、-nn、-nq、-ll 或 -h，如 tzay 在、yaw 要、bann 半、jenq 正、ell 二、chih 器①。

　　大学院公布国语罗马字时，仅认为"国音字母第二式"，以便一切注音之用；而数人会的原意是以此为改革汉字的准备，所以还有"词类连书"的办法。将来进展到什么情形，不是现在所能逆料的了。

参考资料

　　【章炳麟论纽文韵文】——若欲了解定音，反语既著，音自可知。然世人不能以反语得音者，以用为反语之字非有素定；尚不能知反语之定音，何由知反语所切者之定音哉？若专用见溪以下三十六字，东钟以下二百六字为反语，但得二百四十二字之音，则余

----

① 兹照录《拼音法式》原注五条如下：

　　1. 表中有★号者（力按：本节改为括弧），系今音不用或罕用之音。

　　2. 声母ㄐ、ㄑ、ㄒ仅有齐撮，ㄓ、ㄔ、ㄕ仅有开合，故可用 j、ch、sh 三母而不混，以避字形过于繁细。

　　3. ㄧ、ㄨ、ㄩ本兼声韵两用，故国语罗马字亦列 y、w、y（u）。在上去齐合撮韵字别无声母时，须将第一字母改为 y 或 w，如 -iee、-uay 独用时作 yee 也、way 外；但如改后形与他韵混或全无元音时，则在第一字母前加 y 或 w，如 -eu、-uh 独用时作 yeu 雨、wuh 雾（非 yu、wh）。

　　4. 注音字母对于"知痴诗日兹此四"等字未制韵母，今以 y 表之。

　　5. "东送"与"翁瓮"等不同韵，故ㄨㄥ分为开口 ong 与合口 ueng 两韵。ㄩㄥ韵音近齐齿，故亦归第二排（力按：在本节的韵母表中属第八行）。

音自可睹矣。然此可为成人长者言之；以教儿童，犹苦繁冗。又况今音作韵非有二百六部之多，其字自当并省。欲使儿童视而能了，非以反语注记字旁，无由明憭；而见溪诸文，形体茂密，复不便于旁注。于是有自矜通悟者，作为一点一画，纵横回复，以标识字音。先后作者，盖四五辈矣；然皆不可施用。是何故？今人发语之音，上纽下韵，经纬相交，除去四等四声可以规圈识别，其本母必不损五六十字。而今之作者，既于韵学芒无所了，又复自守乡土，不遍方音，其所创造，少者财十余字，多乃不踰三十，以此相切，声之阙者方多，曾何足以龚用欤？又其惑者，乃谓本字可废，惟以切音成文，斯则同音而殊训者又无以为别也。重纸眵缪，疑眩后生，卒以世所公非，不见采用，而定音遂无其术。余谓切音之用，只在笺识字端，令本音画然可晓，非废本字而以切音代之。纽韵既繁，徒以点画波磔粗细为分，其形将匮；况其体势折旋，略同今隶，易于屬入正文，诚亦有不适者。故尝定纽文为三十六，韵文为二十二，皆取古文篆籀径省之形，以代旧谱。既有典则，异于向壁虚造者所为，庶几足以行远。

节录《驳中国用万国新语说》，见《章氏丛书》别录二，页32~33。

【《国音字典·例言》述注音字母之来源】——注音字母三十有九，皆字书旧有之文字，此实胜于苟简而用省借之偏旁为多。此等简约之旧文字，如何而有声母韵母之价值，则说明如左：

声母二十四

ㄅ　同"包"字，布交切，则以为帮母及并母仄声之双声，乃天然适当。

ㄆ　小击也，普木切，自亦适当而为滂母及并母平声之双声。

ㄇ　覆也，莫狄切，自亦适当而为明母之双声。

ㄈ　受物之器，府良切，自亦适当而为非敷奉三母之双声。

万　同"萬"字，无贩切，自亦适当而为微母之双声。

ㄉ　即"刀",都劳切,自亦适当而为端母及定母仄声之双声。

ㄊ　义与"突"同,他骨切,自亦适当而为透母及定母平声之双声。

ㄋ　即"乃"字,奴亥切,自亦适当而为泥母及借为娘母一部之双声。

ㄌ　即"力"字,林直切,自亦适当而为来母之双声。

ㄍ　同"浍"字,古外切,自亦适当而为见母及群母仄声之双声。

ㄎ　气欲舒出有所碍也,苦浩切,自亦适当而为溪母及群母平声之双声。

ㄫ　高而上平也,五忽切,自亦适当而为疑母之双声。

ㄏ　山侧之可居者,呼旰切,自亦适当而为晓匣二母之双声。

以上十三声母,将求利便于切音,不得应本音反切而读,应各收声于ㄛ(力按:今当作ㄜ),其法即以ㄛ母替代各字反切之叠韵,如ㄅ读布ㄛ切,ㄆ读普ㄛ切,即无不密合矣。

ㄐ　延蔓也,居尤切,自亦适当而为见母及群母仄声一部之双声。

ㄑ　同"畎"字,苦泫切,自亦适当而为溪母及群母平声一部之双声。

ㄣ　因崖为屋也,鱼俭切,自亦适当而为疑母及借为泥娘二母一部之双声。

ㄒ　同"下"字,胡雅切,自亦适当而为晓匣二母一部之双声。

以上四母,读舌前音,实为照穿各母之古音,今犹残存于闽粤。而见溪各母齐撮之古音,闽粤皆读舌根音。以此舌前音而读见溪各母齐撮之字,故虽其名则是,而其实已非。此四母宜皆收声于一母,如ㄐ当读居一切,ㄑ当读苦一切,ㄐ、ㄑ、广、ㄒ读为"基、欺、腻、希"可也。

ㄓ 即"之"字,真而切,自亦适当而为知照二母及澄床二母仄声之双声。

ㄔ 小步也,丑亦切,自亦适当而为彻穿二母及澄床二母平声之双声。

ㄕ 陈也,依神者,式之切,自亦适当而为审禅二母之双声。

ㄖ 太阳之精,人质切,自亦适当而为日母及借为娘母一部之双声。

ㄗ 同"节"字,子结切,自亦适当而为精母及借为从母一部之双声。

ㄘ 即"七"字,亲结切,自亦适当而为清母及从母平声之双声。

ㄙ 同"私"字,相姿切,自亦适当而为心邪二母之双声。

以上七母,收声之韵母不能得其恰好者。虽儿母即为此等特别之音而设,然毕竟未能适用,有同虚设。今ㄓ、ㄔ、ㄕ、ㄖ、ㄗ、ㄘ、ㄙ即读"知、痴、施、日、子、此、私"可也。

韵母十五

丨 数之始也,於悉切,国音读如"衣",故以为凡收声于"衣"音而列支微各韵之叠韵,自天然适当。

ㄨ 古"五"字,疑古切,国音读如"乌",故以为凡收声于"乌"音而列鱼虞各韵之叠韵,自亦适当。

ㄩ 饭器也,丘鱼切,其收声含"迂"音,故以为凡收声于"迂"音而列鱼虞各韵之叠韵,自亦适当。

以上三母,倘与他韵字相重而居其上,恰如影喻二母之双声,故三母可视如介于声韵之间之音。名曰介母,而以为齐合撮之调节字,恰能自成条理。

丫　物之歧头,于加切,其收声含"阿"音,故以为凡收声于
　　"阿"音而列佳麻诸韵之叠韵,自亦适当。

ㄛ　同"呵"字,虎何切,其收声含"痾"音,故以为凡收声于
　　"痾"音而列歌哿诸韵之叠韵,自亦适当。

ㄝ　即"也"字,羊者切,其收声含近"也"之音,故以为凡收声
　　于近"也"之音而列麻马诸韵一部分字之叠韵,自亦
　　适当。

以上三母,与ㄧ、ㄨ、ㄩ并为单独之原音(力按:即元音),其下
相接之八母,皆就此六母并合而成,或加声母并合而成也。

ㄞ　即"亥"之别体,胡改切,其收声含丫、ㄧ二音,故以为凡收
　　声于丫ㄧ合音而列佳灰诸韵之叠韵,自亦适当。

ㄟ　流也,余支切,其收声含ㄛㄧ二音(力按:当云含ㄝㄧ二音),
　　故以为凡收声于ㄛㄧ合音而列支微诸韵之叠韵,自亦适当。

ㄠ　小也,於尧切,其收声含丫ㄨ二音,故以为凡收声于丫ㄨ合
　　音而列萧肴诸韵之叠韵,自亦适当。

ㄡ　手也,于救切,其收声含ㄛㄨ二音,故以为凡收声于ㄛㄨ合
　　音而列尤有诸韵之叠韵,自亦适当。

以上四母为单独六原音韵母之自相并合。

ㄢ　嘽也,乎感切,其收声含丫音,下连声母ㄋ,故以为凡收声
　　于丫ㄋ合音而列元寒诸韵之叠韵,自亦适当。

ㄣ　同"隐"字,於谨切,其收声含ㄛ音(力按:今当云含ㄜ
　　音),下连声母ㄋ,故以为凡收声于ㄛㄋ合音而列真文诸
　　韵之叠韵,自亦适当。

ㄤ　跛曲胫也,乌光切,其收声含丫音,下连声母ㄫ,故以为凡
　　收声于丫ㄫ合音而列江阳诸韵之叠韵,自亦适当。

ㄥ　同"肱"字,古薨切,其收声含ㄛ音(力按:今当云含ㄜ

音），下连声母兀，故以为凡收声于乙兀合音而列东庚诸
韵之叠韵，自亦适当。

以上四母，为用单独原音韵母下连声母而成者。

儿　同“人”字，而邻切。此本习认为声母，甚少认为韵母，故
　　当时制母，亦取双声相同，改读为“儿”音。若用以为“知
　　痴施日子此私”等字列于支纸诸韵之叠韵，亦可略得近
　　似；然终未十分惬当，故虚设而不用以拼音。惟其本音为
　　“儿”，若用以并为母，则彼旧为日母；若用属诸日母，于
　　事实又不适当。故不若独立于此，充数韵母为较合。

《例言》页 6~11。

【钱玄同论关于 Gwoyeu Romatzyh 字母之选用】——民国十五
年十一月九日国语统一筹备会公布的 Gwoyeu Romatzyh（以下简称
为 G.R.），是那会中的罗马字母拼音研究委员会所制定的。我是
委员会中一分子，对于选用字母这件事知之甚悉，现在借《新生》
出 G.R. 特号的机会，来把它说明一下（有些字母如 m、s、a、o 等
等，都是无须解说的，就略去不提）。

（一）声母

b、d、g 与 p、t、k——用 b、d、g 三母表ㄅ、ㄉ、ㄍ三音，颇有人怀
疑，说这是用浊音字母表清音，于音理不合。其实这种怀疑是只知
其一，不知其二。现在引赵元任先生的话来作说明：

　　用 b、d、g 字母写ㄅ、ㄉ、ㄍ等音，在音理上乍看像有以浊
　　母写清音的嫌疑；但在欧洲用字母的习惯上，b、d 等字母（本
　　称 mediae，并无带音或浊音之意）其实有两种性质：（a）带音，
　　（b）用力较软弱。近年来语音学者碰巧把第一种性质作为 b、
　　d 等字母的定义，这种定义，虽然没有不对，但并非天经地义，
　　且在实际用字母的时候（于文字性质的）有些不便的地方。
　　北方人说 beandow（扁豆），与德国南方说 baden 一样：就是重

读的 b，不带音而软（语音符号[ḅ]；在字母中的 d，带音，也软（语音符号[ḍ]）。这种音在德文也用 Mediae 字母，在中文有何不可？

这是 G. R. 用 b、d、g 表ㄅ、ㄉ、ㄍ的理由。若不用 b、d、g 自然用 p、t、k 了。ㄅ、ㄉ、ㄍ用了 p、t、k，则ㄆ、ㄊ、ㄎ非作 p‘、t‘、k‘，即作 ph、th、kh。前式早经 wade 用过，极不适用，因为这个"‘"号很容易遗落，也很容易装错（反装）；在过去的事实上，往往索性不去用它，于是ㄅ等与ㄆ等两类的音便混淆无别了。若用后式，也太笨重。要是没有别的简便方法，自然这个笨重方法也未尝不可对付着用；可是用 b、d、g 表ㄅ、ㄉ、ㄍ，既不背于音理，又可使 p、t、k 专作表ㄆ、ㄊ、ㄎ之用，不必加符号或字母，比较的自然要简便些，所以 G. R. 就用了这个方法。精密的说，国语中并非没有浊音 b、d、g，凡复音词的中音或末音，往往读得轻些、软些（不一定是轻声），这些轻而且软的音，若声母是ㄅ、ㄉ、ㄍ，常要变成浊音，如上文所举"扁豆"的"豆"字即其一例，所以国语的 b、d、g，可以说是兼清浊两用的。此外还有一件好处：国语的习惯，ㄅ、ㄉ、ㄍ与ㄆ、ㄊ、ㄎ疆界分划得很严，不容稍稍含混，用两类字母来区别它们更是极适宜的。

h——国语的ㄏ，比德国语的 ch（如 ach）要进去些，比英语的 h 要出来些；因为德 ch 在舌根，英 h 在声门，而ㄏ则在舌根后部也。ㄏ的地位既与 h 相差不远，以前用罗马字母拼国音的如 wade 制等都用 h 表ㄏ，早已成了习惯，所以现在也便用了它。

j、ch、sh、r——国语的ㄐ、ㄑ、ㄒ与英语的 j、ch、sh 很相近，所以用 j、ch、sh，来表ㄐ、ㄑ、ㄒ。至于ㄓ、ㄔ、ㄕ，其音本与ㄐ、ㄑ、ㄒ不同：ㄐ、ㄑ、ㄒ是平舌音，把舌尖放平，抵及齿龈；ㄓ、ㄔ、ㄕ是卷舌音，把舌尖上卷抵及硬腭。读ㄓ、ㄔ、ㄕ时，舌尖的状态，颇像英语的 r，若拼作 jr、chr、shr，在声音上是很对的；不过这样的拼法，未免冗长可厌。好在国语的ㄐ、ㄑ、ㄒ只有齐齿和撮口,而ㄓ、ㄔ、ㄕ只有开口和合口,两类用同一的声母,是绝不会发生混淆之弊的;所以 G. R. 对于ㄓ、ㄔ、ㄕ也用 j、ch、sh,来表它们,以期简易便写。若在分别标记这两类之音时,ㄐ、ㄑ、ㄒ即作 j、ch、sh,而ㄓ、ㄔ、ㄕ应作 jr、chr、shr。ㄖ即ㄕ的浊音,也是卷舌音,与英语的 r 最为相近,故即用 r 表之(英 j 是浊音,G. R. 援 b、d、g 之例,也读为清音;精密的说,有时也是浊音,理由见上)。

tz、ts——ts,英语读ㄘ;tz,德语读ㄘ。从音理上说,ㄗ的后一音是不出音的 z,ㄘ的后一音是很清楚的 s。G. R. 即根据此点,以 tz 表ㄗ,以 ts 表ㄘ。

(二)韵母

y——注音字母没有给"知、蚩、诗、日"和"资、雌、思"七个音制韵母,就用ㄓ、ㄔ、ㄕ、ㄖ和ㄗ、ㄘ、ㄙ七个声母单独注音。注音字母本非文字的字母,为简便计,这样随便对付,原无不可。G. R. 则不然,它是文字的字母,若将"知"等七个音写作 j、ch、sh、r 和 tz、ts、s,实在不成样子。从音理上说,这七个音都是有元音的:"知蚩、诗、日"的是比声母 r(ㄖ)略降的元音,"资、雌、思"的是比声母 z(ㄙ的浊音)略降的元音。粗略的记音,可以借 r 和 z 两个声母作元音;但此法仅适用于记音,若径将这七个音拼作 jr、chr、shr、rr 和 tzz、tsz、sz,则也不合于罗马字拼法的习惯。好在这两个元音各有其相拼的声母,r 仅与ㄓ、ㄔ、ㄕ、ㄖ相拼,z 仅与ㄗ、ㄘ、ㄙ相拼;用同一的韵母,是绝不会发生混淆之弊的。G. R. 即利用此点,用 y 来兼表这两个元音。y 在习惯上多与 i 同读;国语的"知"等和"资"等两个字,历史上本与 i 韵字同类,用 y 表之,甚为相宜。

iu——以前的旧拼法如 wade 制等,表ㄩ韵用德文字母 ü。这个加符号的办法,书写既容易遗落,排印有时也要发生困难;在过去的事实上,往往把"迂、於、语、玉"和"忧、油、有、幼"都写作 yu,

这当然是极不应该的。还有一层，G. R. 规定单元音的上声双写元音，若ㄩ作 ü，则"语"应作 yüü，四个点子将已经够讨厌了，"允许" yüünshüü 竟有八个点子，这如何使得！所以 G. R. 将ㄩ用结合法作 iu；ㄩ是前元音 i 之兼圆唇者；以 i 表前元音以 u 表圆唇（法国人拼中国音，ㄩ就是这样的拼）。

　　e——用 e 表ㄝ，是罗马字母的普通读法；用 e 表ㄜ，是法文的读法。国语的ㄝ韵只有齐齿和撮口，ㄜ韵只有开口，所以两类虽用同一的韵母，绝不会发生混淆之弊的。结合韵母中之ㄟ是ㄝ丨，附声韵母中之ㄣ和ㄥ是ㄜㄋ和ㄜㄫ；但国语没有ㄜ丨、ㄝㄋ和ㄝㄫ诸韵，故尽可一律用 e，不必另加符号。若在分别标记这两类之音时，可用法文的办法，ㄜ即用 e，ㄝ加符号作 ê。

　　au——以前的旧拼法如 wade 制等，ㄠ拼作 ao，这也未始不可通，因为ㄠ的后一音，实际上是在 u 与 o 之间的一个元音，国际音标作 [ʊ]。现在因为（一）ㄞ和ㄟ的第二音都用 i，ㄠ和ㄡ的第二音都用 u，较为整齐易记（ㄡ的第二音也是 [ʊ]，ㄞ和ㄟ的第二音也是在 i 和 e 之间的一个元音，国际音标作 [ɪ]）；（二）G. R. 对于上声字中的 u 改作 o，ao 这个拼法要专留作上声之用，故基本形式作 au。

　　el——国语的ㄦ，是读ㄜ的时候把舌尖向上，略作卷势而成的，可以称为儿化韵母，或舌尖韵母或卷舌韵母。以前大都拼作 er；现在因为用 r 作阳平的符号，"俄、哦、娥、峨、蛾、鹅、讹"等字应拼作 er，故儿韵改用来表示舌尖化之意，l 也是舌尖声母，用它与用 r 是一样的。

　　uo——以前的旧拼法对于ㄨㄛ韵甚为纷歧：ㄨㄛ单用者及与ㄍ、ㄎ、ㄏ相拼者用 uo；与ㄅ、ㄆ、ㄇ、ㄈ、ㄉ、ㄊ、ㄋ、ㄌ、ㄗ、ㄘ、ㄙ相拼者用 o；与ㄓ、ㄔ、ㄖ相拼者亦用 o；而与ㄕ相拼者独又用 uo。其实国语中压根儿就没有 o 这韵母，"窝、锅、阔、火、波、坡、摩、佛、多、驼、挪、罗、左、错、所、卓、戳、说、若"都是 uo，但因"波、坡、摩、佛"四音的声ㄅ、ㄆ、ㄇ、ㄈ是两唇音，大可把下面的圆唇元音ㄨ略去，所以这四音不拼作 buo、puo、muh、fuo，而省作 bo、po、mo、fo；至于其他各音，则均须用 uo 拼。

iou、uei、uen——这ㄧㄡ、ㄨㄟ、ㄨㄣ三韵，以前的旧拼法也很纷歧，大致是这样：

（1）前有声母者，将中间一音省去，作 iu、ui、un。

（2）但ㄨㄟ韵与ㄍ、ㄎ两声相拼者，不省，仍作 uei。

（3）韵母单用者，ㄨㄣ韵和ㄨㄟ韵不省，ㄧㄡ韵省（也有不省的）。

其实这三韵的中一音都有的，不过因为声母和声调的影响，有几个音读起来觉得这中一音不很显著罢了，例如 diou（丢）、liou（流）中的 o 很显著，而 jiou（鸠）、chiou（秋）中的 o 便不很显著；guei（规）、kuei（亏）中的 e 很显著，而 tzoei（嘴）、shoei（水）中的 o 便不很显著；又如 liow（六）中的 o 比 liou（流）中的更显著，yeou（有）中的 o 比 you（油）中的更显著，koen（捆）、soen（笋）中的 e 比 kuen（坤）、suen（孙）中的更显著之类是也。总而言之，这些都是明暗之异，并非有无之殊，故 G. R. 一律不省。

ian——这韵以前都拼作 ien。从音理上说，它的中一音，也不是 a，也不是 e，乃是在 a 与 e 之间的一个元音，国际音标作［æ］，所以用 a 用 e 都说得通。不过用 a 较为整齐易记；因为ㄢ、ㄧㄢ、ㄨㄢ、ㄩㄢ四韵，北音中早就认为一类，《五方元音》把它们合为"天"韵，注音字母也把它们合为ㄢ韵，则 G. R. 把它们合为 an 韵，本是很顺理成章的。若于 an 系以外孤另另的立一个 ien 韵，声音既并不比作 ian 更为密合，而这形式又容易被误认为 en 的齐齿呼，所以 G. R. 不用这拼法。

ueng、ong、iong——国音读"翁、滃、甕"等是 eng 的合口呼；但读"东、通、农、隆、公、空、红、中、充、戎、宗、聪、松"等字则另为一

韵,其中的元音是国际音标的[ʊ]。[ʊ]音在 u 与 o 之间,用 u 用 o
都说得通。以前的拼法大都用 u;G. R. 因为若作 ung,则它的齐齿
呼作 iung,容易把其中的 iu 误认作ㄩ,故作 ong。iong 是 ong 的齐
齿呼,注音字母误合 ueng 和 ong 为一韵,一律作ㄨㄥ,于是又误以
eng 的撮口呼当 ong 的齐齿呼,遂以ㄩㄥ表 iong 韵,齐齿既误为撮
口,o 又误为 e,这是一个大错,G. R. 现在把它改正了。

(三)声调

mh、nh、lh、rh——m、n、l、r 都是浊音声母。国语中的清音声母
字多读阴平,读阳平的甚少;浊音声母字多读阳平,读阴平的甚少。
故 G. R. 规定:凡清音声母,阴平用基本形式而阳平改变拼法;凡浊
音声母,阳平用基本形式而阴平则于声母的后面加 h。

r、h——在元音后面的 r 和 h,西文中常有不读音的,如 ar 读
ㄚ、oh 读ㄛ之类。G. R. 即利用此法,以 r 作阳平的符号,h 作去声
的符号(声母 m、n、l、r 的字,阴平加 h,也是因为 h 可以不读音而作
符号用的缘故)。

aa、ee 等——两个同样的韵母写在一块儿只读一个音,这是西
文中常有的。G. R. 即利用此法,单元音的上声都双写元音。

e、o——e 英文多读为 i,o 英文中也有读 u 的,如 do、to 等。
G. R. 即利用此法,把上声字中非主要元音的 i 和 u 改作 e 和 o。ㄩ
本是单元音,因为基本形式用结合法作 iu,故上声亦援 i 改 e 例把
它改作 eu。法文的 eu,就读圆唇之 è;e、o、eu 都是半高元音,国语
的 i、u、iu,都是高元音,上声一律改用半高元音,也倒是很整齐的。
还有一种说法,原来国语复合元音中的 i、u、iu,无论在前在后,一
律都是国际音标的[ɪ][ʊ][ʏ],三音正在 i、u、iu 与 e、o、eu 之间,
用 i、u、iu 或 e、o、eu 都说得通,所以在基本形式中用 i、u、iu,而上
声改用 e、o、eu,以示区别。不过这样说法,有一点儿小小的漏洞,
便是ㄩ韵的上声如"雨、羽、语、禹、与、宇"等字,却还是ㄩ,不是

[ʏ]，而韵母也作 eu，这是说不通的，所以这种说法，虽然也有道理，然不如前说之没有毛病。i 和 e 相复合的 ie 和 ei 两韵，u 和 o 相复合的 uo 和 ou 两韵，则能适用此法，故援单元音例，双写主要元音 e 和 o 作 iee、eei、uoo、oou。

nn、ll——两个同样的声母写在一块儿只读一个音，这也是西文中常有的。G. R. 即利用此法，将去声韵尾的 n 和 l 双写作 nn 和 ll。

nq——若援 nn 和 ll 的例，去声韵尾的 ng 应该写作 nng 或 ngg，但这样拼写未免太冗长可厌。ng 是舌根阻的鼻音，因为罗马字母中缺少这个声母，所以英、德文用结合法作 ng；其所以用 n 和 g 结合者，乃是以 n 表鼻音，以 g 表舌根阻。G. R. 即师此意，将 ng 的去声改作 nq，因 q 亦舌根阻也。

y、w——国语中凡韵母单用的字，起首都不是读纯粹的元音的，都有轻微的摩擦作用。所以从音理上说，国语中没有读纯粹元音的字；凡韵母单用的，开口字起首都有 hh 声（的浊音），齐齿字起首都有 y 声，合口字起首都有 w 声，撮口字起首都有 yw 声（韵母ㄩ拼作 iu，则与它同地位的声母亦可援例拼作 yw），例如"安、言、宛、愿"实际的读音是 hhan、yian、wuan、ywiuan。但这是理论上的话；实用的字母当然无须这样麻烦，一律照韵母基本形式写作 an、ian、uan、iuan 可也，或者把齐齿合口和撮口的字改韵头的 i 和 u 为 y 和 w，以示其有摩擦作用，不是纯粹元音，作 yan、wan、yuan 亦可也（开口字则决不用加 hh，因为写两个 h，既太冗长，且 hhan 这样一个拼音，很易叫人把 hh 看作 h 而误读为"酣"）。因为种种拼法都可以用得，所以 G. R. 即兼取之以区别阴平和阳平：凡阴平字，韵头用 i、u、iu；凡阳平字，韵头用 y、w、yu。惟 i 和 u 两韵自身，阴平固可单作 i 和 u，阳平却不能单作 y 和 w，理由是：(1) 单独一个 w 作韵母用，罗马字母中无此习惯；(2) y 作韵母用是有的，但 G. R.

已经拿它作为ㄓ、ㄔ、ㄕ、ㄖ和ㄗ、ㄘ、ㄙ的韵母了,所以这两韵的阳平拼作 yi 和 wu(in 和 ing 两韵的元音,只有一个 i,照 i 改 yi 例,这两韵应该改作 yin 和 ying。因为国音中没有ㄓ、ㄗ等的元音 y 与 n、ng 相拼的韵母,故这两韵也援他韵之例,改 i 为 y,作 yn 和 yng,以趋约易)。

上声和去声,前无声母的也用 y 和 w 表之,这样,在分音上看起来要清楚些。上声字已将韵头的 i 和 u 改作 e 和 o,故再在它前面加 y 和 w,那不改韵头的 ii、iin、iing 和 un 四韵,其自身仅 i 和 u 两个元音,也只能前加 y 和 w;但 iee 和 uoo 两韵却大可省略些,改韵头的 i 和 u 为 y 和 w 而作 yee 和 woo。去声字本未改韵头,故可将韵头的 i 和 u 改作 y 和 w:但 ih、inn、inq 和 nh 四韵,其自身仅 i 和 u 两个元音,只能前加 y 和 w。

照上文所说,G. R. 对于 y 和 w 两母只认为 i 和 u 的变形。阳平既利用它们来改变韵头,则去声亦可利用它们来改变韵尾,故 ai、ei、au、ou 诸韵,去声即改作 ay、ey、aw、ow 等以示区别。

(四)其他

注音字母中万、兀、广三母,G. R. 中不列。因为国音完全以北京音为标准,这是当时国语统一筹备会的增修国音字典委员会中所议决的。现在增修国音字典,即本此意以改注音;故制作 G. R. 也本此意以列字母。北京音没有兀和广,凡旧国音字典中用兀拼的音北京都单用韵母;用广拼的音,北京都用ㄋ。至于万,北京音倒不是没有,合口诸韵母在单用时,其起首之 w 多有变为 v 的(不过这个 v 比英、法的 v 用力较轻些,吐气较少些),例如"蛙、为、稳、望",读 va、vei、ven、vanq 而不读 wa、wei、wen、wanq。但"乌、我"则不变,仍读 wu、woo,而不读 vu、voo。还有,前拼声母的都不变。那变了的,有时候又因为和别的音相连的影响而复原的。若一一照音去拼,不但过于琐屑,而且这样一办,在声调拼法上要生出许多麻烦来,学习和记忆都要感到极大的不便,所以 G. R. 还是一律用 u 或 w 而不用 v。

因为二十六字母中的 v 和 x 两母,G. R. 不拿它们来拼音(国语中加入的外国语和方言除外,因为属于这两类的都应该照它们的原字写,照它们的原音读,不适用 G. R. 的拼音条例),故即利用它们来做叠字的符号,叠字可以用 x 替代,如 chingchingde(轻轻的)可写作 chingxde, chorngchorngdyedye(重重叠叠)可写做 chorngxdyex。叠两个字的可以用 vx 替代,如 laujiahlaujiah(劳驾劳驾)可写 Laujiahvx。

凡助词及象声之词,都用基本形式。有些极常用的字,其读音因上下文的影响而不一律的,如"不"字、"一"字之类,亦可用基本形式,以趋简易,且可画一。关于此事及类乎此事者,尚当另行详细规定。

几个字母拼在一块儿,有些可以合读为一个音,也可以分读为两个音,例如 shian,可以读一个音为"先",也可以读两个音为"西安";yai 可以读一个音为"崖",也可以读两个音为"牙医"。凡这类拼音,中间若无连号分开,都应读一个音,所以 shian 和 yai 一定要读"先"和"崖";若"西安"和"牙医",则一定要用连号分开作 shi-an 和 ya-i。又如 yihann 可以有"议案"和"遗憾"两读,fanann 可以有"翻案"和"发难"两读,chauran 可以有"潮安"和"超然"两读;那没有连号的一定要读"议案、翻案"和"潮安",而"遗憾、发难"和"超然"则一定要用连号分开作 yi-hann、fa-nann 和 chau-ran。因为 G. R. 规定,凡一个词,应该照 G. R. 中有的拼法尽长里读下去。shian 虽然可以有"先"和"西安"两读,可是这样排列的五个字母拼在一起,G. R. 是有这拼法的,那么,尽长里读下去,自然要读到 n 才是到了尽头,所以这拼法一定要读

"先"。yhiann 从 y 尽长里读下去,自然要读到 n 才是到了尽头,所以一定要读"议案"(若把第一音尽长里读到尽头,而这下面的几个字母不成为 G. R. 的一个拼法的,当然不适用这条规定,例如 nanguay,第一音尽长读到尽头,应该到 g,但这下面的 uay,在 G. R. 中仅是一个韵母,前面若无声母,是不成为一个拼法的;所以这个词不能照 nang-uay 这样分开,应该看它的全体,尽长里读,照 nan-guay 这样分开为"难怪"二音)。

《新生周刊》第一卷第八期。

第二节 汉语方音之分类及其研究法

在汉语音韵学里,今音与古音有同样的价值。研究今音若不知古音,则不能得今音的系统;研究古音若不知现代方音,则不能推求古代的音值。故二者有密切关系,不可偏废。

汉语音韵学家向来不大注重方音。钱大昕对于古音,举例多至数百条;而对于今音则仅寥寥数语[1]。直到章炳麟,始将汉语方音略分九种[2]。在全国方音未经科学的调查以前,我们不能断说汉语方音共有几种;然而大致看来,可以分为五大系[3]:

(一)官话音系 包括黑龙江、吉林、辽宁、河北、山西、陕西、甘肃、山东、河南、湖北、湖南、四川、云南、贵州、安徽;又江苏北部、江西北部、广西北部。

(二)吴音系 包括江苏之苏州、常州、无锡、常熟、昆山、上

---

[1] 见《十驾斋养新录》卷五。

[2] 见本节的参考资料。

[3] 参看丁文江、翁文灏、曾世英《中华民国新地图》中,傅斯年、赵元任、王静如所编的语言区域图。图中华北官话区及华南官话区,今并为官话音系。本节所谓中国方音,指汉语而言,故不及蒙古语系、藏缅语系、通古斯语系、苗瑶语系、汉台语系等。

海、松江、宜兴、溧阳、金坛、丹阳、江阴等处,及浙江之宁波、嘉兴、湖州、杭州、诸暨、金华、衢州、温州等处。

（三）闽音系　包括台湾,福建之大部分,及潮州、汕头、海南等处。其在国外最占势力的地方是马来半岛、新加坡、苏门答腊、暹罗、菲力滨等处。

（四）粤音系　包括广东之大部分,及广西之南部。其在国外最占势力的地方是美洲(尤其是旧金山)。

（五）客家话　包括广东之梅县、大埔、惠阳、兴宁等处,福建之汀州,江西之南部;又渗入广东高钦廉一带及广西南部①。其在国外最占势力的地方是南洋印度尼西亚(尤其是邦加)。

这五系的方音各有它的特征:

（一）官话音系的特征

1. 无浊音[b][d][g][v][z]②;

2. 无韵尾-m、-p、-t、-k;

3. 声调至多为六类。

（二）吴音系的特征

1. 有浊音[b'][d'][g'][v][z],且与古代的浊音系统相当;

2. 无韵尾-m、-p、-t、-k;

3. 声调在六类以上;去声有两类。

（三）闽音系的特征

1. 多数古浊母平声字今读不吐气;

2. 知彻澄有时保存破裂音成[t][t'];

3. 无轻唇音[f][v];

4. 有韵尾-m、-p、-t、-k;

---

① 或云湖南、四川、河南亦有客家话,尚待调查。

② 凡云"无"者,指每字单念时而言。下仿此。

5.声调在七类以上,与古代的声调系统不尽相当。

（四）粤音系的特征

1.无浊音[b][d][g][v][z];

2.有韵尾-m、-p、-t、-k;

3.声调在七类以上,与古代的声调系统大致相当。

（五）客家话的特征

1.无浊音[b][d][g][z];

2.古浊母字无论平仄,今皆读为吐气;

3.除下列4、5两特征外,韵母与北方音系颇相近似;

4.有韵尾-m、-p、-t、-k;

5.无撮口呼;

6.上去声各只有一类,平入声各分两类。

各系所有的几个特征,应该并合来看,例如官话音系的第一特征与粤音系的第一特征相同,然而粤音系的第二特征却与它的第二特征相反;客家话的第四特征与粤音系的第二特征相同,然而粤音系的第三特征却是它所不具备的①。

若对其他族语而言,则此五大系的方音又有三个共同的特征:

（一）除塞擦音 ts、tɕ 等及吐气音外,无复辅音 bl、spr 之类;

（二）无以-f、-s、-r 等摩擦音为韵尾者;

（三）韵尾-n、-ŋ 都是唯闭音（implosive）,有成阻,无除阻。入声用 ʔ 收者（如扬州、南京;吴语、闽语）,用-p、-t、-k 收者（如粤语、闽语、客家）,也都是唯闭音。

（四）字有声调之别。

这五大系只是汉语语言的五个大区域;如果仔细分起来,每一

---

① 我们常借此而猜知某人属于某音系,例如某人说话很近北音,但往往有-m、-p、-t、-k 等韵尾从他的口里流露出来,那么我们猜他是客家,大致不会错的。

大系又可分为数小系，每一小系又可分为若干支派。甲乙两村相邻近，而其语音可以大同小异；又一村之中可以容许两系的方音存在（例如粤语与客家话）。

　　研究方音，大致说起来有两种方法：第一，是只凭耳朵去辨别；第二，是用机器把它实验。第一种办法的好处是省时间；但是，如果不是耳朵特别灵敏而语音学又很精明的人，耳朵辨别的结果就很不可靠。第二种办法是最科学的办法，无论是谁，经过相当的训练之后，都能研究得准确。

　　语音与心理、生理、物理三方面都有关系。一音之发出，可以有五种现象：（一）未说话以前，说话者的意识里先有一种主动语像，这是心理的现象；（二）各发音器官施行一套互相关连的动作，这是生理的现象；（三）一种颤动作用到了空气里，这是物理的现象；（四）这种颤动作用使听话者的司听器官里发生一种声音的感觉，这又是生理的现象；（五）这声音在听话者的意识里唤起一种受动的语像，这又是心理的现象①。由此看来，研究方音的人应该具备心理学、生理学、物理学三方面的常识（当然以与语言有关者为限），至少须知道发音器官的机构，与音色、音高、音强、音长构成的原理。

　　单凭听觉去研究方音，完全是一种习惯，例如我们能凭耳朵去辨别某音为[é]而非[è]或[e]，因为从前我们听见了些[é]是这样的，又因为从前我们听见了些[è][e]与[i]都不是这样的，所以我们断定这是一个[é]。养成这种辨别的习惯既不容易，而辨别之后还要描写下来，就非有很深的语音学知识不可了。实验语音学也用得着听觉：实验的结果与听觉相符，更足令我们深信；如果与听觉不符，我们应该再加实验以免有误。

---

① 　参看 L. Roudet, Eléments de Phonétique Générale, p. 19。

除了养成上述的科学基础之外,还该注意下列诸点:

（甲）语音之部

（一）只研究一个地方的方音,区域越小越好;

（二）须注意此地的地理,如山脉河流,及邻近为何种语言区域;

（三）辨别要精细,例如我们听见某种[a]音,不可模糊地就记它一个[a];我们要细细地审察或实验,看它是前部的[á]呢还是后部的[â]或中音[a];

（四）须用很精细的音标。每一音标只许代表一个音素,每一音素只许以一个音标为代表①。因此,西文的二十六个字母很不够用,而英、法、德的拼音法更不合用。上节所述的注音字母及国语罗马字,都是为一地的方音而设的,而且只足以代表语音的大概,不足为专门研究的工具。所以当我们研究方音的时候,应该采用国际音标②;

（五）除了实验之外,耳眼口都该有相当的训练。耳要能分辨语音,眼要注意别人发音的姿势,口要模仿别人的发音法。

（乙）音韵之部

（六）找出该地共有几种非分不可的声韵调类。

（七）注意何声何韵何调事实上相配成字,何者不相配成字。

（八）比较音类异同时,多用问同音不同音法。

（九）所问字类及古音类须是全的。

（十）除意义较显之字外,须查明发音人是否十分认识所问之字的意义。

---

① 这只是原则如此,有些地方略可变通,例如塞擦音本系一个音素,然而因为它含有闭塞与摩擦两种性质,不妨用两个音标代表。

② 参看本书第一编第一章第五节。

参考资料

【章炳麟论今世方音分类】——凡今语言,略分九种。河之朔,暨于北塞,东傅海,直隶山西,南得彰德卫辉怀庆为一种,纽切不具,亢而鲜入,唐虞及虏之遗音也。陕西为一种,明彻正平,甘肃肖之,不与关东同,惟开封以西却上(陆法言曰:"秦陇则去声为入,梁益则入声似去。"至今犹然,此即陕西与关东诸部无入者之异也)。汝宁南阳,今曰河南,故荆豫错壤也,及江之中,湖北湖南江西为一种;武昌汉阳尤啴缓,当宛平二言。福建广东各为一种,漳泉惠潮又相鞑也,不足论。开封而东,山东曹沇沂至江淮间,大略似朔方,而具四声,为一种。江南苏州松江太仓常州,浙江湖州嘉兴杭州宁波绍兴为一种,宾海下湿,而内多渠浍湖沼,故声濡弱。东南之地,独徽州宁国处高原,为一种;厥附属者,浙江衢州金华严州,江西广信饶州也;浙江温处台附属于福建而从福宁,福建之汀附属于江西而从赣;然山国陵阜多自隔绝,虽乡邑不能无异语,大略似也。四川上下与秦楚接,而云南贵州广西三部最为僻左,然音皆大类湖北,为一种;滇黔则沐英以兵力略定,胁从中声,故其余波播于广西;湖南之沅州亦与贵州同音。江宁在江南,杭州在浙江,其督抚治所,音与他府县稍异,用晋宋尝徙都,然弗能大变也。

《章氏丛书·检论》卷五,页5~6。

【黎锦熙分中国方音为十二系】——直隶、山西、东三省、山东、河南北部,为河北系。河南中部、山西南部、江苏、安徽、淮北一带,为河南系。陕西、甘肃、新疆,为河西系。江苏北部与江西西部之南京、镇江,安徽中部之安庆、芜湖,江西之九江,为江淮系。河南南部、湖北,为江汉系。湖南东部、湖北东南角、江西之南部,为江湖系。四川、云南、贵州、广西北部、湖南西部,为金沙系。苏松常,与浙江之杭嘉湖,为太湖系。浙东金衢严,及江西东部,为浙源系。浙江南部近海处为瓯海系。福建为闽海系。广东为粤海系。

【胡以鲁述中国方音演进史】——《淮南子》曰:"轻土多利,重土多迟;清水音小,浊水音大。"陆法言《切韵序》曰:"吴楚则时伤轻浅,燕赵则多伤重浊。""利、迟"谓四声之长短,"小、大"其殆轻重之意与?"轻浅、重浊"由韵言,继续音、断续音之谓;由音容言,则锐钝之别与?"清水、浊水",谅指江淮河汉而言;然则"轻土、重土",谅指江滨河卫之地域也。要之,汉族即所谓大陆先民者,由西方秦蜀,或更自远西,经秦蜀而来往于巨川沿岸者,历史足徵也。巨川沿岸宜于聚居,生长繁滋,衍方五千里之地。河卫之北,江淮之南,无几皆汉人居焉。此间自然被江河之影响而分为南北;河卫之岸谓之唐虞,江汉右左谓之夏楚。方音之差,随社会之分裂而起;舜乐以南风,纣以北鄙,刘向已辨之矣。降至先周,其王宅东南以大山为畛域,而岱南曰徐、曰扬皆羁縻于周。周人作"四始",北音乃流入于南(取《说苑·修文》篇义)。古北方但有五声,至文武始增"和、穆"二变徵。和穆之音若何无从确知,然所谓和穆辟雍者,大抵清朗之音,即所谓"开音、继续音"与?《韩诗》说《周召》,推其地在南阳、南郡间,又有以二《雅》为夏楚,《诗》三百而以楚言为中声者矣。要之,随南北之交通,北音流入于南方,南音广杂转以北侵者,殆事实也。然此时虽曰"能夏则大",楚声犹谓为南蛮侏离而受斥。迨周室式微,吴楚相继称霸,老庄领袖南学,南音益以北张。如"耶",疑问语助节词,开张口以腔而发之侈音,盖楚音也。此在四书、《左传》尚不概见,《语》《策》、诸子中始盛用之,去声开音皆继续之延长音也。发之之时,于肺脏中遒敛其气而深长发扬之。此种发音为北鄙之所难,故郑声且见斥以为放。今山西人发阳唐之音犹穿其口腔,在古则张大而发阳唐者,更江南而已也。至吴越接踵,抗衡上国,延慢江南之音,所谓雅雅如白项乌者,始盈中国矣。然保存性,吾民族特性之一也,保守乃起排他。淮南

距淮北仅一衣带水耳,而见称曰"蛮"。汉承秦后,王关中,江南又
见斥矣。至晋室东迁,清谈老庄,南北方翕合无间,南音方一般认
用也(《抱朴外篇·审举》曰:"昔吴土初附,其贡士见偓以不试;今
太平已四十矣,犹复不试,此乃见同于左衽之类。"由是可知晋初中
原人士犹贱视吴、楚,至东晋始得翕合也)。晋一东来,北方外患遂
从此无宁日。五胡蹂躏中原者百余年。所谓南北朝者,南方为中
国都,异族转窃据于北。于是文学流行皆折衷于南方;蟠踞中原之
胡人亦摹仿当时江南风。如彼孝文帝者,其特著者也。晋后四百
余年,南方之音普遍中原,北鄙之声则与刚锐之气俱销矣。急促吸
入之音,渐弛缓其所促;闭障破障之音则为摩擦音,为喉音。唐代
都长安,江南之文风益促其倾向。五代至宋,北患愈烈,中原旧地
化为兵马之场。文弱旧民族抵抗力薄,然其不平愤激之情可知也。
悲凉慷慨,发之于音。促音消而余韵长,唇内鼻音弛而为喉内。腭
音清音之[k]为近于后舌端之[ch],寖变而为喉音清音之[hs];腭
音之浊音[g]及重浊音[ng]贬而为[w],凡此皆从来所无之音变
也。其他又有前舌端清音之[t]变为重浊之[n]或后舌端清音之
[s],而喉音之发达及来[r]音添附于余韵,尤为此时变化之特征。
然要之则侈口延引发音之果耳。韵中之开音,以喉音为最,盖侈口
延长则调节弛而流于喉音者,音声之自然倾向也。[r]之音亦开口
之侈音,特延之过长,略以卷舌闻耳(力按:从民族迁徙影响的情形
去研究语音的演进,是最有价值的,惟惜胡氏多模糊揣测之谈)。
宋之末世,外患最烈,中原元气之伤,亦于此最甚,于是发之于声也
哀以嘶。软化之韵,头部共鸣之音(head voice),起于是矣。自是
以还,宛平都会六百年,此种音声殆浸淫遍中国。惟闽粤等沿海
地,濡染古中原文化也晚,距离音声激变之北方也远,犹得保其古
音化石耳。

　　《国语学草创》,页87~90。

　　【赵元任论方音调查法】——到一处地方先物色可以发音的人,大都是找各处学界中人帮忙的,但是也有别界中人。假如可能的时候总是先找好几个人发音,先审查他们过去的语言环境,再在第三、第四方式表选些字给他们念。大概语言不杂者,他的读音是内部一致的,受过别种语言的影响的,见了字容易会踌躇,或是即不踌躇,也会读出内部不一致的读音。这么样先约略试了一刻或半点钟,就在这几个人当中挑选一个或两个人再从头详细问到底。问的时候大致从最匆促者只花两个钟头到比较的最详者花三四天。因为时间多少的不同所得材料的分量也不同,最详的什么都问,最简的就只取声调的音值,跟第三、第四方式表(单字表)的一部分代表字。至于没有到的地方,只能就找得到的当中选人,有时候也没有选的余地,但是从内部的征状上也可以看得出发音者是不是太受过别处的影响。

　　记单字声调音值的方法是用一个渐变的音高管(sliding pitch-pipe),让发音者将一类的字一个一个的读,同时用音高管一头儿吹一头儿移动着摹仿他的声调,摹仿对了,就看音高管上是从什么音到什么音,再到什么音,用五线谱记下来;至于时间的比例只可以约略估一估,也用乐谱的音符记它。试拟的调类共有阴阳的平上去入八类,假如有阴去分为两类或阴入一部变入阳入等等现象,在试音值时就可以发现。等到听熟了哪一调类是怎么一个腔调之后,就可以判断某字读(该处之)上声,某字归(该处之)某声了。

　　声母、韵母的音值是用最严式的国际音标注的。但不必每字都注,例如"巴邦比半"等字的声母是[p]只须在声母行头注一次,以后遇见不合例的特别注出,其余的就打一个√(check)号,就是合例的意思。韵母也是一样的办法。有时候表格中暂拟为同一类的在某处并不是一类,就须在行头注出条件,比方某处"布都孤苏"等字的韵，看声母发音部位不同而异其读法，就得把条件注出。如果调查时临时看不出原则来，那就逐字用音标记下来，等带回来才慢慢的做归纳。

　　声调、声母或韵母，三素当中有一素遇到难分辨的时候，就用异同法来解决，例如某处的全浊母的上去（如"待代、是事、动洞、范饭"之类），好像分好像不分，就找些这类的字叫发音者自己辨它的异同。假如他说能辨而调查者不相信时，就有两种试法：一个是叫一个别的本地人（也相信能辨者），把"代待"两个字随便换着读（可由调查者背着第一个人指给第二个人读）叫那个人辨得出是哪一个，再试"动洞、范饭"等字。假如每次能够辨得出就是有两类，假如平均十回只对五回，那就是只有一类。还有一个法子是把许多声母韵母都同的字（如"俟士柿市是示侍逝"）写成小字块儿，叫发音者归成两类，调查者把他的两类抄了下来，把字块弄乱了再叫他分，看前后分的一致不一致。同样，遇到声母或韵母有问题的时候也可以用这两种方法。但是最要紧的是比字的时候，声韵调三素之中除掉有问题的那一素，其余的两素都要（在该地方音中）完全相同，方能用异同的方法。因为同音不同音是一个极浅显的观念，谁都能辨的（这回遇到过一个教育程度极低的卖馄饨的，他连同音不同音的观念都没有，不过这是少见的）。假如问"代、怒"，是否同声调，或甚至"代、害"是否同声调，那就须得假定答者有一种作抽象分析的本事，这是很难有结果的，或是结果会很靠不住的。

　　方言调查方法当中最要紧的一层就是要叫发音者用本地自然的语言读字跟说话。假如调查者是一个外国人倒也没有大关系，他能学多少就学多少就是了，假如是个别处的本国人，往往就引起一种对你说蓝青官话的 complex，尤其是对于作者（力按：这是赵先生自谓），他们总觉得这是一个调查国语教育的人来了,那非得要拿顶好的国语说给他听不行。在这个情形之下,最好的自卫的方法就是充本地话,能充得几分充几分,充到后来,发音者觉得肯放心说自己的话了就好了。

《现代吴语的研究》,页 3~6。

【赵元任论用国际音标】——为标实在的音值,最精密的方法当然只有用一种语音学的(非音韵学的)符号,因为国际音标比较的最通行,所以就采用它,在平常行文中用到它的时候加[ ]号来辨别它。比方说音韵罗马字的 an 韵,用注音罗马字写可以辨 an、ä、é 几种音。用国际音标就可以详细注出[an][æ̃][æ][ɛ][ɛ][e]等等音。在长篇用国际音标时以不加表示上下前后等形容号为原则,以求干净整齐,但在做比较表的时候,往往两处语音的不同就是在那么一点,所以在本册(力按:指《现代吴语的研究》)的表当中都是用最详的严式标音的。依平常习惯,用国际音标写表时也可以把[ ]号省掉。

同上,页 12。

第三节　官话音系

为篇幅所限,又因为许多地方的方音还没有调查的报告,所以本书对于每一个系只能举出一个城市的方音为代表。本节即以北京一地的方音代表官话音系。

在第二编第一章里,我们叙述过《广韵》的系统,本节即依此系统来看北京的古今音系的变迁。今按其分合演变的条件,列成下面诸表①。

---

① 表中凡韵头的[i][u][y]都是半元音,严格写起来该是[j][w][ɥ]。下面的几节中,凡有韵头的地方,都依照这个道理。关于元音,赵元任先生以为"歌、可"等字的元音是[ɤʌ],今未能确定,暂从宽式作[ə]。

纽表一(牙音与喉音)①

甲　表

古纽	见		溪		群		疑			
古等呼										
今等呼	开合	齐撮	开合	齐撮	开合	齐撮	开	合	齐	撮
古声调					平	仄	平	仄		
例字	干公	基居	堪空	牵劝	狂 共	求 件	偶	吾	牛倪	严宜　遇
古音	k		k‘		g‘		ŋ			
今音	g̥	tɕ	k‘	tɕ‘	k‘ k	tɕ‘ tɕ	ɣ	u	n i	y

乙　表

古纽	晓		匣		影		喻			
古等呼										
今等呼	开合	齐撮	开合	齐撮	开合	齐撮	合	齐		撮
古声调										
例字	好虎	希虚	孩胡	嫌穴	爱汪	烟怨	王	羊夷有		云余远悦
古音	x		ɣ		ʔ		(元音)			
今音	x	ç	x	ç	ɣ u	i y	u	i		y

---

① 例外字,晓母合口有"况"k‘-;匣母合口有"丸"u-;喻母齐齿有"铅"tɕ‘-;撮口有"捐"tɕ-等。

纽表二(舌音)①

古纽	端	透	定		泥	来
古等呼						
今等呼						
古声调			平	仄		
例字	当丁	通梯	同唐	动荡	乃年	兰林
古音	t	t'	d'		n	l
今音	d̥	t'	t'	d̥	n	l

古纽	知	彻	澄		娘
古等呼					
今等呼					
古声调			平	仄	
例字	张中徵	超宠痴	陈茶	直浊	女尼
古音	ȶ	ȶ'	ȡ'		nj
今音	tʂ	tʂ'	tʂ'	tʂ	n

① 例外字,来母有"弄"n-。

纽表三（齿音）

甲　表

古纽	精		清		从				心		邪		日
古等呼													
今等呼	开合	齐撮	开合	齐撮	开合		齐撮		开合	齐撮	开合	齐撮	
古声调					平	仄	平	仄					
例字	灾宗	酒俊	餐村	千取	残	字	墙	匠	三酸	相宣	遂似	详徐	人
古音	ts		tsʻ		dzʻ				s		z		ȵʑ
今音	ts	tɕ	tsʻ	tɕʻ	tsʻ	ts	tɕʻ	tɕ	s	ɕ	s (tsʻ)	ɕ	ʐ̩

乙　表

古纽	照		穿		床				审		禅			日
古等呼	2	3			2		3		2	3				
今等呼														
古声调					平	仄	平	仄			平	仄		
例字	庄争	支周	初疮	吹昌	查	助事	乘	绳食	山生	少书	成	时	树	儿
古音	tʂ	tɕ	tʂʻ	tɕʻ	dʐʻ		dʐʻ		ʂ	ɕ	z			ȵʑ
今音	tʂ (ts)	tʂ	tʂʻ (tsʻ)	tʂʻ	tʂʻ	tʂʻ tʂ	ʂ tʂʻ	ʂ	ʂ	ʂ(s)	ʂ	tʂʻ	ʂ	ʂ(ər)

纽表四(唇音)

古纽	帮	滂	並		明
古等呼					
今等呼					
今声调			平	仄	
例字	巴兵	怕聘	旁贫	伴病	茫民
古音	p	p'	b'		m
今音	b̥	p'	p'	b̥	m
古纽	非	敷	奉		微
古等呼					
今等呼					
今声调					
例字	夫方	副费	符房父伏		无文
古音	f	f'	v		ɱ
今音		f			w

韵表一（歌戈麻鱼虞模）①

甲　表

古韵	歌		戈				麻				
古等呼			合一			合三	开二		开三	开四	合二
古纽类	舌齿	喉牙	舌齿	喉牙			舌唇齿	喉牙	照系	端精影系	
今纽类				平	仄						
例字	多罗左	何歌	妥坐	戈和	果祸	靴	挐沙巴	鸦家	车蛇	邪嗟也	瓜华
古音	â		uâ			i̯wâ	a		i̯a		wa
今音	uo	ə	uo	ə	uo	yɛ	ʌ	iʌ	ə	iɛ	uʌ

乙　表

古韵	鱼		虞		模
古等呼					
古纽类					
今纽类	业彳尸曰	其他	业彳尸曰匚ㄨ	其他	其他
例字	诸除如书	居徐	朱厨殊儒夫无	拘区虞趋俞屡	孤枯吾都奴租胡母
古音	i̯wo		i̯u		uo
今音	u	y	u	y	u

---

① 例外字，"模"或读-uo。

韵表二（萧宵肴豪尤侯幽）

甲　表

古韵	萧	宵		肴		豪
古等呼						
古纽类						
今纽类	ㄓㄔㄕ日	其他	ㄐㄑㄒ	其他		
例字	昭超烧饶	骄苗	交敲肴	包嘲		高刀毛曹劳
古音	ieu	i̯æu		au		âu
今音	âo	iâo	iâo		âo	âo

乙　表

古韵	尤		幽			侯	
古等呼							
今声调	仄声	平声					
古纽类				轻唇		喉牙唇齿	唇音
今纽类	ㄅㄓ系	其他		ㄈ			
例字	谋周收柔	有就	丘修由休	妇浮富	否浮	钩偷侯欧	母茂
古音	i̯ə̯u		i̯ə̯u			ə̯u	
今音	ou	iou	iu	u	ou	ou	u

韵表三(支至废)①

甲　表

古韵	支脂之微齐祭					灰泰废					
古等呼	开口					合口(无之韵字)			合口		
今声调	平	仄									
古纽类						喉牙	舌齿	唇半舌	喉牙	舌齿	唇半舌
今纽类	业彳尸	日		ㄗㄘㄙ	其他						
例字	知迟时世	儿	二	资慈斯四	比基奇希夷妻艺	归毁奎卫	追吹岁	悲飞类	恢会秽	崔碎最	杯梅肺雷
古音	iẹ,i,i,ẹi,iei,iæi					wiẹ,wi,wẹi,iwei,iwæi			uâi,uâi,i̯wei		
今音	ʅ	ər	ɐr	ɻ	i	uɪi	ui	ɛi	uɪi	ui	ɛi

乙　表

古韵	佳				皆夬			哈泰		废
古等呼	开口		合口		开口		合口	开口		开口
古纽类			喉牙	唇音				喉牙舌齿	唇音	
今纽类	丩ㄑㄒ	其他			丩ㄑㄒ	其他				
例字	佳解崖蟹	柴牌	蛙卦画	派	皆诫谐械	牌埋楷骇虿	乖怀快	该胎乃来蔡	贝需倍	刘乂
古音	āi		wāi		āi	ai	wai wāi	âi	āi	i̯ɐi
今音	iɛ	ai	uʌ	ai	iɛ	ai	uai	ai	ɛi	i

---

① 例外字,脂齐开口有"臂寐谜"-ɛi;脂合口齿音有"谁"字,白话念-ɛi;支脂合口唇音有"彼婢鄙"-i;佳开口有"娃";泰韵舌音有"大"-ʌ。

韵表四(东冬钟江阳唐)①

甲　表

古韵	东冬			东钟			江		
古等呼	合一			合二、三、四					
古纽类				唇音	喉牙	其他	见系	帮系	知照系
今纽类	唇音	元音	其他						
例字	蓬梦	翁瓮	公通攻农	风逢	融穷邕胸	戎中从龙	江腔	邦庞	桩窗双
古音	uŋ	uoŋ	ŋoŋ	ŭŋ	i̯uŋ	i̯woŋ	ɔŋ		
今音	əŋ	uəŋ	uŋ	əŋ	iuŋ	uŋ	iaŋ	aŋ	uâŋ

乙　表

古韵	阳				唐		
古等呼	开三		开二	合三	开口	合口	
古纽类			正齿	喉牙		唇音	喉牙
今纽类	ㄅㄓ系	其他					
例字	方张昌商	强姜娘良香将	庄创床霜	王匡狂	冈康当汤仓郎	帮傍	光汪黄
古音	i̯aŋ			i̯waŋ	âŋ	uâŋ	
今音	aŋ	iaŋ	uâŋ	uâŋ	aŋ	aŋ	uâŋ

---

① 例外字,东韵合口三等有"弓宫躬"-uŋ。

韵表五（庚耕清青蒸登）①

甲　表

古韵	庚　耕　登	
古等呼	开一、二	合一、二
古纽类		
今纽类		
例字	庚盲生耕争登腾朋恒	肱薨宏弘轰觥
古音	ɐŋ ɐ̆ŋ ɑŋ	wɐŋ wɐ̆ŋ uɑŋ
今音	əŋ	uŋ

乙　表

古韵	庚　清　青　蒸		庚　清　青	
古等呼	开三、四		合三、四	
古纽类			唇音	喉牙
今纽类	业彳尸日	其他		
例字	征称呈升仍	惊迎轻名丁宁陵	兵明	兄琼迥扃荣
古音	ǐɐŋ ǐæŋ ieŋ ǐəŋ		ǐwɐŋ ǐæ̆ŋ	iweŋ
今音	əŋ	ieŋ	ieŋ	iuŋ

---

① 例外字,登韵开口有"肯"或读-nə;庚韵合口有"横"-uə;清韵开口有"贞侦祯桢"-ən;
清韵合口有"营萦倾顷"-iŋ。

韵表六(真至仙)①

甲　表

古韵	真臻欣		文		痕		真谆		魂		
古等呼	开口		合口		开口		合口		合口		
古纽类			唇音	喉牙	喉牙	舌头			唇音	喉牙	舌齿
今纽类	虫彳尸日	其他					丩く丅丨	其他			
例字	珍真臻陈神人	巾贫勤	分文	云君	根痕恩	吞	困荀均俊旬匀	春唇遵笋	盆门	昆魂	村论
古音	i̯ĕn i̯ɛn i̯ən		i̯uɐn		ən		i̯wĕn i̯uĕn		uən		
今音	ən	in	ən	yn	ən	un	yn	un	ən	uən	un

乙　表

古韵	元			寒	删山		桓删山		先仙			
古等呼	开	合		开	开		合		开		合	
古纽类	喉牙	唇音	喉牙		喉牙	其他	唇音	其他				
今纽类									虫系	其他	虫系	其他
例字	言建献	翻烦	元袁鸳暄	单安	颜奸闲	删山	潘蛮	端还鬋	缠然	乾仙	穿船	选权
古音	i̯ɐn	i̯wɐn		ân	an	ân	uân wân wan		ien iæn		iwen i̯wæn	
今音	iɛn	an	yan	an	iɛn	an	an	uan	an	iɛn	uan	yan

---

① 例外字,元韵开口有"轩"-yan。

韵表七（侵至凡）

甲　表

古韵	侵		盐 添 严	
古等呼				
古纽类				
今纽类	뽀彳ㄕ囟	其他	뽀彳ㄕ囟	其他
例字	戡沈深任	金侵心音	詹谄陕染	兼严尖潜
古音	i̯əm		i̯æm iem i̯ɐm	
今音	ən	in	an	i̯ɛn

乙　表

古韵	覃 谈		咸 衔 凡	
古等呼				
古纽类				
今纽类			ㄐㄑㄒ	其他
例字	甘坎耽探谈惭三蓝		缄岩衔剑欠	谗衫斩凡
古音	âm　　âm		am　ām　i̯wɐm	
今音	an		i̯ɛn	an

韵表八(屋沃烛觉药铎)①

甲　表

古韵	屋沃		屋　烛				觉			
古等呼	合一		合二、三、四							
文言白话			文言	白话			文言		白话	
古纽类		喉牙	其他							
今纽类							ㄐㄑㄒ丨	其他		
例字	木酷	育局	福肃足录	粥熟肉	绿	六	觉确学岳	剥朔渥	角学壳	剥雹
古音	uk uok		i̯uk i̯wok							
今音	u	y	u	ou	y	iou	yɛ	uo	iâo	âo

乙　表

古韵	药					铎		
古等呼	开				合	开		合
文言白话	文言		白话					
古纽类						喉牙半齿	其他	
今纽类	业彳尸囗	其他						
例字	灼绰芍若	爵鹊削略	嚼脚雀鹊削	着杓芍弱	缚	各咢落	铎诺索	郭霍
古音	i̯aŋ				i̯wak			
今音	uo	yɛ	iâo	âo	u uo	ə	uo	uo

---

① 表中所谓文言白话,只是大概的分法。凡白话与文言相同者,即以文言包括白话。例外字,沃韵有"沃"-uo;烛韵齿音有"续"-y;铎韵舌音有"落",白话念-ao。

韵表九(陌麦昔锡职德)①

甲　表

古韵	陌　麦　职		陌　麦		职		
古等呼	开二		合二		开三		合三
文言白话	文言	白话	文言	白话			
古纽类							
今纽类	ㄅㄓ系				业系	其他	
例字	客策色测	拍白百柏宅择翟拆色	虢获	麦脉	职食	即极	域洫
古音	ɐk kɜ ək		wɐk	wɛk	i̯ok		i̯wɐk
今音	ə	ai	uo	ai	ʅ	i	y

乙　表

古韵	德				陌　昔　锡			
古等呼	开			合	开三、四		合三、四	
文言白话	文言		白话					
古纽类	唇音	其他						
今纽类					业系	其他		
例字	北墨	则德	北得勒黑贼塞	国或	隻尺释	戟逆昔益壁觅	碧役疫	阒
古音	ək			uək	i̯ɐk	i̯æk iek	i̯wɐk iwæk iwek	
今音	uo	ə	ɛi	uo	ʅ	i	i	y

---

① 例外字,昔韵业系有"螫",白话念-ə;开口牙音有"剧"-y。

韵表十(质至薛)①

甲　表

古韵	质栉迄		物		术		质	没		曷	
古等呼	开口		合口		合口		合口	合口		开口	
古纽类			唇音	喉牙				唇音	其他	喉牙	其他
今纽类	㞢系	其他			丩くㄒ丨	其他					
例字	侄叱虱日	吉必乙	弗物	郁屈	橘恤戌聿	出术卒	率帅	勃渤没	骨窟突卒忽笏	葛渴	达捺
古音	i̯ĕt i̯et i̯ĕt		i̯uət		i̯uěn		i̯wĕt	uət		ât	
今音	ʅ	i	u	y	y	u	uai	uo	u	ə	ʌ

乙　表

古韵	月			黠鎋			屑薛				末
古等呼	开	合		开		合	开		合		合
古纽类	喉牙	唇音	喉牙	喉牙	其他						
今纽类							㞢系	其他	㞢系	其他	
例字	许谒歇	发伐	厥月越	黠瞎辖	八拔札杀	滑刮刷	哲热	节别	辍说	穴绝	阔夺拨活
古音	i̯ɐt	i̯wɐt		āt at		wāt wat	iet i̯æt		iwet i̯wæt		uât
今音	iɛ	ʌ	yɛ	iʌ	ʌ	uʌ	ə	iɛ	uo	yɛ	uo

---

① 例外字,栉韵有"栉"-iɛ,"瑟"-ə;物韵有"佛"-uo;术韵有"律"-y;没韵有"讷"-ʌ,-ə;黠韵有"刖"-yɛ;末韵有"跋"-ʌ。

韵表十一(缉至乏)

古韵	缉		葉　帖　业	
古等呼				
古纽类				
今纽类	业系	其他	业系	其他
例字	执湿十	及习揖吸	辄謺涉摄	妾猎协劫
古音	iəp		iæp　iep　iɐp	
今音	ʅ	i	ə	ɛ
古韵	合　盍		洽　狎	乏
古等呼				
古纽类	喉牙	其他		
今纽类			ㄐㄑㄒ	其他
例字	阁合盍	答纳杂腊	夹恰鸭狎	刬插乏法
古音	âp	âp	ap　āp	iwɐp
今音	ə	ʌ	iʌ	ʌ

声　调　表

古声调	平声		上声		去声	入声		
古清浊	清音	浊音	全次次清清浊	全浊	清浊	全浊	次浊	其他
今声调	阴平	阳平	上声	去声	去声	阳平	去声	阴阳上去

由上面那些纽韵表看来,我们可以看得出四个要点:

(一)关于纽的方面

1.知系的开合两呼与精系的开合两呼不混;

2.精系的齐撮两呼与见系的齐撮两呼相混。

（二）关于韵的方面

1.臻摄的开齐两呼与梗摄的开齐两呼不混。

2.古三、四等字本该念齐撮两呼,但㞢、彳、尸、日的三、四等字因为受卷舌的影响变为开合两呼。

这是最重要的几点;其他可注意的地方很多,须在表中仔细体会①,不是这里所能详论的了。

第四节　吴音系

方音的研究,可以专研究一个时代的语音(例如现代),不必顾及历史上的演变,这是所谓描写的语音学(descriptive phonetics);又可以着重历史上的演变,这是所谓历史的语音学(historical phonetics)。上节是着重历史方面的,本节及以后各节拟另换一个方面,只叙述各纽韵的系统而不叙及其古今的演变。这只因为篇幅所限;如果我们写一部关于方音研究的书,自然也以包括描写的与历史的两方面。

在本节里,我们仍像上节择定一个都市的方音为一个语系的代表。吴音区域中,最大的都市是上海;但上海为新兴的都市,而且五方杂处,很难看得出上海音的真面目,所以我们暂先研究苏州的语音。以下是苏州的纽韵调的系统。

（甲）声母②

1.悲母[p]　　例字:巴布杯悲宾班包邦本拜。

---

① 我们依照这些表,既可由今北京音推知古音,又可由古音推知北京音,例如北京音念[l]的,等于古音的来母;北京的平声字念[t]的,等于古音的端母;北京念[əŋ]的,除知系字外,等于古音庚耕登韵的开口呼。又如古音真臻欣的开口呼三、四等字,今北京念[in],但在㞢、彳、尸、日之下则念[ən]。

② 表中所谓悲母、怕母等,系就苏州音而定的"字母",不是守温三十六字母的系统,而"悲怕"等字只是代表字,其本身没有意义。下仿此。

2. 怕母[p']　　例字：怕铺譬匹潘抛坡攀丕派。

3. 病母[b']　　例字：琶婆陪袍排旁拔勃薄白。

4. 闷母[m]　　例字：马母蛮梅眉满灭木莫买。

5. 悱母[f]　　例字：法费福富弗翻分风夫反。

6. 愤母[v]　　例字：伐伏微扶饭文烦房坟凤。

7. 妒母[t]　　例字：带戴都当堆跌笃搭颠单。

8. 痛母[t']　　例字：天摊贪通秃忒太土添铁。

9. 悼母[d']　　例字：逃图坛颓同毒达特腾蛋。

10. 怒母[n]　　例字：奈内囊乃奶农难南诺怒。

11. 怜母[l]　　例字：兰蓝龙里路辣绿列立连。

12. 憎母[ts]　　例字：债最酒尊知济租周卒足。

13. 耻母[ts']　　例字：翠穿错秋侵惨取猜痴春。

14. 伤母[s]　　例字：新诗收伤素雪叔所信息。

15. 愁母[z]　　例字：从虫蚕绝尽随遂习贼俗。

16. 惊母[tɕ]　　例字：剑坚基己急击结救金斤。

17. 庆母[tɕ']　　例字：欠牵欺曲谦缺轻巧气吃。

18. 惧母[dʑ']　　例字：强穷求郡极局及勤剧奇。

19. 喜母[ɕ]　　例字：希休熏欣凶歇朽香旭享。

20. 念母[ɲ]　　例字：肉日人认(皆白话音)牛尼疑年娘宁。

21. 怪母[k]　　例字：公刚高孤谷格葛该怪惯。

22. 恐母[k']　　例字：空康靠苦哭客渴开快款。

23. 狂母[g']　　例字：狂共葵逵夔馗揆匮。

24. 悟母[ŋ]　　例字：五鹅(皆白话音)我颜岩额误傲梧。

25. 爱母[○]　　例字：衣忧安乌庵欧恩翁屋一。

26. 悔母[h]　　例字：海狠蝦花黑耗虎火辉喝。

27. 恨母[ɦ]　　例字：河恨孩厚含害护豪汗恒。

附论:吴音里的浊音字,单念时是吐气的;若在两元音的中间,就往往变为不吐气。又吴音里所谓浊音往往是先一半清后一半浊,甚或只是清音浊流,可以写成[pɦ][tɦ][kɦ][fɦ][sɦ]。苏州有[z]无[dz],齐撮呼字无[n],开合呼字无[ɲ]。

（乙）韵母①

平上去声

1. 丝韵[ɿ]只有开口呼。例字:雌资子使慈次私史紫丝。

2. 书韵[ʮ]只有撮口呼。例字:水柱吹致试痴之枝书猪。

3. 雨韵[y]只有撮口呼。例字:愚余女居雨于虚予语许。

4. 油韵[øy]只有开口呼。例字:刘有九旧周头楼谋收柔。

5. 米韵[i]只有齐齿呼。例字:衣西徐鸡希迷溪离第奇。

6. 钱韵[ie]只有齐齿呼。例字:仙煎天连眠颠边钱坚牵。

7. 衫韵[ɛ]开口呼:雷残山兰陪罪蓝散攀淡;

   合口呼:关归魁葵违还环奎怀。

8. 稻韵[æ]开口呼:跑好老嫂赵倒稻造闹;

   齐齿呼:萧小潦笑叫妙焦悄。

9. 柴韵[â]开口呼:家加(白话音)拜买摆柴排太奶;

   齐齿呼:皆佳邪耶借嗟且写爷;

   合口呼:坏(白话音)乖怪快拐歪。

10. 盘韵[ø]开口呼:安蚕满峦判干探男钻;

   合口呼:宣桓宽款贯欢。

11. 车韵[o]开口呼:马爬车碬错母遮霸巴夏华花瓜寡挂化跨;

---

① 表中所谓丝韵、书韵等,系就苏州音而定的韵目,不是《广韵》或平水韵的系统,而"丝书"等字只是代表字,其本身没有意义。下仿此。韵值的表示,比赵元任先生《现代吴语的研究》里所用的较宽。

齐齿呼:靴。

12.醋韵[ɜu]只有开口呼。例字:多哥可果古顾醋路卢罗苦误我吾。

13.布韵[u]只有合口呼。例字:婆布波铺浦破补敷父。

14.瓶韵[iŋ]只有齐齿呼。例字:新命丁品醒令寻请静庭。

15.灯韵[ən]开口呼:根分登痕本门伦仁森趁;

　　　　　齐齿呼:金斤紧禁韵近银兴幸庆;

　　　　　合口呼:崑昆坤棍滚婚魂;

　　　　　撮口呼:云君允窘薰。

16.棚韵[ã]开口呼:生朋声争冷猛(皆白话音)杏滨张昌彭;

　　　　　齐齿呼:阳强祥良抢想享香蒋谅①;

　　　　　合口呼:横。

17.床韵[ɑ̃]开口呼:郎讲床帮忙肓汤庄章;

　　　　　合口呼:黄光往汪匡狂况。

18.桶韵[oŋ]开口呼:通桶送公蒙宗龙松从;

　　　　　齐齿呼:龚凶兄绒。

19.不归韵者:嘸姆(在"姆妈")[m̥]唔(在"唔笃")[ṇ]五(白话)[ŋ]儿二耳(文言)[ɜr]

入声

1.雪韵[ıʔ]只有齐齿呼。

例字:雪捷接节贴跌别撒列劣。

2.袜韵[aʔ]

开口呼:搭达萨杀札匣法袜瞎;

---

① 齐齿呼,即加上一个韵头[i];合口呼,即加上一个韵头[u];撮口呼,即加上一个韵头[y]。

齐齿呼:压侠甲夹(皆文言);

合口呼:刮滑划;

撮口呼:曰。

3. 尺韵[ɑʔ]

开口呼:白尺格石策隻拍摘隔(皆白话音)弱着(在"着衣裳");

齐齿呼:脚削略。

4. 墨韵[əʔ]

开口呼:拨泼勒则渴黑鸽虱;

齐齿呼:葉劫歇业杰结①;

合口呼:活阔骨忽国惑;

撮口呼:月(文言音)郁屈缺决血越。

5. 谷韵[ɔʔ]

开口呼:北鹿独宿哭谷木莫朴剥;

齐齿呼:学觉(皆文言音)肉菊局曲欲育。

附论:苏州的真韵与侵韵的韵尾[-n]与韵尾[-ŋ]分不清。每字单念起来,灯韵的韵尾往往是[-n],瓶韵舌齿音字的韵尾往往是[-ŋ],唇音字的韵尾往往是[-n](瓶韵无喉牙音)。但是,如果字在句首或句中,而又不在一个音节之前,则往往为下面的字的声母所同化。同化起来,非但[-n]与[-ŋ]可以互易,而且可变为别的韵母,如下诸例:

门面　斤半　"门、斤"的韵尾变[-m];

门槛　宾客　"门、宾"的韵尾是[-ŋ];

镜子　京都　"镜、京"的韵尾是[-n];

---

① "葉劫"等字的韵母近[ieʔ],其主要元音与"泼勒"等字不同。但[əʔ]限于唇齿音,[ieʔ]限于喉牙音,在语音学上可称为 complementary distribution,故可认为同韵。

亲娘　寻人　"亲、寻"的韵尾是[-ɲ]；

蒸饭　尊姓　芸香　青海　分红　"蒸、尊、芸、青、分"的韵母都变为鼻化元音，微带下面声母的发音状态①。

(丙)声调②

1. 阴平┤　例字：风斯居都楷开巾奔干山天昭高多嘉张轻抽秋金深参兼。

2. 阳平╱　例字：逢随鱼图埋台陈盆寒颜尧陶罗牙盲尤牛吟任南嫌。

3. 阴上丫　例字：孔举祖矮海反短简小早左寡颈酒首品审感点斩。

4. 阴去╰　例字：送注布怪爱震半惯遣箭笑到课驾放性秀禁浸暗店剑。

5. 阳去╲　例字：凤"跪户买"卖"在引尽眼"面"免"暴贺骂"纲"豆"舅"旧"静"滥念"犯"③。

6. 阴入├　例字：曲速育七失一博伯僻击色德北塞急答妾乙法。

7. 阳入└　例字：局族欲疾实逸薄白别极食特仆贼及沓捷协乏。

吴语有一个很大的特点，就是文言音与白话音的差异④。同

---

① 参看《现代吴语的研究》页67。但这种同化作用只是常见的情形，而不是必然的。

② 每一声调之下附有声调的符号；关于符号看法，参看赵元任先生所著 Tone and Intonation in Chinese,《史语所集刊》第四本第二分，页127。

③ 凡加引号者，在字书上属上声(阳上)。

④ 北京音也有文言、白话的差异，但比较少见。大致看来，北京只有古入声字可以有文言、白话两音(例如"李白"的"白"读[po]，"白菜"的"白"念[pai])，又往往只在韵母上有分别。吴语则不限于入声，也不限于韵母。长江下游非吴语区域也有这种现象。

是一个字,在白话里念此音,在文言里却读彼音。例如苏州人日常计算一二三四五……的时候,"二"字念[ȵi],"五"字念[ŋ];但如果教小孩读书本上的"一二三四五……","二"字就该读为[ɜɻ],"五"字就该读为[u]。兹将苏州文言白话有分别的字举例如下①:

(一)遇摄疑纽字

五　在"五福、五伦"读[u]或[ɛu];在"五只角子"念[ŋ]。

吴　在"东吴大学"读[u]或[ɦɛu];在"吴家里"念[ŋ]。

(二)喉牙二等字

下　在"不耻下问"读[ɦio];在"吃下去"念[ɦo]。

学　在"哲学、科学"读[ɦioʔ];在"学生子"念[ɦoʔ]。

牙　在"姜子牙"读[ɦiâ];在"牙科医生"念[ŋâ]。

家　在"家庭、家族"读[tɕiâ];在"吴家、张家、别人家"念[kâ]。

加　在"增加预算"读[tɕiâ];在"加拨俚两个铜板"念[kâ]。

嘉　在"其志可嘉"读[tɕiâ];在"嘉定、嘉兴"念[kâ]。

觉　在"感觉、觉悟"读[tɕioʔ];在"我觉得"念[koʔ]。

(三)牙音三、四等字

龟　在"龟甲文"读[kuɛ];在"一只乌龟"念[tɕy]。

鬼　在"新鬼烦冤旧鬼哭"读[kuɛ];在"夜叉小鬼"念[tɕy]。

贵　在"富贵荣华"读[kuɛ];在"该件衣裳忒贵哉"念[tɕy]。

跪　在"三跪九叩首"读[gʻuɛ];在"跪下来"念[dʑʻy]。

去　在"归去来兮"读[tɕʻy];在"我要转去哉"念[tɕʻi]。

---

① 文言、白话的分法,只是为便利起见。其实二者的界限有时候也是分不清的。

（四）舌音字

鸟　在"千山鸟飞绝"读[niæ]；在"树浪有一只鸟"念[tiæ]。

（五）半舌音字

日　在"日本、日记"读[zə?]；在"两日天、上半日"念[niə?]。

（六）齿音字

声　在"空谷传声"读[sən]；在"骂佺两声"念[sā]①。

生　在"新生活"读[sən]；在"做生意"念[sā]。

争　在"争端、争战"读[tsən]；在"我勿搭佺争"念[tsā]。

（七）唇音字

问　在"学问、问道于盲"读[vən]。在"让我问问俚看"念[mən]。

味　在"食而不知其味"读[vi]；在"味道蛮好"念[mi]。

大致看起来，白话的音近于古音，文言的音是受所谓官话的影响。这是吴语里一件有趣的事实。

参考资料

【赵元任论吴语全部的公共点】——吴音、国音、古音的比较当然只能看表（力按：赵先生的书中共有四个大表）才可以知道它们当中确实的关系。现在只能很笼统的说一说，假如有少数几处不合例的，就不提了。声母方面，吴音有并定群澄床从等浊音，平（上）去入皆跟清音有别，合古音分类，不合国音。澄床禅从邪读破裂摩擦还是纯摩擦，内部不一致，与古音不合，与国音也不合。微日两母白话用鼻音（近古音），文言用口音（近国语）。见晓系齐撮腭化，去古音远，跟国音近。但在山庚江那些韵的白话读音不腭化，跟古音近。n、l不混，跟上江话不同。韵母比国音高化，例如麻

---

① 但"声音"的"声"虽在白话里也念[sən]，不念[sā]。

韵古前 a,在国音变后 a,在吴语变 o;歌韵古后 a,在中部官话 o,在
吴音 u,或不圆唇的 u。复合元音大半变单元音,例如 ai、ei、au、ou
往往变成 ä、é、ó、e,这是去古音很远的。j 系字(力按:即业系字)
有一大半地方读开合,跟国音相近,跟古音不同(因为 j 系字,除
"沙山斋"等类少数字外,都是古音齐撮)。没有 m 韵尾,也没有一
致辨-n,-ng 韵尾的。古山咸摄字往往全失去鼻音。臻深摄字韵尾
最容易跟下字起音部位同化。通宕梗摄字的-ng 有时读得不很着
实,这几点跟上江方言差不多,跟北方南方音不同,跟古音更不同。
有入声而没有-p、-t、-k 韵尾。声调最普通的是有八声,或七声(阳
上归阳去),跟古音近,离国音远。声调的区别没有官话清楚,阳平
上去尤其易混。音韵分类上(不是讲音值)也有比国音更合古韵
的(例如白话"打"读 dáang,"鸟"读 deau),也有不如国音合古音
的(例如有几处"秦寻"读撮口),但通算起来还是吴音的分类跟
《切韵》所代表的古音近一点。从《广韵》的观点,来统计吴音一切
"不规则"的字音(例如全浊上去对换、床禅对换、"括豁、阔活"异
韵之类),就可以看出来古今音"叔祖侄孙"关系的一斑。这个统
计还没做出来,本书暂不列入。吴语范围的大小要跟着吴语的定
义而定的,吴语的定义又是要看跟着哪个点或哪几个同变的点而
定的。现在暂定吴语为江苏浙江当中并定群等母带音,或不带音
而有带音气流的语言。这样就包括这次所写的 33 处方言,不过在
这一点上,丹阳要算在边界上了。定义本来无所谓对不对,只有好
不好。将来这一带的语言调查得更清楚之后,大概还有更好的定
义,因而把吴语观念的范围也改变了也未可知的。

　　《现代吴语的研究》,页 87~88。

第五节　闽音系

　　闽音可以福州音或厦门音为代表。但是,厦门音比福州音通

行的地域较广①，所以本书暂且叙述厦门音。以下是厦门的纽韵调的系统。

（甲）声母②

1. 边母［p］　　　例字：飞放病吠分榜方（姓方）半霸闭③。
2. 颇母［pʻ］　　例字：皮抱鼻普波拍品偏奔判。
3. 眉母［b］　　　例字：马微买磨慕埋庙无文晚。
4. 门母［m］　　例字：名棉满门晚问物冒梅妹。
5. 地母［t］　　　例字：长陈潮张短刀同知中德。
6. 他母［tʻ］　　例字：头汤退桶拖偷天虫丑宅。
7. 柳母［l］　　　例字：内人力路老礼南兰良纳。
8. 软母［n］　　例字：两篮年娘领烂软猫染奶。
9. 曾母［tʃ］　　例字：泉走少鸟注才支周酒前④。
10. 出母［tʃʻ］　例字：手树抢穿菜惨市持秋深。
11. 时母［ʃ］　　例字：桑三沙素山尸四小扇孙。
12. 入母［dʒ］　　例字：儿爪尿认忍二然字如日。
13. 求母［k］　　例字：咬件强共光果京近国局。
14. 去母［kʻ］　　例字：勤科开牵气欠劝去口刻。

---

① 罗常培先生《厦门音系》的叙论云（页1）："厦门话是汉语方言里很重要的一种。它的领域，往广义里说，上自闽南，下至于潮汕、琼崖、台湾、菲力滨、新加波以及南洋群岛（力按：还有暹罗等处），大约有一千二百万乃至一千五百万人能操这种方言。"

② 声母的名称，除眉、软、语三母外，皆依谢秀岚的《增注雅俗通十五音》。又声母与韵母的音值大致依照罗常培《厦门音系》，并参照著者自己的调查（同学杨知礼君帮助举例及校正）。

③ 凡例字下边加"·"，表示白话音，加"△"号表示文言音；无记号者，表示白话、文言通用。后仿此。

④ 曾、出二母，罗常培先生分为渣、支、差、痴四母，即 ts、tɕ、tsʻ、tɕʻ。今暂依《十五音》，以待将来调查决定。

15. 语母[g]　　例字:牙饿艺碍眼牛严遇外愿。

16. 雅母[ŋ]　　例字:迎硬雅午耦夹五。

17. 喜母[h]　　例字:风远鱼耳呼肥兄希海。

18. 英母[○]　　例字:红影用语胡爱庵王引雨。

附论:厦门音的[b][g]是不吐气的,与吴语的[b'][g']不同。[b]与[m]、[l]与[n]、[g]与[ŋ]很容易相混,所以谢秀岚的《增注雅俗通十五音》里只有"十五音"。

(乙)韵母①

平上去声

1. 居韵[i]

齐齿呼:悲皮眉面知剃利年支齿四二基气硬鱼衣②。

合口呼:吠屁微梅堆梯雷水吹随鬼亏危妃为。

2. 稽韵[e]只有开口呼。

例字:飞皮马咩帝提礼坐差世家启牙火下。

3. 嘉韵[a]

开口呼:巴脬码马焦诧拉拿诈炒沙咬脚牙孝也。

齐齿呼:爹扯摺(捏也)领寄奇鹅借车射遮靴夜。

合口呼:簸破磨麻大拖箩烂瓜夸外蛇娶沙花话华蛙。

4. 沽韵[ɔ]只有开口呼。

例字:布铺慕茂都土路租醋素故呼五误虎胡。

---

① 韵母的名称,除入声韵外,也都依照谢氏《十五音》;但本节以开齐诸呼合为一韵,故韵类比《十五音》较少。
② "面年硬咩拿领麻烂卖乃闹两物"等字的韵母,罗常培先生注为鼻化韵,但据我的调查则非鼻化韵,未知孰是。

5. 高韵[o]

开口呼:婆波帽刀桃劳曹错锁歌科饿好蠔。

齐齿呼:表票庙潮枭少笑小尿桥拾摇。

6. 船韵[u]只有合口呼。

例字:妇浮无厨贮旅子取司字车驱愚虚于。

7. 皆韵[ai]

开口呼:排派埋卖台杀内乃灾菜西该开碍海爱。

合口呼:怪快坏歪。

8. 桧韵[oe]只有开口呼①。

例字:盃倍买地替内罪初洗锐鸡契外会鞋。

9. 交韵[au]

开口呼:包抛卯斗头留闹走草扫厚口贤熬孝后。

齐齿呼:表票庙钓跳鸟鸟笑小饶骄曲尧晓摇。

10. 丩韵[iu]只有齐齿呼。

例字:彪谬昼抽柳两酒手修柔求邱牛休忧。

11. 栀韵[i] 只有齐齿呼。

例字:病鼻甜天争青生见砚院。

12. 监韵[ã]

开口呼:怕骂担他篮衫敢吓俯。

齐齿呼:饼名定听正请声行迎兄影。

合口呼:牛潘单炭泉闩山寒看岸碗。

13. 扛韵[ɔ]只有开口呼。

例字:五火否伍好我。

---

① 罗先生认为桧韵为稽韵的合口呼,注为[ue]。

14. 姜韵[ĭu]只有齐齿呼。

例字:张蒋唱赏姜腔香羊。

15. 闲韵[ai]

开口呼:宰 tʃai(刷房子之刷)hai(嗟叹之声)。

合口呼:关惯高县横。

16. 爻韵[au]

开口呼:貌矛肴。

齐齿呼:猫鸟。

17. 金韵[im]只有齐齿呼。

例字:朕琛饮枕深心任金琴锦熊音。

18. 甘韵[âm]

开口呼:担贪南斩惨三甘坎岩喊暗。

齐齿呼:店添念渐签闪染减欠严嫌盐。

19. 姆韵[m̩]

例字:媒梅茅不。

20. 巾韵[in]只有齐齿呼。

例字:宾品面珍鳞真亲身认紧浅眩印。

21. 干韵[an]

开口呼:班攀万弹炭兰残田山干看颜汉安;

齐齿呼:双片免殿天连年煎千仙然见犬显烟。

合口呼:叛判晚短锻乱专川选软拳劝愿反怨。

22. 君韵[un]只有合口呼。

例字:分盆问唇吞轮船春孙忍斤勤分运 gun(我们)。

23. 经韵[ieŋ]只有齐齿呼。

例字:反评明丁程冷争松生仍穷轻迎兴英。

24. 江韵[aŋ]

开口呼:放帆蚊同虫人棕葱松江空杭红。

齐齿呼:凉。

25.公韵[ɔŋ]

开口呼:榜碰亡同通农藏床宋狂空昂红王。

齐齿呼:中虫良从厂伤让宫恐仰雄羊。

26.钢韵[ŋ̍]

例字:饭问长糖软装床算光劝园黄。

入声

1.缺韵[iʔ]　　只有齐齿呼。

例字:鳖篾物滴铁裂捏接闪缺。

2.客韵[eʔ]

开口呼:白沫麦宅裂绝册格月挟。

合口呼:八提笠节塞。

3.甲韵[aʔ]

开口呼:百拍肉踏蜡历插甲较匣。

齐齿呼:壁癣摘拆掠食赤削迹屐隙额。

4.阁韵[oʔ]

开口呼:薄桌落索阁鹤学。

齐齿呼:着石尺俗蓆葉药。

5.吸韵[uʔ]只有合口呼。

例字:吸(suʔ),puʔ(苗芽),t'uʔ(撞也),tʃuʔ(露出)。

6.〇韵[auʔ]

开口呼:tauʔ(扣上的声音),tʃauʔ(寂静貌),kauʔ(卷也,用于"卷薄饼"),ŋauʔ(咬也)。

齐齿呼:k'iauʔ(死也),ŋiauʔ(突起也)。

7.〇韵[iʔ]只有齐齿呼。

例字:瞄。

8. ○韵[aʔ]

开口呼:凹。

齐齿呼:hĭaʔ(领也)。

9. ○韵[ɐʔ]只有开口呼。

例字:kɐʔ(噎也),ŋɐʔ(夹住)。

10. ○韵[ūaĭʔ]只有合口呼。

例字:ūaĭʔ(摩擦之声)。

11. 急韵[ip]只有齐齿呼。

例字:立执缉习入及翕揖。

12. 鸽韵[âp]

开口呼:答榻纳杂插屑鸽瞌合压。

齐齿呼:蝶帖粒接妾涉廿夹业狭葉。

13. 质韵[it]只有齐齿呼。

例字:鼻匹蜜佴一七失日乞 hit(那个人的"那")一。

14. 割韵[at]

开口呼:别密达踢力实贼杀割渴遏。

齐齿呼:别撇袜哲撤列节切设热竭子孽穴悦。

合口呼:拔拨抹夺脱劣拙撮雪刮缺月法越。

15. 骨韵[ut]只有合口呼。

例字:佛物突秃律卒出术骨屈忽熨。

16. 激韵[iək]只有齐齿呼。

例字:百璧笛宅力籍侧色局客玉黑益。

17. 觉韵[âk]

开口呼:北曝木逐读六觉确乐学握。

齐齿呼:爆。

18.国韵[ɔk]

开口呼:北朴木桌读鹿作凿速国哭愕福恶。

齐齿呼:竹畜六足雀熟肉脚曲玉旭约。

附论:钢韵的[ŋ]如在非 h 的辅音之后,则有一个极短的[ɿ]发生于声母与韵尾之间①,例如"饭"可注为[pɿŋ]。

(丙)声调

1.阴平 ˧ 　例字:方波刀单汤惊兄饮甜斤。

2.阳平 ˧ 　例字:平名虫年牛羊存云高枷。

3.上声 ˨ 　例字:反等管款锦好小短馆犬。

4.阴去 ˩ 　例字:半判炭看印细算跳层睡。

5.阳去 ˩ 　例字:件段类硬犯低五吠妇鼻。

6.阴入 ˧ 　例字:百答客劣渴屈血黑淑帖。

7.阳入 ˦ 　例字:夺辣月悦食俗宅鼻缚踏。

厦门音中,文言与白话的分别,比苏州音更为显著。但此处不再详述。

参考资料

【罗常培论厦门音跟《广韵》的比较】——厦门声母跟《广韵》声类的分合异同,重要的有下面的几点:(1)话音轻唇重唇不分,但字音轻唇非敷奉均转入 h 母。(2)舌头舌上不分。(3)齿头正齿不分;照系的二、三等也不分。(4)喻母的三、四等不分;但一部分三等字转入 h 音。(5)舌齿两音往往互变;喉牙两音往往互变。

---

① 周辨明先生认为[ə]音,见 Le Maître Phonétique,1930. 第三辑,第三十册,页38～40。

（6）全浊并奉定澄群从床七母变入全清的比变入次清的多。跟北京音平声变次清、仄声变全清的条理不同。（7）晓匣、心邪、审禅三组，清浊无别。但匣母话音多变纯韵，颇与喻母相似。（8）次浊明微字音变 bb（力按：即 b），疑变 gg（力按：即 g），泥娘来变 l；但在半鼻韵前仍读 m、ng、n 音。（9）次浊日母字音读 dz（力按：今作 dʒ）；但话音多变入 l、n 两母。（10）床母三等船类变入 s 音的比读 tz 音的（力按：今作 tʃ）较多；跟禅母有混淆的倾向。（11）心邪审禅的一小部分从摩擦的 s 音变入破裂摩擦的 tz、ts 两音（力按：今作 tʃ、tʃ'）。此外一部分话音跟训读的音变，离常轨较远的，我们只能认为例外，不再加以讨论。

《广韵》跟厦韵的分合异同，这里只能提出重要的几点，略作概括的说明：（1）假摄各部厦门字音大部分读作 a、ia、ua 三韵，开合口跟二、三等的分界都很清晰，同高本汉假定的《广韵》音相合。果摄歌[ɑ]戈[uɑ]两部厦门字音大部分都读成 ɞ 韵，不单开合无别，而且音值也跟高音不同。（2）遇摄模部[uo]的百分之八十四，厦门字音读作 o（力按：即[ɔ]），跟流摄侯部[əu]的大部分字音混成一韵。（3）蟹摄开口一等哈[ɑi]泰[ɑːi]跟二等皆[ai]佳[aːi]夬[aːi]，三等祭[ĭɛi]废[iai]跟四等齐部[iei]，厦门字音也跟别处方言一样，看不出什么显著的差异来。并且合口一等灰部[uɑi]跟四等齐（圭）部[iwei]也有跟止摄合口混淆的倾向。（4）止摄支[iě]脂[i]之[iː]三部除去受 tz 系声母影响的开口韵变入 u 韵外，其余大部分字音都读作 i 韵或 ui 韵。这三部的没有分别，厦门字音也跟别处方音一样。不过支部里从"奇义"声符得声的字，厦门话音变到 ia 韵的很多。（5）效摄一等豪部[ɑu]的百分之七十五，厦门字音读作 ɞ，二等肴部[au]的百分之五十一，厦门字音读 au，它们彼此间虽然有分别，可是豪部同果摄的歌戈两部又混成一韵。（6）流摄一等侯部[əu]厦门字音跟遇摄模部混合，话音跟效摄肴部混合,本身并没有独立的音值。三等尤部[ĭəu]的百分之七十五跟四等幽部[iəu]所有问过的字,一律读作 iou 韵,所以看不出它们的差别来。(7)咸摄除去合口三等凡部[iwɐm]受异化作用(dissimilation)的影响变入 uan 韵外,其他各部的字音都能保持-m 尾没有多大变化。不过一等覃[âm]谈[âm],跟二等咸[am]衔[am]部没有分别,三等盐[ĭɛm]严[ĭɐm]跟四等添部[ĭem]也没有分别。这一点厦门音也跟多数的方音相同。(8)深摄侵部[ĭəm]的百分之七十二,厦门字音读作 im 韵。不过通摄东(融)部[iuŋ]的"熊"字,曾摄蒸部[ĭəŋ]的"矜"字,厦门的话音也转入深摄,读作im 韵。(9)山摄开口一等寒部[ɑn]跟二等删(颜)部[an]、山(艰)部[an],三等仙(延)部[ĭɛn]、元(言)部[ĭɐn]跟四等先(前)部[ien]厦门字音都不能分别。至于合口各部,除去四等先(玄)部[iwen]因为没有撮口音的关系完全混入先(前)部外,其余一、二、三等各部的字音大都读作 uân 韵,各等间的分界比开口更为宽泛。(10)臻摄开口大部分读作 in 韵,合口大部分读作 un 韵。只有开口痕部[en]问过的字跟真部[ĭen]欣部[ĭən]g 系的字,一律转入un 韵,算是一种例外。(11)宕江通三摄厦门音不能分别,宕摄除去唐(冈)部[ɑŋ]的百分之十五话音读作 ang 韵,阳(良)部[iaŋ]的百分之七话音读作 iang 韵外,其他一等开口唐(冈)部、合口唐(光)部[wɑŋ]跟三等合口阳(方)部[iwaŋ]的大部分字音都转入ong 韵,跟通摄的一等相同;三等开口阳(良)部[iɐŋ]的大部分字音转作 iong 韵,跟通摄的三等相同。而通摄的话音也有一大部分转入 ang 韵,又跟宕摄的话音混合。至于江摄的字音读作 ang 韵的占百分之四十四,读作 ong 韵的占百分之三十,当然并入宕通两摄,没有独立的必要。(12)曾梗两摄开口的字音转入 ieng 韵的占大多数。至于合口的字音,只有曾摄登(肱)部[wəŋ]的一个字,梗摄庚(横)部[wɐŋ]的两个字跟耕(宏)[wɐŋ]的一个字,转入 ong

韵,其余大部分都跟开口相同。所以这两摄除去梗摄转入 iñ、iañ 两韵(力按:即 ĩ、ĩã)的话音比曾摄的较多以外,并没有什么显著的分别。(13)半鼻音相对的字音,虽然阴韵阳韵都有,可是由阴韵变来的共有八十三字,由阳韵变来的共有二百六十七字,而且由阴韵变来的大部分是受鼻音声母的影响。可见阳韵韵尾丢掉一半儿鼻音比在阴韵后另外加上一半儿鼻音较为容易。(14)m 韵字数很少,并且完全属于明母,所以我们可以断定它是受声母的影响。ng 韵的字大部分由江宕两摄、梗摄的庚(京)部[ĭɐŋ]、通摄的东(融)部[iuŋ]跟山臻两摄的合口韵变来。(15)入声的字音-p、-t、-k 的韵尾界限很分明,除去话音有由 p 变 t 的四个字,由 t 变 p 的一个字,由 k 变 t 的二十三个字,此外完全跟《广韵》的分类相合。至于丢掉韵尾的话音入声,-p、-t、-k 的分界完全混淆,各部出入极为参差。

节录《厦门音系》,页 56~61。

第六节　粤音系

粤音以广州音为代表,下面是广州的纽韵调系统①。

(甲)声母

1. 彪母[p]　　　例字:巴比敝辈禀鞭班宾冰保补别。

2. 鹏母[p‘]　　　例字:怕譬配陪品篇攀贫袍炮铺泼。

3. 马母[m]　　　例字:马眉尾米棉万民门文亡毛灭。

4. 虎母[f]　　　例字:科花挥非海凡反昏荒况苦虎。

5. 蝶母[t]　　　例字:多堆队点敦丁定当荡刀斗东。

6. 兔母[t‘]　　　例字:驼推颓潭添吞听亭汤陶偷童。

7. 鸟母[n]　　　例字:内男念难年乃嫩能宁恼农纳。

---

① 《清华学报》五卷一期拙著《两粤音说》讹误甚多,不可依据。本节大致依照高本汉《方音字典》,并参照自己的调查。

8. 龙母[l]　　　　例字:罗梨雷嫠兰连邻领陵劳吕龙。

9. 猪母[tʃ]　　　例字:左致兹追济斩浸征庄遭走阻①。

10. 蚕母[tʃʻ]　　例字:茶迟慈槌齐蚕寝清昌草丑初。

11. 蛇母[ʃ]　　　例字:纱师司水西三心声床寿梳杀。

12. 龟母[k]　　　例字:歌嘉几鬼感卷江高轿钩居掘。

13. 鲲母[kʻ]　　例字:夸葵亏琴权近坤强桥渠驱缺。

14. 蛾母[ŋ]　　　例字:峨衙危碍艺颜岸银偶五额岳。

15. 蝦母[h]　　　例字:可霞岂开孩谦肯行康考去阙。

16. 鸦母[○]　　　例字:祸夜华衣二儿耳威回验妖如②。

附论:广州的[p][pʻ][t][tʻ][n][l]与北京声母的系统相同。广州的[m]与北京的[m]或[w]相当;广州的[f]与北京的[f][kʻ][h]相当。广州的[tʃ]与北京的[tʂ][ts]及[tɕ]的一部分相当;广州的[ʃ]与北京的[ʂ][s]及[ɕ]的一部分相当。广州的[k]与北京的[k]或[tɕ]相当;广州的[kʻ]与北京的[kʻ]或[tɕ]的一部分相当;广州的[ŋ]在北京为[j][w]或元音;广州的[h]在北京为[h][ɕ]或[kʻ][tɕʻ]。广州的[○]在北京为元音或[ʐ][ər]③。

(乙)韵母

平上去声

1. 芝韵[i]

齐齿呼:知雌诗衣治迟事异至字试使意④。

---

① 照、穿、审三母,高本汉《方音字典》分为[ts][tsʻ][s][tʂ][tʂʻ][ʂ]六系,不合事实。

② “夜儿如”等字的声母,严格地说,非但不是元音,而且不是半元音。它们已经接近辅音[ʒ]。

③ 方音之比较研究,是很有趣且很有用处的。现在所说的只是很粗的观察。

④ 芝韵,高本汉《方音字典》分为[i][ɿ]两韵,不合事实。赵元任先生云:“广州城西关音知系声母i韵的ɿ带l音(iz),但不普遍。”

合口呼:灰海回会梅枚媒妹。

2. 椰韵[ε]

开口呼:慨。

齐齿呼:耶夜遮车者且野嘢射邪谢。

3. 瓜韵[a]

开口呼:巴怕马花家卡牙蝦他查叉纱鸦。

合口呼:瓜夸华寡挂话。

4. 禾韵[ɔ]

开口呼:波坡摩科哥苛鹅可多拖挪罗左错所①。

合口呼:过和禾。

5. 芙韵[u]只有合口呼。

例字:孤古苦虎斧父胡狐护。

6. 榆韵[y]只有撮口呼。

例字:猪朱书舒鱼愚住处如余。

7. 朵韵[œ]只有开口呼。

例字:靴朵多。

8. 梨韵[εi]只有开口呼。

例字:几岂希奇器比寄地利皮非肥飞眉美。

9. 葵韵[ɐi]

开口呼:挥危继启奚泥礼帝第济西妻米闭世艺。

齐齿呼:iɐi(不好也)。

合口呼:鬼威违龟葵柜诡亏贵慧惠为。

10. 艾韵[ai]

开口呼:赖带大皆排埋戒戴街艾蟹矮奶快买柴。

合口呼:怪坏怀。

---

① 本韵唇音字比非唇音字更为闭口,"波科"等字的韵母可说是[o]。

11. 菜韵[ɔi]只有开口呼。

例字:开碍海哀孩耐来胎灾菜在赛盖害。

12. 荽韵[øy]

开口呼:雷堆推队催佢罪碎岁税最追槌坠水醉虽。

齐齿呼:锐睿蕊。

13. 蕉韵[iu]只有齐齿呼。

例字:骄乔妖朝超潮兆昭烧绍饶料表小飘鸟。

14. 茅韵[au]只有开口呼。

例字:交敲咬孝效爪抄巢嘲稍罩包炮跑茅炒考。

15. 藕韵[ɐu]①

开口呼:侯斗偷口偶楼垢投扣九求牛旧走否浮谬。

齐齿呼:优丘休友油幼。

16. 桃韵[ou]只有开口呼。

例字:高好袄刀劳陶通草曹扫保毛暴奴卢都土度路母。

17. 芡韵[im]只有齐齿呼。

例字:俭验险阉炎沾闪染潜渐检欠严兼谦添甜。

18. 芩韵[ɐm]

开口呼:今衾琴砧箴审甚临浸心寻深歆岑沈感勘含甘。

齐齿呼:音淫吟任。

19. 榄韵[am]只有开口呼。

例字:男婪贪潭参蚕蓝谈惭三咸斩监衔衫。

20. 莲韵[in]只有齐齿呼。

例字:虔件延展烟战善然连仙鞭篇辨绵肩牵研显。

21. 萱韵[yn]只有撮口呼。

例字:暖乱端团段尊酸捲权渊缘转传全袁苑宣。

---

① 侯、肴两韵,高本汉皆注为[au],不合事实。

22. 兰韵[an]

开口呼:凡泛难兰旦滩檀但替灿残艰眼山谏颜删。

合口呼:关还湾。

23. 蘋韵[ɐn]

开口呼:禀品跟恩吞巾银珍陈真神身昏津邻训新。

齐齿呼:因寅殷人。

合口呼:棍坤魂温允君均尹群郡云雲窘陨。

24. 椿韵[øn]

开口呼:秦尽春论伦敦准顺瞬俊询旬。

齐齿呼:闰。

25. 秆韵[ɔn]只有开口呼。

例字:干看岸寒安翰韩肝刊旱汉。

26. 莞韵[un]只有合口呼。

例字:官款欢换碗般判盘件满本门。

27. 名韵[ɛŋ]只有开口呼。

例字:颈轻声城名平病(皆白话音)。

28. 茗韵[ɪŋ]只有齐齿呼①。

例字:颈轻定盈兄程征声成精青静性名病迎。

29. 争韵[aŋ]

开口呼:争坑硬撑烹棚盲。

合口呼:横。

30. 藤韵[ɐŋ]

开口呼:肯恒能登腾增朋幸更行生赠莺耿萌。

合口呼:宏轰。

---

① 青韵,高本汉注为[iŋ],其实是[eŋ](e部位很高)。但听起来很像英文的ing,现在姑注为[ɪŋ],勉强认为齐齿呼。入声职韵亦同此理。

31. 姜韵[œŋ]

开口呼:疆强乡张畅长丈昌赏常娘良将枪详双窗。

齐齿呼:仰洋秧攘让阳样养。

32. 桑韵[ɔŋ]

开口呼:刚康昂囊郎当汤堂藏邦况床庄荒江讲降。

合口呼:光旷汪王皇匡狂枉旺。

33. 葱韵[uŋ]

合口呼:公空红龙翁童动聪送冬宗弓熊中共封风钟。

齐齿呼:用茸浓雍勇戎。

34. 不归韵者:唔(m)五吴梧(ŋ)。

入声

1. 荚韵[ip]只有齐齿呼。

例字:猎接妾劫业协帖叠葉。

2. 芨韵[ɐp]只有开口呼。

开口呼:急及执湿十立茸集皆缉合盒盍阖。

齐齿呼:邑揖入。

3. 答韵[ap]只有开口呼。

例字:纳答杂腊塔夹甲狭插鸭刜。

4. 蘖韵[it]只有齐齿呼。

例字:杰孽彻折舌列热别灭歇结铁跌切。

5. 蕨韵[yt]只有撮口呼。

例字:捋脱夺悦拙说劣绝雪阙越决血穴。

6. 芨韵[at]

开口呼:法乏辣达辖扎察杀刷八拔发。

合口呼:刮滑。

7. 桔韵[ɐt]

开口呼:侄至实栗七毕匹蜜忽吉瑟伐袜乞窟。

齐齿呼:一逸日。

合口呼:骨橘掘郁。

8. 栗韵[øt]只有开口呼。

例字:卒出术律戌栗讷恤述。

9. 葛韵[ɔt]只有开口呼。

例字:葛渴曷割。

10. 秣韵[ut]只有合口呼。

例字:阔活钵泼末勃没。

11. 石韵[ɛk]只有开口呼。

例字:石锡尺踢只(皆白话音)碧。

12. 获韵[ɪk]

齐齿呼:益逆极只尺适积惜僻击溺历滴踢敌壁食。

合口呼:域。

13. 柏韵[ak]

开口呼:格客额赫泽窄百拍白革摘责策。

合口呼:或。

14. 荫韵[ɐk]

开口呼:刻黑勒得特则北墨贼测。

合口呼:划。

15. 芍韵[œk]

开口呼:脚却酌略鹊削。

齐齿呼:疟约药若。

16. 霍韵[ɔk]

开口呼:各壑鹤恶诺络托捉朔昨索博薄扩觉确岳学。

合口呼:国获郭。

17. 菊韵[uk]

合口呼:谷哭斛禄秃独族速卜仆木曲局烛足。

齐齿呼:肉狱欲育辱。

附论:广州收-m 之韵,在北京变为收-n;广州收-p、-t、-k 之韵,在北京变为以 a、o、e、i 等元音收尾。

(丙)声调

1. 阴平 ⟍　例字:双窥中江孤山风兵身将关通花春虚空惊山巅。

2. 阳平 ⌐　例字:林亭城含河犹残行丛无人随楼迟临然谁能禅侯。

3. 阴上 ⌐　例字:井解洒使者映水把此影酒喜迥小子起许可警早。

4. 阳上 ⌐　例字:远老忍网鸟柳近晚五矼已美鲁屡满野雨。

5. 阴去 ⊢　例字:照信数对世界寄意印鬓绣故去寸宴翠细背到。

6. 阳去 ⊣　例字:路外万泪住暮共自异会面大绪寺下在上座右未。

7. 阴入 ⌐　例字:谷出不得楫惜壁黑一昔北哭湿足竹笃昔屋吉。

8. 中入 ⊣　例字:革百阁发客策角觉朔卓剥壳脚却芍爵托隔国拙血脱。

9. 阳入 ⊣　例字:日落幕蝶浴别木寂合白物敌绝域食蜡月入立实。

附论:粤音系的声调最多,广州有九声(九声之外另有一种特别声调)[1],广西南部有多至十声以上者。依调值而论其大概,

---

[1] 例如"楼"字在白话"上楼"里念一种特别的声调,很像北京的阳平。又如"近"字,在白话里念入阳上,吐气,在文言里念入阳去,不吐气,这是同时影响及于声母的,但这种例子极少。

广州阴入为阴平的促音,阳入为阳平的促音,中入为阴去的促音。

广州的文言音与白话音的分别,大都在声调;其在声母或韵母上分别者甚少①。

参考资料

【广州音与《广韵》系统的大略比较】——就声母方面说,破裂音及塞擦音的浊音平声变为吐气的清音,仄声为不吐气的清音,这一点与北京音完全相同。溪母字及晓母合口字多数变入非母开口,只剩有一些日常谈话里不常用的字仍归溪晓。疑母今音无合口呼,开口呼仍读[ŋ]音,今音齐齿呼与喻母齐齿混(但除广州外,其余属于粤音系诸方言的疑母齐齿字多是不与喻母混的,或仍读[ŋ],或读[ɲ]与日母混)。娘泥无别,与北京同;喻日无别,与北京异。但两粤其他方言喻日往往有别,因喻为元音而日为[ɲ]。禅母及床母三等读[ʃ]音,与澄穿有别。就韵母方面说,韵尾-m、-p、-t、-k 大致都能与《广韵》的系统符合。齐与支脂之微的齐齿呼有别。皆佳与哈大致不混,齐阳侵药缉的齐齿呼变为开口呼。文由撮口变开合口。寒与删山、曷与黠辖,虽能分别,但不全依《广韵》的系统。就声调方面说阴调类与古清音字相当(中入亦归阴调类),阳调类与古浊音相当,平上去入也大致与《广韵》的平上去入相合。

---

① 韵尾也不容易受下字的声母的同化,这是与吴、闽两系不同的地方。

第七节 客家话

客家话可以梅县(嘉应州)音为代表,下面是梅县的纽韵调系统①。

(甲)声母

1. 斌母[p] 例字:播巴臂闭鞭斧宾冰保班八博。

2. 贫母[p'] 例字:颇怕皮肥暴贫罢败仆薄别匹。

3. 蛮母[m] 例字:魔马弥米尾棉民门亡微末灭。

4. 富母[f] 例字:火花非回话魂凡还欢换华胡。

5. 文母[v] 例字:万文活委汪王枉往。

6. 癫母[t] 例字:多打知戴担旦典丁当都答德。

7. 悌母[t'] 例字:驼他地待淡但电段定荡道叠。

8. 讷母[n] 例字:挪拿耐泥男难能宁奴纳农溺。

9. 懒母[l] 例字:罗梨赖蓝叁临乱灵鲁腊辣律。

10. 壮母[ts] 例字:左诈紫惭尖盏津庄遭租阻卒。

11. 静母[ts'] 例字:错茶雌在渐寻栈贱尽静助难。

12. 信母[s] 例字:沙师斯赛衫删宣生爽扫梳雪。

13. 忠母[tʃ] 例字:蔗旨追赘占战珍徵张昭诸折。

14. 超母[tʃ'] 例字:车迟吹深缠阵重称丈赵处彻。

15. 善母[ʃ] 例字:射示水税闪甚善身赏烧书舌。

16. 严母[ɲ] 例字:惹二娘尧染严吟软银人迎逆。

17. 孤母[k] 例字:歌家几该怪感监干建颈交九。

18. 苦母[k'] 例字:可夸岂开快勘欠看件倦考苦。

---

① 本节根据 Ch. Rey 的 Dictionaire Chinois-francais Dialectes Hacka 及高本汉的《方音字典》。遇二书有不同之处,则据我自己所知以定去取。此外更据最近自己调查,有二书所未论及之处。

19. 顽母［ŋ］　例字：蛾瓦危涯艺岩岸眼硬凝岳咬。

20. 孝母［h］　例字：何霞希含随汉限显玄形合黑。

21. 懿母［○］例字：夜衣哀庵延然闰鸭。

附论：广州的猪、蚕、蛇三母，在梅县分为壮、静、信，忠、超、善六母①。苏州的浊音吐气的仄声字，在北京与广州则为清音不吐气，在梅县则为清音吐气。梅县严母的音值，等于苏州念母的音值，为广州、厦门、北京所无。

(乙) 韵母

平上去声

1. 思韵［ɿ］只有开口呼。

例字：资租次醋自助私苏慈锄雌粗。

2. 视韵［i］②

齐齿呼：夷如器去旨视兒语虚诗离祭誓妻西米礼第肥悲美配。

合口呼：鬼畏违葵醉水垂为队泪。

3. 洗韵［e］

开口呼：鸡个契砌洗齐滞塔细系。

4. 骂韵［ɑ］

开口呼：家衙虾诈骂爬社车瓦华花。

齐齿呼：惹借且写邪姊泻嗟些。

合口呼：瓜夸挂寡话。

5. 做韵［ɔ］只有开口呼。

例字：波婆磨和多罗过左错做。

---

① 然据梅县张天开君读音，则壮、忠不分，静、超不分，信、善不分，仍为三母。其与广州音异者，广州并为 tʃ、tʃʻ、ʃ，张君则并为 ts、tsʻ、s，此与高本汉《方音字典》及 Ch. Rey 字典冲突，待再调查决定。

② 据张天开君读音，视吟征执质五韵中知照系字之韵腹皆是［ə］，与其他声纽之字不同。此亦与字典冲突，待再调查决定。

6. 赌韵[u]只有合口呼。

例字:古虎胡乌奴鲁赌住补母猪书。

7. 拜韵[ai]

开口呼:坏拜灾戴我大买斋带排孩泥。

合口呼:怪快。

8. 赛韵[ɔi]只有开口呼。

例字:开外哀菜盖税材赛胎海梅害。

9. 救韵[iu]只有齐齿呼。

例字:九丘求旧友抽周守柔丑幼绉牛休①。

10. 考韵[au]

开口呼:高考好刀交孝包朝兆绍巢茅爪。

齐齿呼:轿耀饶宵表苗叫晓尿刁挑骄燎。

11. 搜韵[ɛu]只有开口呼。

例字:钩口偶厚头亩愁瘦搜后偷狗奏。

12. 吟韵[im]只有齐齿呼。

例字:今琴吟淫沈审深临心寻针枕斟浸。

13. 览韵[am]

开口呼:凡泛甘三谈衫斩咸陷览南惨敢患占。

齐齿呼:盐俭厌廉染尖渐欠严念甜点店谦添。

14. 征韵[in]只有齐齿呼。

例字:禀品成贞真程陈声身令夼性信盈寅人神轻②。

15. 跟韵[en]

开口呼:恳恩跟肯恒能登曾朋更生孟宁凝铭冰。

齐齿呼:元劝怨袁远权玄宣捲鞭仙连天前笺。

---

① 据张天开君读音,"抽周守丑"等字读入赌韵。此亦与字典冲突,待考。

② 庚耕清青齐齿字在文言里多数念[in],在白话里多数念[iaŋ]。

16. 还韵[an]

开口呼:展战顽还班眼山谏散兰难般判盘攀满。

合口呼:关鳏湾惯。

17. 看韵[ɔn]

开口呼:欢唤换桓乱端段暖酸汉安看岸钻酸算。

合口呼:官冠观管贯馆宽碗完。

18. 论韵[un]

合口呼:顺春婚困温嫩论伦稳村敦俊存孙本盆门。

齐齿呼:君群窘郡军裙陨云永运勤近欣隐①。

19. 迎韵[aŋ]

开口呼:争硬撑棚邦程(姓程)生庚羹耕彭猛盲罒(音盲,未也)蜢。

齐齿呼:颈轻领姓名饼迎影惊镜病平腥醒命营赢请青。

合口呼:轰横。

20. 藏韵[ɔŋ]

开口呼:刚糠廊党桑藏葬庄床昌常荒江项讲巷降。

齐齿呼:姜强香仰阳让娘良将枪墙匠厢详腔匡。

合口呼:光旷广况狂。

21. 弄韵[uŋ]

合口呼:双窗工孔洪弄桶董翁宗冬宠风封。

齐齿呼:弓宫穷熊恭恐共胸雍用凶容勇浓龙茸纵从颂。

22. 不归韵者:唔(m̩)五吾梧吴(ŋ̍)。

入声

1. 执韵[ip]只有齐齿呼。

---

① 高本汉《方音字典》以"斤"字归此类,注为[kiun]音,不合事实。当依 Ch. Rey 注为[kin]。

例字:给揖汁拾粒袭立集习执湿及邑急十。

2. 踏韵[ap]

开口呼:合搭杂蜡榻甲涉匣夹法。

齐齿呼:葉狭猎接妾弃劫蝶协贴。

3. 食韵[it]只有齐齿呼。

例字:瑟吉一佾日膝必笔密橘益掷适积惜碧僻直食力。

4. 测韵[et]①

开口呼:克得肋墨北贼则格客革责择策赫泽色测或获灭。

齐齿呼:热列别雪跌铁绝雪。

合口呼:国域。

5. 杀韵[at]

开口呼:乏达辣獭扎察杀瞎钵泼末八拔发伐袜撒舌折设。

齐齿呼:结悦月阙越决血。

合口呼:阔活刮滑。

6. 夺韵[ɔt]只有开口呼。

例字:割渴捋脱夺撮掇刷拙说辖豁。

7. 出韵[ut]

合口呼:骨窟忽突卒没出术戌弗物。

齐齿呼:屈掘郁。

8. 拍韵[ak]

开口呼:客伯魄窄白尺只石麦。

齐齿呼:额逆壁蓆迹劈锡鹊。

9. 学韵[ɔk]

开口呼:阁络恶诺鹤託啄作索博薄酌绰角学岳。

齐齿呼:脚却虐约药弱若略爵削缚。

---

① 据张君发音,测韵开口呼为[ət],齐齿呼为[iet]。

合口呼:郭槨扩。

10. 读韵[uk]

合口呼:縠哭鹿秃独读卜沐笃仆竹祝叔烛束浊。

齐齿呼:菊畜肉陆六宿曲局狱欲玉辱绿足俗。

附论:客家话没有撮口呼。"君群弓恐屈郁菊曲"等字虽颇似撮口,其实只是在合口呼加上一个韵头[i],故可认为齐齿呼。再严格些说,这些字的韵腹不是闭口的[u],只是极开口的[ʋ]。所以魂、东、没、屋四韵也可说没有合口呼,而"君、群"等字更可认为齐齿呼了。

(丙)声调

1. 阴平 ˥　例字:秋风清淡疏有多江马声悲语中天栖也上(登)也买岭。

2. 阳平 ˧˥　例字:云城时若楼台衔名泥林梧寒残谁尘年强移鱼如头。

3. 上声 ˧˩　例字:府雨景鼓肯隐涧少引子老稍己井永好水卷幼女倒。

4. 去声 ˥˩　例字:夜过看面自报笑信吏去散份故事地念露架柱旧翠。

5. 阴入 ˩　例字:复不积角塞即日碧宿息一客发失昔拙触作北竹色。

6. 阳入 ˧　例字:叶实落烈惑入独蜡绝十白鹤合律力越佛直别物。

附论:字典中上声之字,有一部分在客家话里转入阴平①。客家话的阴阳入的调值,大致说起来,与广州的阴阳入的调值恰恰对调,例如客家话的"笃"字念起来很像广州的"毒"字;广州的"笃"

---

① 但在念诗的时候,仍把它们念为上声。

字念起来,其声调也很像客家话的"毒"字,不过广州的"毒"字不吐气,与客家话的"毒"字吐气不同罢了。

客家话也往往有文言音与白话音的分别,在这一点与闽音、吴音相近似;但韵尾不容易受下字声母的同化,却又与粤音、北方音相近了。

参考资料

【Ch. Rey 略述客家的历史】——"客家"是客或外人的意思,因此,客家就是外来的人;他们的语言、风俗、谱系,都足以证明。他们说的是混杂着土话的官话。在他们迁徙的远途中,时而损坏了他们的语言,时而为各地的方言所影响而其语言变为更丰富;他们因山居之故,使语言变为富于特征,与别的方言有分别。单就广东一省而论,说客家话的有四百万人。客家有的是淳朴的风俗:很坦率,待人很和蔼,自奉很薄,勇于互助,对祖先极为尊敬……他们反对缠足,可见此风盛行时,他们已离故乡。依他们的族谱看来,客家是从华北南徙的。纪元前 3 世纪,他们还在山东、山西。到了秦朝(前 249～前 209),他们被迫迁于河南、安徽。及至晋朝(419),他们又不容于豫皖,于是徙于江西、福建多山的区域。唐初,复经变乱,他们又被迫南移:一部分住在赣粤交界的山间,另有一部分避居于福建的极北。在宋代(960～1278),他们当了兵,1279 年与蒙古人(力按:即元军)战于澳门之西,与宋之末主同死难者数万人。大约在此时,他们就迁徙至广东沿岸各地;但直到明朝(1368),才算是住定了。每变更一个朝代,总有若干骚乱。他们虽住在闽赣的山上,也不免被双方的兵士所抢掠。结果他们只好搬到比较能容客籍的海岸去。江西的客家经过了广东的边界,卜居于龙州、兴宁、平远。福建的客家由漳州浮江而下,达于海,乘船南行,散布于沿岸各地,直至于新安、香山等处。昔日居于宁化的客家停留在汕头附近。但汕头是住不下了,于是他们沿东江而上,至于嘉应州,即以此地为大本营。他们从广东的东北渐渐散布于广东其他各地。自从太平天国以后,他们才有考试及做官的权利。1864 至 1866 年,"本地人"与客家发生恶战;计各次械斗而死者,总数达十五万人。政府极力遏止;其中有愿迁居广西海南围州者,得受政府巨量的津贴。到了今日,他们所居住的地方有人满之患,往往不免于饥寒,而中国内地已无可迁居者,于是他们又纷纷到 Calforne、澳大利亚、Transvaal 去开金矿,到东京(Tonkin)去开煤矿,到麻六甲、巴达维亚、Bornéo 去开锡矿了。

Dictionnaire Chinois-francais, Dialectes Hacka, p. IX ~ X.

【客家音与《广韵》系统的大略比较】——就声母方面说,古时吐气的浊音虽变为清音,但仍是吐气,平仄一律。晓母合口字全数变入非母,比粤音更甚,但溪母字却不变非,与粤音不同。疑喻不混,但疑的齐齿呼与日混。邪母念[ts]不念[s]。就韵母方面说,韵尾-m、-p 大致还能与《广韵》的系统符合,韵尾-ŋ 在 ε 与 i 之后变为-n,韵尾-k 在 ε 与 i 之后变为-t,齐祭在白话里,与支脂之颇有分别;皆泰与咍也大致不混。痕不与真混。就声调方面说,平入的阴调类与古浊音相当,阳调类与古清音相当,似粤音;上去不分阴阳,似北音。

附　录

汉语音韵学参考书

(一) 概要

张世禄　《中国音韵学概要》,商务印书馆

莫友芝　《韵学源流》

钱玄同　《文字学音篇》(1918),北京大学

黄　侃　《音略》,《华国月刊》一卷一至五号

(二) 通论

马宗霍　《音韵学通论》,商务印书馆

罗常培　《中国音韵沿革》,清华大学讲义

姜亮夫　《中国声韵学》,世界书局

刘　赜　《声韵学表解》,商务印书馆

胡朴安　《文字学研究法》音韵部分,页 29 ~ 111

罗常培　《中国音韵学的外来影响》,《东方杂志》第三十二卷第十四号

Karlgren　Etudes sur la phonologie chinoise,Stock-holm,1915

Karlgren　Sound and Symbol in Chinese. 张世禄译,名为《中国语与中国文》,商务印书馆

Volpicelli　Chinese phonology,Shanghai,1896

(三) 语音学

(A)普通语音学

周辨明　《语音学》(编著中),商务印书馆

张世禄　《语音学纲要》,开明书店

刘　复　《图式音标草创》,《清华学报》四卷二号

魏肇基　《英语发音学》,商务印书馆

D. Jones　Outline of English Phonetics

Noël-Armfileld　General Phonetics, for missionaries and students of languages

Palmer　What is phonetics?

Sweet　Primer of Phonetics

Palmer　First Course of English Phonetics

Viëtor　Elements of Phonetics

D. Jones　English Phonetics

国际语音会编　The Principles of the International Phonetic Association

国际语音会编　L'Ecriture Phonétique Internationale

Bourdais, L'Alphabet Phonétique

Bell　Visible Speech

Jespersen　Articulation of Speech Sounds

Jespersen　Lehrbuch der phonetik

Jespersen　Phonetisch grundfragen

Poirot　Die Phonetik

Roudet　Elements de Phonétique Générale

Gramont　Traité de Phonétique

Passy　Petit Phonétique comparée des principales langues européennes. 刘复译,名为《比较语音学概要》,商务印书馆

Y. R. Chao　A Preliminary Study of English Intonation and its Chinese Equivalents,《史语所蔡元培先生六十五岁庆祝论文集》

Fillebrown　Resonance in Singing and Speaking

Assier　Physiologie du langage phonétique

Grammont　l'Assimilation；notes de phonétique géné rale

Millet　L'oreille et les sons du langage d'après l'abbé Rousselot

Rice　Voice Production with Aid of Phonetics

Le Maitre phonétique(季刊)，Chez Mr. D. Jones，University College，
　London，W. C. I.

Vox(杂志)，Phonetischen Laboratoriums der Universität Hamburg，
　（B）实验语音学

刘　复　《四声实验录》，群益书社

赵元任　《中国言语字调的实验研究法》，见《科学》七卷九期

Fu Liu　Etude expérimentale sur les tons du chinois

Wang Li　Une Prononciation chinoise de Po-pei，étudiée à l'aide de
　la phonétique expérimentale

Rousselot　Principles de Phonétique expérimentale

Panconcelli-Calzia　Experimentelle phonetik

Scripture　Study of Speech Curve

D. Jones　Intonation Curves

Archives Néerlandaises de Phonétique expérimentale（杂志），Chez
　M. Nyhoff，Lange Voorhout 9. La Haye

（四）等韵学

司马光(杨中修)　《切韵指掌图》(1067?)

赵荫棠　《〈切韵指掌图〉作者年代考》，《辅仁学志》四卷二期

神　珙　《四声五音九弄反纽图》(在《玉篇》卷末)

张麟之　《韵镜》，《古逸丛书》本，又日本影印本

郑　樵　《七音略》(在《通志》内)

佐藤仁之助　《〈韵镜〉研究法大意》

刘　鉴　《经史正音切韵指南》

无名氏　《四声等子》(在《咫进斋丛书》内)

樊腾凤　《五方元音》

江　永　《音学辨微》，借月山房刊本，国学保存会影印手写本

江　永　《四声切韵表》，《粤雅堂丛书》本

潘　耒　《类音》

王　力　《〈类音〉研究》，《清华学报》十卷三期

戴　震　《声类表》（在《戴氏遗书》内）

江有诰　《等韵丛说》（在《音学十书》内）

劳乃宣　《等韵一得》《等韵一得外篇》《等韵一得补篇》

吴遐龄　《切韵指归》

胡　垣　《古今中外音韵通例》

释真空　《直指玉钥匙门法》《篇韵贯珠集》

邹汉勋　《五音论》（在新化邹氏《学艺斋遗书》内）

方以智　《切韵声原》（在《通雅》内）

李书云　《音韵须知》

张　畊　《切音肆考》

李光地　《榕村韵书》

黄廷鉴　《字母辨》（在借月山房汇钞内）

方中履　《切字释疑》

李　元　《音切谱》

王起鹏　《音学全书》

李汝珍　《音鉴》

裕　恩　《音韵逢源》

郦伯行　《切音捷诀》

金尼阁　《西儒耳目资》

兰　茂　《韵略易通》

刘　复　《守温三十六字母排列法之研究》，《国学季刊》一卷
　　三号

高　元　　《辟等呼论》,《学林》一卷三号

黄淬伯　　《慧琳〈一切经音义〉反切考》,史语所

罗常培　　《释重轻》,《史语所集刊》第二本第四分

罗常培　　《释内外转》,《史语所集刊》第四本第二分

S. H. Schaank　　Ancient Chinese Phonetics,T'ung Pao,VIII

（五）《广韵》学（附其他韵书研究）

张世禄　　《广韵研究》,商务印书馆

纪容舒　　《唐韵考》(在《守山阁丛书》与《畿辅丛书》内)

陈　澧　　《切韵考》《切韵考外篇》

顾炎武　　《唐韵正》(在《音学五书》内)

江有诰　　《唐韵四声正》(在《音学十书》内)

王国维　　《唐韵别考》,广仓学宭排印本

罗常培　　《知彻澄娘音值考》,《史语所集刊》第三本第一分

罗常培　　《唐五代西北方音》,史语所

赵荫棠　　《中原音韵研究》,商务印书馆

H. Maspéro　　Le Dialecte de Tch'ang-ngan sous Les T'ang, BE-
FEO. 1920.

H. Maspéro　　Etudes sur la phonétique historique de la langue an-
namite,BEFEO. XII.

（六）古音学

黄永镇　　《古韵学源流》,商务印书馆

魏建功　　《古音系研究》,北京大学

张世禄　　《中国古音学》,商务印书馆

夏　炘　　《古韵表集说》

夏　燮　　《述韵》,北平富晋书社影原刻本

吴　棫　　《韵补》

杨　慎　　《转注古音略》《古音余》《古音丛目》《古音略例》《古音

猎要》《古音骈字》(皆在《函海》内)

陈　第　《毛诗古音考》《读诗拙言》《屈宋古音义》

顾炎武　《音学五书》

毛先舒　《声韵通说》《韵学通指》

柴绍炳　《古韵通》

毛奇龄　《古今通韵》《韵学要指》(在《毛西河全集》);《韵学指
　　　　掌》(在《龙威秘书》内)

李因笃　《古今韵考》

江　永　《古韵标准》,《粤雅堂丛书》本,《守山阁丛书》本,《贷园
　　　　丛书》本,沔阳陆建瀛刻本

段玉裁　《六书音均表》

江　沅　《说文解字音均表》

傅寿彤　《古音类表》

戴　震　《声韵考》

张　畊　《古韵发明》

钱大昕　《十驾斋养新录》(卷五);《音韵问答》

钱大昕　《声类》,《粤雅堂丛书》本

洪亮吉　《汉魏音》

孔广森　《诗声类》《诗声分例》(在《续清经解》内)

严可均　《说文声类》

姚文田　《说文声系》《古音谐》

江有诰　《音学十书》

王引之　《经义述闻》(卷三十一)

黄以周　《礼书通故》《六书通故》

邵长蘅　《古今音略》

朱骏声　《说文通训定声》

苗　夔　《毛诗韵订》(苗氏四种之一)

戚学标　《汉学谐声》

张成孙　《说文谐声谱》

陈　立　《说文谐声孳生述》(徐氏《郪斋丛书》本)

龙启瑞　《古韵通说》

安　吉　《韵徵》

安念祖　《古韵溯原》

郭师古　《毛诗韵谱》

刘逢禄　《刘礼部集》(卷七)

张行孚　《说文审音》

王国维　《韵学余说》(《广仓学窘》第四册)；《五声说》(在《观堂
　　集林》内)

章炳麟　《国故论衡》(上)；《文始》

丁以此　《毛诗韵例》，见《国粹学报》

丁以此　《毛诗正韵》

汪荣宝　《歌戈鱼虞模古读考》，《国学季刊》第一卷第二号

钢和泰　《音译梵书与中国古音》，《国学季刊》第一卷第一号

大岛正健　《支那古韵史》

王　力　《南北朝诗人用韵考》，《清华学报》十一卷三期

曾运乾　《喻母古读考》，见杨树达所辑《古声韵讨论集》，北京好
　　望书店

杨树达　《古音对转疏证》，《清华学报》十卷二期

魏建功　《古阴阳入三声考》，《国学季刊》二卷二期

孙海波　《古文声系》，北京琉璃厂来薰阁

王　力　《上古韵母系统研究》，《清华学报》十二卷一期

李方桂　《切韵 â 的来源》，《史语所集刊》第三本第一分

李方桂　《东冬屋沃之上古音》，《史语所集刊》第三本第三分

罗常培　《切韵闭口九韵之古读及其演变》，《史语所集刊外编》

赵元任译　《高本汉的谐声说》,清华学校研究院《国学论丛》一卷二号

Karlgren　Analytic Dictionary of Chinese and Sino-Japanese

Karlgren　The Reconstruction of Ancient Chinese. (T'ung Pao, vol 21)

Karlgren　Problems in Archaïc Chinese. 赵元任译文,载《史语所集刊》第一本第三分

Karlgren　Tibetan and Chinese, T'ung Pao, vol 28. 唐虞译文,载中法大学《月刊》四卷三期

Karlgren　Shï King Researches, The Bulletin of the Museum of Far Eastern Antiquities, No. 4

Karlgren　The Poetical Parts in Lao-tsï, Göteborgs Högskolas Ärsskrift, vol. 38

Karlgren　Word Families in Chinese,同上杂志第五卷,有抽印本

Karlgren　Grammata Serica, Script and Phonetics in Chinese and Sino-Japanese (Stockholm, 1940)

(七) 今音学

方　毅　《国音沿革》(1924),商务印书馆

高　元　《国音学》

黎锦熙　《国语运动史纲》,商务印书馆

汪　怡　《国语发音学》(1924),商务印书馆

国语统一筹备会编　《国音常用字汇》,商务印书馆

赵元任　《国音新诗韵》,商务印书馆

罗常培　《中国方音研究小史》,《东方杂志》三十一卷七号

赵元任　《方音调查表格》,史语所印行

刘　复　《北平方音析数表》,《国学月刊》三卷三号

刘　复　《四声实验录》(见上);《汉语字声实验录》,法文本(见

上）

王　力　《博白方音实验录》,法文本(见上)

王　力　《从元音的性质说到中国语的声调》,《清华学报》十卷
一期

赵元任　《现代吴语的研究》,清华大学

黎锦熙　《京音入声字谱》,《东方杂志》二十一卷二号

赵元任　《瑶歌记音》,史语所

赵元任　《俩仨四呃八阿》,《东方杂志》二十四卷十二号

罗常培　《厦门音系》,史语所

赵元任　《南京音系》,《科学》十三卷八期

陶燠民　《闽音研究》

史禄国　《记猓猡音》,《史语所集刊》第一本第二分

罗常培　《耶稣会士在音韵学上的贡献》,《史语所集刊》第一本第
三分

P. G. V. Möllendoff　Classitication des dialectes Chinois Ningpo,1899

Karlgren　Dictionnaire des dialectes Chinois(4me partie des Etudes
sur la phonologie chinoise)

Karlgren　A Mandarin Phonetic Reader in the Pekinese Dialect

Y. R. Chao　Tone and Intonation in Chinese,《集刊》第四卷第
二分

Giles　A Chinese English Dictionary

E. J. Eitel　A Chinese Dictionary in the Cantonese Dialect,
Hongkong, 1877

Ch. Rey　Dictionaire Chinois-francais,Dialectes Hacka,Hongkong,1901

S. H. Schaank　Het Loeh-Foeng-Dialect, Leyden, 1897

R. H. Maclay and C. C. Baldwin　A Alphabetic Dictionary of the
Chinese Language in the Foochow Dialect, Foochow ,1870

C. Douglas　　Chinese-English Dictionary of the Vernacular of Amoy,
　　London,1873

D. H. Davis and J. A. Silsby　　Shanghai Vernacular Chinese-English
　　Dictionary, Shanghai,1900

C. Gibson　　A Swatow Index to the Syllabic Dictionary of Chinese by
　　S. W. Williams etc, Swatow,1886

K. Hemeling　　The Nanking Kuan Hua, Leipzig,1907

Une Société de missionnaires　　Dictionaire chinois-francais de la lan-
　　gue mandarine parlée dans l'ouest de la Chine, Hongkong,1893

P. H. S. Montgomery　　A Manual of the Wenchow Dialect

A Committee of the Soochow Literary Association　　A Syllabary of the
　　Soochow Dialect, Shanghai, 1892

Gale　　Korean-English Dictionary, 1897

J. Bonet　　Dictionnaire Sino-Annamite, Paris, 1899

（八）史料

《诗经》

《易经》

《楚辞》

《文选》

《乐府》

《元曲》

《广韵》,《古逸丛书》本;泽存堂本;《小学汇函》本;新化邓氏重刊
　　本;商务印书馆影印古逸本（1007）

唐写本《切韵》残卷三种（王国维手抄影印本）

唐写本《唐韵》残卷（蒋伯斧藏本,国粹学报馆影印）

《刊缪补缺切韵》（唐兰手抄内府藏唐女子吴彩鸾写本影印本,又
　　法京藏敦煌本）

陆德明　《经典释文》

顾野王　《玉篇》(543)(1013 年为陈彭年所修改)

慧　琳　《一切经音义》

丁　度等　《集韵》,归安姚氏刊本;楝亭五种本;咫进斋本

丁　度　《礼部韵略》,归安姚氏刊本

韩道昭　《五音集韵》(1150)

刘　渊　《壬子新刊礼部韵略》(1252)

熊　忠　《古今韵会举要》,淮南书局刊本

方日升　《韵会举要小补》

周德清　《中原音韵》

乐韶凤等　《洪武正韵》(1375)

李光地等　《音韵阐微》

卓从之　《中州音韵》,北京大学印行

王　鵕　《中州音韵辑要》

箓斐轩主人　《词林韵释》

戈顺卿　《词林正韵》

陈廷敬等　《康熙字典》

主要术语、人名、论著索引